U0937316

五大质量工具详解及运用案例

APQP FMEA PPAP MSA SPC

谭洪华◎著

中华工商联合出版社

图书在版编目（CIP）数据

五大质量工具详解及运用案例：APQP/FMEA/PPAP/MSA/SPC/谭洪华著. —北京：中华工商联合出版社，2017.7

ISBN 978-7-5158-2022-4

Ⅰ. ①五… Ⅱ. ①谭… Ⅲ. ①企业管理-质量管理 Ⅳ. ①F273.2

中国版本图书馆 CIP 数据核字（2017）第 125413 号

五大质量工具详解及运用案例：APQP/FMEA/PPAP/MSA/SPC

作　　者： 谭洪华
责任编辑： 于建廷　效慧辉
责任审读： 郭敬梅
封面设计： 久品轩
责任印制： 迈致红
出版发行： 中华工商联合出版社有限责任公司
印　　刷： 北京宝昌彩色印刷有限公司
版　　次： 2017 年 8 月第 1 版
印　　次： 2018 年 5 月第 2 次印刷
开　　本： 710mm × 1000mm　1/16
字　　数： 392 千字
印　　张： 27.25
书　　号： ISBN 978-7-5158-2022-4
定　　价： 98.00 元

服务热线： 010-58301130
团购热线： 010-58302813
地址邮编： 北京市西城区西环广场 A 座
19-20 层，100044
http：//www.chgslcbs.cn
E-mail：cicap1202@sina.com（营销中心）
E-mail：gslzbs@sina.com（总编室）

本书第一章主要讲 APQP（产品质量先期策划）的流程，每个文件的制作要求、注意事项、制作流程、成功案例，详细讲解了在第一阶段到第五阶段中每个阶段具体包括哪些动作，以及容易出现的错误。第二章讲 FMEA（失效模式与影响分析），这里主要包括 DFMEA、PFMEA 制作的流程、注意事项、真实案例。还有 FMEA 与其他质量体系的关系，如何结合使用，DFMEA 和 PFMEA 的不同，表格每一栏如何填写，相关注意事项等。第三章讲 MSA（测量系统分析），重点讲解偏倚、线性、GRR、稳定性分析流程、方法、注意事项，以及如何判定异常、如何改善，并列举真实案例，同时也对 MSA 专业术语采用通俗易懂的语言进行了解释。第四章讲 SPC，主要讲述了相对实用的 X－R 图、X－MR 图、P 图的制作流程、注意事项、判读、异常处理，CPK 及 PPK 计算等，并加以真实的辅导案例进行说明，还对 CPK、USL、SL 等专业术语进行了详细的解释说明。第五章讲 PPAP（生产件批准程序）的流程、注意事项和每个文件制作的要求，附以真实案例，同时还包括 PPAP 从接到客户要求到提交的整个流程。第六章则提供了关于五大工具的实用性程序文件，列举文件在经过简单修改后即可使用。与此同时，本书提供的一些 excel 软件可直接在企业使用，不需要用其他高深的软件。

本书将实用作为根本宗旨，本着通俗易懂、简便易行的原则，致力于让更广泛的群体，哪怕是中学生，在看完之后也能够真正实现学以致用的目的。尽量避免出现看了之后一头雾水，碰到问题不知如何下手的情况。

您还可以获赠 5 元现金券、本书全文电子书及同类好书推荐等，详见本书封底下方白框中内容。

APQP 等五大质量管理工具源自北美三大汽车制造商。刚开始时，只要求汽车一、二级供应商推行 APQP 等五大质量管理工具，后来全世界的主要汽车制造商都要求供应链推行，如比亚迪、奇瑞等。发展至今，APQP 等五大质量工具的推行已不再局限于汽车制造商。全球主要的制造商都在要求供应商推行 APQP 等五大质量工具，如华为、富士康等。由此看来，APQP 等五大质量工具已成为制造业走向国际的必要管理工具。

本书编写的目的在于运用，在于改变企业内部的质量管理水平，并不用于学术研究。因此，如果偏重于理论研究则建议不要买这本书，以免有些东西引起不必要的争议，到最后不但企业没有得到改善，反而浪费大家的时间，得不偿失。事实上，管理本身并不存在绝对的对与错，只要能帮助企业成长的都是好方法。而好方法的关键则在于适应企业的发展阶段，就像海尔当初的 13 条一样，简单适用。甚至目前看来，这 13 条对小作坊式的小企业可能依旧适用，但对于如今发展壮大的海尔而言显然不适用了。

APQP 等五大质量工具在中国的运用情况并不理想，甚至很多咨询老师连概念和公式都搞错了。如果自己都没搞明白又如何用于企业内部的质量管理呢？所以我才要写这本书，给咨询老师及企业质量管理人员作为参考使用。

学习这本书，关键是悟透原理、量身定做，不能一味拘泥于条条框框的东西。我们曾在江西辅导过的一家企业只能做 X－MR 图，过程不稳定，如果用已有标准来套，每天都要预警、删除异常数据、计算CPK。后来，我们改了一下，不删除异常数据，先注明原因，在必要时采取改善对策，最后再计算 PPK，这样做的效果很好。由此看来，量身定做最关键，规则都是人定的，可以更改。

谭洪华

2016. 7. 6

第一章

APQP：产品质量先期策划

第一节　APQP 制作前的准备

1. 什么是 APQP

APQP 是 Advanced Product Quality Planning 的缩写，即产品质量先期策划。品质是制造出来的，更是设计出来的。一个新项目的前期设计至关重要，因此产品质量先期策划必须做好，否则后续变更、异常、投诉会接连不断。APQP 实际就是一个项目管理过程，虽然从前期的概念设计、立项、设计、验证、试产到最后量产与交货都是要管控的，但其侧重点则在于量产前的设计、验证与评审变更。APQP 是一种系统性解决问题的方法，不仅涉及“人机料法环”各部门的方方面面，同时也强调各动作同步进行。

2. APQP 的作用

2.1　充分识别客户要求和法律法规要求，避免后续频繁变更。

2.2　让相关方，包括生产检验人员、供应商充分了解新项目的要求、评估风险，避免量产时的人为失误。

2.3　通过前期多方论证的方法，对功能、性能、可靠性、可维修性、成本、效率、过程能力进行验证和评审，避免量产时异常频发、客诉不断。

3. APQP 的责任人员

APQP 主要分两种，一种是有设计责任的或配合客户设计的。这种供应商代表和客户代表要参加前期设计评审。另一种是无设计责任的。客户提供设计图或样品，本公司直接立项打样，这种只要进行原材料承认和得到客户 PPAP 批准即可，客户代表和供方代表不一定要参加。

APQP 是一种多方论证的方法，不管有无产品设计责任，公司的品质人员、工程人员、生产人员、采购人员、业务人员、生管人员等都要参加 APQP 过程，特别是参与特殊特性识别、FMEA、控制计划、设计评审等过程。如果有设计责任，客户代表、供应商代表都要参与APQP。

4. 制作 APQP 的前提条件

4.1　APQP 是团队运行项目，不是研发部门单独搞定的，因此各部门都要派出代表参与 APQP 每个阶段，以便及时完成自己职责内的工作。同时团队之间要定期召开会议并形成会议记录，成员之间要加强沟通和协调，避免结构与结构之间、软件与硬件之间的不匹配。

4.2　由于 APQP 的周期长、客户要求交期紧，所以 APQP 各子项目必须同步进行，缩短立项到量产的周期。比如一立项，就可着手原材料采购、模具设计，而不是等到了要打样的时候才做。再者，例如我们在做样品测试时，因为时间相对较长，那么就可以着手试产前的准备动作，如工艺流程图、PFMEA、试产控制计划、SOP 制作等，以避免要试产时因资料准备不充分而影响进度，如图 1－1 所示：

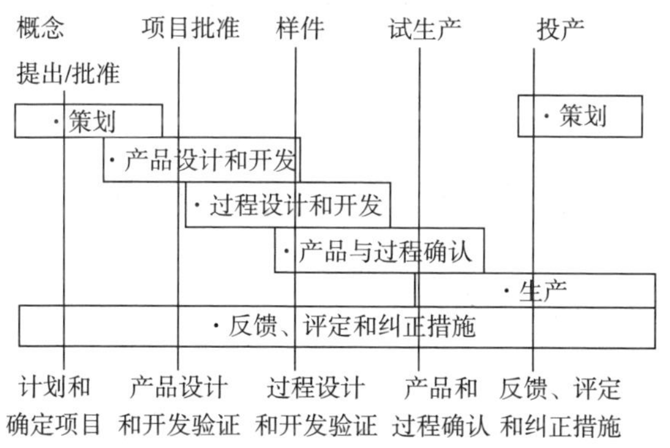

图 1－1　APQP 进度图

4.3　供方和客户代表参与。如果有设计责任，供方和客户代表很有必要参与 APQP，因为客户要把功能性能要求和可靠性、可维修性要求确定下来。供方要根据客户要求配合给出材料方案，如选用多大电容、用什么材质胶料等，以便更快更好满足客户最终要求。

5. 什么情况下做 APQP

5.1　新项目：如果有新项目，研发工程部门一定要主导导入 APQP、狠抓设计质量，避免量产频繁变更。

5.2　生产场地变更：生产场地的变更，一般要求提交 PPAP，也要以 APQP 为前提。如果没有 APQP，那么相应的 PPAP 也出不来。

5.3　产品重大变更：这种变更可能是功能性的，也可能是结构性的，要根据客户的具体要求来做 APQP。有些客户可能只要求打样做承认书即可，不一定要做 APQP。

6. APQP 与其他质量工具的关系

6.1　APQP 包括 FMEA、SPC、MSA，如果没有这三大工具，就不叫 APQP 了。

6.2　做完 APQP 的同时，PPAP 也基本出来了。另外加上客户特殊要求，如产能评审、PSW、AAR 等，PPAP 就做完了。

6.3　APQP 也使用了一些品质工具，如矩阵图、甘特图、检查表、DOE 试验设计法等。

第二节　项目确认阶段

1. 项目确认阶段输入资料

1.1　顾客的呼声

顾客主要包括使用者、代理商、经销商、下游组装工厂等，在立项时一定要了解清楚客户的要求是什么。如果没有设计责任，则可以直接把客户的样品需求单当作客户呼声，因为上面有明确的性能要求、法律法规要求、交样要求。如果有设计责任，就必须进行市场调查，搜集相似产品成功的经验和失败的教训，以及兄弟厂商常见的异常等。如空调风扇项目加水困难、噪音大等问题，就要纳入 APQP 的输入。

1.2　业务计划/营销策略

业务计划/营销策略指本公司的经营规划，简单来讲就是公司是否有想进入某个行业或某个领域的计划。就拿做线路板的公司来说，有些公司侧重在打印机和音箱线路板制造，对动车、汽车关键部件的线路板没有规划，如果接到汽车零件订单，就可能不立项。

1.3　产品/过程标杆资料

产品标杆资料如寿命、手机 WIFI 接收最远距离；过程标杆资料如日交货量、直通率、PPM、设备、自动化程度等，这些数据可能要通过网络或其他渠道获取。

1.4　产品/过程设想

产品设想是指产品的外观、结构、功能性能大概的想法，还没有形成正式的设计稿，比如设计一个西瓜形状的无骨风扇。过程设想是指工艺流程和设备，以及工装的初步想法。例如以前的汽车齿轮都是用车床、滚轮做出来的，现在我们设想可以通过改进工艺，直接用模具一次性完成，这样可节省工时、提高齿轮性能。

1.5　产品可靠性研究

可靠性指耐磨、寿命、抗极端条件的能力。如五金喷涂件 72 小时盐雾测试不氧化、LED 灯寿命 7 万小时等。要达到可靠性目标，就要有相应的材料设计来满足要求，同时还不影响其他结构、外观、成本。

2. 立项阶段输出

2.1　设计目标

一般指外观、功能、性能、结构、环境要求。如 LED 产品设计，就要关注输入电压、光通量、功率等要求，这些都可纳入设计目标。设计目标的输入是产品和过程设想、顾客呼声。参见表 1－1。

2.2　可靠性和质量目标

可靠性指故障率，寿命之类。如 LED 灯的寿命 7 万小时就是可靠性目标。质量目标则是指直通率、PPM、CPK 之类，良率低、成本高，公司利润就低。如表 1－1 所示。

表 1－1 新产品开发任务书

<table>
<tr><td>项目名称</td><td colspan="2">TJ－354（×××G6 前后门塑料托架）</td><td colspan="2">项目启动日期</td><td colspan="2">2012. 9. 1</td></tr>
<tr><td rowspan="4">项目描述</td><td colspan="4" rowspan="4">该产品适用于×××G6 汽车升降窗上的托架，起到升降玻璃的作用</td><td colspan="2">开发周期</td></tr>
<tr><td colspan="2">3 周</td></tr>
<tr><td colspan="2">完成日期</td></tr>
<tr><td colspan="2">2012. 9. 15</td></tr>
<tr><td rowspan="4">性能开发要求</td><td>特性名称</td><td>特性要求</td><td>特性符号</td><td colspan="3">特性来源</td></tr>
<tr><td>螺母打出力</td><td>≥640N</td><td>△</td><td colspan="3">客户图纸</td></tr>
<tr><td>开口拉力</td><td>≥400N</td><td>△</td><td colspan="3">客户图纸</td></tr>
<tr><td>螺母扭力</td><td>≥12N · M</td><td>△</td><td colspan="3">客户图纸</td></tr>
<tr><td rowspan="6">特殊特性说明</td><td>特性名称</td><td>特性要求</td><td>特性符号</td><td colspan="3">特性来源</td></tr>
<tr><td>螺牙数量</td><td>≥4</td><td>△</td><td colspan="3">客户图纸</td></tr>
<tr><td>螺母打出力</td><td>≥640N</td><td>△</td><td colspan="3">客户图纸</td></tr>
<tr><td>开口拉力</td><td>≥400N</td><td>△</td><td colspan="3">客户图纸</td></tr>
<tr><td>螺母扭力</td><td>≥12N · M</td><td>△</td><td colspan="3">客户图纸</td></tr>
<tr><td>开口尺寸</td><td>3. 0＋0. 1/0. 2</td><td>▲</td><td colspan="3">客户图纸</td></tr>
<tr><td colspan="7">注：从顾客图纸、特性清单及要求（使用、装配、功能）中识别初始的重要特性。</td></tr>
</table>

项目	PPM	CPK	废品率%	质量成本率%	成本目标	可靠性
目标	500	≥1. 33	0. 01%	0. 01%	1. 09	详见托架实验清单

可靠性和质量目标

<table>
<tr><td rowspan="3">顾客特殊要求</td><td>项目名称</td><td>特殊要求说明</td></tr>
<tr><td>水煮托架</td><td>用沸水煮托架 1 个小时后开口尺寸微变化，不影响客户端装配，并且开口尺寸在客户要求的范围内</td></tr>
<tr><td>产品中不可有油</td><td>生产中禁止将脱模剂及润滑用油用在产品上</td></tr>
<tr><td>其他要求说明</td><td colspan="2">托架表面无划伤、色泽不均，无尖角、毛刺、流线、缩痕等注塑缺陷；B 面毛刺高度需在 0. 5mm 以下；托架内无树脂材料；托架粘胶槽内无影响黏结的脱模剂、防锈油等异物，螺母超出塑胶表面不能大于 0. 2mm</td></tr>
<tr><td colspan="3">备注：特殊特性用“▲”表示，重要特性用“△”表示</td></tr>
</table>

核准/日期：　　　　审核/日期：　　　　制表/日期：

2.3 初始材料清单

根据设计目标和可靠性目标、质量目标，策划初始用哪些材料。有些直接在市场上选用不同标准件即可，如电容、电阻等；有些要供应商配合打样，如塑胶结构件等，但要先把初始材料定下来，方便采购部安排供应商立即送样。参见表1－2。

表1－2 初始材料清单及价格表

产品名称：HKH 黄铜片				编制部门：工程部		编制日期：2014.6.6	
序号	材料名称	材料料号	建议厂商（或标注现有）	零件价格			备注
				单价	用量	金额	
1	青铜	H62	××	45元	0.03kg	1.35元	
2	PE袋：300（W）×500（L）×0.05（T）mm	C010001	××	4.5元	0.005 PCS	0.023元	委外和辅料要列入BOM
3	纸箱：200×200×100mm	D010002	××	45元	0.001 PCS	0.045元	
4	电镀	镀锡	××	15元/kg	0.02kg	0.3元	
5							

核准： 审核： 制表：

2.4 初始过程流程图

根据过程设想、质量目标、设计目标，制订初始的工艺流程图设想。这个设想一旦成型，工程部门就要准备制样的工装与设备。对初始流程图不做特别要求。参见表1－3。

表 1－3　初始工艺流程

初始工艺流程图						产品型（代号）		TCC－001A		共 1 页
						零件号/零件名称		前横梁		第 1 页
序号	操作说明	加工 ◆	搬运 ●	存放 ▲	检验 ■	序号	关键产品特性	特殊特性符号	编号	关键过程特性
一	进料检验（PP－GP30%胶料）				■	1a	材质	▲		
						1b	尺寸			
						1c	性能			
						1d	环境物质			
二	原材料入库			▲		2				
三	锁料		●			3				
四	烘料	◆				4				时间速度
五	成型	◆				5a	最大外形尺寸②879.41mm PV3341mm≤50 ug c/g PV3925≤10 mg/kg V3925≤10 mg/kg 阻燃性测试不大于100mm/min	▲	5A	速度
									5B	时间
									5C	压力
									5D	速度
									5E	位置
六	抽检轮廓度				■					
七	包装	◆								
		编制人（日期）：				审核人（日期）：			批准人（日期）：	

2.5　产品/过程特殊特性初始清单

特殊特性主要包括产品和过程两种。产品特殊特性一般指原材料、半成品、成品本身表现出的特殊，如拉力、尺寸等。过程特殊特性一般从设备、工装、环境等方面表现出来，如成型参数、仓储温湿度等。特殊特性一般要用客户指定符号标示，如无客户指定符号，公司 APQP 程序中要明确特殊特性的符号，如很多企业用“▲”表示。特殊特性如果由自己公司识别，APQP 小组成员则要参与评审，并签字同意。如表 1－4 所示：

表 1－4　初始特殊特性清单

√第一阶段（初始）　□第二阶段 Part Name 零件名称：前横梁　Customer 顾客名称：××× Product Model 产品型号：TCC－001A　Prepared By 编制：张×× Part No. &Rev. 零件号和更改级别：TCC－001A①　Date(orig.)制定日期：2015. 8. 29 ECL 版本：A　Date（revised）修订日期： Warrant/Date 核准/日					
STEP 序号	OPERATION DESCRIPTION 工序名称/操作描述	SPECIAL PRODUCT CHARACT ERISTICS 产品特殊特性	SPECIAL PROCESS CHARACT ERISTICS 工艺特殊特性	SPECTAL CHARACT ERISTICS SYMBO 特殊特性符号	CONTROL METHODS 控制方法
五	成型	最大外形尺寸②879. 41mm		▲	机台参数点检表
		PV3341≤50 ug c/g			
		PV3925≤10 mg/kg			
		V3925≤10 mg/kg			
		阻燃性测试不大于100mm/min			

过程的特殊特性要列入

2.6 产品保证计划

产品保证计划一般由研发工程部主导制作，APQP 成员要参与评审，主要作用是识别从原材料到成品出货的每个阶段存在的主要风险及初步管控设想，同时这也是 FMEA 和控制计划的基础。表 1－5 为案例。

表 1－5 产品保证计划

制定日期： 年 月 日

<table>
<tr><td>产品名称</td><td colspan="2">2430－0215－00</td><td>顾客名称</td><td>江苏××汽车电子有限公司</td></tr>
<tr><td>规格/型号</td><td colspan="4">××明锐音响旋钮</td></tr>
<tr><td colspan="5">一、项目要求概述（简要说明开发的各项要求或顾客对产品的各项要求）：
该产品用于××明锐音响的声音大小控制</td></tr>
<tr><td colspan="5">二、风险分析/评估：</td></tr>
<tr><td>序号</td><td>项目</td><td>可能带来的风险</td><td>解决方法</td><td>备注</td></tr>
<tr><td>1</td><td>产品复杂性</td><td>扣位尺寸易变化</td><td>新开模具时对此处采用镶件</td><td></td></tr>
<tr><td>2</td><td>材料</td><td>环境物质超出要求</td><td>对每批进来的原材料进行 XRF 测试</td><td></td></tr>
<tr><td>3</td><td>包装</td><td>纸箱变形</td><td>设定纸箱的堆积高度</td><td></td></tr>
<tr><td>4</td><td>服务</td><td>暂无</td><td></td><td></td></tr>
<tr><td>5</td><td>制造</td><td>暂无</td><td></td><td></td></tr>
<tr><td>6</td><td>其他</td><td>暂无</td><td></td><td></td></tr>
<tr><td colspan="5">三、失效模式分析：</td></tr>
<tr><td>序号</td><td>可能发生的失效模式</td><td>失效模式起因/机理</td><td>可能的解决方法</td><td>备注</td></tr>
<tr><td>1</td><td>扣口尺寸偏小</td><td>1. 冷却时间偏短，保压时间偏短
2. 扣位披锋</td><td>1. 将产品的成型参数建立标准文件，发行并控制品保，做首件确认
2. 对模具镶件定期监测</td><td></td></tr>
<tr><td>2</td><td>胶料颜色</td><td>供应商管控失效</td><td>每批来料需核对留底样板</td><td></td></tr>
<tr><td colspan="5">四、初始工程标准：
A、原材料（进货量验和试验）部分：</td></tr>
<tr><td>序号</td><td>原材料名称</td><td>初始质量要求</td><td>控制方法</td><td>备注</td></tr>
</table>

续表

1	PC 2805	不可使用再生料，颜色本色	对每批来料进行颗粒、颜色比对	
B、过程（工序量验和试验）部分：				
序号	工序量验项目	初始质量要求	控制方法	备注
1	全检外观	旋钮表面无划伤、色泽不均，无尖角、毛刺、流线、缩痕等注塑缺陷	制订检验规范，并对产品进行全检	
2	性能测试	详见××CD1126 音响要求	制订实验清单，并对产品进行测试	
C、成品（最终量验和试验）部分：				
序号	工序量验项目	初始质量要求	控制方法	备注
1	全检外观	表面无划伤、色泽不均，无毛刺、流线、缩痕等注塑缺陷	制订检验规范，并对产品进行全检	
2	性能测试	详见××CD1126 音响要求	制订实验清单，并对产品进行测试	
D、包装要求：				
1	吸塑盒	86PCS/盘		
2	装箱	10 袋/箱		
E、其他标准要求： 符合 ROHS				
备注				
核准		审查		制表

一个初步的新项目管理方案

2.7 管理者支持或认可

这就要求在阶段性任务完成之后，进行阶段性会议评审。相应内容包括每一阶段的工作完成进度是否存在遗留问题、是否可进入下一阶段等，阶段性评审会议，公司副总级别以上的人参加会议，会议结束后按会议决议进行改善。倘若不能进入下一阶段，本阶段的问题点就要先改善，再评估是否可以进入下一阶段。

表 1－6　第一阶段小结（项目阶段评审报告）

项目负责人：谭×	**项目名称**：××TP9159 旋钮外罩	**项目编号**：JYF－PD1303001
批准：何×	**计划日期**：2013.3.5	**实际日期**：2013.3.5
标注		
－项目计划是否已实施并遵守？		■是　□否　■附注　1－1
－项目的可行性是否已评估？		■是　□否　■附注　1－2
－项目的成员是否已确定？		■是　□否　■附注　1－3
－该项目的相关资讯是否得到保护？		■是　□否　■附注　1－4
－技术标准是否已确定（功能标准和技术标准）及质量目标？		■是　□否　■附注　1－5
－项目的开发进度是否已确定？		■是　□否　■附注　1－6
－供应商及材料单价是否已确定？		■是　□否　■附注　1－7
－产品的流程是否已定义？		■是　□否　■附注　1－8
－产品的成本是否有评估？		■是　□否　■附注　1－9
－产品的外观、性能、包装及各客户的要求是否得到保证？		■是　□否　■附注　1－10
项目小组		
■同意转入下一阶段		□拒绝进入下一阶段
评论： 该阶段的各项评定符合要求，同意转入下一阶段		
项目经理：		批准：
项目小组决定（最终决定）		
	□项目做调整	
	□在转入调整阶段前需做深入研究	
	□转入下一阶段	
项目小组组长：		批准：

续表

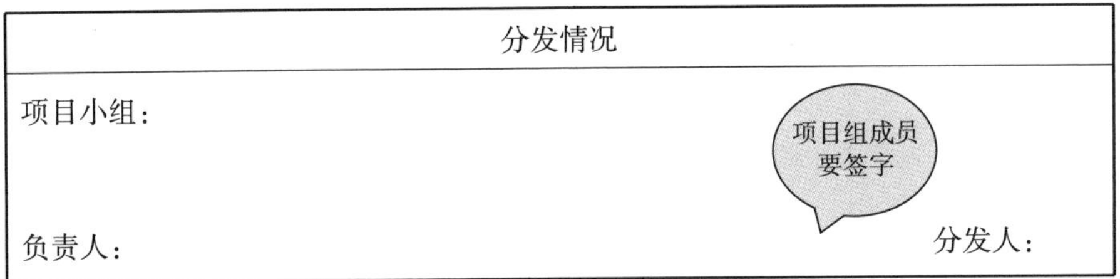

分发情况
项目小组： 负责人：　　　　　　　　分发人：

2.8　组建多功能小组

第一阶段项目总结评审前，项目经理要组建 APQP 多功能小组，小组成员主要由 PMC、业务、品质、研发、工程、采购等部门成员组成。多功能小组要定期召开项目进度会议，就接口问题加强沟通，并签署保密协议。如表 1－7、表 1－8、图 1－2、表 1－9、表 1－10、表 1－11、表 1－12 所示。

项目小组职责与权限

为了使 TCC－001A 前横梁项目产品质量先期策划工作能有组织、有计划地开展，各责任者能够正确、有效、及时地行使自己的权利和履行自己的职责，根据目前我厂各管理人员的部门归属与工作能力，在 APQP 活动中对其职责与权限予以明确规定。

一、APQP（新产品先期策划）小组成员名单

组长：李×

组员：陈×　赵×　高×

二、APQP 小组成员的职责与权限

表1-7　AQPQ小组成员的职责与权限

姓名	部门	职务	小组职务	职责与权限
黎×	总经办	总经理	项目经理	提供必要的资源与支持，确保APQP工作顺利进行
				APQP文件的最终审批
				负责APQP文件的整体审核，确保其连贯一致
				负责定期审核APQP要求的执行情况，并监督改进
				质量策划最终的检讨
李×	工程部	主管	项目组长	小组的日常运作，人员的组织和工作安排
				落实和解决计划执行中的问题
				文件有效的控制与修改
				文件与执行中存在的问题提交到例会中解决
				组织小组会议
				跟进并记录计划的执行状况
				产品可行性分析及工艺的策划，产品包装的设计
				制作产品指导书
				负责技术资料的变更与修订
				提交APQP所要求的文件给项目经理批准
				负责PFMEA及控制计划的制作
				产品所需模具、工装、夹具设计制作，负责跟进本厂及外发模具的质量及进度，保证样件的及时提交
				新设备操作规程的制订
				成本核算及评估
				PPAP文件的检查和校对
陈×	品保部	主管	项目组员	制作测量分析计划（MSA）
				制作过程能力研究计划（PPK）
				制作包装评价报告
				产品所需量检具及实验测试的计划，保证样件的及时提交

续表

陈×	品保部	主管	项目组员	为整个项目提供咨询（包括必要的培训、文件、记录格式等）
				原材料“进料检验基准书”及成品“出货检验基准书”的制作
				量测系统分析并出具测试报告
				过程能力研究并出具测试报告
				试产、量产时品质异常原因的分析，并及时提出纠正预防的措施或建议，以及满足要求后的持续改进
赵×	品保部	QC	项目组员	标准样板的保存和存放
				客户资料的存档及分发（如客户图纸、邮件、测试清单等）
				PPAP 最终文件的保存
				样品、试产、量产过程的品质检验统计及信息反馈等工作
				日常 SPC 的执行
				品质目标达成状况的反馈
高×	资材部	生管	项目组员	生产、物料计划、交付
				场地安排及布置
				物料的收发、储存、保管作业
				产品的评估

3. 某汽车配件公司一阶段案例讲解

该汽车配件公司主要生产汽车内部塑胶外观件，如面板、汽车音箱旋钮等。生产工序主要是胶料成型、电镀、包装、出货。没有产品设计开发环节，只负责按客户要求打样，PPAP 承认后再量产。

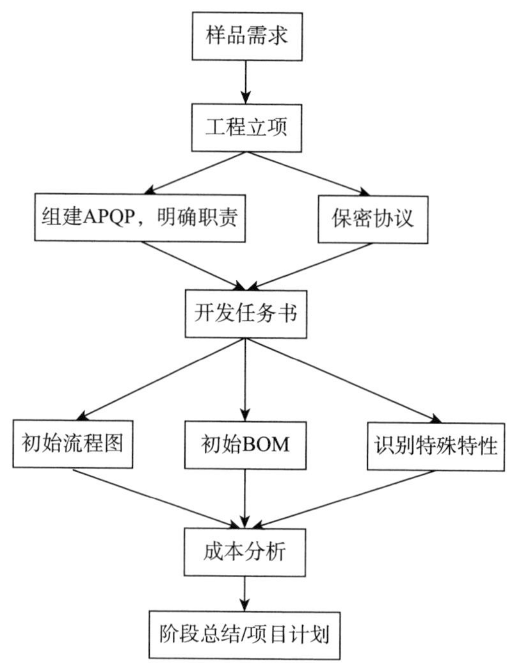

图1－2　APQP一阶段工作流程图

表1－8　样品需求单

客户：江苏××汽车电子有限公司　　　　编号（跟单员填写）：JYF－PD1303001

1. 样品基本情况描述：	2. 样品需求单流程：
客户料号：2430－0235－00 品名规格：CD1126旋钮外罩 样品数量：400PCS　是否报价：否 制样次数：第1次 重做原因：／ 下样日期：2013. 3. 11 需求日期：2013. 3. 15 制图：□是 ■否 资料签回：■是　□否 提供资料：■承认书＿2＿份 □其他： 模治具：客供模具1套 （客户/法律法规要求/交样时间写清楚）	工程发单日期/承办人： 高×2013. 3. 11： （限1h内完成） PMC发单日期/承办人： 杨×2013. 3. 11： （限1h内完成） 采购发单日期/承办人： 钟×2013. 3. 11： （限2h内完成） 工程预估交期/承办人： 谭×2013. 3. 13： 逾期未交原因（工程）（限2日内完成）

续表

样品原材料用料情况：						
工程			PMC	采购		工程
原材料（料号/规格）	用量	取代品	库存	供应商	预交期	备注
胶料：ABS＋PC T65	11.5g/啤	无	200kg	××	已库存	样品制作需求 10kg
电镀液：光铬	0.5g/啤	无	1000L	××	已库存	样品制作需求 500L
注：此单最终由工程分发到物料部、品管部、采购部、生产部。 核准：________ 审核：________ 填表：高×× 3. 样品图面： 见附件客户提供资料						

表1－9 产品可行性评估报告

项目名称	××350 TP9159 CD1126 **旋钮外罩**		**评估日期**	2013.3.5		**项目编号**	JYF－PD 1303001	
评审人员	何×、杨×、谭×、钟×、关×、李×、廖×							
序号	评审项目	评审内容	评审结果					备注
			潜在风险	NG				
				原因	对策	责任人	计划完成日期	
1	客户的要求	1.1 是否已明确客户的要求	对客户图档上提出的特殊特性尺寸及外观要求明确					
		1.2 能否达到客户的要求	能满足客户要求					

潜在风险要写清楚

续表

3	目前产能状况	3.1 目前的产能状况是否能满足生产的需要	目前客户大概需要每天数量为2k，而我司每天生产数量为6k					
5	工序能力	5.1 设备的生产能力	设备的生产能力完全能满足					
		5.2 员工的技术水平	员工的技术水平能满足客户要求					
		5.3 过程能力分析	过程能力采用SPC进行管控					
6	政府的要求和法规	6.1 是否明确政府的要求和法规	明确政府的要求及相关法规					
		6.2 是否符合政府的要求和法规	符合政府的要求和法规					
7	成本	产品成本分析	产品成本分析符合公司的目标					
8	检验方法、工具	对于特殊特性尺寸采用0~200mm卡尺确认	特殊特性尺寸采用卡尺及SPC管控					
9	材料特性	采用拜耳材料	拜耳材料供应商能及时满足生产需求					
10	采购可行性	拜耳指定代理商购买	客户有指定拜耳中国代理商购买					
11	设备性能	海天128T注塑机生产	海天128T的精度能满足客户需求					
综合评估结果：■ 可行　　□ 不可行　　□ 可行（需修订）								

JYF－TD－R－028－01

核准（总经理）：　　审核（管理者代表）：　　项目组长：谭×

根据总经理办公室决定于2013年3月5日起启动（××350 TP9159旋钮外罩）项目。

任命谭××为该项目的项目组长，项目组员有关××、李××、钟××、杨×、高××、廖××。

希望各部门能通力协作，支持项目负责组长的工作，共同完成新产品的开发工作！

表1－10 项目小组成员职能分配表

项目名称		××350 TP9159 旋钮外罩			项目编号	JYF－PD1303001	
注：小组成员除担当各自部门相关职责外，还需担当如下职责：							
NO.	成员姓名	所属部门	职务	职称	项目开发职责说明	联系方式	E－mail
1	谭×	工程部	主管	项目组长	负责制订项目开发计划及组织项目展开和协调等工作，负责工艺开发、配件开发及相关产品作业标准之确定，负责核算新产品的成本 及相关资料汇总等工作		
2	关×	注塑部	副理	项目组员	负责注塑生产过程中品质变异状况处理，作业员操作的培训，设备的验收，样品制作		
3	李×	电镀部	副理	项目组员	负责电镀生产过程中品质变异状况处理，作业员操作的培训，设备的验收，样品制作		
4	钟×	采购部	主管	项目组员	负责外购件供应链的寻找，材料单价的确认及材料进度的控制等工作		

续表

5	杨×	PMC 部	主管	项目组员	负责与客户端信息的传递及沟通，将产品的最新进度及状况回复给客户		
6	高×	品管部	QE	项目组员	负责编制相关检验规程、测试进度状况、测试大纲之制订，及生产过程的品质检验统计与信息反馈		
7	廖×	物料部	主管	项目组员	负责产品的进出仓和防护管理		
备注：①各小组组员在执行计划时，如有任何问题（如图纸、资料、进度、质量等），应向 APQP 小组组长提出，并召开相关人员会议检讨，品质发生不良时品保主管及项目组长有勒令停线的权力；②客户如有任何内容的变更必须提交给 APQP 小组组长，并根据需要召开相应的会议；③提倡 APQP 小组各组员经常予以沟通，充分讨论各种问题；④当产品存在不良争议时，由业务与客户确认或经总经理批示后可放行							

表 1－11　保密协议

项目编号：JYF－PD1303001

1. 目的

1.1　为确保顾客合同产品、进行开发的项目和有关的产品信息得到保密；

1.2　对顾客信息保密，这是组织及组织中的每一个成员应尽的义务，也是供需双方长久合作的基础。

2. 职责

组织及组织中的每一个成员，特别是品质核心小组成员均有此责任并恪守本保密承诺。

3. 保密的内容

3.1　顾客合同的产品；

3.2　本公司自行研发的项目；

3.3　有关产品的信息。

续表

4. 组织最高管理层及相关小组成员的共同声明和承诺——作为公司的一员及产品实现过程中相关小组的成员，我们有义务也有责任恪守本保密承诺。在未经顾客书面批准及本公司最高管理层书面批准的前提下，我（们）保证不将本承诺第3款涉及的内容或信息泄露给第三方（组织或个人），否则，愿接受顾客及本公司的任何形式的投诉或惩戒。

APQP小组成员手工签字

多功能小组成员签名：

部门/签名：__________ 部门/签名：__________

部门/签名：__________ 部门/签名：__________

部门/签名：__________ 部门/签名：__________

部门/签名：__________ 部门/签名：__________

部门/签名：__________ 部门/签名：__________

本保密承诺生效日期：

表1－12　项目进度计划表

项目总负责人：王××　　　　窗体编号：

产品名称		**类别**				
序号	项目名称	主要任务内容	部门/负责人	计划完成日期	实际完成日期	备注
1	市场调研报告	业务部对市场前景、行业竞争、产品成本、产品定位进行可靠性评估	业务/郑×			
2	新产品开发通知单	业务部说明客户对产品的功能，参数及其他相关要求	业务/郑×			
3	产品设计规格书	描述产品功能参数法律法规安规等要求及成本质量，可靠性目标、特殊特性标示	工程/韦×			
4	开发设计任务书	产品开发过程的主要内容和进程，附APQP小组成员职责和保密协议	工程/韦×			

续表

5	设计方案完成	依据业务对产品的输入，设计产品的外形及相关结构，零件排位图（附初始 BQM 表、成本分析报告、初始工艺流程图、初始爆炸图）	工程/韦×			
6	设计方案评审	对设计原理、机械装配方面的设计及性能指针和安全性进行评审（附会议记录、产品保证计划）	工程/王×			
7	制作 DFMEA	了解产品在故障、寿命、安全、效率可靠性等方面的潜存失效模式评估风险系数寻找预防失效发生的方法	工程/王×			
8	产品 3D 结构图设计	依据设计方案绘制 3D 结构图	工程/韦×			
9	产品零件图、BOM 完成	依据设计规格书、设计方案、完成产品 3D 结构设计，绘制零件图，BOM 表	工程/韦×			
10	图纸、BOM 及工艺评审	组织工程课人员参与，依据图纸检验产品功能及加工工艺的可靠性	工程/王×			
11	实验计划	依据产品零件的性能，特性，制订阶段性的实验计划	工程/王×			
12	手样完成/验证	追踪协力厂按时完成手样零件制作	工程/韦×			
13	手样评审	组织小组成员参与，依据图纸检验手样之正确性及设计之完善性（附会议记录）	工程/王×			

续表

14	模具/零件开发	将产品3D图或2D图提供给供应商，开模报价，开模及提供样品	工程/韦×			
15	试模	追踪试模的时效性，负责试模的装配结果与改良确认、记录、汇总	工程/贾×			
16	试模检讨	组织相关人员参与对试模结果进行研讨并对改良项目进行追踪处理	工程/韦××贾×			
17	组装样板/验证	将组装外观、结构及功能均达标的样品提供给相关单位检讨（产品全尺寸测量）	工程/韦×			
18	样品评审	由APQP小组成员对产品结构性能、可靠性进行评审（附评审会议记录）	工程/王×			
19	制造过程流程图	塑料成型及零件组装流程图（附场地平面布置图）	工程/韦×			
20	制作PFMEA	分析与产品相关的过程存在失效模式及后果，消除或减少其发生的可能性	生技/成型/			
21	试产控制计划	品管制作试产控制计划，对零件加以识别，测量控制	品管/			
22	试产SOP	工程依据样品及工艺流程制作试生产的作业指导书	工程/杨×			
23	MSA计划	品管制作测量系统分析计划	品管/			
24	PPK计划	品管制作过程能力研究计划	品管/			
25	样品评审	召集APQP小组成员对开模至样品阶段进行评价（附会议记录）	工程/王×			

续表

26	小批量试生产/验证	组织与跟踪相关部门进行试产并指导作业及对试产状况进记录	工程/贾×			
27	MSA 计划	品管制作测量系统分析计划	品管/			
28	PPK 分析	品管制作过程能力研究计划（PPK 报告）	品管/			
29	包装评价	品管制定包装评价报告	品管/			
30	小批量试生产评审	组织小组成员参与，汇报试产结果并对异常提出改善方案及追踪处理（附评审会议记录）	工程/王×			
31	制作生产控制计划	品管制作生产控制计划	品管/			
32	提交 PPAP	将生产批准件的相关数据，样品进行汇总	工程/王×			
33	BOM、SOP、规格书制定	制订完整正确之 BOM、SOP 及产品规格书；审核后发行	工程/韦×			
34	模具验收完成	试模块装确认合格并开具验收报告	工程/韦×			
35	最终评审	组织 APQP 成员对开发设计进行结案性汇报，评审	工程/韦×			
36	设计开发完成、结案	BOM、SOP、产品规格书、工程技术图纸及工程样品的分发	工程/韦×			

项目进度计划的重点是要识别客户的大日程、客户的样品与检验、试验、试产 PPAP、小批量日期。本公司开发的大厂日程注意要和客户配套，同时要分成几个小项目来制订开发日程，如工程资料、模具治具、试产、人员准备、原材料与承认等。

4. 一阶段易犯的典型错误

4.1　没有进行项目前期评审，没有对客户和法律法规要求进行充分识别，或者对识别出的风险没有制订有效的管理措施，只是写个合格而已。

表1－13　产品可行性评估报告

项目名称	××350 TP9159 **CD1126 旋钮外罩**		**评估日期**	2013.3.5	**项目编号**	JYF－PD1303001		
评审人员	何×、杨×、谭×、钟×、关×、李×、廖×							
序号	评审项目	评审内容	评审结果					备注
			⇩ 评审项目	NG				
				原因	对策	责任人	计划完成日期	
1	客户的要求	1.1 是否已明确客户的要求	对客户图档上提出的特殊特性尺寸及外观要求明确					
		1.2 能否达到客户的要求	能满足客户要求					
3	目前产能状况	3.1 目前的产能状况是否可满足生产的需要	目前客户大概需要每天数量为2k，而我司每天生产数量为6k					
5	工序能力	5.1 设备的生产能力	设备的生产能力完全能满足					
		5.2 员工的技术水平	员工的技术水平能满足客户要求					
		5.3 过程能力分析	过程能力采用SPC进行管控					

没有进行风险识别并制定改善方案

续表

6	政府的要求和法规	6.1 是否明确政府的要求和法规	明确政府的要求及相关法规					
		6.2 是否符合政府的要求和法规	符合政府的要求和法规					
7	成本	产品成本分析	产品成本分析符合公司的目标					
8	检验方法、工具	对于特殊特性尺寸采用 0~200mm 卡尺确认	特殊特性尺寸采用卡尺及 SPC 管控					
9	材料特性	采用拜耳材料	拜耳材料供应商能及时满足生产需求					
10	采购可行性	拜耳指定代理商购买	客户有指定拜耳中国代理商购买					
11	设备性能	海天 128T 注塑机生产	海天 128T 的精度能满足客户需求					
综合评估结果：■ 可行　　□ 不可行　　□ 可行（需修订）								

JYF－TD－R－028－01

核准（总经理）：　　　　审核（管理者代表）：　　　　项目组长：谭××

4.2　客户和法律法规要求识别不充分，如安规要求、环保要求没有充分识别。

表 1－14　产品保证计划

制定日期：　年　月　日

产品名称	2430－0215－00	**顾客名称**	**江苏××汽车电子有限公司**
规格/型号	××明锐音响旋钮		
一、项目要求概述（简要地说明开发的各项要求或顾客对产品的各项要求）： 该产品适用于××明锐音响的声音大小控制作用			

续表

二、风险分析/评估：

序号	项目	可能带来的风险	解决方法	备注
1	产品复杂性	扣位尺寸易变化	新开模具时对此处采用镶件	
2	材料	环境物质超出要求	对每批进来的原材料进行 XRF 测试	
3	包装	纸箱变形	设定纸箱的堆积高度	
4	服务	暂无		
5	制造	暂无		
6	其他	暂无		

三、失效模式分析：

序号	可能发生的失效模式	失效模式起因/机理	可能的解决方法	备注
1	扣口尺寸偏小	（1）冷却时间偏短，保压时间偏短 （2）扣位披锋	（1）将产品的成型参数建立标准文件，发行并控制品保并做首件确认 （2）对模具镶件定期监测	
2	胶料颜色	供应商管控失效	每批来料需核对留底样板	

四、初始工程标准：

A、原材料（进货量验和试验）部分：

没有充分识别法律法规和客户要求

序号	原材料名称	初始质量要求	控制方法	备注
1	PC 2805	不可使用再生料，颜色本色	对每批来料进行颗粒、颜色比对	

B、过程（工序量验和试验）部分：

序号	工序量验项目	初始质量要求	控制方法	备注
1	全检外观	旋钮表面无划伤、色泽不均、无尖角、毛刺、流线、缩痕等注塑缺陷	制订检验规范，并对产品进行全检	

续表

2	性能测试	详见××CD1126音响要求	制订实验清单，并对产品进行测试	
C、成品（最终量验和试验）部分：				
序号	成品量验项目	初始质量要求	控制方法	备注
1	全检外观	表面无划伤、色泽不均、毛刺、流线、缩痕等注塑缺陷	制订检验规范，并对产品进行全检	
2	性能测试	详见××CD1126音响要求	制订实验清单，并对产品进行测试	
D、包装要求：				
序号	包装量验项目	初始质量要求	控制方法	备注
1	吸塑盒	86PCS/盘		
2	装箱	10袋/箱		
E、其他标准要求： 符合ROHS				
备注				
核准		审查		制表

4.3 没有充分识别客户的特殊特性要求

特殊特性要在第一阶段识别，在第三阶段时就要确定下来，制订特殊特性清单文件，同时明确用什么符号标示。特殊特性必须用符号在控制计划、FMEA、SOP、SIP、工程图上进行标示，并采取适当可行的控制方法，如控制图。参见表1-15。

表 1－15　初始特殊特性清单

<table>
<tr><td colspan="6">☑第一阶段（初始）　□第二阶段
Part Name 零件名称：前横梁　Customer 顾客名称：××
Product Model 产品型号：TCC－001A　Prepared By 编制：××
Part No. &Rev. 零件号和更改级别：TCC－002A①　Date(orig.)制定日期:2015. 8. 29
ECL 版本：A　Date（revised）修订日期：
Warrant/Date 核准/日</td></tr>
<tr><td>STEP
序号</td><td>OPERATION DESCRIPTION
工序名称/操作描述</td><td>SPECIAL PRODUCT CHARACT ERISTICS
产品特殊特性</td><td>SPECIAL PROCESS CHARACT ERISTICS
工艺特殊特性</td><td>SPECTAL CHARACT ERISTICS SYMBOL
特殊特性符号</td><td>CONTROL METHODS
控制方法</td></tr>
<tr><td rowspan="5">五</td><td rowspan="5">成型</td><td>最大外形尺寸②879. 41mm</td><td></td><td rowspan="5">▲</td><td rowspan="5">机台参数点检表</td></tr>
<tr><td>PV3341≤50 ug c/g</td><td></td></tr>
<tr><td>PV3925≤10 mg/kg</td><td></td></tr>
<tr><td>V3925≤10 mg/kg</td><td></td></tr>
<tr><td>阻燃性测试不大于100mm/min</td><td></td></tr>
</table>

第三节　设计制样阶段

1. 输入资料

1. 1　设计目标；

1. 2　可靠性和质量目标；

1. 3　初始材料清单；

1. 4　初始过程流程图；

1. 5　初始产品和过程特殊特性清单；

1. 6　产品保证计划；

1.7　管理者支持。

以上 7 项资料都是第二阶段的输入，第二阶段工作的基础就是依据第一阶段的输出。同时第二阶段有些工作可与第一阶段同步进行，这样可以减少时间浪费，确保准时交样。

2. 输出资料

2.1　DFMEA

DFMEA 是设计 FMEA，根据产品特点一般需要制作系统 DFMEA、子系统 DFMEA、部件 DFMEA。如果产品简单，直接制作系统 DFMEA 就可以了。做 DFMEA 之前，首先要做一个方块图，以便了解零件与零件之间的关系。DFMEA 是研发部门组织多功能小组共同制订的。

失效模式和后果分析（FMEA）、方块图/环境极限
系统名称：闪光灯
年度车型：20×××　新产品
FMEA 的 ID 编号：××110D001
操作环境极限
温度：-20 到 160F　腐蚀：试验计划 B　摇摆：不适用
震动：下跌 6 英尺　外来异物：灰尘　湿度：0～100% RH
其他：

备注：以下例子是关联的广块图。FMEA 小组可使用方块图的其他类型，图表、图画等用于阐述他们分析中所考虑的项目。

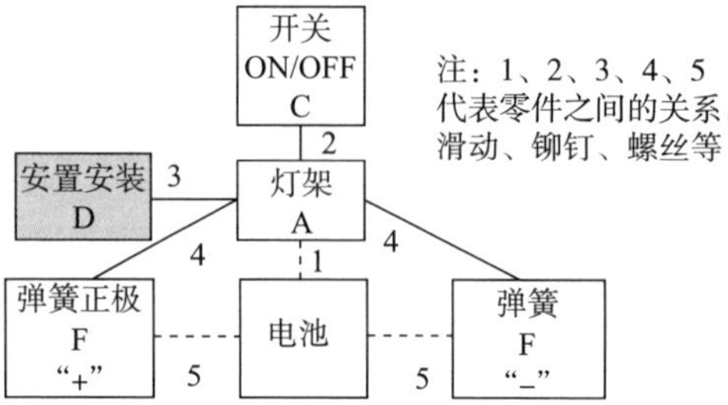

开关 ON/OFF C
注：1、2、3、4、5 代表零件之间的关系，滑动、铆钉、螺丝等
安置安装 D
灯架 A
弹簧正极 F “+”
电池
弹簧 F “-”
1 2 3 4 4 5 5

图 1-3　失效模式和后果分析方块图

表 1－16　潜在失效模式及后果分析

设计责任：产品二部研发部

关键日期：________

核心小组：姚×　袁×　王×　侯×　万×

客户及法律法规要求展开进行分析

项目/功能	潜在失效模式	潜在换效后果	严重度S	级别	潜在失效起因/机理	频度O	现行预防设计控制	现行探测设计控制	探测度D	RPN	建议措施	责任及目标完成日期	措施结果				
													采取的措施	S	O	D	RPN
接收信号	无法接收信号	无法导航无法定位	8	▲	陶瓷天线发生频率偏移，VSWR过高，天线效率变差	1	设计规范	使用网络分析仪进行频率测试	3	24							
组装	组装失配	半成品无法组装	7		PIN 针过长，会顶到屏蔽罩，无法组装	1	设计规范	尺寸检测，并进行试装	2	14							
符合ROHS标准	材料不环保	客户不满意	8		材料选用不对	1	设计规范	ROHS测试	2	16							

2.2 可靠性和装配特性

第二阶段输出的可靠性一般指可靠性测试结果，如老化、寿命、耐恶劣气候等测试或试验结果报告。

表 1－17　可靠性检测报告

可靠性检测报告

申请者：

型号：R803　　　　报告编号：R803－03

材料：R803 手机　　　　日期：2011.8.30

测试目的：整机可靠性检测（供应商改善后的物料）　　　　准备：

审核：

序列号	测试名称	测试条件	测试数量	失效率	测试报告	不良原因	备注
ing ART（老化性测试）							
1	测试	1.5m 高，六个面	5	2/5	1 号，4 号喇叭播放有杂音	喇叭问题	其他 O1

FORM/WI－QA－039#02 Rev. 02　　　　Page 1 of 1

可装配性就是对零件与零件之间尺寸设计的合理性进行试装测试，特别注意公差上下限可能导致的组装困难或间隙大的情况。

表 1－18 内部/顾客装配可行性报告

内部装配可行性报告							
序号	工序号	步骤	装配组合	装配工艺	是否可行	评审人	评审日期
1	20	将霍尔装配到电路板上	霍尔元件、电路板	手工装配	可行		
2	40	将电路板装配到插座上	电路板、插座	手工装配	可行		
3	80	O 型圈放入外壳凹槽内部，销轴组合涂抹润滑脂后放入外壳内部，插座总成装配到外壳内部	O 型圈、销轴组合、润滑脂、外壳、插座	手工装配	可行		

顾客装配可行性报告						
序号	装配\配合项目	配合设计尺寸和公差	装配方法	是否可行	评审人	评审日期
1	安装螺纹	M22 ×1.5－6H	扳手旋紧	可行		
2	六方对边	26.6－27.1	扳手旋紧	可行		
3	锁轴组合金属轴直径	3.75－3.8	手工插入	可行		
4	安装插槽	与 443906233 适配	手工插入	可行		

2.3 设计验证

第二阶段的设计验证主要是对功能性能、可靠性、环保、安全进行的测试或试验。设计验证在做样品的时候就可验证，一般由测试工程师或研发人员进行测试。

表 1－19　设计验证报告

日期：2015. 1. 26

设计项目名称	**托盘清洗机生产线**	**产品型号规格**	LINESPEED：0～5m/min，**输送宽度为** 900mm，**同时可做双列板**
样品编号		试制起止日期	2015. 1. 26
依据的标准			
序号	编号、版本	适用标准	适用地区或行业
1			
验证内容			
序号	项目内容	验证结果	
1	托盘测试	用显微镜观察表面清洁度达到千级	
2	漏电保护	合格	
3	传输系统防护	合格	
4	运行对产品伤害	对产品不会划伤	
设计验证结论： 经验证，本产品的各项设计方案设计合理，符合规范。能够满足项目的各项要求，具备可行性。			

输入是DFMEA设计控制的探测

编制：　　日期：　　审核：　　日期：　　批准：　　日期：2015. 1. 26

2.4　设计评审

第二阶段的设计评审指验证之后的评审，评审内容主要有：设计输出是否满足输入的要求、存在的问题及解决的方案。评审是 APQP 小组成员的集体会议，都要参加。另外注意设计评审过程中必不可少的环节，如评审前一定要明确评审的内容、参与人员，评审后一定要有决议和结论。

表 1－20 新产品开发评审表

编号： 文件编号：

评审要好多次，识别潜在的问题，制定改善方案，得出结论。输入有DFMEA等

<table>
<tr><td colspan="2">产品型号及名称</td><td colspan="2">电压、频率、功率</td></tr>
<tr><td colspan="2">客户名称：</td><td colspan="2">客户型号</td></tr>
<tr><td>评审主持人</td><td colspan="3"></td></tr>
<tr><td colspan="4">评审类别：□外观评审□结构、功能评审 □EB 样品评审 □试产总结评审 □其他</td></tr>
<tr><td colspan="3">出席人员、职位：□研发部：</td><td>评审时间及地点：</td></tr>
<tr><td colspan="4">□外销部： □品管部： □工程部： □采购部：</td></tr>
<tr><td colspan="3">□其他部门：</td><td>附件抄送：</td></tr>
<tr><td colspan="4">评审对象：（由项目负责人负责填写）
1. 设计输出资料（图纸、技术文件）与设计输入资料（合同评审，客户要求和产品设计技术任务书）的符合性
2. 新设计产品的外观、功能、结构、安全、包装和工艺
3. 验收规范和图纸上的要求对检验和试验的执行的有效性
4. 用于制作模具的产品图纸的可行性</td></tr>
<tr><td colspan="4">评审内容：□内打“√”表示通过评审，打“?”表示有建议或疑问</td></tr>
<tr><td rowspan="7">设计评审</td><td colspan="2">□美观性</td><td>□标准符合性</td></tr>
<tr><td colspan="2">□开模方案（缩水、分模线、出模角度等）</td><td>□结构合理性</td></tr>
<tr><td colspan="2">□工艺</td><td>□加工可行性</td></tr>
<tr><td colspan="2">□专利权</td><td>□可维修性</td></tr>
<tr><td colspan="2">□安全性、环境影响</td><td>□操作方便性</td></tr>
<tr><td colspan="2">□功能完备性，适用性</td><td>□经济性</td></tr>
<tr><td colspan="2">□可检验性</td><td>□其他</td></tr>
<tr><td colspan="4">存在问题及改进的建议
（与评审没通过的内容对应）：附页：□《新产品评估改善对策表》
□《EB 样品评审、试产总结报告》</td></tr>
<tr><td colspan="4">评审结论
□合格 □不合格 □有条件发行：</td></tr>
<tr><td colspan="4">编制/日期：______（项目负责人） 审核/日期：______（研发经理） 批准/日期：______（总工程师）</td></tr>
</table>

备注：如果评审结论为“不合格”，则需改善、必要时再次评审，本纪录改版、直到“合格为止”。

表 1－21　控制计划表

样件　试生产　批量生产 控制计划编号：JL11. 6－03	主要联系人： 电话：	编制日期：2006. 11. 6 修订日期：
零件编号/最新更改等级:6309. 07	核发小组：	顾客工程批准/日期(如需要)：
零件名称/描述:轴承浪形保持架	供方/工厂批准/日期:2006. 11. 6	顾客质量批准/日期(如需要)：
供方:人和轴承有限公司　供方代码：	其他批准/日期(如需要)：	其他批准/日期(如需要)：

零件过程编号	过程名称操作描述	机器/装置夹具/工装	特性			特殊特性分类	方法					反应计划	纠正措施	责任部门
			编号	产品	过程		产品/过程/规范/公差	评价/测量技术	取样		控制方法			
									容量	频率				
10	原材料检验	以工序为基础展开进行控制	1	厚度			1. 2 ±0. 02	千分尺	进料检验规程		进料检验记录	退货	供方整改	技检部
			2	含碳量(%)		☆	0. 04 ~0. 12	碳硫分析仪						
			3	抗拉强度(Mpa)		☆	≥270	拉力试验机						
			4	外观	产品特性要输入DFMEA失效模式		表面清洁光亮无绣蚀及手感伤痕、裂纹、分层等缺陷	目测				退货或全检	供方整改	技检部

续表

（中间工序省略）

零件过程编号	过程名称操作描述	机器/装置夹具/工装	特性			特殊特性分类	方法					反应计划	纠正措施	责任部门
			编号	产品	过程		产品/过程/规范/公差	评价/测量技术	取样		控制方法			
									容量	频率				
15	剪板工序	剪板机	1	宽度			351 ±0.5	钢卷尺	2pcs	第4小时巡检一次	首检记录巡检记录	标识隔离	调整设备	生产车间
			2	毛刺			≤0.10	还表卡尺						
		压力机	1	环宽偏差			≤0.06	带表卡尺	5pcs	首检、第2小时巡检一次	首检记录巡检记录	标识隔离报废	调整更换模具	生产车间
			2	外径			∮94.5	带表卡尺						

2.5　样件制造——控制计划

样品控制计划一般不做，如果客户有特殊要求就要做。样品控制计划的输入是一阶段的产品保证计划、客户要求和法律法规要求和DFMEA。在样品控制计划中，要明确样品制作流程、责任人、验证项目等内容。样品控制计划与设计验证报告和设计验证计划要保持一致，如文件有策划，一定要实验或测试。

2.6　工程图

工程图主要指结构图、线路图、组装图、电性图等，图纸必须要有公差、版次、制作、审批人员、修改履历等信息。

2.7　工程规范

工程规范主要指产品规格书和制造规格书。产品规格书要明确产品的功能、性能、可靠性等。制造规格书指每个工序的质量加工要求。

××部品规格书

适用范围：适合于816系列光电耦合器。

一、外型尺寸图

1. LTV－816光耦尺寸图

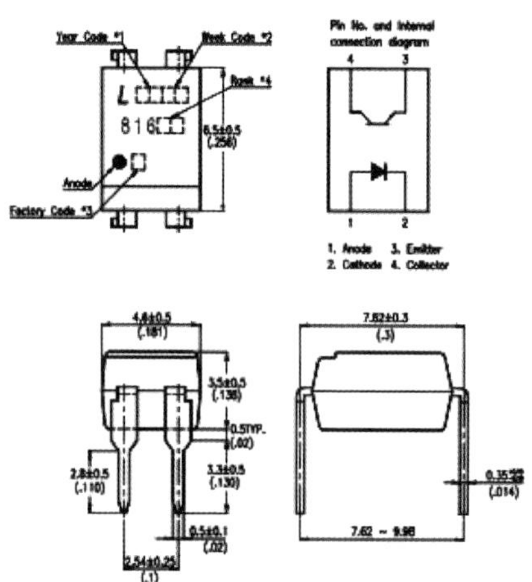

图1－4　LTV－816光耦尺寸图

2. LTV－816S 光耦尺寸图

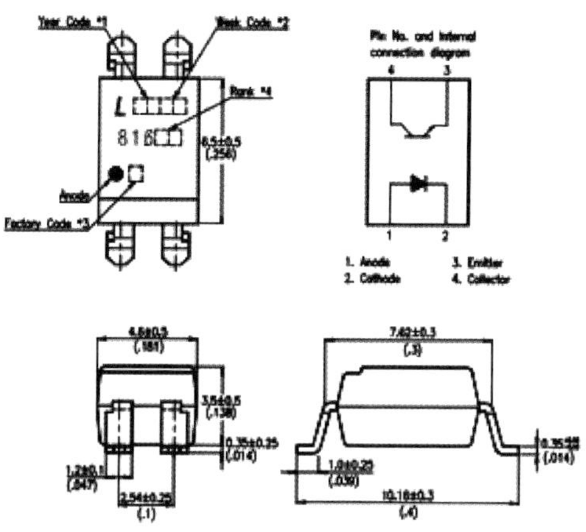

图 1－5　LTV－816S 光耦尺寸图

二、光耦实物图

图 1－6　光耦实物图

三、测试电路图

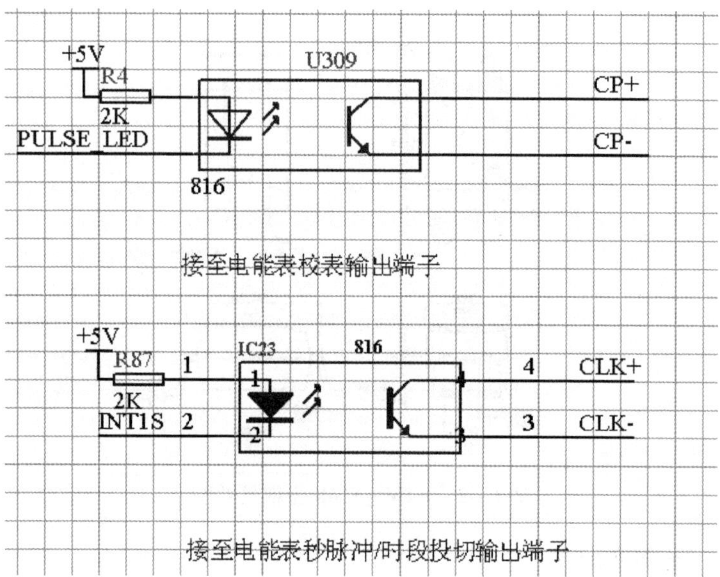

图 1－7　测试电路图

四、输出波形图

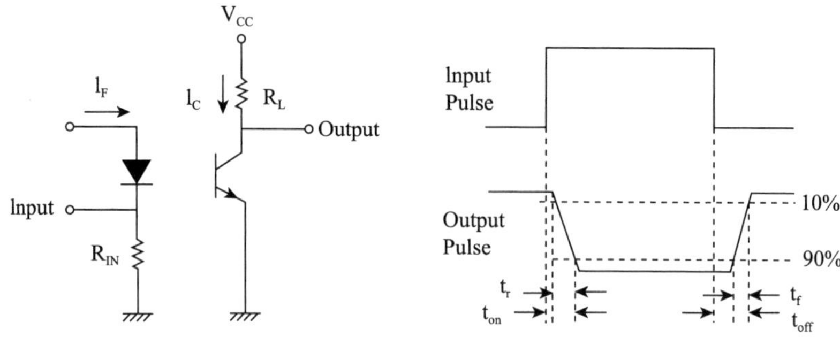

图 1－8　输出波形图

五、光电特性

表 1－22　光电特性

参数标志 PARAMETER		SYMBOL	最小值 MIN.	类型 TYP.	最大值 MAX.	单位 UNIT	条件 CONDITIONS
输入 INPUT	Forward Voltage	V_F	—	1.2	1.4	V	$I_P=20mA$
	Reverse Current	I_R	—	—	10	μA	$V_R=4V$
	Terminal Capacitance	C_t	—	30	250	pF	V＝0，f＝1KHz
输出 OUTPUT	Collector Dark Current	I_{CEO}	—	—	100	nA	$V_{CE}20V$，$I_F=0$
	Collector－Emitter Breakdown Voltage	BV_{CEO}	80	—	—	V	$I_C=0.1mA$ $I_F=0$
	Emitter－Collector Breakdown Voltage	BV_{ECO}	6	—	—	V	$I_E=10\mu A$ $I_F=0$
特殊特性变化 TRANSFER CHARACTERISTICS	Collector Current	Ic	2.5	—	30	mA	$I_P=5mmA$
	＊1 Current Transter Ratio	CTR	50	—	600	%	
	Collector－Emitter Saturatin Voltage	$V_{CE}()$	—	0.1	0.2	V	$I_P=20mA$
	Isolation Resistance	R	5×10^{10}	1×10^{10}	—	Ω	DC500V 40～60% R. H.
	Floating Capacitance	C_f	—	0.6	1	pF	V＝0，f＝1MHz
	Cut－Off Frequeney	fc	—	80	—	kHz	$V_{CE}=5V$，Ic＝2mA $R_L=100\Omega$，3dB
	Response Time(Rise)	t_r	—	4	18	μs	V CE＝2V， Ic＝2mA $R_L=100\Omega$
	Response Tinem（Fall）	t_r	—	3	18	μs	

$CTR=I_C/I_F$ X100%

六、传输特性

表1-23　传输特性

参数		符号	最小值	最大值	百分比	先决条件
电流传输比	EL816	CTP	50	600	%	IF＝5mA，VCE＝5V IF＝10mA，VCE＝5V
	EL816A		80	160		
	EL816B		130	260		
	EL816C		200	400		
	EL816D1		300	470		
	EL816D2		430	600		
	EL816I		63	125		
	EL816J		100	200		
	EL816K		160	320		

七、光耦检测项目

1. 包装标识

供应商应具有生产厂家的代理资格证书及相关质量保证书。内外包装应防静电、防潮、密封，标识清楚，外箱包装具备下述内容：

a. 名牌商标

b. 型号规格

c. CTR 范围代码

d. 封装地

e. 数量

f. 制造年月、批号

2. 外观

元件本体商标、型号、CTR 范围代码、批号应与外包装相符，表面不应该有锈蚀、裂痕和其他损伤，形状规则大小统一，管脚分布整齐光洁，刻字圆点（表示第一脚）清楚，耐清洗剂清洗。

3. 尺寸

符合供货方提供的我公司认可的尺寸要求。(游标卡尺)

4. 可焊性

各管脚需有良好的可焊性，光亮易锡（30W 烙铁 Φ0.6 锡丝）。

5. 电性能

表 1－24　新产品开发任务书

参数		符号	数值	单位
输入	正向电流	If	50	mA
	反向电压	VR	6	V
	功耗	P	70	mW
输出	集电极－发射极　电压	VCEO	80	V
	发射极－集电极　电压	VECO	6	V
	集电极电流	IC	50	mA
	集电极功耗	Pc	150	mW

6. 万用表检测光电耦合器

6.1 用 RX100（或者 RX1K）档测量发射管的正、反向电阻，检测单向导电性。

6.2 分别测量接收管的集电结与发射结的正、反向电阻，均应单向导电，然后测量穿透电流 Iceo 应等于零。

6.3 用 RX10K 档检查发射管与接收管的绝缘电阻应为无穷大。有条件者最好选兆欧表实测绝缘电阻值，但兆欧表的额定电压不得超过光电耦合器的绝缘电压 VDC 值，测量时间不超过一分钟。

6.4 光电耦合器的输入端和输出端之间是绝缘的，绝缘电阻根据封装形式有差异，一般大于 10^{10}，耐压超过 1KV。

7. 半导体特性图示仪检测

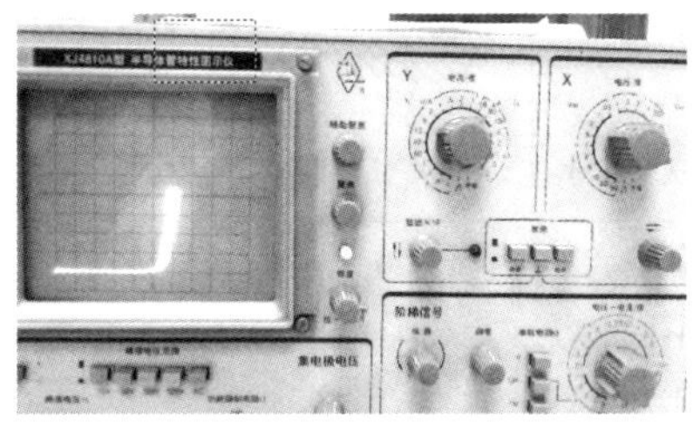

图 1－9　半导体特性图示仪

注：X 轴：0.2V/格，Y 轴：5mA/格。

测试输入端正向电压 $V_F=1.2V$，反向耐压 $V_R=6V$

输出端电压 $V_{CEO}=80V$，$V_{ECO}=6V$

8. 耐压测试

输入端两脚短接，输出端两脚短接后，输入与输出端打耐压 5KV、1mA 、1min。

9. 盐雾试验：检测光耦管脚是否生锈

10. 在传输数字信号时还需考虑上升时间、下降时间、延迟时间和存储时间等参数

案例：制造规格书

表 1－25　制造规格书

产品品号	0P0300V0SE0C0101（××HR335）		产品编号	R－0001
站别	原材料		作业图纸	注意事项
固晶	芯片	HP0－014MR	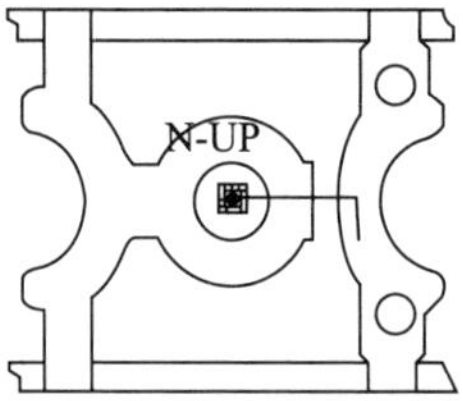 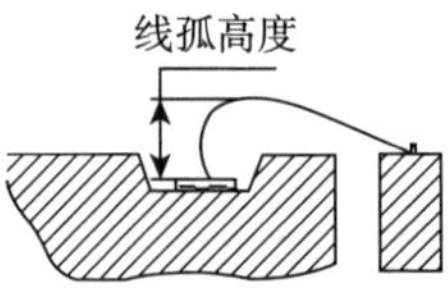	1. 银胶胶量： 1/3－1/2 芯片高度 2. 烘烤：170℃/90 分钟 3. 防止芯片固重 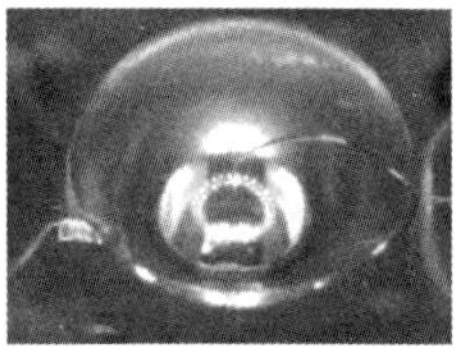 4. 焊线：线弧高度 700－900μm 5. 二焊打小线弧
		IV：>500mcd， VF：1.3－2.6V， WL：625－630		
	支架	724－B（一诠）， 红铜支架		
焊线站	金线	金线型号： Heraeus HD1×1.2Mil		
	耗材	38IF 瓷嘴， 30°锥形点胶头		

续表

产品品号	0P0300V0SE0C0101（××HR335）	产品编号	R－0001
站别	原材料	作业图纸	注意事项
固晶 焊线站	物料储存： 1. 银胶 ACE34030 （1）在低于零下 40 度条件下能储存 1 年 （2）在低于零下 20 度条件下能储存 3 个月 2. 芯片、支架、胶水、金线、模条按我司条件保存。	补充注意事项： 杯底胶不可点编，芯片不可偏离杯底中 1/6 杯底半径	6. 为避免塌线请使用专用料盒 7. 支架表面不可有受伤的痕迹 8. 一焊金球推力 > 45g，残金度不作管控，D 点坡面不能有受伤痕迹

八、材料规范

材料规范要明确材料的性能、成分、温度等级、材料等级等要求。

案例：采油（气）井口装置和油（气）井套管头材料规范

范围

本标准规定了我公司生产的采油（气）井口装置和油（气）井套管头承压件和控压件对材料的基本要求和材料的鉴定程序和验收准则。

本规范适用于我公司生产的下述产品：

（1）采油（气）井口装置

（2）油（气）井套管头

（3）井口闸阀

（4）节流阀

上述产品单独订货的部件和零件。

引用标准：

下列标准所包含的条文，通过在本标准中引用而构成本标准的条文。在本标准出版时，所示版本均为有效。所有标准都会被修订，使用本标准的各方应探讨使用下列标准最新版本的可能性。

（1）GB 222 钢的化学分析用试样取样法及成品化学成分允许偏差

（2）GB 223.1 ~ GB 223.6 钢铁中碳、硫、磷、锰、硅、硼的测定

（3）GB 699 – 88 优质碳素结构钢

（4）Q/74694520 – 3 · 9 – 2005 采油（气）井口装置和油（气）井套管头

（5）Q/74694520 – 3 · 13 – 2005 采油（气）井口装置和油（气）井套管头力学性能试验方法

（6）Q/74694520 – 3 · 18 – 2005 采油（气）井口装置和油（气）井套管头物资采购质量控制办法

（7）LZCY/QP – 830 不合格品控制程序

材料的选择：

本体、盖、法兰、套管和油管悬挂器本体的材料。

材料选用条件：

PSL1

温度等级：T；适用范围：–18℃ ~82℃；

材料等级：DD；工况特性：酸性环境 – 轻度腐蚀；

拉伸性能：经热处理后，铸件本体应达到45K 材料的要求，其余件应达到60K 材料的要求（见表1 – 26）。

表1 – 26　材料性能要求

代号	断面收缩率 Ψ,%	最小屈服强度 $\sigma_{0.2}$，MPa	最小抗拉强度 σ_b，MPa	伸长率 50mm %
	≥			
45K	310	483	19	32
60K	414	586	18	35
75K	550	650	22	42

温度等级：T，适用范围：－18℃～82℃；

材料等级：DD，工况特性：酸性环境—轻度腐蚀；

对要求抗硫化氢腐蚀的材料，热处理后的硬度应≤235HB；

拉抻性能：经热处理后，应达到60K材料的要求（见表1）；

冲击性能：应在－18℃或更低温度条件下作低温冲击试验，在试样尺寸10mm×10mm夏比V型缺口时，平均冲击功应≥20J。

材料的确定（PSL1～PSL3）：

根据3.1.1的条件，材料应选择优质低合金钢，并符合Q/74694520－3·9中规定的材料成分的限制范围和允许的最大偏差。具体成分见表1－27。

表1－27　本体、盖、法兰、套管和油管悬挂器本体材料的成分要求（%）

C	Mn	Si	Mo	Cr	S	P
0.32～0.40	0.40～0.70	0.17～0.37	0.15～0.25	0.80～1.10	≤0.04[1)] ≤0.025[2)]	≤0.04[1)] ≤0.025[2)]
注：Ni、V为微量元素，不作要求； ①适用于PSL1～PSL2，PSL1～PSL2选30CrMo（4130）；②适用于PSL3，PSL3选30CrMoA（4130H）；						

2.8　图样和规范更改

指APQP中的变更履历表，在每个阶段的评审，验证中如有变更，都要填写变更履历表，在试产前可不要变更通知书。量产中的变更必须要有变更通知书。参见表1－28。

表1－28　产品变更履历表

<table>
<tr><td>产品名称</td><td colspan="2"></td><td>客户名称</td><td></td></tr>
<tr><td>模具编号</td><td colspan="2"></td><td>开模日期</td><td></td></tr>
<tr><td>序号</td><td>变更时间</td><td colspan="2">变更记事</td><td>担当</td></tr>
<tr><td></td><td></td><td colspan="2"></td><td></td></tr>
</table>

2.9　新设备、工装和设施要求

填写这个项目的设备清单和工装清单，明确设备的编号、名称、等级等。具体包括与这个项目相关的设备、工装、设施，不相关的就不要填写进来。参见表 1－29。

表 1－29　设备一览表

设备类别：机器

序号	设备名称	编号	规格型号	厂商	入厂日期	使用单位	备注
1	成型机		HTF－120T	海天	2004.8.3	注塑部	
2	烘料机		DELI－50KG	德力	2004.8.3	注塑部	
3	空压机		BLX－50A/8	博莱特	2013.3.4	注塑部	
4	冷却水塔		XT－80	新田	2007.3.12	注塑部	
5	前处理机	填写上项目相关设备	自加工设备	金永发	2012.2. 组装	电镀部	
6	后处理机		自加工设备	金永发	2012.2. 组装	电镀部	
7	整流机		5000A/12V	先锋	2012.2.13	电镀部	
8	加热煲		MXH－5R	名星	2012.2.13	电镀部	

2.10　产品/过程特殊特性

这里包括产品特殊特性和过程特殊特性，要有指定符号标示。如没有指定符号，公司在 APQP 程序中就要明确符号。特殊特性可能是客户指定，也可能是本公司 APQP 成员评审出来的。特殊特性不仅包括产品特殊特性，也包括过程特殊特性。产品的特殊特性一般在原材料、半成品、成品上表现出来，如尺寸等。过程的特殊特性则一般由设备工装表现出来，如温度、压力、时间、转速等。如表 1－30 所示：

表 1－30　特殊特性清单

编制日期：2012 年 10 月 26 日　　　　　　项目编号：CY－121026－001

客户料号：TJ－378　　　　　　　　　　　品名规格：××AF 后门塑料托架

序号	特殊特性项目	管制要求（含公差）	特殊特性符号	管制部门	管制方法
1	产品无螺母/无螺牙	有螺母/且螺牙规格为 M6×1.0	▲	制造部 品保部	1. 产品成型后 100% 磅重 2. 成型后 100% 扭螺母
2	产品关键尺寸	⑥11±0.2mm	▲	制造部 品保部	1. 模具定位针尺寸控制 5.1±0.02mm 2. 如产品连续生产需每个礼拜点检 1 次
3	开口尺寸	①2.7+0.3/－0mm	▲	制造部 品保部	1. 产品完全冷却后用开口量测治具 100% 全检

过程特性别忘记了

2.11　量具和有关试验设备要求

要列出量具和实验设备的编号、名称、型号、量程。参见表 1－31 测量和实验设备清单。

表 1－31　测量和实验设备清单

设备编号	名称	型号	数量
JYF－XD－R－001－01	游标卡尺	0－200mm	1 把
JYF－XD－R－017－01	测膜厚仪	0－50um	1 台
JYF－XD－R－018－01	盐雾耐腐蚀试验机	AK－Y150	1 台
JYF－XD－R－019－01	高低温测试机	EL－02AGP	1 台
JYF－IE－TD－001	电导率仪	DDS－11A/C	1 台
JYF－IE－TD－003	酸度计	PHS－2C	1 台
JYF－IE－TD－005	分光光度计	722S	1 台

写上项目相关的测量设备。输入是控制计划

2.12　小组可行性承诺和管理者支持

二阶段结束前，APQP 小组要开会进行评审，总结这一阶段的工作，以便排除问题、制订改善方案，以及确定下阶段的工作是否可以正常进行（注意：最高管理层必须参加会议）参见表 1－32 第二阶段小结。

表 1－32　第二阶段小结（项目阶段评审报告）

<table>
<tr><td>项目负责人：谭××
批准：</td><td colspan="2">项目名称：
××350TP9159 旋钮外罩
计划日期：2013. 3. 15</td><td colspan="2">项目编号：
JYF－PD1303001
实际日期：2013. 3. 15</td></tr>
<tr><td colspan="2">标注
－ 机器设备是否能满足客户的需求？
－ 检验设备是否能满足客户的需求？
－ 供应商是否明确需要提交的相关资料？
－ 是否有通知供应商送样？
－ 是否有通知制作样品？
－ 模具是否已验收 OK？
－ 样品的各项参数是否有制订？
－ 样品的尺寸外观是否有确认？
－ 样品的性能是否有测试？</td><td>
■ 是
■ 是
■ 是
■ 是
■ 是
■ 是
■ 是
■ 是
■ 是</td><td>
□ 否
□ 否
□ 否
□ 否
□ 否
□ 否
□ 否
□ 否
□ 否</td><td>
□ 附注
□ 附注
□ 附注
□ 附注
□ 附注
□ 附注
□ 附注
□ 附注
□ 附注</td></tr>
<tr><td colspan="5">项目小组</td></tr>
<tr><td colspan="5">■ 同意转入下一阶段　　　　　　□ 拒绝进入下一阶段
评论：
该阶段的各项评定符合要求，同意进行下一阶段

项目经理：　　　　　　　　　　批准：</td></tr>
<tr><td colspan="5">项目小组决定（最终决定）</td></tr>
<tr><td colspan="5">□ 项目作调整
□ 在转入调整阶段前需作深入研究
□ 转入下一阶段
项目小组组长：李×　　　　　　　　批准：</td></tr>
</table>

续表

<table>
<tr><td colspan="2">分发情况</td></tr>
<tr><td colspan="2">项目小组：</td></tr>
<tr><td>负责人：</td><td>分发人：</td></tr>
</table>

3. 某汽车配件公司二阶段案例讲解

某汽车配件厂没有产品研发，所以没有方块图，DFMEA。但二阶段的样品验证动作还是有做，有一些性能由客户自己验证。这家企业二阶段的流程大体如下：首先排查是否需要采购设备、工装模具、材料、测量设备，列出设备清单、模具清单、测量实验设备清单，如果需要申购，则立即提出申请。其次，待材料采购回来之后，再由采购部交工程部制作样品，然后将制作的模具进行试模验收，由工程部下发样品制作通知单给生产部和品管部。最后，在生产样品制作完成之后，先经由品管部检验，交样给工程部进行确认，然后工程部再交业务部送样，并提供相关资料。

主要表格如下：

表1－29　设备一览表

表1－31　测量和实验设备清单

表1－33　供应商提交要求

表1－34　送样通知书

表1－35　样品制作通知单

表1－36　模/治具验收报告

表1－37　成型参数表

表1－38　样品规格确认单

表1－39　信赖性测试报告

表 1－33　供应商提交要求

供方名称：东莞××塑胶原料有限公司　　　　项目编号：JYF－PD1303001

产品名称	ABS＋PC T65 成形树脂	送样日期	2013. 3. 6
产品图号	/	送样地点	金永发仓库
产品标准	依我司原材料检验规范	送样数量	50kg

相关技术协议				
需提交的文件	提交需求	提交日期	提交频次	提交要求
硬度报告	□需要　■无需	/	/	/
色差报告	□需要　■无需	/	/	/
标准色板	□需要　■无需	/	/	/
SGS 报告	■需要　□无需	3/6	首次/每年	原件
MSDS	■需要　□无需	3/6	首次	原件
GP BOM LIST	□需要　■无需	/	/	/
物性表	■需要　□无需	3/6	首次	原件
检验报告	□需要　■无需	/	/	/
包装规范	□需要　■无需	/	/	/
控制计划	□需要　■无需	/	/	/
PFMEA	□需要　■无需	/	/	/
SIP	□需要　■无需	/	/	/
PPK	□需要　■无需	/	/	/
GRR	□需要　■无需	/	/	/

需方	特料部	工程/品管部	采购部	供方	供方代表签字
金××					

表单流程：需方→供方确认（影印留底）→需方代表→归入项目档案。

DFMEA失效模式在供应方提交要求中确认是否解决

并不是所有供应商都要做FMEA、SPC、MSA

表1－34　送样通知单

项目编号：JYF－PD1303001

<table>
<tr><td>通知日期</td><td colspan="4">2013.3.5</td><td>联系电话</td><td colspan="2">0769－86991×××</td></tr>
<tr><td>供货厂商</td><td colspan="4">东莞市××塑胶原料有限公司</td><td>传真</td><td colspan="2">0769－86991×××</td></tr>
<tr><td>联系地址</td><td colspan="4">东莞市××原料市场</td><td>联系人</td><td colspan="2">唐小姐</td></tr>
<tr><td>样品名称</td><td colspan="4">ABS＋PC T65</td><td>送样地点</td><td colspan="2">××仓库</td></tr>
<tr><td>送样要求
技术协议</td><td colspan="7"></td></tr>
<tr><td>送样数量</td><td colspan="3">50kg</td><td>送样日期</td><td colspan="3">2013.3.6</td></tr>
<tr><td>样件用途</td><td colspan="7">□ 尺寸确认 ■ 材质确认 □ 性能确认 □ 装配确认
□ 调试确认 □ 顾客确认 □ 其他</td></tr>
<tr><td>联系人</td><td>钟××</td><td>电话</td><td colspan="2">0752－6122305</td><td>传真</td><td colspan="2">0752－6122303</td></tr>
<tr><td>需方</td><td>特料部</td><td>工程/品管部</td><td colspan="2">采购部</td><td rowspan="2">供方</td><td colspan="2">供方代表签字</td></tr>
<tr><td>××</td><td></td><td></td><td colspan="2"></td><td colspan="2"></td></tr>
<tr><td colspan="8">表单流程：需方→供方确认（影印留底）→需方代表→归入项目档案</td></tr>
</table>

表1－35　样品制作通知单

项目编号：CY－120901－001

<table>
<tr><td>项目名称</td><td colspan="2">××350 TP9159 旋钮外罩</td><td colspan="2">品名/规格</td><td colspan="2">CD1126 旋钮外罩</td></tr>
<tr><td>发单部门</td><td>PMC部</td><td>知会部门</td><td colspan="4">品管部/注塑部/电镀部</td></tr>
<tr><td>发单人</td><td>杨×</td><td>知会人</td><td colspan="4">关××/李××/谭××</td></tr>
<tr><td>接单人签名</td><td colspan="6"></td></tr>
<tr><td>主旨</td><td colspan="6">CD1126旋钮外罩样品制作</td></tr>
<tr><td colspan="7">产品要求</td></tr>
<tr><td>外观要求</td><td colspan="6">表面无划伤、色泽不均、砂粒、麻点、漏镀，扣位无断裂/变形等</td></tr>
<tr><td>性能要求</td><td colspan="6">依客户要求</td></tr>
<tr><td>尺寸</td><td colspan="6">依客户图纸</td></tr>
<tr><td>包装</td><td colspan="6">1PCS/格，48PCS/盒，480PCS/箱</td></tr>
<tr><td>制作数量</td><td colspan="2">400PCS</td><td>制作日期</td><td colspan="3">2013.3.11</td></tr>
<tr><td>核准</td><td></td><td>审核</td><td colspan="2"></td><td>制作</td><td>杨××</td></tr>
</table>

表 1-36　模/治具验收报告

■模具/配件　　□治具		编号	DW8818	每模重量	11.5g
制造厂商	江苏××汽车电子有限公司	模穴数	4 穴	料头重量	//
模/治具名称	模具	试模次数	首次	成品单重	1.9g
机器类型/编号	128T	成型胶料	ABS + PC T65	验收日期	2013.3.5
冷却水道	■已作　□未作	冷却形式	□空冷　■水冷　□冰冷　□加热		
附简图：见客户图纸					

样品		标准值	实际测量值				判定		试模结论	
			1	2	3	4	5			
成品试	1	29.15±0.1mm	29.18	29.19	29.19	29.18	29.18	OK	试模结论	
	2	0.78±0.05mm	0.78	0.8	0.8	0.8	0.78	OK		
	3	33.87±0.1mm	33.91	33.92	33.91	33.91	33.93	OK		
	4	9.37±0.1mm	9.42	9.42	9.42	9.44	9.44	OK	成品外观	
	5	13.49±0.1mm	13.46	13.48	13.46	13.48	13.46	OK		
	6	27±0.1mm	27.02	27.02	27.04	27.04	27.06	OK		
	7	27.13±0.1mm	27.10	27.10	27.10	27.10	27.10	OK	其他	
	8	4.12±0.1mm	4.14	4.14	4.14	4.14	4.14	OK		
	9	1.87±0.1mm	1.91	1.91	1.93	1.93	1.94	OK		
	10	1.5±0.1mm	1.91	1.91	1.93	1.93	1.94	OK		

工程部及时验收。要得出结论，生产要参与试模

续表

<table>
<tr><td rowspan="8">成型条件</td><td colspan="2">料管温度</td><td colspan="2">1 段：240</td><td colspan="3">2 段：235</td><td colspan="2">3 段：225</td><td colspan="3">4 段：215</td></tr>
<tr><td colspan="2">项目</td><td>压力</td><td>流量</td><td>时间</td><td>位置</td><td colspan="2">项目</td><td>压力</td><td>流量</td><td>时间</td><td>位置</td></tr>
<tr><td rowspan="5">射胶</td><td>1 段</td><td>85</td><td>22</td><td>/</td><td>/</td><td rowspan="5">保压</td><td>1 段</td><td>/</td><td>/</td><td>/</td><td>/</td></tr>
<tr><td>2 段</td><td>90</td><td>25</td><td>/</td><td>52</td><td>2 段</td><td>/</td><td>/</td><td>/</td><td>/</td></tr>
<tr><td>3 段</td><td>80</td><td>18</td><td>/</td><td>42</td><td>3 段</td><td>/</td><td>/</td><td>/</td><td>/</td></tr>
<tr><td>4 段</td><td>75</td><td>12</td><td></td><td></td><td>4 段</td><td></td><td></td><td></td><td></td></tr>
<tr><td>5 段</td><td>70</td><td>10</td><td>/</td><td>/</td><td>5 段</td><td>/</td><td>/</td><td>/</td><td>/</td></tr>
<tr><td colspan="2">加料</td><td>/</td><td>/</td><td>/</td><td>/</td><td colspan="2">冷却计时</td><td>15 秒</td><td colspan="2">成型周期</td><td>40 秒</td></tr>
<tr><td rowspan="4">审核单位</td><td colspan="2">制造部</td><td colspan="10">□可生产 □退重修 签名：</td></tr>
<tr><td colspan="2">工程部</td><td colspan="10">□可生产 □退重修 签名：</td></tr>
<tr><td colspan="2">品管部</td><td colspan="10">□可生产 □退重修 签名：</td></tr>
<tr><td colspan="2">最终判定</td><td colspan="10">□可生产 □先行生产，做完首批后再修理
□整理后再试 签名：</td></tr>
</table>

表 1－37　成型参数表

客户	××	客户料号	2430－0235－00	品名/规格	CD1126 旋钮外罩		胶料类型	ABS＋PC T65	
本厂料号	/	制作日期	2013. 3. 11	使用工具	斜口钳		胶料颜色	本色	
机器类型	128T	模具温度	90℃	机器油温	90℃		成型模式	半自动	
参数公差：温度 ±5、压力 ±2、时间 ±2、流量 ±2、位置 ±2					版本：A0				
射嘴	255	一段	230	二段	230	三段	230	四段	210
注塑（压力）设定									
一段	90	二段	130	三段	130	四段		五段	
注塑（流量）设定									
一段	45	二段	22	三段	15	四段		五段	
注塑（位置）设定									
一段	64	二段	30	三段	12	四段		五段	
开关模（压力）设定									
开模一	70	开模二	50	开模三	20	锁模一	60	锁模二	55
开关模（压力）设定									
开模一	35	开模二	30	开模三	20	锁模一	55	锁模二	35
开关模（压力）设定									
开模一	0	开模二	70	开模三	160	锁模一	255	锁模二	55

续表

低压锁模设定						进抽芯（流量）设定			
压力	0	流量	8	位置	7	进芯一		进芯二	
保压一段设计						进抽芯（流量）设定			
压力	110	流量	8	位置	1.5	进芯一		进芯二	
高压锁模设定						抽芯一		抽芯一	
压力	138	流量	35	位置	2.6	进芯一		进芯二	
保压二段设计						进抽芯（流量）设定			
压力	100	流量	8	时间	0.5	进芯一		进芯二	
顶出一段设计						抽芯一		抽芯一	
压力	30	流量	25	位置	1	进芯一		进芯一	
顶出二段设计						烘料温度		冷却时间	成型周期
顶退二段设计						110		10	30
压力	40	流量	25	位置	20				
压力	50	流量	35	位置	48	核准		审核	制表
顶退二段设计									
压力	50	流量	35	位置	1				

表 1－38 样品规格确认单

客户	SS×× **有限公司**	**制样数量**	400PCS	**样品编号**	CY－1303 01001
品名规格	CD1126 旋钮外罩	制样人	关××/李××	制样日期	2013. 3. 11－13
产品简图	见客户图纸				

项目	检验内容	检验标准	检验结果					SPC	判定	
			1	2	3	4	5		AC	RE
外观	产品表面的注塑缺陷和电镀缺陷	无缺胶缩水	无	无	无	无	无		AC	
		无划伤碰伤	无	无	无	无	无		AC	
		扣位无断裂/变形	无	无	无	无	无		AC	
		颜色与样板相符	无	无	无	无	无		AC	
尺寸	1	29. 15 ±0. 1mm	29. 18	29. 19	29. 19	29. 18	29. 18		AC	
	2	0. 78 ±0. 05mm	0. 78	0. 8	0. 8	0. 8	0. 78		AC	
	3	33. 87 ±0. 1mm	33. 91	33. 92	33. 91	33. 91	33. 93		AC	
	4	9. 37 ±0. 1mm	9. 42	9. 42	9. 42	9. 44	9. 44		AC	
	5	13. 49 ±0. 1mm	13. 46	13. 48	13. 46	13. 48	13. 46		AC	
	6	27 ±0. 1mm	27. 02	27. 02	27. 04	27. 04	27. 06		AC	
	7	27. 13 ±0. 1mm	27. 10	27. 10	27. 10	27. 10	27. 10		AC	
	8	4. 12 ±0. 1mm	4. 14	4. 14	4. 14	4. 14	4. 14		AC	
	9	1. 87 ±0. 1mm	1. 91	1. 91	1. 93	1. 93	1. 94		AC	
	10	1. 5 ±0. 1mm	1. 5	1. 52	1. 5	1. 52	1. 52		AC	
性能	1	详见信赖性测试报告	无	无	无	无	无			
包装	每盒数量	48PCS/盒	48PCS	48PCS	48PCS	48PCS	48PCS		AC	
	每箱数量	10 盒/箱	10 盒	10 盒	10 盒	10 盒	10 盒		AC	

续表

<table>
<tr><td rowspan="2">其他</td><td></td><td></td><td></td><td></td><td></td><td></td><td></td><td></td><td></td><td></td><td></td></tr>
<tr><td></td><td></td><td></td><td></td><td></td><td></td><td></td><td></td><td></td><td></td><td></td></tr>
<tr><td colspan="2">样品外观</td><td>■合格　□不合格</td><td colspan="3">样品组合状况（与音量钮）</td><td colspan="6">无间隙</td></tr>
<tr><td colspan="2">备注</td><td colspan="10"></td></tr>
<tr><td rowspan="3">判定</td><td colspan="3">品管部判定：■合格 □不合格</td><td colspan="8">备注：</td></tr>
<tr><td colspan="3">工程部判定：■合格 □不合格</td><td colspan="8">备注：</td></tr>
<tr><td colspan="3">核　　准：■合格 □不合格</td><td colspan="8">备注：</td></tr>
<tr><td colspan="3">核准</td><td colspan="3">工程部确认</td><td colspan="3">品管部确认</td><td colspan="3">检验员</td></tr>
</table>

附注：表格中尺寸单位为毫米。

表 1－39　信赖性测试报告

测试日期:2013. 3. 13

客户		××	样品类型	样品　首件　试产　量产		报告编号	20130313001
MODEL		TP9159	产品名称	CD1126 旋钮外罩	产品编号	2430－0235－00　颜色	光铬
NO	测试项目	测试方法	测试工具	样品数	合格基准	测试描述	结果
1	脱漆测试	参考《信赖性测试工作指示》中脱漆测试	3M600#胶纸	/	油漆表面无脱落	/	/
2	百格测试	参考《信赖性测试工作指示》中百格测试	3M601#胶纸专用刀具	5PCS	脱落数量不超过5%，且无整格脱落	表面镀层无脱落	OK
3	酒精测试	参考《信赖性测试工作指示》中酒精测试	95%酒精 500g砝码	/	表面不能有可见的脱漆	/	/
4	恒温恒湿测试	参考《高温高湿试验作业指引》执行	高温高湿机试验	3PCS	表面无起泡，脏污，变色，起皮	产品无异常	OK
5	耐磨试验	参考《耐磨试验操作指引》执行	RCA 纸带耐磨试验机	/	摩擦部位未漏底材	/	/

DFMEA失效模式要在依赖性测试报告中确认是否解决

续表

<table>
<tr><td colspan="2">客户</td><td>天宝</td><td>样品类型</td><td colspan="4">样品 首件 试产 量产</td><td colspan="2">报告编号</td><td>20130313001</td></tr>
<tr><td colspan="2">MODEL</td><td>TP9159</td><td>产品名称</td><td>CD1126 旋钮外罩</td><td>产品编号</td><td colspan="2">2430－0235－00</td><td>颜色</td><td colspan="2">光铬</td></tr>
<tr><td>NO</td><td>测试项目</td><td>测试方法</td><td>测试工具</td><td>样品数</td><td>合格基准</td><td colspan="4">测试描述</td><td>结果</td></tr>
<tr><td>6</td><td>盐雾试验</td><td>参考《盐雾试验机操作指引》执行</td><td>盐雾试验机</td><td>3PCS</td><td>表面无腐蚀、变色、褪色</td><td colspan="4">表面镀层无异常</td><td>OK</td></tr>
<tr><td rowspan="6">7</td><td rowspan="6">膜厚测试</td><td rowspan="6">参考《电解测膜厚机操作手指引》中脱漆测试</td><td rowspan="6">膜厚测试机</td><td rowspan="6">2PCS</td><td rowspan="6">按《电镀产品一般要求规定》中膜厚要求执行</td><td rowspan="3">1</td><td>Cr</td><td>0. 42</td><td>um</td><td rowspan="3">OK</td></tr>
<tr><td>Ni</td><td>7. 13</td><td>um</td></tr>
<tr><td>Cu</td><td>15. 22</td><td>um</td></tr>
<tr><td rowspan="3">2</td><td>Cr</td><td>0. 41</td><td>um</td><td rowspan="3">OK</td></tr>
<tr><td>Ni</td><td>7. 21</td><td>um</td></tr>
<tr><td>Cu</td><td>15. 37</td><td>um</td></tr>
<tr><td colspan="2" rowspan="2">最终结论</td><td colspan="3" rowspan="2">合格</td><td colspan="2">测试员</td><td colspan="2">确认</td><td colspan="2">承认</td></tr>
<tr><td colspan="2">刘×</td><td colspan="2"></td><td colspan="2"></td></tr>
<tr><td colspan="2"></td><td colspan="3"></td><td colspan="2"></td><td colspan="4"></td></tr>
</table>

4. 二阶段易犯的典型错误

错误1：公司没有根据客户要求和法律法规要求进行测试或试验，也提供不出第三方测试报告，比如REACH检测。

错误2：样品测试或评审中产生的一些变更，没有登记在变更履历表中。

错误3：工程图上某些较重要的尺寸没有进行测试或其他手段的验证。

错误4：生产工艺条件与量产工艺不一致，但并没有对变更的原因进行任何具体说明。

第四节　试产前准备阶段

1. 输入资料

输入资料就是二阶段的输出，这里就不再赘述了。

2. 输出资料

2.1　包装标准

主要是明确包装标准，具体就是要求包成什么样子，如用什么外箱、用什么胶袋、要不要用泡沫等。包装员进行包装时要注意参见具体作业指导书，详细参见表1-40。

2.2　产品/过程质量体系评审

产品审核实际在样品测试阶段就做了，这里只要填写产品审核记录和报告即可。因为过程审核要在第四个阶段进行，要求有过程审核记录、评分。因此，在这个阶段只能出过程审核计划。详细参见表1-41产品审核计划、表1-42产品审核检验规程、表1-43产品审核记录表、表1-44产品审核评价报告。很多企业在前期没有做产品过程审核，到了量产的时候才做，这样也是可以的。因为前期的制样与试产本身就是同一个产品审核和过程审核的过程。

2.3 试产过程流程图

试产过程流程图指从来料到出货的整个过程，同时注意一定要把检验搬运动作放进流程图。参见表1－45 过程流程。

2.4 场地平面布置图

场地平面图指从来料到出货的个物流图。通过这个图可以评价车间的布局是否科学，是否存在大量搬运动作。参见图1－10 车间场地平面图。

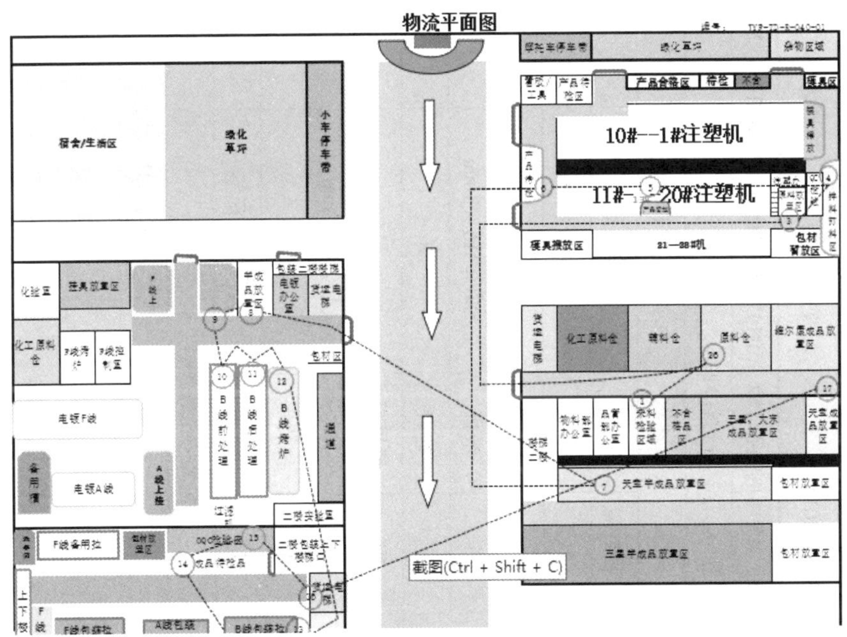

图1－10 场地平面图

表 1－40　包装指示书

作成日期:2013. 3. 12　　发行日期:2013. 3. 13　　文件编号:　　版本:

<table>
<tr><td>客户</td><td>× ×</td><td>MODEL</td><td>TP 9159</td><td>产品名称</td><td>CD1126 旋钮外罩</td><td>产品编号</td><td colspan="2">2430－0235－00</td><td>文件受控印章</td></tr>
<tr><td colspan="9">包装材料说明</td><td rowspan="3"></td></tr>
<tr><td colspan="3">成品材料说明</td><td colspan="6">半成品材料说明</td></tr>
<tr><td>名称</td><td colspan="2">编号或规格</td><td>每箱数量</td><td>名称</td><td colspan="2">编号或规格</td><td colspan="2">每箱数量</td></tr>
<tr><td>钙箱</td><td colspan="2">11#(430×320×300mm)</td><td>1</td><td>钙箱</td><td colspan="2">9#(600×430×290mm)</td><td colspan="2">1</td><td rowspan="2">包装示意图</td></tr>
<tr><td>吸塑</td><td colspan="2">385×270×25mm</td><td>10</td><td>吸塑盘</td><td colspan="2">/</td><td colspan="2">/</td></tr>
<tr><td>纸板</td><td colspan="2">400×310×3mm</td><td>11</td><td>纸板</td><td colspan="2">580×415×3mm</td><td colspan="2">3</td><td rowspan="10">PR袋
↓
地盒
↓
吸塑盒
↓
纸板
↓
钙箱</td></tr>
<tr><td>地盒</td><td colspan="2">/</td><td>/</td><td>地盒</td><td colspan="2">有</td><td colspan="2">2</td></tr>
<tr><td>拷贝纸</td><td colspan="2">有(600×500mm)</td><td>10</td><td>拷贝纸</td><td colspan="2">/</td><td colspan="2">/</td></tr>
<tr><td>小 PE 袋</td><td colspan="2">/</td><td>/</td><td>小 PE 袋</td><td colspan="2">150×150mm</td><td colspan="2">200</td></tr>
<tr><td>包装绳</td><td colspan="2">有</td><td>1</td><td>包装绳</td><td colspan="2">/</td><td colspan="2">/</td></tr>
<tr><td>标签</td><td colspan="2">白色出货标签</td><td>1</td><td>标签</td><td colspan="2">内部绿色标签</td><td colspan="2">1</td></tr>
<tr><td colspan="9">包装方法说明</td></tr>
<tr><td colspan="4">成品包装方法</td><td colspan="5">半成品包装方法</td></tr>
</table>

续表

将每 PCS OK 品面部向下放入垫好拷贝纸的 48 格吸塑盒内，每箱装 10 层共 480PCS，层与层之间各上下各放一线平卡，用包装绳捆紧后装入箱		每■装入－PR 袋内，每 5■放入地盒一格中，每箱装两地盒，共 200■（800PCS）				
装箱数量要求				变更版次	日期	变更内容
成品数量要求		半成品数量要求				
每格	1PCS	每格	5■（20PCS）			
每层	48PCS	每层	100■（400PCS）			
每箱	480PCS	每箱	200■（800PCS）			

分配部门： ■注塑部 ■电镀部 ■物料部 ■品管部 ■采购部

表 1－41　年度产品审核计划

序号	产品名称	料号	审核员	实施时间（月份）												
				1	2	3	4	5	6	7	8	9	10	11	12	
1	××350 旋钮	2430－0235－00	罗××		○						○					
																试产时进行产品审核，全尺寸全功能测试
计划时间：○　实施时间：●																
核准：包××				审核										制表：罗××		

表 1－42 产品审核检验规程

品名规格：××350 旋钮		客户料号：2430－0235－00	□尺寸 □性能 □材料 □外观			
检验特性描述			缺陷等级	检验工具	抽样数量 n	备注
序号	项目	检验基准				
1	包装	包装的数量及标识无误	B	目视	4	
2	颜色	黑色	B	目视	4	输入包括 DFMEA，工程图，样品控制计划
3	外观	表面缺胶、无毛刺、划伤等	B	目视	4	
4	方向	与承认样品相符	A	目视	4	
5	尺寸①	27.0 ±0.1	A	游标卡尺	4	
6	尺寸②	9.20 ±0.1	B	游标卡尺	4	
7	尺寸③	1.5 ±0.1	A	游标卡尺	4	
8	尺寸④	1.87 ±0.1	B	游标卡尺	4	
9	尺寸⑤	29.15 ±0.1	B	游标卡尺	4	
10	CF	100%	A		2	
11	有害物质	每一种均质材料中铅、汞、六价铬、多溴联苯和多溴联苯醚的含量不超过 0.1%，镉含量不超过 0.01%，其他受限物质应符合 TSZ0001G			2	
A＝关键缺陷，缺陷加权系数为 10；B＝主要缺陷，缺陷加权系数为 5；C＝次要缺陷，缺陷加权系数为 1						
核准：包××		审核：罗××	编制：林××			

日期：2014.2.15　　日期：2014.2.15　　日期：2014.2.15

表 1－43　产品审核记录表

品名规格：××350 旋钮　客户料号：2430－0235－00			产品批号：20131125A					
取样时间：2014. 2. 16　取样地点：××仓库			生产日期：2013. 11. 25	生产单位：注塑部				
检验特性			缺陷等级	抽样数量 n	检验样品编号			
序号	项目	检验基准			1	2	3	4
1	包装	包装的数量及标识无误	C	4				
2	颜色	黑色	C	4				
3	外观	表面缺胶、无毛刺、划伤等	B	4		N		
4	方向	与承认样品相符	A	4				
5	尺寸①	27. 0 ±0. 1	A	4				
6	尺寸②	9. 20 ±0. 1	A	4				
7	尺寸③	1. 5 ±0. 1	A	4			N	
8	尺寸④	1. 87 ±0. 1	A	4				
9	尺寸⑤	29. 15 ±0. 1	A	4				
10	CF	100%	A	2				
11	有害物质	每一种均质材料中铅、汞、六价铬、多溴联苯和多溴联苯醚的含量不超过 0. 1%，镉含量不超过 0. 01%，其他受限物质应符合 TSZ0001G	A	2				
审核员：林××　日期：2014. 2. 16			核准：罗××	日期：2014. 2. 16				

备注：计量型检验项目记录具体测量数具，计数型检验项目记录“Y”代表合格，“N”代表不合格

表 1－44 产品审核评价报告

品名规格：××350 旋钮 客户料号：2430－0235－00					产品批号：20131125A				
取样时间：2014. 2. 16 取样地点：××仓库					生产日期：2013. 11. 25		生产单位：注塑部		
检验特性			缺陷等级	抽样数量 n	检验发现缺陷数量			缺陷总数	缺陷点数(FP)
序号	项目	检验基准			A 类	B 类	C 类		
1	包装	包装的数量及标识无误	C						
2	颜色	黑色	C						
3	外观	表面缺胶、无毛刺、划伤等	B			5			
4	方向	与承认样品相符	A						
5	尺寸①	27. 0 ±0. 1	A						
6	尺寸②	9. 20 ±0. 1	B						
7	尺寸③	1. 5 ±0. 1	A		10				
8	尺寸④	1. 87 ±0. 1	B						
9	尺寸⑤	29. 15 ±0. 1	B						
10	CF	100%	A						
11	有害物质	每一种均质材料中铅、汞、六价铬、多溴联苯和多溴联苯醚的含量不超过 0. 1%，镉含量不超过 0. 01%，其他受限物质应符合 TSZ0001G	A						

续表

结果	QKZ = 98.5		ΣA = 10	ΣB = 5	ΣC =	Σ总 =	ΣFP = 15
决定：　　认可□　　封存□							
总结：QKZ≥93，认可							
需进一步采取措施　是□　　否□							
采取的措施	是	否	由谁在什么时候执行				
封存所有库存							
采取消除缺陷措施							
更换图纸/作业指导书等文件							
反馈意见见反馈意见附表							
审核员：　　日期：　　批准人：　　日期：							
报告分发对象：制造部、品保部、工程部							

反馈意见附表

		是	否	
纠正措施				
库存检验				
更改				
顾客抱怨				

姓名：　　　　　　日期：　　　　　　批准人：　　　　　　日期：

表 1-45　过程流程表

						产品型(代号)号		TP 9159 2430-0235-00	共　页
						零件号/零件名称		CD1126旋钮外罩	第　页
序号	操作说明	加工 ◇	搬运 ○	存放 △	检验 □	序号	产品特性	编号	过程特性
1	进料检验				□	1.1	颜色		
					□	1.2	颗粒的均匀度		
					□	1.3	水份的含量		
					□	1.4	韧性		
					□	1.9	环境物质		
2	原材料入库		○					2.1	归类错误
				△				2.2	受潮
3	领料		○					3.1	领错料
			○					3.2	少领
4	烘料	◇				4.1	胶料外观		
		◇				4.2	胶料水份含量		
		◇				4.3			时间
		◇				4.4			温度
5	上模/设定参数	◇						5.1	射不出胶
		◇						5.2	不通水
		◇						5.3	漏胶

2.5　特性矩阵图

特性矩阵图主要是针对特殊特性来进行分析的，纵向是特殊特性，横向是工序。通过这张图来找到生产工艺 PMEA 要分析的失效模式，这张图是 PFMEA 的主要输入。参见表 1-46。

2.6　PFMEA

PFMEA 主要的输入内容包括：一阶段的产品保证计划，二阶段的产品测试和试验报告，三阶段的特性矩阵图和工艺流程图，以及以往的经验教训。PFMEA 有两个前提假设：一是假设产品设计没有问题，二是假设前面工序和材料没有问题。不影响产品特性的工序一般不做失效分析，如抽检动作和设置成型参数动作。参见表1－47。

2.7　试生产控制计划

试产控制计划只控制试产过程，与PFMEA保持一致，同时识别出的失效模式与失效原因一定要有控制方法。如PFMEA中识别出的原材料水分多是失效模式，在控制计划中，原材料部分就要进行水分检测。再如烘干工序识别出料发黄，失效原因是设备异常，在控制计划中就要对设备的温度进行校正。参见表1－48试产控制计划。

2.8　过程指导书

过程指导书包括作业指导书和检验规范两部分。作业指导要求所有工序要有作业SOP（标准操作程序），每个工序要细化作业动作、异常处理、模具治具、材料及注意事项。检验规范要求明确检验项目、抽样计划、接受准则、检验仪器、判定标准等。作业SOP的输入是以往经验、PFMEA、控制计划、控制计划中的控制手段必须在SOP中细化。比如设备温度校正在控制计划中的要求，在SOP中也要更加细化，必须明确什么时候什么人用什么方法去校正温度，明确什么叫异常，否则SOP是不合格的。参见表1－49作业指导书。

2.9　MSA计划

MSA（测量系统分析）计划的输入是控制计划，原则上对控制计划上使用的仪器都要进行校正，并作MSA分析，其中计量MSA是GRR（测量系统的和重复性及复现性）等五性分析，计数MSA是大样法分析。GRR比例一般要求≤10%，NDC≥5。计数MSA一般要求有效性%≥90%，漏检率≤2%，错检率≤5%．参见表1－50 MSA分析计划。

2.10　初始过程能力计划

初始过程研究主要是评价试产的过程能力是否达到1.67的水平，这里因为过程不稳定，因此只能算PPK，量产时先用控制图找控制线，计算CPK。如果计算PPK至少需要30个以上的数据，那么计算CPK则至少100个以上的数据。由于CPK和PPK都要针对特殊特性进行分析，因此可以采用以点带面的手法，不需要对所有特性都作 SPC 分析。参见表 1－51 过程能力统计计划。

2.11　包装作业规范

包装规范指包装作业指导书，是明确包装具体要求的一份指导文件，强调的是包装过程，而包括标准则强调包装结果。包装指导书要明确包装工具、包装流程、注意事项等。如果包装是流水线的模式，那么每个工序都要包装 SOP。参见表 1－52 包装作业指导书。

2.12　管理者支持

管理者支持主要是阶段评审会议，评审本阶段工作完成情况、存在的问题及改善方案，进而确定是否可进入下阶段。参见表 1－53 阶段评审报告。

表 1－46　产品过程特殊特性矩阵图

编号：JYF－PD1303001　　制订部门：工程部　　制订日期：2013 年 3 月 11 日　JYF－TD－R－041－01

产品型号		TP 9159		零件名称	CD1126 旋钮外罩						顾客名称		××汽车电子有限公司			
序号	描述		公差	过程名称												
	产品特性	符号		过程／项目	进料检验	烘料/成形	检查包装	电镀走机	全检包装	入库出货						
	尺寸	▲		控制图	／	◎	／	◎	／	／						
	铬层厚度	▲		控制图	／	／	／	◎	／	／						

备注：1.“○”表示一般关系、“◎”表示密切关系；2.“▲”表示特殊特性符号；3.“△”表示重要特殊特性符号；4.“／”表示无直接关系

这是FMEA的基础，输入是产品保证计划

表 1－47　注塑 PFMEA（潜在失效模式及后果分析）

项目名称：汽车音箱旋钮外罩　　过程责任：××塑胶涂料有限公司　　编制人：谭×　审核：车型/机种/年份：×××

工程放行日期/主要生产日期：2013.3.11　　FMEA 日期：2013.3.8　　核心小组：谭×\杨×\关×\李×\钟×\廖×

过程	功能要求	潜在失效模式	潜在失效后果	严重度（S）	分类	潜在失效起因/机制	现行制程管制				RPN	建议的措施	负责单位/人员及完成日期	措施所产生的后果				
							预防（P）	发生性	探测	探测度				采取的措施	S	O	D	RPN
1. 进料检验	依据原材料承认书及原材料检验规范出材料中的不良	色差	承认样板颜色与来料不一致，导致客户抱怨	2		承认样品过期变色	定期更换承认样	2	自检	8	32		输入：产品保证计划，工艺流程图，相似产品失效					
						供应商来料与承认样品有色差	定期对供应商进行稽核并辅导	1	抽检	8	16							
		颗粒大小不均匀	成型不稳定，会使产品产生缺料，导致报废	6		供应商未管制到位	定期对供应商进行稽核并辅导	2	抽检	8	96							
						检验时未核对承认样件	定期对 QC 进行教育培训	2	自检	6	72							
			成型不稳定，会使产品产生披锋，导致重工	3		供应商未管制到位	定期对供应商进行稽核并辅导	2	抽检	6	36							
						检验时未核对承认样件	定期对 QC 进行教育培训	2	自检	6	36							

续表

过程	功能要求	潜在失效模式	潜在失效后果	严重度(S)	分类	潜在失效起因/机制	现行制程管制				RPN	建议的措施	负责单位/人员及完成日期	措施所产生的后果				
							预防(P)	发生性	探测	探测度				采取的措施	S	O	D	RPN
1. 进料检验	依据原材料承认书及原材料检验规范出材料中的不良	颗粒大小不均匀	成型不稳定，会使产品产生变形，导致报废	6		供应商未管制到位	定期对供应商进行稽核并辅导	2	抽检	6	72							
						检验时未核对承认样件	定期对QC进行教育培训	2	自检	6	72							
			成型时易堵塞射嘴，导致产品无法正常生产	2		供应商未管制到位	定期对供应商进行稽核并辅导	2	抽检	6	24							
						检验时未核对承认样件	定期对QC进行教育培训	2	自检	6	24							
		水分多	成型不稳定，会使产品产生投料，导致报废	6		胶料与空气接触会产生水分	将散装的材料进行密封并捆扎好	3	水分测试仪	5	90							
						供应商仓库未对温湿度管控	定期对供应商进行稽核辅导	3	水分测试仪	5	90							

续表

过程	功能要求	潜在失效模式	潜在失效后果	严重度(S)	分类	潜在失效起因/机制	现行制程管制				RPN	建议的措施	负责单位/人员及完成日期	措施所产生的后果				
							预防(P)	发生性	探测	探测度				采取的措施	S	O	D	RPN
1. 进料检验	依据原材料承认书及原材料检验规范出材料中的不良	水分多	成型不稳定，会使产品产生披锋，导致重工	3		胶料与空气接触会产生水分	将散装的材料进行密封并捆扎好	3	水分测试仪	5	45							
						供应商仓库未对温湿度管控	定期对供应商进行稽核	3	水分测试仪	5	45							
			成型不稳定，会使产品生流	6		胶料与空气接触会产生水分	将散装的材料进行密封并捆扎好	3	水分测试仪	5	90							
						检验时未核对承认样件	定期对QC进行教育培训	3	水分测试仪	5	90							

续表

过程	功能要求	潜在失效模式	潜在失效后果	严重度(S)	分类	潜在失效起因/机制	现行制程管制				RPN	建议的措施	负责单位/人员及完成日期	措施所产生的后果				
							预防(P)	发生性	探测	探测度				采取的措施	S	O	D	RPN
2. 原料检入库	将检验好的材料用拖车拉入原材料仓库储存并标示	归类错误	生产的产品与客户要求不一致，导致报废	8		相似品摆在一起，致使仓管人员归类错误	对仓库人员定期进行培训教育，并把相似的材料分开摆放	1	自检抽检	5	40							
						归类时外包装标示贴错	对仓库人员定期进行培训	1	自检抽检	5	40							
		受潮	生锈，产品的性能降低，产品报废	6		仓库温度超出标准，仓库人员未反应	对仓库人员定期进行培训	1	自检抽检	5	30							
						散装件开袋后来及时捆扎好	对仓库人员定期进行培训	2	自检抽检	5	60							

续表

过程	功能要求	潜在失效模式	潜在失效后果	严重度（S）	分类	潜在失效起因/机制	现行制程管制				RPN	建议的措施	负责单位/人员及完成日期	措施所产生的后果				
							预防（P）	发生性	探测	探测度				采取的措施	S	O	D	RPN
3.烘料	把胶料放入烘料筒内，将胶料中的水分烘	变黄	产品表面发黄，产品报废	3		烘料机温控器损坏实际温度比显示温度偏低	对烘料机定期进行保养	2	自检抽检巡检	5	30							
		水分未烘干	成型不稳定，会使产品产生投料，导致报废	6		烘料机温控器坏实际温度比显示温度偏低	对烘料机定期进行保养	2	成型实验	6	72							
						烘料时间偏短	建立烘料时间管控表，对胶料上料机取料时间进行管控	2	成型实验	6	72							

表 1－48 注塑试产控制计划

样品 ■试产 量产	主要联系人/电话：关××	日期（编制：）：2013. 3. 12	日期（修订）
零件名称/最新更改等级： 汽车音量旋钮外罩等级 2	核心小组：何××\谭××\杨××\关××\李××\钟××\廖××	顾客工程批准/日期（如需要）：黄××2013. 3. 17	
零件名称/描述： 保护音量旋钮	供方/工厂批准/日期：	顾客质量批准/日期（如需要）：黄××：2013. 3. 17	
供方/工厂 ××发塑胶涂料有限公司　供方代码	其他批准/日期（如需要）：	其他批准/日期（需要）	

零件过程编号	过程名称/操作描述	机器装置夹具工装	特性			特殊特性分类	方法						反应计划	记录
			编号	产品	过程		产品/过程规格/公差	评价/测量技术	样本		控制方法	责任人		
									容量	频率				
1	原材料检验		1. 1	颗粒的均匀度			大小均与	目视	25g	每批次				特采、退货
			1. 2	水分的含量			无	手感	25g	每批次				特采、退货
			1. 3	环境物质			符合 ROHS	XRF 测试机	25g	每秖次				退货
2	原材料入库	叉车	2. 1		归类错误		无	目视	1 批	每批次	无	仓库	进料验收单物资收发卡片	重工
			2. 2		受潮		无	温湿度计	1 天	每天				报废 重工

输入PFMEA失效模式要和控制计划特性栏保持一致

续表

3	领料	叉车	3.1		领错料		无	目视	1LOT	每 LOT	无	注塑部仓库	领料单 内部订单管理表	重工
			3.2		少领		无	电子称	1LOT	每 LOT				报废
4	烘料	烘料机	4.1	胶料外观	/		色差在可接受的范围内	目视	每袋	每 LOT	《塑胶原料烘烤作业指引》《保养规范》	注塑部	加料记录表、成型条件表	报废
							不能有饼状	目视	每袋	每 LOT				报废
			4.2	胶料水分含量				手感	每袋	每 LOT				重新烘料
					时间		2H 以上	记录	每袋	每 LOT	《作业指导书》	注塑部	加料记录表、成型条件表	重新烘料
					温度		80 ±5	目视	每袋	每 LOT	《作业指导书》	注塑部	加料记录表、成型条件表	重新烘料

备注:特殊特性用 "▲" 表示 .

表 1-49　作业指导书

Standard Operation Procedure

输入是PFMEA和试产控制计划，相似产品经验

产品料号		客户料号	2430-0235-00	品名规格	TP9159 旋钮		制作日期	
工序名称	烘料 & 架模设定参数	工序编号	1/4	变更内容	首次发行		版 本	A 版

<table>
<tr><td colspan="4">作业方式及步骤</td><td colspan="3">发生异常时实施的方法</td></tr>
<tr><td rowspan="5"> 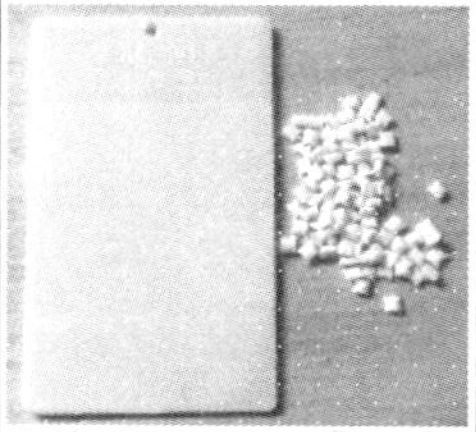</td><td rowspan="5"> 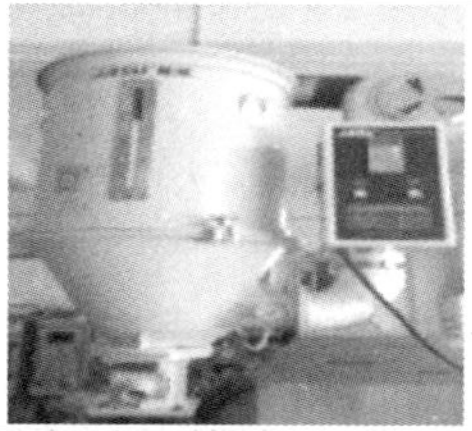</td><td rowspan="5"> </td><td rowspan="5"> </td><td colspan="3">停止作业→生产确认→报告主管</td></tr>
<tr><td colspan="3">※材料明细※</td></tr>
<tr><td>序号</td><td>材料料号</td><td>详细规格</td></tr>
<tr><td>1</td><td></td><td>ABS + PC T65</td></tr>
<tr><td colspan="3">工模治具明细</td></tr>
<tr><td>一、确认胶料</td><td>二、烘料</td><td>三、架模设定参数</td><td>四、洗机</td><td>序号</td><td>编号</td><td>名称</td></tr>
<tr><td rowspan="6">1. 确认胶料的料号规格是否正确
2. 确认胶料的颜色是否正确
注意事项：
1. 胶料的料号须与SOP及指令单一致</td><td rowspan="6">1. 烘料前需用气枪将料筒中的灰尘或杂物吹干净.
2. 将确认好的胶料放入烘料筒中烘烤，温度为110℃ ±10℃，烘烤6个小时
注意事项：
1. 料筒需吹干净
2. 胶料的烘烤时间及烘料的温度须与SOP一致</td><td rowspan="6">1. 用天车将模具吊入成型机内固定并调模
2. 依据产品的《成型条件表》调试机器参数
注意事项：
1. 确认产品的模号是否与SOP一致
2. 调模、调机过程须注意安全
3. 成型参数必须与参数表的数据一致</td><td rowspan="6">1. 当机器温度及烘料时间达到后将注塑机料管内的洗机料洗出
2. 洗机过程中不可放料，需将料管中的洗机料全部清洗干净后才可放料洗机
注意事项：
1. 机器需洗干净
2. 料管内的洗机料一定要清洗干净</td><td>1</td><td></td><td>TP9159
旋钮模具</td></tr>
<tr><td></td><td></td><td></td></tr>
<tr><td colspan="3">检验设备明细</td></tr>
<tr><td>序号</td><td>编号</td><td>名称</td></tr>
<tr><td></td><td></td><td></td></tr>
<tr><td></td><td></td><td></td></tr>
</table>

续表

<table>
<tr><td colspan="6">条件管理标准</td></tr>
<tr><td>序号</td><td>项目</td><td colspan="2">标准</td><td>检查周期</td><td>检查方法</td></tr>
<tr><td>1</td><td>烘料温度</td><td colspan="2">110℃ ±10℃</td><td>2 小时/次</td><td>目视</td></tr>
<tr><td>2</td><td>烘料时间</td><td colspan="2">≥6 小时</td><td>2 小时/次</td><td>目视</td></tr>
<tr><td>3</td><td>成型参数</td><td colspan="2">成型条件表</td><td>1 班/次</td><td>目视</td></tr>
<tr><td colspan="6">安全事项</td></tr>
<tr><td colspan="6">需往烘料筒中加料时，必须关闭烘料筒电源，以免烫伤，架模时检查红色紧急回升按钮及安全装置是否正常，若损坏，要立即维修。</td></tr>
<tr><td>核准</td><td>罗××</td><td>审核</td><td>林××</td><td>制作</td><td>范××</td></tr>
</table>

表 1－50 MSA 分析计划

部门:品管部　　生产单位(班别):注塑部 A 班　　日期:2013 年 3 月 25 日

序号	产品图号	产品 型号/名称	产品 过程/特性	量具名称/规格 (测量精度)	量具编号 (本公司)	分析方法	分析人	计划完成 日期	备注
1	/	TP9159 CD1126 旋钮外罩	扣位间距尺寸	游标卡尺 (精度 0.02mm)	JYE－IE－ XD－003	GRR	高××	2013.3.25	
2		TP9159 CD1126 旋钮外罩	电镀外观			GRR	高××	2013.3.25	

输入测量设备清单和试产控制计划

表 1－51 SPC 计划

NO	产品名称	制程	特殊特性	量具	收集日期	测定者	预定日期	完成日期	备注
1	CD1126 旋钮外罩	注塑	产品扣位 间距尺寸	卡尺	2013.3.24	杨芬	2013.3.25	2013.3.25	PPK>= 1.67

输入特殊特性清单和试产控制计划

表1-52 包装作业指导书

1.0 目的

为了规范出货产品的包装，满足客户的需求。

2.0 使用工具

胶带、尺子、包装带、包装纸、包装箱、剪刀、打包带。

3.0 操作步骤

3.1 经QA检验合格的成品，根据客户订单要求的数量开始包装。

3.2 一般方法（客户无特殊要求时）：

3.2.1 将成品放置整齐，由专人（包装员）点收，根据产品实际大小决定单包数量，单包产品重量不应超过10kg。

3.2.2 用包装纸（牛皮纸）包好，要求整齐、美观。

3.2.3 贴上打印的“成品标签”，内容须填写完整。若手写，标签上填写字迹要求工整可辨，经QA确认合格后，盖上“QA PASS”章。

3.2.4 由相关人员开具《入库单》并入仓库。

3.3 客户对包装有特殊要求时，依据客户指定的方法进行包装。

3.4 下班前整理清扫好包装台面及工作场所。

4.0 注意事项

4.1 注意包装数量的准确（或称重取样时，取样数量不可少于50PCS）。

4.2 注意外包装对产品的防护能力，结合交付运输过程的实际情况考虑。

4.3 确定是检验合格成品。

4.4 注意混淆（取包内相同的1PCS标签贴附于外包装箱上）。

4.5 严禁将不同型号的产品相混，对于外形相似的产品特别注意。

表 1－53 阶段评审报告

第三阶段小结（项目阶段评审报告）

<table>
<tr><td colspan="5">项目负责人：谭×　　项目名称：汽车音量旋钮外罩　　项目编号：JYF－PD1303001
批准：何×　　计划日期：2013. 4. 3　　实际日期：2013. 4. 3</td></tr>
<tr><td colspan="5">标注</td></tr>
<tr><td>－ 是否制订产品的包装仕样书？</td><td>■ 是</td><td>□ 否</td><td>■ 附注</td><td>3－1</td></tr>
<tr><td>－ 是否制订产品的工艺流程图？</td><td>■ 是</td><td>□ 否</td><td>■ 附注</td><td>3－2</td></tr>
<tr><td>－ 产品制作的场地是否布置？</td><td>■ 是</td><td>□ 否</td><td>■ 附注</td><td>3－3</td></tr>
<tr><td>－ 产品的特性是否制订矩阵图？</td><td>■ 是</td><td>□ 否</td><td>■ 附注</td><td>3－4</td></tr>
<tr><td>－ 是否制订产品的 PFMEA？</td><td>■ 是</td><td>□ 否</td><td>■ 附注</td><td>3－5</td></tr>
<tr><td>－ 是否制订试产控制计划？</td><td>■ 是</td><td>□ 否</td><td>■ 附注</td><td>3－6</td></tr>
<tr><td>－ 试产的 SOP/SIP/BOM/工程图面/
成型条件表是否制订 OK？</td><td>■ 是</td><td>□ 否</td><td>■ 附注</td><td>3－7</td></tr>
<tr><td>－ 是否制订 MSA 计划？</td><td>■ 是</td><td>□ 否</td><td>■ 附注</td><td>3－8</td></tr>
<tr><td>－ 是否制订 SPCMSA 计划？</td><td>■ 是</td><td>□ 否</td><td>■ 附注</td><td>3－9</td></tr>
<tr><td colspan="5">项 目 小 组</td></tr>
<tr><td colspan="5">■ 同意转入下一阶段　　□ 拒绝进入下一阶段
评论：
该阶段的各项评定符合要求，同意进行下一阶段

项目经理：　　批准：</td></tr>
<tr><td colspan="5">项 目 小 组 决 定（最终决定）</td></tr>
<tr><td colspan="5">□ 项目作调整
□ 在转入调整阶段前需作深入研究
□ 转入下一阶段
项目小组组长：　　批准：</td></tr>
<tr><td colspan="5">分 发 情 况</td></tr>
<tr><td colspan="5">项目小组：

负责人：　　分发人：</td></tr>
</table>

3. 惠州某汽车配件公司三阶段案例讲解

3.1　APQP 第三阶段工作流程

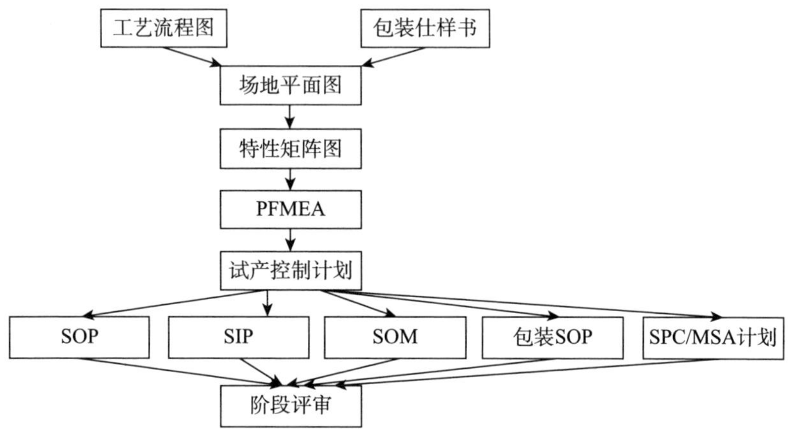

图 1－11　阶段工作流程图

3.2　第三阶段主要表格清单

工艺流程图　图 1－11

包装指示书　表 1－40

场地平面图　图 1－10

特性矩阵图　表 1－46

PFMEA　表 1－47

试产控制计划表　1－48

成型参数表　表 1－37

SPC 计划　表 1－51

MSA 计划　表 1－50

包装指导书　表 1－52

BOM　表 1－54

检验 SIP　表 1－55

阶段评审报名　表 1－53

表 1－54 BOM

客户：× × 日期：2013. 3. 12 拟定部门：品管部 版次：A0 制作：高 × 审核：谭 ×

分发：口品管部□PMC□采购部□注塑部□物料部□电镀部□副总

机种：TP9159

序号	注塑资料																		
	产品图片	部品名称	产品编号	模具编号	模具尺寸	使用材料	供应商色粉色种（8L）及配比	啤塑颜色	模腔数	单件净重（tg）	水口重（g）	啤重（g）	注塑周期（s）	原料损耗	机型（T）	防火等级	绝缘	电镀	丝印	备注
1		CD1126 旋钮外罩	2430－0235－00	DW 8818	250 × 250 × 200mm	ABS + PCT65	/	原色	1 × 4	1.9	4.5	11.5	40	128T	V0	/	光铬	5%	/	/

序号	产品图片	部品名称	产品编号	半成品包装资料			成品包装资料			
				包装箱	小 PE 袋	地盒	包装箱	吸塑盘	包装纸	纸板
				代号/规格/用量	用量	代号/用量	代号/用量	规格/用量	规格/用量	规格/用量
1		旋钮外罩	2430－0235－00	A9#/1PCS	200PSCS	2#/2PCS	A11#/1PCS	375 × 270 × 25mm（48 格）/10PCS	980 × 680/10PCS	400 × 310 × 3mm/11PCS

要写清楚材料名称、料号、规格、用量

表 1－55　检验 SIP

产品检验规范

<table>
<tr><td>客户名称</td><td>× ×</td><td>材质型号/名称</td><td>ABS＋PC T65</td><td>加工工艺</td><td colspan="2">注塑/电镀</td></tr>
<tr><td>MODEL</td><td>TP9159</td><td>原料会社</td><td>拜拜</td><td>文件编号</td><td colspan="2">JYF－JY－XX－W－073</td></tr>
<tr><td>产品名称</td><td>旋钮外圈</td><td>原料产地</td><td>德国</td><td>文件版次</td><td colspan="2">A0</td></tr>
<tr><td>产品编号</td><td>2430－0235－00</td><td>难燃等级</td><td>V0</td><td>生效日期</td><td colspan="2">2013. 3. 12</td></tr>
<tr><td rowspan="2">抽样标准</td><td>产品结构</td><td colspan="2">GB/T2828. 1－2003 LEVEL S－2</td><td colspan="3" rowspan="2">C＝0</td></tr>
<tr><td>产品外观</td><td colspan="2">GB/T2828. 1－2003 LEVEL Ⅱ</td></tr>
<tr><td>检查项目</td><td colspan="3">控制条件</td><td>检查实施</td><td>检查工具</td><td>备注</td></tr>
<tr><td>注塑成型</td><td colspan="3">油印、缩水、粘模、断柱、扣位变形等均 NG</td><td>IPQC/0QC</td><td>目视</td><td>/</td></tr>
<tr><td>电镀</td><td colspan="3">发黄、漏镀、麻点等均 NG</td><td>IPQC/0QC</td><td>目视</td><td>/</td></tr>
<tr><td>产品颜色</td><td colspan="3">比对颜色样板</td><td>IPQC/0QC</td><td>目视</td><td>/</td></tr>
<tr><td>素材尺寸</td><td colspan="3">A：29. 20 ±0. 1mm　B：27. 05 ±0. 1mm</td><td>IPQC/0QC</td><td>目视</td><td>/</td></tr>
<tr><td>电镀尺寸</td><td colspan="3">A：29. 20 ±0. 1mm　B：27. 0 ±0. 1mm</td><td>IPQC/0QC</td><td>目视</td><td>/</td></tr>
<tr><td>装配测试</td><td colspan="3">客户提供的组装样品</td><td></td><td>IPQC/0QC</td><td>目视</td></tr>
<tr><td>依赖性测试</td><td colspan="3">参照《信赖性测试作业指引》执行</td><td>IPQC/测试员</td><td>相关测试仪器</td><td>/</td></tr>
<tr><td>包装要求</td><td colspan="3">外箱不可破损，标签不可涂改，装箱数量与标识数量吻合不可短装/多装/混装</td><td>IPQC/测试员</td><td>目视</td><td>/</td></tr>
</table>

输入控制计划、工程图

续表

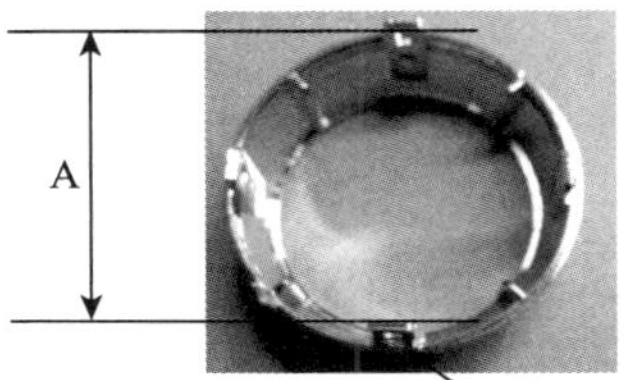

A

B

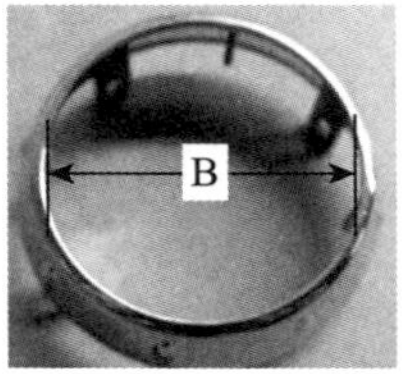

水口需削平，不可削缺
（具体参照限度样板）

注意扣位不可有缺胶、变形，扣位孔内不可有披锋！

变更履历	变更版次	变更内容	制订	核准

4. 三阶段易犯的典型错误

（1）MSA 计划没有覆盖到所有测量系统，如外观测量系统。再者就是测量系统分析只分析 GRR，没有考虑测量系统有其他误差，如偏倚、再现性误差。

（2）FMEA 识别出的失效模式没有在作业指导书中明确如何控制。如烘料系统设定温度与实际温度有差异，但在作业指导书没有明确温度点检要求。

（3）检验指导书针对特殊特性没有用特定符号标示，检验指导书的 AQL（合格质量水平）不是 C＝0（抽验不良品为 0）。

（4）FMEA 失效模式识别不全。如胶料要求颗粒大小均匀，但失效模式中则没有识别到。

（5）工艺流程图没有识别不良的具体处理流程，如不良是要求返工，还是直接报废。

第五节　试产验证阶段

1. 输入资料

1.1　包装标准

1.2　产品/过程质量体系评审

1.3　试产过程流程图

1.4　场地平面布置图

1.5　特性矩阵图

1.6　PFMEA

1.7　试生产控制计划

1.8　过程指导书

1.9　MSA 计划

1.10　初始过程能力计划

1.11　包装作业规范

1.12　管理者支持

2. 输出资料

2.1　试生产

试生产前，由研发工程部给各部门发出试产通知，各部门着手准备材料、设备、工装、工程资料，并召开试产前会议，由工程人员讲解新项目注意事项、工艺要求。试产结束后，由研发工程部进行试产总结，各部门报告问题，并针对异常，在会上制订具体改善方案，最后做出评审，决定试产是否通过。

试产的数量要满足客户的要求，如果客户没有要求，则各工序同步生产至少3小时或300PCS以上。

表1－56　试产申请单

<table>
<tr><td>客户</td><td>××</td><td>客户料号</td><td>2430－0235－00</td><td>试产日期</td><td>2013.4.1</td></tr>
<tr><td>品名规格</td><td>CD1126旋钮外罩</td><td>试产数量</td><td>2000</td><td>试产次数</td><td>首次</td></tr>
<tr><td>编号</td><td>/</td><td>注塑机号</td><td>13号机</td><td>申请人</td><td>谭××</td></tr>
<tr><td colspan="6">试产原因：
新产品试产</td></tr>
<tr><td colspan="6">技术资料准备状况：
工程图面、SOP、BOM、成型条件表、实验清单、在3月25日前已全部完成
工程部：谭××</td></tr>
<tr><td colspan="6">检验资料及检验设施准备状况：
出货检验基准书、进料检验基准书、在3月25日前全部完成
检验所需的设施已准备好
品管部：谭××</td></tr>
</table>

续表

<table>
<tr><td>物料准备状况：
试产所需的物料均有库存

采购部：钟××</td></tr>
<tr><td>生产需要的工装模治具准备状况：
生产所需的所有工装模具均已准备 OK

制造部：关××/李××</td></tr>
<tr><td>总经理批示：

总经理：刘×</td></tr>
</table>

表 1－57　电镀试产报告

客户	××	品名规格			CD1126 旋钮外罩			日期			2013. 4. 1		
产品料号	2430－0235－00	试产数量			2000PCS			试产次数			首次试产		
试产单号	JYF－PD1340401001	电镀线别			B 线			申请人			谭××		
产前说明	APQP 全体成员												
检验测试（品管部填写）													
检验项目	检验标准	检验结果								SPC	不良数		判定
		1	2	3	4	5	6	7	8		CR	MA	MI
产品尺寸	29. 15 ±0. 1mm	29. 13	29. 14	29. 14	29. 12	29. 15	29. 14	29. 15	29. 13		0	0	0	OK
产品尺寸	0. 78 ±0. 05mm	0. 78	0. 8	0. 8	0. 8	0. 78	0. 8	0. 8	0. 8		0	0	0	OK
产品尺寸	33. 87 ±0. 1mm	33. 91	33. 92	33. 91	33. 91	33. 93	33. 92	33. 91	33. 91		0	0	0	OK
产品尺寸	9. 37 ±0. 1mm	9. 42	9. 42	9. 42	9. 44	9. 44	9. 42	9. 42	9. 44		0	0	0	OK
产品尺寸	13. 49 ±0. 1mm	13. 46	13. 48	13. 46	13. 48	13. 46	13. 48	13. 46	13. 48		0	0	0	OK
产品尺寸	27. 0 ±0. 1mm	27. 00	27. 01	27. 02	27. 01	27. 02	27. 02	27. 03	27. 01		0	0	0	OK
产品尺寸	27. 13 ±0. 1mm	27. 10	27. 10	27. 10	27. 10	27. 10	27. 10	27. 10	27. 10		0	0	0	OK
产品尺寸	4. 12 ±0. 1mm	4. 14	4. 14	4. 14	4. 14	4. 14	4. 14	4. 14	4. 14		0	0	0	OK

续表

产品尺寸	1.87 ±0.1mm	1.91	1.91	1.93	1.93	1.94	1.91	1.93	1.93		0	0	0	OK
产品尺寸	1.5 ±0.1mm	1.5	1.52	1.5	1.52	1.52	1.52	1.5	1.52		0	0	0	OK
外观	不可有划碰伤	无	无	无	无	无	无	无	无		0	0	0	OK
	不可有发黄、漏镀等	无	无	无	无	无	无	无	无		0	0	0	OK
性能	详见信赖性测试报告	详见信赖性测试报告										0	0	0

试产总结（工程部填写）

项目	异常描述	原因分析	改善对策	责任部门	完成日期
异常及改善对策	无				
	无				

核准	工程部	品管部	制造部	专案负责人
何斌	谭××	谭××	关××/李××	谭××

■可量产　　□改善后可量产　　□改善后再试产，日期 2013.4.2

表 1－58　量具重复性和再现性数据表 GRR

10个样本要有代表性，覆盖过程变差

料号：2430-0235-00　　　　版号：A0

量具名称：卡尺	零件名称：CD1126旋钮外罩	测量日期：
量具编号：JYF-IE-XD-003	特殊特性：产品尺寸	测量人员：
量具量程：0-200mm	标准规范：29.20±0.1mm（注塑件）	

☐定期　☐修复后　☐量具更换　☐新控制计划　☑PPAP

评价人数 3 / 试验次数 9	零件编号 1	2	3	4	5	6	7	8	9	10（个数：10）	平均值
1. A　1	29.190	29.200	29.200	29.190	29.190	29.200	29.200	29.200	29.190	29.180	29.1940
2.　2	29.190	29.200	29.190	29.190	29.190	29.200	29.200	29.200	29.190	29.180	29.1930
3.　3	29.190	29.200	29.190	29.190	29.190	29.200	29.200	29.200	29.190	29.180	29.1930
4.　均值	29.190	29.200	29.193	29.190	29.190	29.200	29.200	29.200	29.190	29.180	$\bar{X}_A$ = 29.1933
5.　极差	0.000	0.000	0.010	0.000	0.000	0.000	0.000	0.000	0.000	0.000	$\bar{R}_A$ = 0.0010
6. B　1	29.190	29.200	29.190	29.190	29.190	29.200	29.200	29.200	29.190	29.180	29.1930
7.　2	29.190	29.200	29.190	29.190	29.190	29.200	29.200	29.200	29.190	29.180	29.1930
8.　3	29.190	29.200	29.190	29.190	29.190	29.200	29.200	29.200	29.190	29.180	29.1930
9.　均值	29.190	29.200	29.190	29.190	29.190	29.200	29.200	29.200	29.190	29.180	$\bar{X}_B$ = 29.1930
10.　极差	0.000	0.000	0.000	0.000	0.000	0.000	0.000	0.000	0.000	0.000	$\bar{R}_B$ = 0.0000
11. C　1	29.190	29.200	29.200	29.190	29.190	29.200	29.190	29.200	29.190	29.180	29.1930
12.　2	29.190	29.200	29.190	29.190	29.190	29.200	29.200	29.200	29.190	29.180	29.1930
13.　3	29.190	29.200	29.190	29.190	29.190	29.200	29.200	29.200	29.190	29.180	29.1930
14.　均值	29.190	29.200	29.193	29.190	29.190	29.200	29.197	29.200	29.190	29.180	$\bar{X}_C$ = 29.1930
15.　极差	0.000	0.000	0.010	0.000	0.000	0.000	0.010	0.000	0.000	0.000	$\bar{R}_C$ = 0.0020
零件均值 $\bar{X}_P$	29.190	29.200	29.192	29.190	29.190	29.200	29.199	29.200	29.190	29.180	$\bar{\bar{X}}$ = 29.1931 R_P = 0.0200

项目	公式			试验次数	2	3
极差均值	$\bar{\bar{R}} = (\bar{R}_A + \bar{R}_B + \bar{R}_C)$/评价人数 = 0.001			试验次数	2	3
最大均值差	$X_{DIFF} = Max\bar{X} - Min\bar{X}$ = 0.0003			D4	3.27	2.57
均值上限	$UCL_{\bar{X}} = \bar{\bar{X}} + A_2\bar{R}$ = 29.1941	极差上限	$UCL_R = D_4\bar{R}$ = 0.0026	D3	0	0
均值下限	$LCL_{\bar{X}} = \bar{\bar{X}} - A_2\bar{R}$ = 29.1921	极差下限	$LCL_R = D_3\bar{R}$ = 0	A2	1.88	1.02

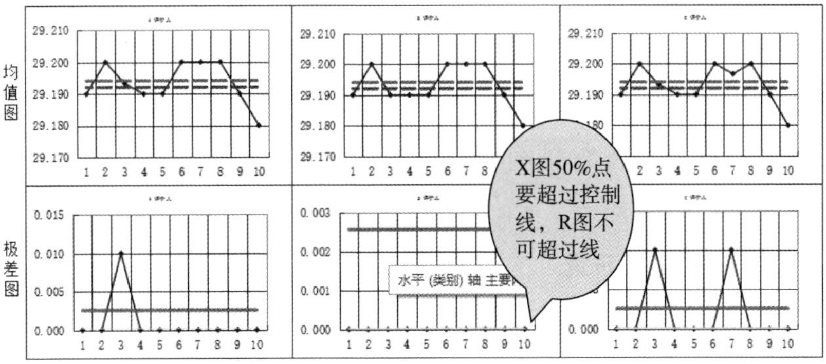

均值图

极差图

X图50%点要超过控制线，R图不可超过线

2.2　MSA 评价

MSA 评价指利用试产的样品，对测量系统进行分析评价，输入是 MSA 计划。GRR 判定标准是 GRR 百分比≤10%，NDC≥5。同时，X 图 50% 以上的点落在控制线外，R 图全在控制线内的 GRR 百分比分析才算合格，否则就要对测量系统进行改善。

表 1－59　量具重复性和再现性分析表

料号:2430-0235-00　　版本:A0　　编号:JYF-PD130401001

量具名称：卡尺	零件名称：CD1126旋钮外罩	分析日期：2013.4.1	
量具编号：JYF-IE-XD-003	测量参数：产品尺寸	评价人员：	
量具量程：0-200mm	参数规格：29.20±0.1mm（注塑件）		评价人数量：3
来自数据表：$\overline{\overline{R}}$ = 0.001	X_{DIFF} =0.0003	R_p = 0.020　试验次数 r = 9	零件数量 n= 10

测量系统分析	% 总变差（TV）
重复性－设备变差(EV) $EV=\overline{\overline{R}}\times K_1$ = 0.001× 0.59 = 0.001	$\%EV=100\times(EV/TV)$ = 100×（0.001/ 0.006 ） = 9.3%
再现性－評价人变差(AV) $AV=\sqrt{(\overline{X}_{DIFF}\times K_2)^2-(EV^2/nr)}$ $=\sqrt{(0.000\times 0.52)^2-(0.001^2/10\times 9)}$ = 0.0002	$\%AV=100\times(AV/TV)$ = 100×（0.000/ 0.006 ） = 2.6%
重复性和再现性(R&R) $R\&R=\sqrt{EV^2+AV^2}$ $=\sqrt{0.001^2+0.000^2}$ = 0.001	$\%R\&R=100\times(R\&R/TV)$ = 100×（0.001/ 0.006 ） = 9.7%
零件变差(PV) $PV=R_p\times K_3$ = 0.0200× 0.31 = 0.006	$\%PV=100\times(PV/TV)$ = 100×（0.006/ 0.006 ） = 99.5%
总变差(TV) $TV=\sqrt{R\&R^2+PV^2}$ $=\sqrt{0.001^2+0.006^2}$ = 0.006	有效分辨率 = 1.41(PV/R&R) = 1.41×(0.006 /0.001) = 14.476

试验次数	K_1
2	0.8862
3	0.5908

评价人数	K_2
2	0.7071
3	0.5231

零件数量	K_3
3	0.5231
4	0.4467
5	0.4030
6	0.3742
7	0.3534
8	0.3375
9	0.3249
10	0.3146

%GRR <=10%，NDC>=5 才合格

以上测量系统如果单从数据分析方面来看就是合格的，但如果从图来看就不合格了，因为 R 图有三个点超过控制线。所以，这个测量系统仍需要进一步改善。

2.3　初始能力研究

初始能力研究是在 MSA 分析合格后进行，主要是针对特殊特性做 PPK，具体测量样品至少 30PCS 以上，PPK 要求≥1.67，才可通过试产。

表 1－60　PPK 数据分析（30PCS）

Capability Analysis 数据分析(30 PCS)				back to submission check-list
Customer: 客户		Job #: 负责人		
Part Name: 物料名称	烫衣板	Date:时间	2016/1/20	
Part No.: 物料编号	ICUDWH	By: 检测人		
Rev. 版次	A0	Status:状态		

(critical dimensions or specs from drawing. Identified with: △)图纸上的关键尺寸或规格

Drawing zone 图纸区域	ex: A1	胶合板长1	胶合板长2	胶合板宽度1	胶合板宽度2	门窗	0
Dimension 尺寸	24	1145	1145	357	357	1213	
Maximum (USL 规格上限	24	1146	1146	358	358	1214	
Minimum (LSL) 规格下限	24	1143	1143	355	355	1211	
Sample #样品							
1	24	1144	1145	357	357	1213	
2	24	1144	1145	357	357	1213	
3	24	1144	1145	357	357	1213	
4	24	1144	1145	357	357	1213	
5	24	1144	1145	357	357	1213	
6	24	1144	1144	357	357	1212	
7	24	1144	1145	356	358	1213	
8	24	1144	1145	357	357	1212	
9	24	1145	1145	357	357	1213	
10	24	1144	1145	357	358	1213	
11	24	1144	1145	357	357	1213	
12	24	1144	1145	357	358	1213	
13	24	1144	1145	357	357	1214	
14	24	1144	1145	357	357	1213	
15	24	1144	1145	355	357	1213	
16	24	1144	1145	357	357	1214	
17	24	1144	1145	357	357	1213	
18	24	1144	1145	357	357	1213	
19	24	1145	1145	357	357	1213	
20	24	1144	1145	356	356	1213	
21	24	1144	1145	357	357	1213	
22	24	1144	1145	357	357	1213	
23	24	1144	1145	357	357	1213	
24	24	1144	1145	357	357	1213	
25	24	1144	1145	357	357	1213	
26	24	1144	1145	357	357	1213	
27	24	1145	1145	357	357	1213	
28	24	1144	1145	357	357	1213	
29	24	1144	1143	357	357	1213	
30	24	1144	1145	357	357	1213	
Mean (xbarbar)	23.9390	1144.1000	1144.9000	356.8667	357.0667	1213.0000	Missing Data
Sample Std Dev (n-1)	0.0220	0.3051	0.4026	0.4342	0.3651	0.3714	Missing Data
Range	0.0600	1.0000	2.0000	2.0000	2.0000	2.0000	0.0000
CP	3.0266	1.6387	1.2420	1.1516	1.3693	1.3463	Missing Data
CPL	5.1302	1.2017	1.5732	1.4331	1.8866	1.7951	Missing Data
CPU	0.9231	2.0756	0.9108	0.8701	0.8520	0.8975	Missing Data
Cpk	0.9231	1.2017	0.9108	0.8701	0.8520	0.8975	0.0000
Pp	3.3018	1.7876	1.3549	1.2563	1.4938	1.4687	Missing Data
Ppk	1.0070	1.3109	0.9936	0.9492	0.9295	0.9791	0.0000
PPL	5.5965	1.3109	1.7162	1.5634	2.0581	1.9582	Missing Data
PPU	1.0070	2.2643	0.9936	0.9492	0.9295	0.9791	Missing Data
Mean + 3 Sigmas	24.0051	1145.0154	1146.1077	358.1692	358.1621	1214.1142	Missing Data
Mean - 3 Sigmas	23.8729	1143.1846	1143.6923	355.5641	355.9712	1211.8858	Missing Data
Maximum sample value	23.9600	1145.0000	1145.0000	357.0000	358.0000	1214.0000	0.0000
Minimum sample value	23.9000	1144.0000	1143.0000	355.0000	356.0000	1212.0000	0.0000

NOTES:

Page 1 of 1

Standard deviation of samples (n-1) is with function STDEV
Standard deviation of population (n) is with function STDEVP

Control Chart Values控制图常量值

Subgroup子组								
D2								
D3								
D4								
A2								

2.4 生产件批准

生产件批准是指试产通过后提交资料和试产样品给客户的环节，通常包括19份资料。试产评审通过后，APQP小组就要准备PPAP的提交，一般客户都是按等级3提交，也就是说，不但要提交资料，而且供应商现场也要发行并运用资料。如果客户有自己的提交标准就按照客户标准提交。PPAP需要得到客户的承认，待客户承认通过后方可量产和交货。客户一般会在PSW上签名才算通过。

表1-61 零件提交保证书

	零件提交保证书	报告编号：XRN-AP-003

零件名称：＿＿＿＿ 零件号：连接头
安全和/或法规项 □是 ■否 工程图样更改等级：A 更改日期：＿＿＿＿
附加工程更改：/ 更改日期：/
图样号：/ 采购订单号：/ 重量（kg）：0.175kg
检查用辅助工具号：＿＿＿＿ 工具更改等级：＿＿＿＿ 批准日期：2015.7.11
供应商资料
供应商名称：东莞市××有限公司 供应商代码：＿＿＿＿
主机厂名称：
提交资料
■尺寸 ■材料 □性能 ■外观
以上提交资料对应的零件适用于＿＿＿＿
注：该部件是否含有任何限制的或需要报告的物质。 ■是 □否
零部件是否标注了相应的产品标识。 □是 □否
提交原因
■首次提交 □改为其他选用的结构或材料
■工程更改 □二级供应商或材料来源更改
□工装：转移、更换、整修或添加 □零件加工过程更改
□偏差校正 □在其他地方生产零件
□工装停止使用期期超过一年
□其他＿＿＿＿
要求的提交等级（选择一项）
□等级1——只向本公司提交保证书（若指定为外观项目，还应该提交外观件批准报告）
□等级2——向本公司提交保证书、工装样件及有限的支持数据

续表

■等级 3——向本公司提交保证书和工装样件及完整的支持数据 □等级 4——向本公司提交保证书和本公司规定的其他要求 □等级 5——在供应商制造厂备有保证书、工装样件和完整的支持数据以供评审 提交结果 ■尺寸测量结果 ■材料试验结果 □性能试验结果 ■外观评价结果 ■统计过程数据 提交结果评价 ■以上提交结果满足所有图样和规范要求 □以上提交结果不完全满足所有图样和规范要求，其解释是________ 声明 所提交的样品，数据和其他信息是代表我司的产品；样品是完全按照客户的图纸和尺寸来做的；材质也是根据客户指定，按照常规生产的特定材料，如有变更我会在以下说明：解释/说明：________ 印刷体姓名：唐×　职务：工程经理　电话号码：____传真号码：____ 供应商授权代表签字：________日期：____

	外观件批准报告 Appearance ApprovalReport	报告编号：Report Number：
零件号 (Rart Number)：	图样号（Drawing Number)：	适用产品 (Application Vehicles)：
零件名称： (Part Name)：	工程更改等级 (E/C Level)：	更改日期： (Change Date)：
供应商名称 (Supplier Name)：	供应商代码 (Supplier Code)：	电话及地址 (Tel&Add)：
提交原因：□零件提交保证书 □特殊样品 □再提交 □表面预处理 □第一批发运 □工程更改 □其他________		

外 观 评 价		
供应商表面加工资料	表面预处理评价	顾客代表签字 外观评定工程师
	纠正并继续	
	纠正和再提交	

续表

<table>
<tr><td colspan="12"></td><td colspan="6" rowspan="2">表面特性合格</td><td colspan="6" rowspan="2"></td></tr>
<tr><td colspan="12"></td></tr>
<tr><td colspan="24">颜色评价</td></tr>
<tr><td rowspan="2">颜色下注</td><td colspan="5">三色数据</td><td rowspan="2">标准样品代号</td><td rowspan="2">标准样品批准日期</td><td rowspan="2">材料类型</td><td rowspan="2">材料来源</td><td colspan="4">色彩</td><td colspan="2">色调</td><td colspan="2">色品度</td><td colspan="2">亮度</td><td colspan="2">金属光泽</td><td rowspan="2">颜色供货标志</td><td rowspan="2">零件交接</td></tr>
<tr><td>DL*</td><td>Da*</td><td>Db*</td><td>DE*</td><td>CMC</td><td>红</td><td>黄</td><td>绿</td><td>蓝</td><td>淡</td><td>深</td><td>灰</td><td>清晰</td><td>高</td><td>低</td><td>高</td><td>低</td></tr>
<tr><td></td><td></td><td></td><td></td><td></td><td></td><td></td><td></td><td></td><td></td><td></td><td></td><td></td><td></td><td></td><td></td><td></td><td></td><td></td><td></td><td></td><td></td><td></td><td></td></tr>
<tr><td></td><td></td><td></td><td></td><td></td><td></td><td></td><td></td><td></td><td></td><td></td><td></td><td></td><td></td><td></td><td></td><td></td><td></td><td></td><td></td><td></td><td></td><td></td><td></td></tr>
<tr><td></td><td></td><td></td><td></td><td></td><td></td><td></td><td></td><td></td><td></td><td></td><td></td><td></td><td></td><td></td><td></td><td></td><td></td><td></td><td></td><td></td><td></td><td></td><td></td></tr>
<tr><td></td><td></td><td></td><td></td><td></td><td></td><td></td><td></td><td></td><td></td><td></td><td></td><td></td><td></td><td></td><td></td><td></td><td></td><td></td><td></td><td></td><td></td><td></td><td></td></tr>
<tr><td></td><td></td><td></td><td></td><td></td><td></td><td></td><td></td><td></td><td></td><td></td><td></td><td></td><td></td><td></td><td></td><td></td><td></td><td></td><td></td><td></td><td></td><td></td><td></td></tr>
<tr><td></td><td></td><td></td><td></td><td></td><td></td><td></td><td></td><td></td><td></td><td></td><td></td><td></td><td></td><td></td><td></td><td></td><td></td><td></td><td></td><td></td><td></td><td></td><td></td></tr>
<tr><td colspan="24">说明：</td></tr>
<tr><td colspan="12">供应商代表：
日期：</td><td colspan="12"></td></tr>
<tr><td colspan="12">顾客代表：
日期：</td><td colspan="12"></td></tr>
</table>

2.5 生产确认试验

根据试产控制计划，对产品的功能、性能、可靠性、尺寸进行测试。原则上，要进行全尺寸、全功能、全性能检测，但现在很多企业考虑到进度与成本，一般只针对重要的性能和尺寸进行测试。参见表1－62信赖性测试报告。

表1－62　信赖性检测报告

测试日期：2013.4.2

客户		××	样品类型	□样品 □首件 ■试产 □量产			报告编号	20130402001
MODEL		TP9159	产品名称	CD1126旋钮外罩	产品编号	2430－0235－00	颜色	光格
NO	测试项目	测试方法	测试工具	样品数	合格基准	测试描述		结果
1	脱漆项目	参考《信赖性测试工作指示》中脱漆测试	3M600#胶纸	/	油漆表面无脱落	/		/
2	百格测试	参考《信赖性测试工作指示》中百格测试	3M600#胶纸	/	油漆表面无脱落	/		/
3	酒精测试	参考《信赖性测试工作指示》中酒精测试	95%酒精500g砝码	/	表面不能有可见的胶漆	/		/
4	恒温恒温测试	参考《耐磨试验操作指引》执行	高温高湿机试验	3PCS	表面无起泡，脏污，变色，起皮	产品无异常		OK
5	耐磨试验	参考《耐磨试验操作指引执行》	RCA纸带耐磨试验机	/	摩擦部位未漏底材	/		/
6	盐雾试验	参考《盐雾试验机操作指引》执行	盐雾试验机	3PCS	表面无腐蚀、变色、退色	表面镀层无异常		OK

测试试验项目要和DFMEA，客户及法律要求保持一致

续表

7	膜厚测试	参考《电解测膜机操作手指引》中脱漆测试	膜厚测试机	2PCS	按《电镀产品一般要求规定》中膜厚要求执行	1	Cr	0.22	um	OK
							Ni	7.18	um	
							Cu	15.22	um	
						2	Cr	0.23	um	OK
							Ni	7.21	um	
							Cu	15.37	um	
备注：盐雾测试见盐雾测试报告										

最终结论	合格	测试员	确认	承认
		刘 ×		

2.6 包装评价

包装评价一般指包装运输试验，试摔要按照客户要求进行，试摔高度、试摔角和试摔面都必须明确要求，下面是一位客户的试摔标准，表1-63为人次试样表。

客户试摔标准

供应商应该确保产品包装完全适合运输。所有产品必须在经过三个运输测试之后仍保持安全，可以使用及无破损。所有标签必须在经过三个运输测试之后仍然清洁、清晰可读并仍粘在包装箱上。

1. 所有产品（除需两人以上技工抬的产品）

（1）试摔测试

八次试摔，从无地毯的硬地面及规定高度摔纸箱的角、边及面：

表1-63 人次试摔要求

	各包重量	试摔高度
A	0 - < 5kg	1.25m（除玻璃产品之外 - 适合 B 项）
B	5 - < 10kg	1 m
C	10 - < 25kg	75cm
D	25kg 以上	50cm（350cm）

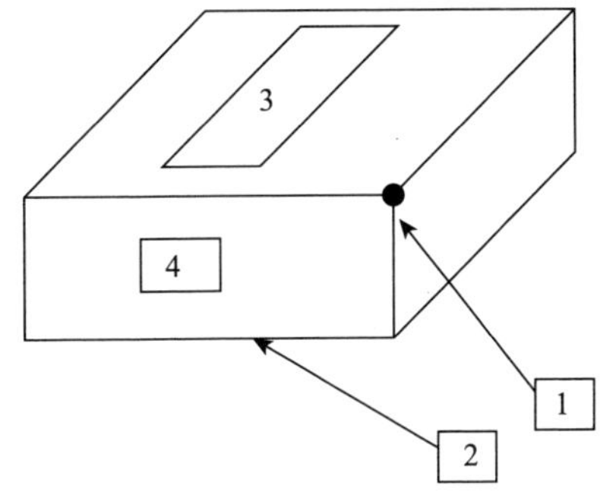

图 1－12　试摔面 1

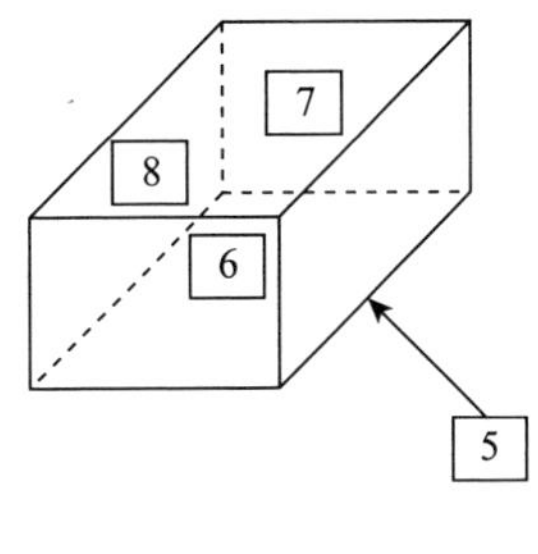

图 1－13　试摔面 2

角 1 的定义为纸箱最易受损的部位

摔的顺序：

（1）确保摔前是包装好的完好无损的产品。

（2）从指定高度摔角 1、边 2、面 3 和面 4。

（3）打开包装检查是否破损，是否影响使用和安全。

（4）如无以上情况则再摔边 5、面 6、面 7、面 8。

（5）再检查。

2. 需两人以上技工抬的产品

（2）试摔测试

四次试摔，从 25cm 高向无地毯的硬地面摔纸箱的角、边及面，并且两次以倾斜角度从 75cm 高摔两个最大面。

角 1 的定义为纸箱最易受损的部位

摔的顺序：

（1）确保摔前是包装好的完好无损的产品。

（2）从 25cm 高度摔角 1、边 2、面 3 和面 4。

（3）打开包装检查是否破损，是否影响使用和安全。

（4）如无以上情况则按图所示以倾斜角度一边离地 75cm 摔最大两边。

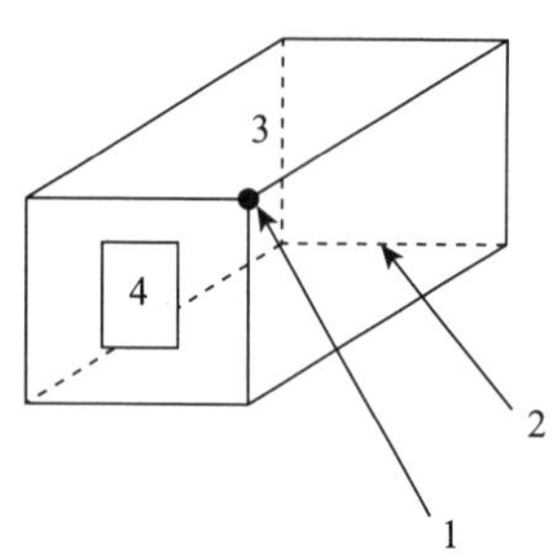

图 1－14　试摔面 3

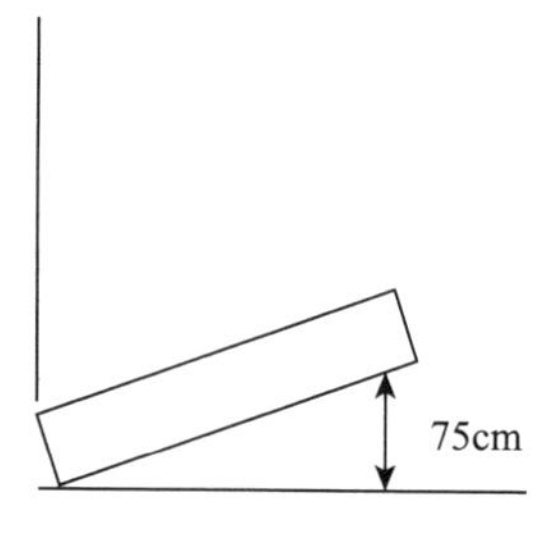

图 1－15　试摔面与地面角度

（5）打开包装检查是否破损，是否影响使用和安全。

试摔结束后，要出试摔报告，下面是一家企业包装评价表。

表 1－64　包装评价表

客户			评价日期		
品名规格	TP9159 旋钮		料号	2430－0235－00	
包装资料					
包装方式	■纸箱	□胶箱	□PE 袋	□塑料薄膜	■吸塑
防护高度	□胶平板	■纸平板	□大 PE 袋	□交叉板	■汽泡垫
叠放高度	≤1.0 米				
栈板规格	□木栈板	□塑料栈板	■无		
评 价 方 法					
运输方式	□空运　□火车　■汽车　□船运　□集装箱				
所需时间					
运输目的地					
运输里程					
评价结果			评价描述		

续表

<table>
<tr><td>包装是否破损</td><td>□是　■否</td><td rowspan="6">1. 按包装作业指导书要求进行包装运输，运输过程中未发现任何损坏包装及产品的现象
2. 经投箱测试：高度 1 米，六面各三次，产品无发生变异</td></tr>
<tr><td>包装是否变形</td><td>□是　■否</td></tr>
<tr><td>包装标识清晰</td><td>■是　□否</td></tr>
<tr><td>产品是否损坏</td><td>□是　■否</td></tr>
<tr><td>防护是否有效</td><td>■是　□否</td></tr>
<tr><td>产品是否散落</td><td>□是　■否</td></tr>
<tr><td colspan="2">评价结论</td><td>改进项目</td></tr>
<tr><td rowspan="3">此产品包装方式</td><td>■可以投入使用</td><td rowspan="3">无</td></tr>
<tr><td>□不可投入使用</td></tr>
<tr><td>□须改进后使用</td></tr>
<tr><td>签名</td><td colspan="2"></td></tr>
</table>

核准：　　　　审核：　　　　制表：

2.7　生产控制计划

PPAP 提交的是量产控制计划，而不是试产控制计划，量产控制计划一般要把产品审核加进去。控制计划一定要与 SPC、PFMEA 保持一致，做到有失效的地方就有控制手段，特殊特性则要考虑用控制图。同时要明确，控制计划是多功能小组做出来的，不是品质部门或工程部门做的。参见表 1－65 注塑控制计划。

2.8　质量策划认定和管理者支持

APQP 小组对项目的总认可，试产能否通过，参见表 1－66，进行产品质量策划总结和认证，这个表就是评估是否可转量。这一阶段做完，还要进行阶段性评审，参见 1－67 第四阶段总结。

表 1－65　注塑控制计划

测试日期：2013. 4. 2

□样品　□试产　■量产 控制计划编号：JYE－TD－R－038－01		主要联系人/电话：	日期（编制）：2013. 4. 2	日期（修订）：
零件名称/最新更改等级： 汽车音量旋钮外罩等级 2		核心小组：	顾客工程批准/日期（如需要）：	
零件名称/描述： 保护音量旋钮		供方/工厂批准/日期：	顾客质量批准/日期（如需要）：	
供方/工厂： ××塑胶涂料有限公司	供方代码：	其他批准/日期（如需要）：	其他批准/日期（如需要）：	

量产与试产不一样，量产要做产品审核，X-R图

零件过程编号	过程名称/操作描述	机器装置夹具工装	特性			特殊特性分类	方法						记录	反应计划
			编号	产品	过程		产品/过程规格/公差	评价/测量技术	样本		控制方法	责任人		
									容量	频率				
1	原材料检验		1. 1	颗粒的均匀度			大小均匀	目视	25g	每批次				特采退货
			1. 2	水分的含量			无	手感	25g	每批次				特采退货
			1. 3	环境物质			符合 ROHS	XRF 测试机	25g	每批次				退货
2	原材料入库	叉车	2. 1		归类错误		无	目视	1 批	每批次	无	仓库	进料验收单 物资收发卡片	重工 报废重工
			2. 2		受潮		无	温湿度计	1 天	每天				
3	领料	叉车	3. 1		领错料		无	目视	1LOT	每 LOT	无	注塑部仓库	领料单 内部订单管理表	重工报废
			3. 2		少领		无	电子称	1LOT	每 LOT				

续表

4	烘料	烘料机	4.1	胶料外观	/		色差在可接受的范围内	目视	每袋	每 LOT	《塑胶原料烘烤作业指引》《保养规范》	注塑部	加料记录表、成型条件表	报废
							不能有饼状	目视	每袋	每 LOT				报废
			4.2	胶料水分含量				手感	每袋	每 LOT				重新烘料
					时间		2h 以上	记录	每袋	每 LOT	《作业指导书》	注塑部	加料记录表、成型条件表	重新烘料
					温度		80 ± 5	目视	每袋	每 LOT	《作业指导书》	注塑部	加料记录表、成型条件表	重新烘料

表 1－66　产品质量策划总结和认定

产品名称：__________　　零件号：__________

顾　　客：__________　　制造厂：__________

填数量的意思是4个特性要做PPK研究、4个可接受、0个未定

1. 初始过程能力研究

数量

PPK－特殊特性

要求	可接受	未定
4	4	0

2. 控制计划批准（如要求）

3. 初始生产样品特性类别

尺寸
外观
试验室
性能

样品	每一样品的特性	可接受	未定

4. 量具和试验装置

数量

测量系统分析
特殊特性

要求	可接受	未定

5. 过程监测

数量

过程监测指导
过程单
目视辅具

要求	可接受	未定

6. 包装/发运

数量 5. 过程监测数量

包装批准
装运试验

要求	可接受	未定

7. 认定

小组成员/职务/日期　　小组成员/职务/日期

小组成员/职务/日期　　小组成员/职务/日期

表 1－67　第四阶段小结（项目阶段评审报告）

项目负责人：谭×	项目名称：汽车音量旋钮外罩		项目编号：JYF－PD1303001
批准：何×	计划日期：2013. 4. 3		实际日期：2013. 4. 3
标注			
－是否申请试产？	■ 是	□ 否	■ 附注　4－1
－试产的相关验证是否符合要求？	■ 是	□否	■ 附注　4－2. 1/2/3/4/5/6
－是否做 MSA 报告？	■ 是	□否	■ 附注　4－3
－是否做 PPK 报告	■ 是	□否	■ 附注　4－4
－包装是否有评价？	■ 是	□ 否	■ 附注　4－5
－是否制订量产控制计划？	■ 是	□ 否	■ 附注　4－6
项 目 小 组			
■ 同意转入下一阶段	□ 拒绝进入下一阶段		
评论： 该阶段的各项评定符合要求，同意进行下一阶段			
项目经理：			批准：
项 目 小 组 决 定（最终决定）			
□ 项目作调整 □ 在转入调整阶段前需作深入研究 □ 转入下一阶段			
项目小组组长：			批准：
分 发 情 况			
项目小组：			
负责人：			分发人：

3. 某汽车配件公司 APQP 第四阶段成功案例讲解

这家汽车配件公司专业做橡胶零件，最终用在凯迪拉克汽车门下面一个橡胶件，客户对品质要求严格。APQP 第四个阶段主要目的还是验证工艺的可行性，产品性能的稳定性，包装物流的可行性。试产必须全部要用量产的人、机、料、法、环，工程部全程跟进，必要时进行工程变更。主要流程如下：

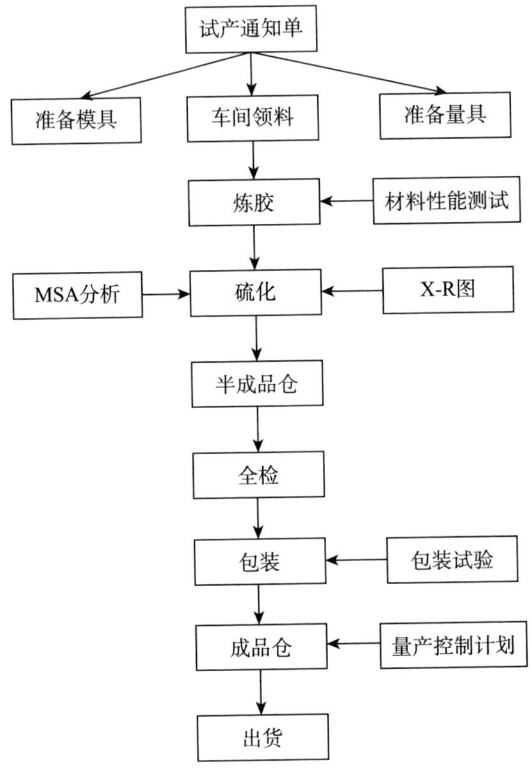

图 1－16　APQQ 第四阶段流程

主要表格如下：

表 1－68　广州××橡塑科技有限公司

试产申请单

客户	C146	**客户料号**	T310A1470/ T311A1470	**试产日期**	2014. 12. 20
品名规格	RRBASE－ RH/LH	**试产数量**	**各** 330PCS	**试产次数**	**首次**
编号		**机台**	49#	**申请人**	**唐志实**
试产原因： 新产品试产					
技术资料准备状况： 硫化参数表 作业指导书 配方表：资料准备 OK 研发部：唐××					
检验资料及检验设施准备状况： 检验指引 检测设备准备 OK 品保部：黄××					
物料准备状况： 原材料、包材准备 OK 物控部：杨××					
生产需要的工装模治具准备状况： 设备、模具确认 OK 廖××					
经理批示： 同意试产 总经理：杨×					

表 1－69　全分析报告

Total Analysis Report

<table>
<tr><td>样品名称
Sample Name</td><td colspan="3">白炭黑 J－77（2014122701）</td><td colspan="2" rowspan="5">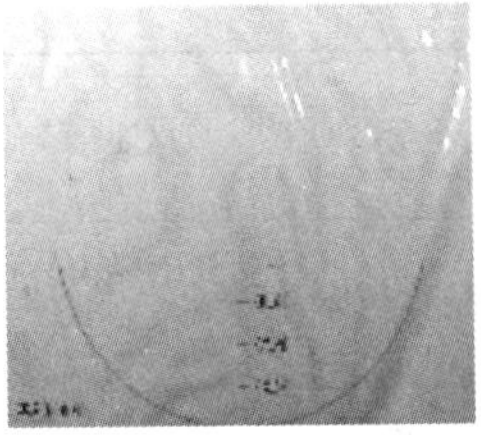</td></tr>
<tr><td>测量时间 Test Time</td><td>200（s）</td><td>管压 Voltage</td><td>45（KV）</td></tr>
<tr><td>操作员 Operator</td><td>邱 × ×</td><td>管流 Current</td><td>400（μA）</td></tr>
<tr><td>测量日期
Test Date</td><td>20141227
14:39:20</td><td>工作曲线
WorkCurve</td><td>PVC</td></tr>
<tr><td>仪器型号
Mode</td><td>EDX1800B</td><td>供应商
Supplier</td><td>华屯</td></tr>
<tr><td>元素
Element</td><td>强度
Intensity</td><td>含量（ppm）
Content（ppm）</td><td>误差（ppm）
Error（ppm）</td><td>限定标准
Limits</td><td>判定
Results</td></tr>
<tr><td>Cr</td><td>0.00008</td><td>ND</td><td>0</td><td>100</td><td>Pass</td></tr>
<tr><td>Br</td><td>0.00009</td><td>ND</td><td>0</td><td>100</td><td>Pass</td></tr>
<tr><td>Cd</td><td>0</td><td>ND</td><td>0</td><td>20</td><td>Pass</td></tr>
<tr><td>Hg</td><td>0</td><td>ND</td><td>0</td><td>100</td><td>Pass</td></tr>
<tr><td>Pb</td><td>0</td><td>ND</td><td>0</td><td>200</td><td>Pass</td></tr>
<tr><td>谱图</td><td colspan="5">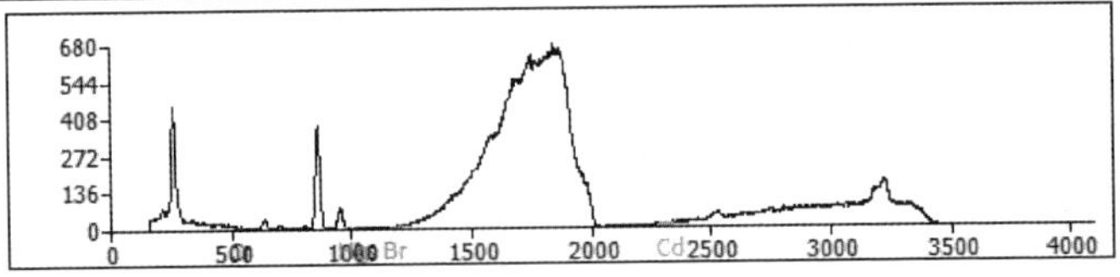
</td></tr>
<tr><td colspan="6">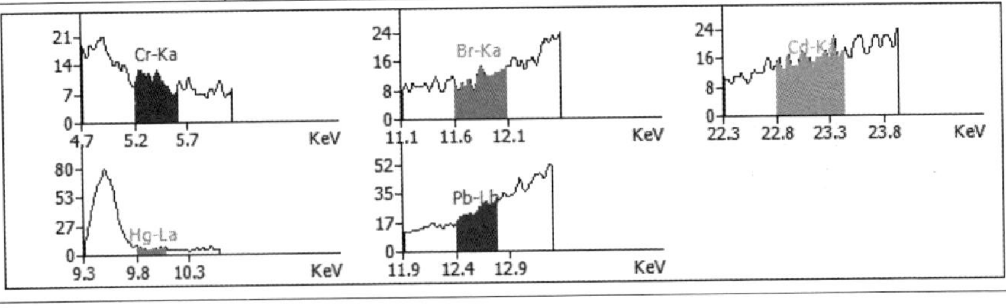
</td></tr>
<tr><td colspan="6">注：ND 代表含量小于等于 2ppm</td></tr>
<tr><td colspan="6">X 荧光仪器分析测得的数据为表面测试</td></tr>
<tr><td colspan="6">Cr，Br 为测得该元素的总含量，如果其显示超标并不代表 VI 价 Cr 和 PBB，PBDE 超标。</td></tr>
</table>

表1－70　开炼日志

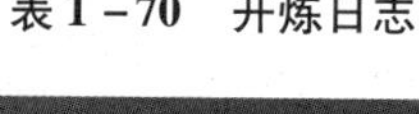

广州市××像塑科技有限公司
MileSun Rubber & Plastic Technology Co.Ltd.
开炼日志

日期：2014.12.28

序号	配方编号	产品图号	胶料卡编号	炼胶时间（起—止）	水温（℃）	辊温（℃）	出片温度（mm）	作业者	备注
1	MCEP-705F	T310A1470/T311A1470	2014122801	5505	15	48	5mm	[illegible]	
2		(T308A1470/T309A1470)							
3									
4									
5									
6									
7									
8									
9									
10									
11									
12									
13									
14									
15									
16									
17									
18									
19									
20									
21									
22									
23									
24									
25									
26									
27									
28									
29									
30									
31									
32									
33									
34									

注：1. 炼胶前先检查，将要混炼的配方号所对应的生胶、胶种、大料、中料和硫化剂是否
2. 密炼胶料过程应严格按开炼操作规范进行炼胶，并如实记录时间；
3. 开炼机水温、车温以手感方式检测，以不明显感到烫手为核实；
4. 禁止使用未经检验盖章确认的配合料；
5. 此表由炼胶人员每炼一份胶就填写一行，由主管审核。

审核：[illegible]××

MC-B-011-09-01

表 1－71　密炼日志

广州市××橡塑科技有限公司
MileSun Rubber & Plastic Technology Co. Ltd.
密炼日志

日期：2014.12.28

炼胶员工	序号	配方编号	产品图号	胶料卡编号	混炼时间 s	混炼温度℃	备注
[illegible]	1	MCEP-705F	[illegible] ([illegible])	20141122801	1200 S	150℃	
	2						
	3						
	4						
	5						
	6						
	7						
	8						
	9						
	10						
	11						
	12						
	13						
	14						
	15						
	16						
	17						
	18						
	19						
	20						
	21						
	22						
	23						
	24						
	25						
	26						
	27						
	28						
	29						
	30						
	31						
	32						
	33						
	34						
	35						
	36						
	37						
	38						
	39						
	40						
	41						

注：1. 密炼胶料前先检查，将要混炼的配方号所对应的生胶、胶种、大料和中料是否为同一配方号和编号；2. 密炼胶料过程应严格按密炼操作规范进行炼胶，并如实记录时间和温度；3. 禁止使用未经检验盖章确认的配合料；4. 此表由炼胶人员每炼一份胶就填写一行，由主管审核。

日期：2014.12.28

审核：卢××　　　　MC-B-011-08

表 1－72　首检报告

广州市××橡塑科技有限公司
MileSun Rubber & Plastic Technology Co. Ltd.
硫化工段巡检首件检验报告

客户	1146			产品编号：7310A1670/7311A1670								产品名称：RR BASE-RH		
机号	4#（B01）		操作员					送样领班：				送样时间：		
检验项目	颜色	结构	模面	修边性能	手感	外观	气味	厚度	拉力	偏心	其它	装配效果	检验数（整模）	备注
检验结果	OK	OK	OK	OK	OK	OK	OK	OK	—	OK	—		6	

尺寸代号		1	2	3	4	5	判定：合格	判定：不合格
标准值		3±0.15	3±0.5	3.46±0.15			√	
实测	穴号（　）	3.06	3.34	3.48			√	
	穴号（　）	3.12	3.37	3.47			√	
	穴号（　）	3.07	3.31	3.45			√	
	穴号（　）	3.10	3.28	3.40			√	
	穴号（　）	3.03	3.35	3.37				

硬度标准：66-73　　实测：68

综合判定：合格：☑　不合格：□　品控员：韦×　2014年12月30日11时30分

特采员：　　特采说明：

MC-B-001-02

确认人：黄××

表 1－73　巡检日报表

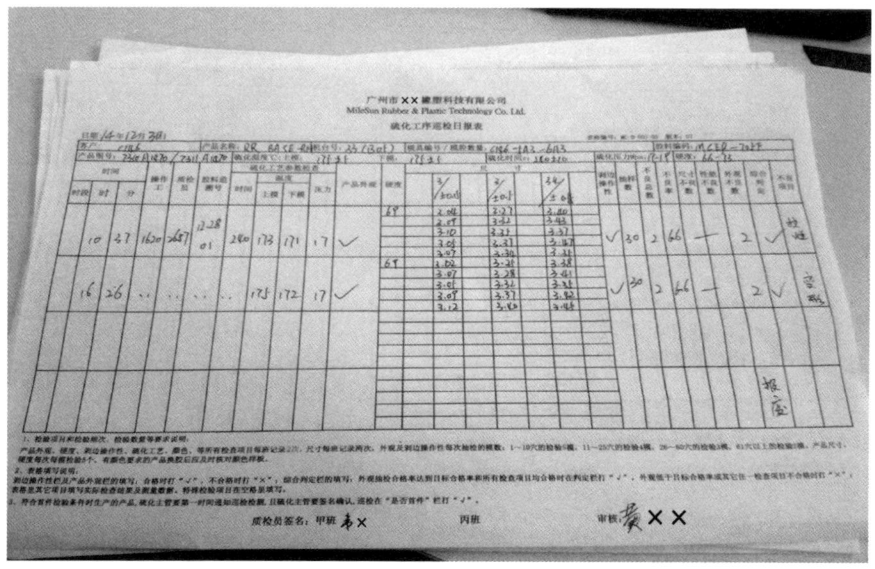

广州市××橡塑科技有限公司
MileSun Rubber & Plastic Technology Co. Ltd.
硫化工序巡检日报表

质检员签名：甲班 韦×　　丙班　　审核：黄××

表 1－74　配料表

广州市××橡塑科技有限公司
配料单

日期:2014-12-28 名称:7308 A1470　配方编号:MCEP-705F　当天配料 2 份　单位:克　密炼　出片厚度:4-6

	材料名称	型号规格	产地	标准重量	1	2	3	4	5	6	7	8	9
	三元乙丙胶	EP9650		10800	10800								
	三元乙丙胶	EP3850		7200	7200								
大料	半补强碳黑	N774	国星/江西	6300	6300								
	白碳黑	ZQ356/J-77	株洲	5400	5400								
	煅烧陶土	SG-9004		5400	5400								
	石蜡油	PL-30		3600	3600								
	偶联剂	SI-69		450	450								
	合计重量			39150	39150								

注：1、配完后填好胶料标签卡放入框内，然后拉到炼胶房指定位置。

2、优先使用煅烧高岭土

日期:2016-8-20 名称:7308 A1470　配方编号:MCEP-705F　当天配料 2 份　单位:克　密炼　出片厚度:4-6

	材料名称	型号规格	产地	标准重量	1	2	3	4	5	6	7	8	9
后下	硫黄	S		216	216								
	促进剂	TRA		108	108								
	促进剂	BZ		108	108								
	促进剂	M		72	72								
小料	氧化锌	AZNO99.5		1260	1260								
	硬脂酸	1801		180	180								
	流动改性剂	Z-DR		180	180								
	模利洁	TM-80		180	180								
	合计重量			2304	2304								

注：1）小料、硫化剂各用胶袋装好封口后贴上标签放入装生胶框中。

2）配完后填好胶料标签卡放入框内，然后拉到炼胶房指定位置。

配料：　　　　审核：　　　　批准：

表 1－75　制品流程卡

MILESUN　广州市××橡塑科技有限公司

MileSun Rubber & Plastic Technology Co.LTD

制品生产流程卡

胶料编号：20141228 01

流程单卡号：

2014年12月28日

MC—B—006—03

产品编号		7310/7311A470	配方编号	MCEP-705F	
配料	配小料人	2041	配大料人	1202	
炼胶	混炼胶操作人	张××	2014年12月28日 □早班□中班□晚班		
	加硫、出片操作人	张××	2014年12月28日 □早班□中班□晚班		
胶料检测	盖章 温度℃ 上模	185℃	硫化时间	240	备注
	下模	185℃	实测硬度	69	
	2014年12月28日 □早班 □中班 □晚班				
挤出	班别	□早班 □中班 □晚班	操作工		
	20　年　月　日　时　分				
硫化员工	张××		2014年12月30日 □早班□中班□晚班		
基本情况	硫化工号	232	使用机台	49#	
	产品图号	7310/7311	模具编号	C146-5A3-6A3	
胶料记录	新领料量	23kg	实际用量	18kg	发料签名
	退料量	5kg	应生产数	330PCS	
硫化记录	工作时间	10 h	硫化模数	110 模	主管签名
	硫化产量	640件	机台废品	4 件	
	额定耗料	g/件	巡检员	巡检	

修边良录	修边员工	领修数量	合格品数	废品数	修边工资	主管签名
	孔×	350	345	6		范××
			半成品			
	合计					

终检记录	检验员	检验总数	合格数	不良数		主管签名
	1654			27		韦××
包装记录	包装员	包装数量	箱号	日期		
此单直通率	总投入数	包装合格		直通率		

量具 GRR 报告 - 投影仪 - 1

表 1-76 量具重复性和再现性数据表

产品编号 7311A1470 /7310A1470　　版号: 1　　编号 MCYF-01

量具名称:	投影仪	零件名称:	RR-BASE-LH/RH	测量日期:	2014.12.11
量具编号:	ZG0512	特殊特性:	3.0±0.15mm	测量人员:	A邱×× B孔×× C王××
量具量程:	400×300×150	标准规范:	3.0±0.15mm		

☐ 定期　☑ 修复后　☐ 量具更换　☑ 新控制计划　☑ PPAP

评价人数 3 / 试验次数 9	零件编号 1	2	3	4	5	6	7	8	9	10（个数: 10）	平均值
1. A 1	3.040	3.100	3.120	3.080	3.080	3.080	3.010	3.080	3.080	3.080	3.0750
2. 2	3.040	3.100	3.120	3.080	3.080	3.080	3.010	3.080	3.080	3.080	3.0750
3. 3	3.040	3.100	3.120	3.080	3.080	3.080	3.010	3.080	3.080	3.080	3.0750
4. 均值	3.040	3.100	3.120	3.080	3.080	3.080	3.010	3.080	3.080	3.080	$\bar{X}_A=$ 3.0750
5. 极差	0.000	0.000	0.000	0.000	0.000	0.000	0.000	0.000	0.000	0.000	$\bar{R}_A=$ 0.0000
6. B 1	3.040	3.080	3.120	3.080	3.080	3.080	3.010	3.080	3.080	3.080	3.0730
7. 2	3.040	3.080	3.120	3.080	3.080	3.080	3.010	3.080	3.080	3.080	3.0730
8. 3	3.040	3.070	3.120	3.080	3.080	3.080	3.010	3.080	3.080	3.080	3.0720
9. 均值	3.040	3.077	3.120	3.080	3.080	3.080	3.010	3.080	3.080	3.080	$\bar{X}_B=$ 3.0727
10. 极差	0.000	0.010	0.000	0.000	0.000	0.000	0.000	0.000	0.000	0.000	$\bar{R}_B=$ 0.0010
11. C 1	3.040	3.080	3.110	3.080	3.080	3.080	3.010	3.080	3.080	3.080	3.0720
12. 2	3.040	3.080	3.110	3.080	3.080	3.080	3.010	3.080	3.080	3.080	3.0720
13. 3	3.040	3.080	3.110	3.080	3.080	3.080	3.010	3.080	3.080	3.080	3.0720
14. 均值	3.040	3.080	3.110	3.080	3.080	3.080	3.010	3.080	3.080	3.080	$\bar{X}_C=$ 3.0720
15. 极差	0.000	0.000	0.000	0.000	0.000	0.000	0.000	0.000	0.000	0.000	$\bar{R}_C=$ 0.0000
零件均值 $\bar{X}_P$	3.040	3.086	3.117	3.080	3.080	3.080	3.010	3.080	3.080	3.080	$\bar{\bar{X}}=$ 3.0732 $R_P=$ 0.1067

极差均值	$\bar{\bar{R}}=(\bar{R}_A+\bar{R}_B+\bar{R}_C)$/评价人数 = 0.00033			试验次数	2	3
最大均值差	$X_{DIFF}=Max\bar{X}-Min\bar{X}=$ 0.0030			D4	3.27	2.57
均值上限	$UCL_{\bar{X}}=\bar{\bar{X}}+A_2\bar{R}=$ 3.0736	极差上限	$UCL_R=D_4\bar{R}=$ 0.0009	D3	0	0
均值下限	$LCL_{\bar{X}}=\bar{\bar{X}}-A_2\bar{R}=$ 3.0729	极差下限	$LCL_R=D_3\bar{R}=$ 0	A2	1.88	1.02

注:

均值图　极差图

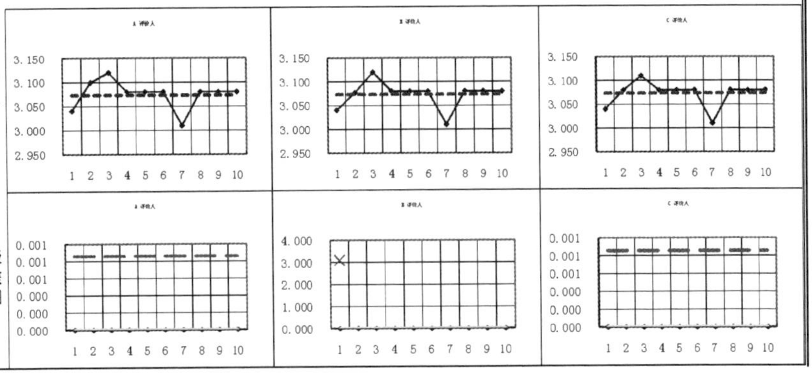

量具 GRR 报告 - 投影仪 - 2

表 1-77 量具重复性和再现性分析表

产品编号：7311A1470 /7310A1470　　版本：1.0　　编号：MCYF-01

量具名称：	投影仪	零件名称：	RR-BASE-LH/RH	分析日期：	2014.12.11
量具编号：	ZG0512	测量参数：	3.0±0.15MM	评价人员：	A邱×× B孔×× C王××
量具量程：	400×300×150	参数规格：	3.0±0.15MM		评价人数量：3
来自数据表：	$\bar{\bar{R}}$ = 0.000	$\bar{X}_{diff}$ = 0.0030	R_p = 0.107	试验次数 r = 9	零件数量 n=10

测量系统分析　　　　　**% 总变差（TV）**

重复性—设备变差(EV)

$EV = \bar{\bar{R}} \times K_1$

= 0.000× 0.59

= 0.000

试验次数	K_1
2	0.8862
3	0.5908

$\%EV = 100 \times (EV/TV)$

= 100×（0.000 / 0.034）

= 0.6%

再现性—评价人变差(AV)

$AV = \sqrt{(\bar{X}_{diff} \times K_2)^2 - (EV^2/nr)}$

$= \sqrt{(0.003 \times 0.52)^2 - (0.000^2/(10 \times 9))}$

= 0.0016

评价人数	K_2
2	0.7071
3	0.5231

$\%AV = 100 \times (AV/TV)$

= 100×（0.002 / 0.034）

= 4.7%

重复性和再现性(R&R)

$R\&R = \sqrt{EV^2 + AV^2}$

$= \sqrt{0.000^2 + 0.002^2}$

= 0.002

$\%R\&R = 100 \times (R\&R/TV)$

= 100×（0.002 / 0.034）

= 4.7%

零件变差(PV)

$PV = R_p \times K_3$

= 0.1067× 0.31

= 0.034

零件数量	K_3
3	0.5231
4	0.4467
5	0.4030
6	0.3742
7	0.3534
8	0.3375
9	0.3249
10	0.3146

$\%PV = 100 \times (PV/TV)$

= 100×（0.034 / 0.034）

= 99.9%

总变差(TV)

$TV = \sqrt{R\&R^2 + PV^2}$

$= \sqrt{0.002^2 + 0.034^2}$

= 0.034

有效分辨率 $= 1.41(PV/R\&R)$

= 1.41×（0.034 / 0.002）

= 29.919

判定：%R&R<10%，测量系统可以接受！

分析评价措施：

备注：

所有计算都基于预期5.15σ(在正态分布曲线之下99.0%的面积)。

K_1为5.15 / d_2，d_2取决于试验次数（m）和零件数与评价人的乘积（g），并假设该值大于15。

AV—如果计算中根号下出现负值，评价人变差缺省为0。

K_2为5.15/d_2^*,式中d_2^*取决于评价人数量(m)和(g),g为1,因为只有单极差计算。

K3为5.15/d2*,式中d2*取决于零件数(m)和(g),g为1,因为只有单极差计算。

制定：邱××　　　　审核：唐××

表 1－78　尺寸检查报告

客　　户：C146　　　　颜　　色：黑
产品编号：RR BASE－RH　　　　样板数量：6
产品名称：7310 A1470　　　　尺寸单位：mm
模具穴数：6

检查项目	81	82	83	84	85	86	87	88	89	90	91	92	93	94	95	96	97	98	99	100	101	102
要求尺寸	2.3	56.1	44.8	34.8	39.8	1.8	10	1.2	1.2	1.8	0.3	1.9	11.2	2.3	89.1°	R2.5	R6.1	R0.2	0.5	R0.6	0.8	R1.5
上公差																						
下公差																						
上限值																						
下限值																						
1	2.31	56.14	44.85	34.85	39.84	1.81	10.08	1.21	1.21	1.81	0.32	1.92	11.24	2.31	89.14	2.51	6.14	0.24	0.52	0.63	0.82	1.54
2	2.32	56.18	44.86	34.86	39.85	1.83	10.05	1.23	1.23	1.82	0.31	1.93	11.23	2.34	89.14	2.53	6.12	0.23	0.53	0.62	0.83	1.52
3	2.32	56.16	44.85	34.82	39.84	1.82	10.07	1.24	1.21	1.84	0.31	1.93	11.24	2.31	89.12	2.51	6.13	0.24	0.53	0.62	0.82	1.53
4	2.31	56.14	44.83	34.84	39.86	1.81	10.8	1.21	1.21	1.81	0.32	1.91	11.24	2.32	89.13	2.52	6.14	0.23	0.52	0.63	0.83	1.51
5	2.33	56.17	44.85	34.85	39.85	1.83	10.7	1.23	1.23	1.82	0.31	1.94	11.23	2.31	89.14	2.51	6.12	0.21	0.52	0.63	0.81	1.52
6	2.31	56.15	44.86	34.84	39.87	1.82	10.6	1.21	1.22	1.83	0.31	1.92	11.24	2.31	89.15	2.52	6.13	0.22	0.53	0.62	0.82	1.53

综合判断：　　□合格　　□不合格　　□待定
测量/日期：廖××2014.12.30　　审核/日期：唐××2014.12.30　　批准/日期：

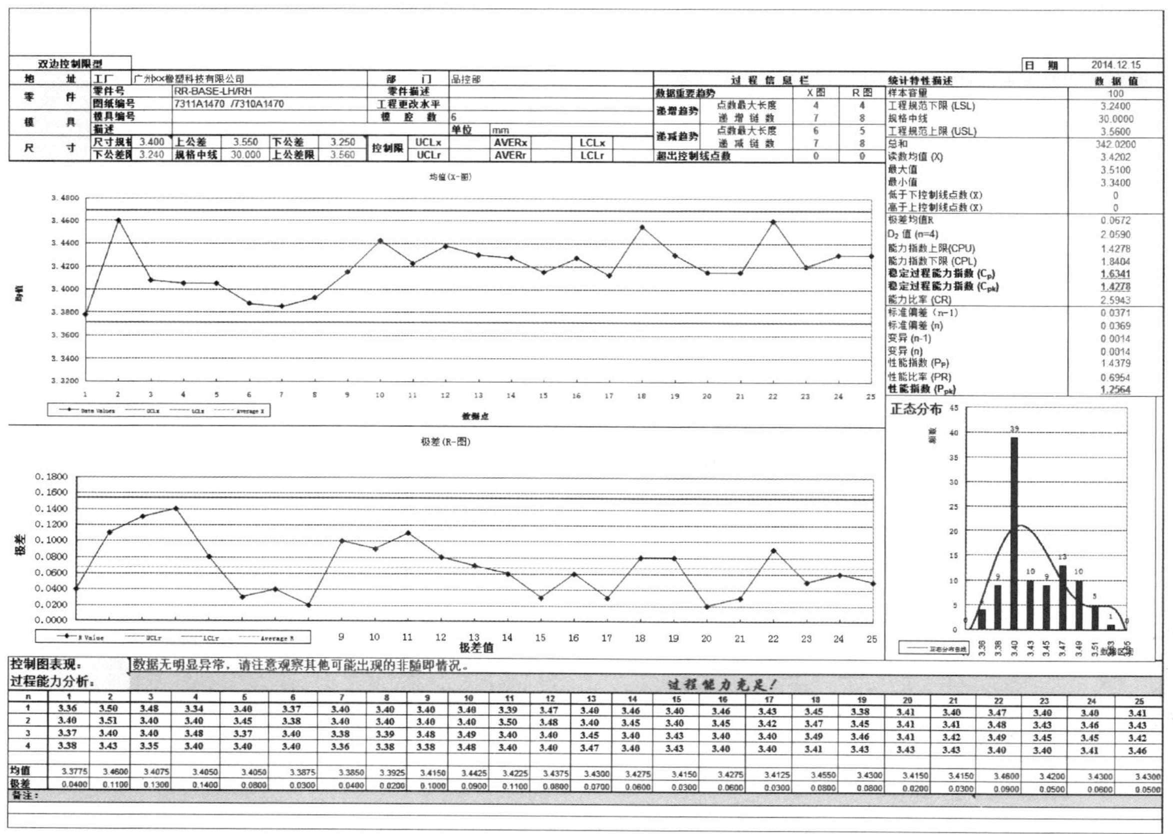

双边控制限型

地　址	工厂	广州xx橡塑科技有限公司				部　门	品控部			
零　件	零件号	RR-BASE-LH/RH				零件描述				
	图纸编号	7311A1470 /7310A1470				工程更改水平				
模　具	模具编号					模　腔　数	6			
	描述					单位	mm			
尺　寸	尺寸规格	3.400	上公差	3.550	下公差	3.250	控制限	UCLx	AVERx	LCLx
	下公差限	3.240	规格中线	30.000	上公差限	3.560		UCLr	AVERr	LCLr

过程信息栏		X图	R图
数据重要趋势		X图	R图
递增趋势	点数最大长度	4	4
	递增链数	7	8
递减趋势	点数最大长度	6	5
	递减链数	7	8
超出控制线点数		0	0

日期：2014.12.15

统计特性描述	数据值
样本容量	100
工程规范下限 (LSL)	3.2400
规格中线	30.0000
工程规范上限 (USL)	3.5600
总和	342.0200
读数均值 (X)	3.4202
最大值	3.5100
最小值	3.3400
低于下控制线点数 (X)	0
高于上控制线点数 (X)	0
极差均值R	0.0672
D_2 值 (n=4)	2.0590
能力指数上限(CPU)	1.4278
能力指数下限 (CPL)	1.8404
稳定过程能力指数 (C_p)	**1.6341**
稳定过程能力指数 (C_{pk})	**1.4278**
能力比率 (CR)	2.5943
标准偏差（n-1）	0.0371
标准偏差 (n)	0.0369
变异 (n-1)	0.0014
变异 (n)	0.0014
性能指数 (P_P)	1.4379
性能比率 (PR)	0.6954
性能指数 (P_{pk})	**1.2564**

控制图表现：数据无明显异常，请注意观察其他可能出现的非随即情况。

过程能力分析：**过程能力充足！**

n	1	2	3	4	5	6	7	8	9	10	11	12	13
1	3.36	3.50	3.48	3.34	3.40	3.37	3.40	3.40	3.40	3.40	3.39	3.47	3.40
2	3.40	3.51	3.40	3.40	3.45	3.38	3.40	3.40	3.40	3.40	3.50	3.48	3.40
3	3.37	3.40	3.40	3.48	3.37	3.40	3.38	3.39	3.48	3.49	3.40	3.40	3.45
4	3.38	3.43	3.35	3.40	3.40	3.40	3.36	3.38	3.38	3.48	3.40	3.40	3.47
均值	3.3775	3.4600	3.4075	3.4050	3.4050	3.3875	3.3850	3.3925	3.4150	3.4425	3.4225	3.4375	3.4300
极差	0.0400	0.1100	0.1300	0.1400	0.0800	0.0300	0.0400	0.0200	0.1000	0.0900	0.1100	0.0800	0.0700

n	14	15	16	17	18	19	20	21	22	23	24	25
1	3.46	3.40	3.46	3.43	3.45	3.38	3.41	3.40	3.47	3.40	3.40	3.41
2	3.45	3.40	3.45	3.42	3.47	3.45	3.41	3.41	3.48	3.43	3.46	3.43
3	3.40	3.43	3.40	3.40	3.49	3.46	3.41	3.42	3.49	3.45	3.45	3.42
4	3.40	3.43	3.40	3.40	3.41	3.43	3.43	3.43	3.40	3.40	3.41	3.46
均值	3.4275	3.4150	3.4275	3.4125	3.4550	3.4300	3.4150	3.4150	3.4600	3.4200	3.4300	3.4300
极差	0.0600	0.0300	0.0600	0.0300	0.0800	0.0800	0.0200	0.0300	0.0900	0.0500	0.0600	0.0500

备注：

图1-17　过程能力分析均值极差（X-R）控制图

4. 四阶段易犯的典型错误

4.1　试产没有认可直接转量产，如没有对 PPM、PPK、成本等进行评估。

4.2　过程没有研究直接算 CPK，实际试产过程不稳定，只能用 PPK，而且在此阶段找不到控制线。

4.3　试产过程没有按客户要求进行包装试摔试验，试摔高度、试摔角度以及试摔面都不符合客户要求。

4.4　试产中没有进行过程审核，严格来讲是不符合要求的。过程审核的内容包括（产品开发、过程开发、供应商管理、物流等）。如果客户没有特殊要求，可只审核制造过程。

包装评价表

广州××橡塑科技有限公司

表1－79 包装评价表

<table>
<tr><td>客户</td><td colspan="2"></td><td colspan="2">评价日期</td><td>2014. 12. 30</td></tr>
<tr><td>品名规格</td><td colspan="2">RR BASE－RH/LH</td><td colspan="2">料号</td><td>7310/7311A1470</td></tr>
<tr><td colspan="6">包装资料</td></tr>
<tr><td>包装方式</td><td>■纸箱</td><td>□胶箱</td><td>■PE袋</td><td>□塑料薄膜</td><td>□吸塑</td></tr>
<tr><td>防护手段</td><td>□胶平板</td><td>□纸平板</td><td>□大PE袋</td><td>□交叉板</td><td>□汽泡垫</td></tr>
<tr><td>叠放高度</td><td colspan="5">≤1.0米</td></tr>
<tr><td>栈板规格</td><td>□木栈板</td><td>□塑料栈板</td><td>■无</td><td colspan="2"></td></tr>
<tr><td colspan="6">评价方法</td></tr>
<tr><td>运输方式</td><td colspan="5">□空运 □火车 ■汽车 □船运 □集装箱</td></tr>
<tr><td>所需时间</td><td colspan="5"></td></tr>
<tr><td>运输目的地</td><td colspan="5"></td></tr>
<tr><td>运输里程</td><td colspan="5"></td></tr>
<tr><td colspan="3">评价结果</td><td colspan="3">评价描述</td></tr>
<tr><td>包装是否破损</td><td colspan="2">□是 ■否</td><td colspan="3" rowspan="6">1. 按包装作业指导书要求进行包装运输，运输过程中未发现任何损坏包装及产品的现象
2. 经投箱测试：高度1m，六面各三次，产品无发生变异</td></tr>
<tr><td>包装是否变形</td><td colspan="2">□是 ■否</td></tr>
<tr><td>包装标识清晰</td><td colspan="2">■是 □否</td></tr>
<tr><td>产品是否损坏</td><td colspan="2">□是 ■否</td></tr>
<tr><td>防护是否有效</td><td colspan="2">□是 □否</td></tr>
<tr><td>产品是否散落</td><td colspan="2">□是 ■否</td></tr>
<tr><td colspan="3">评价结论</td><td colspan="3">改进项目</td></tr>
<tr><td rowspan="3">此产品包装方式</td><td colspan="2">■可以投入使用</td><td colspan="3" rowspan="3">无</td></tr>
<tr><td colspan="2">□不可投入使用</td></tr>
<tr><td colspan="2">□须改进后使用</td></tr>
<tr><td>签名</td><td colspan="5"></td></tr>
</table>

表 1－80　终检报告

姓名：黄××　　质检工号：00836　　2014 年12 月

序号	日期	流程工号	修边员工	产中编号	送检数（PCS）	抽样数（PCS）	硬度（A）	不良品项目及数据（PCS）										修边不良	终检不良	不良总数	备注
								杂物	双铁	修伤	无铁	反铁	露铁	模伤	裂口	欠硫	窝气				
1	2014. 12. 30	2014122801	范玲玲	7310A1470													6	15	2	27	
2	2014. 12. 30	2014122801	范玲玲	7310A1470				3	3						1		3	12	2	28	
3																					
4																					
5																					
6																					
7																					
8																					

注：1. 产品检验依据《产品检验指引》，产品返工后重新检验必须另填一行；2. 产品硬度不均匀时必须填写所测得产品的最高硬度和最低硬度，硬度较为平均时间可填写所测的平均值；3. 产品尺寸合格时打“√”，不合格打“×”；所检查的项目有一项与标准不符合综合判定为返工；4. 要求返工的产品检验员填写产品返工单及反工记录表；5. 表格填写必须工整，不得涂改，每天上交主管审核。

审核：韦××　　　　MC－B－001－08

表 1－81 管理工程表

□样件□试生产■量产		主要联系人/电话				供应商		承认	
完成日期	2014. 12. 30	修订日期		批准日期	2014. 12. 30	确认	作成	确认	担当
部品名	RR BASE－LH/RH	供应商编号	7311A14701/7310A14701	编号		吕××	王××		
供应商名称	广州市××橡塑科技有限公司								

过程NO.	过程名称	特性分类	机器、装置、夹具、工装	品质特性							数据提出频度	反应 计划	制造条件管理						反应计划
				编号	管理项目	规格值	管理担当	检查方法	检查频度	数据 形式			管理项目	管理值	管理担当	检查方法	检查频度	数据格式	
1	原材料接收/检验		外观	a	胶种	EPDM9650、/3850	IQC	目视	每批	来料检验报告材质证明报告ROSH 报告	每批	拒收或报告采购部	ROHS	仪器测试	邱祖来	实测	每批	测试报告	报告采购部
			磅称	b	包装	无破袋、沾水、污垢													
			外观	c	外观	乳白色块状													
			外观	c	ROHS	符合 ROHS 权威报告													
2	材料保管		标识牌	a	无异材、无污染	EPDM9650、/3850	IQC	目视	每批	物料卡	每批	报告品控部和研发部	温度	40 度以下	仓管	点检	1 次/天	温、湿度记录表	报告工程部长
				b	有效期	1 年							温度	75%以下	仓管	点检	1 次/天		报告工程部长

续表

3	配料		外观	a	■胶品种	EPDM9650、/3850	IPQC	目视	100%	《配料工序检验报告》	100%	报告炼胶主管重配或报告品控部	材料标识	标识清楚	IPQC	目测	每天开班		报告炼胶主管
			电子称	b	坐胶■■	《配料通知单》		称量					电子称	准备无误		校对	1次/半年	校对记录	报告工程部长
			外观	c	硫化剂品种	《配料通知单》硫化剂		目视					材料标识	标识清楚		目测	每天开班		报告炼胶主管
			电子称	d	硫化剂■■	《配料通知单》		称量					电子称	准备无误		校对	1次/半年	校对记录	报告工程部长
			外观	e	填料品种	《配料通知单》填料		目视					材料标识	标识清楚		目测	每天开班		报告炼胶主管
			电子称	f	填料■■	《配料通知单》		称量					电子称	准备无误		校对	1次/半年	设备保养日报	报告工程部长
4	混炼胶		点温仪	a	冷却水温度	常温		测量	每份	《炼胶日记》	每份	加大冷却水或报告炼胶主管	设备状态	正常运转			全天	设备保养日报	报告工程部长
			点温仪	b	开炼机辊温	辊温≤50℃		测量					供水状态	正常			全天		报告工程部长
			挂钟	c	炼胶时间	20～30分钟		计时					供水状态	正常			全天		报告工程部长
			卡尺	d	出片厚度	4～6mm		目视				调节辊距							
			外观	e	胶料状态	分散均匀、无焦烧		目视				重炬或报告炼胶主管							

续表

5	冷却停放		外观	a	无异材、无污染（标识，存放条件）	材料标识明确	IPQC	目视	每份	胶料标识卡	每份	报告生产部和研发部	温度	40度以下	仓管	点检	1次/天	温，温度记录表	报告工程部长
				b		批号标识明确							湿度	75%以下	仓管	点检	1次/天		报告工程部长
				c		胶料无焦烧													
6	混炼胶检查	★	硬度计	a	常规物性	硬度值70±5	IPQC	硬度计测量	每份	混炼胶块速检验记录	每份	重检或报告品控部长	硬度计	准确度	设备管理员	校正	1次/年	校对记录	报告工程部长
7	炼胶保管		温度计	a	保管温度	35℃以下	IPQC	温度计划	每份		每份	报告生产部和研发部	保管温度	35℃以下	胶料保管员	巡视	全天		报告生产部长
			外观	b	保管期限	15天内		目视		胶料入库记录									
			外观	c	无异材、无污染	材料标识明确		目视		胶料标识卡		报告生产部和研发部							
				d	无变异	批号标识明确													

续表

8	硫化成型	★	100T硫化机	a	合模压力	17－19MPa	IPQC	压力计	1次/2小时	《硫化工段首检报告》/《硫化制品流程卡》《硫化工序巡检报告》	1次/2小时	报告生产部和研发部	碳化机状态	正常	设备管理员	巡视	全天	设备保养日报表	报告工程部长
		★		b	模具温度	175±5℃		温度计											
		★		c	加硫时间	240±10S		计时器											
				d	飞■■■	不允许有气泡、缺胶、流痕、裂口，等缺陷		目视											
				e	模具■■	无粘模		目视	1次/天		1次/天	报告工程部	报告工程部	正常	模具管理员	巡视	全天	模具保养日报表	
9	巡检	★	游标卡尺	a	尺寸	按《产品检验指引》和图纸	IPQC	卡尺测量	1次/2小时	硫化工序巡检报告（含物性）》	1次/2小时	填写品质异常报告单	卡尺状态	正常	设备管理员	巡视	1次/半年	校对记录	
			游标卡尺	b	尺寸	3.40±0.15mm		卡尺测量	一年一次										
			外观	c	产品外观	无粘模、缺胶、流痕，色脏等		目视	1次/2小时										

续表

10	修边		修边工具	a	飞边残留、修损	符合《修边作业指导书》或限度样品	QA	修整和目测	全检	〈生产部质量日报表〉/〈修边工序记录本〉	全检	报告修边主管	修边工具	正常	作业员	自检	随时		报告修边主管
11	外观检查		外观	a	产品外观	不允许有气泡、缺胶、流痕、裂口，色脏等缺陷/限度样品	QA	目视	按抽样计划	〈硫化制品检验日报表〉	按抽样计划	报告修边主管及修边工返修							
				b	异品	无异品													
12	终检		外观	a	产品外观	不允许有气泡、缺胶、流痕、裂口，色脏等缺陷/限度样品	QA	目视	按抽样计划	〈QA 检验报告〉	按抽样计划	报告品控部长	卡尺状态	正常	设备管理员	巡视	1 次/半年	校对记录	报告工程部长
				b	异品	无异品													
			游标卡尺	c	尺寸	按《产品检验指引》和图纸		卡尺测量											
			检测仪器	d	RoHS 检测	符合法规要求		目视	1 次/年	RoHS 报告	1 次/年								

续表

13	产品包装		电子称、点数器	a	数量准确			称量	全数	产品外标签	全数		电子称、点数器	正常	设备管理员	巡视	1次/半年	校对记录	报告工程部长
			自封袋	b	内标识明确无误	符合《产品包装作业指导书》	QA	目视	每包	产品合格证	每亿	报告品控部长							
			纸箱	c	外标识明确无误			目视	每箱	产品外标签	每箱								
14	出货		外观	a	异品	无异品													
				b	产品标签RoHS标签	名称规格符合出货表	QA		目视	每箱	出货检验报告	每箱	报告品控部长						
				c	数量	符合出货表			计算										
15	产品审核		生产过程	a		符合顾客所有要求	QA	QKZ≥92	每年一次	产品审核报告	每年一次	报告品控部长							
				b															
				c															

表1－82　项目阶段评审报告

第四阶段小结（项目阶段评审报告）

<table>
<tr><td>项目负责人：廖××　项目名称：RR BASE－RH/LH　项目编号：7310/7311A1470
批准：江××　计划日期：2014.12.30　实际日期：2014.12.30</td></tr>
<tr><td>标注
－是否有申请试产？　■是　□否　■附注　4－1
－试产的相关验证是否符合要求？　■是　□否　■附注　4－2
－是否有做MSA报告？　■是　□否　■附注　4－3
－是否有做PPK报告　■是　□否　■附注　4－4
－包装是否有评价？　■是　□否　■附注　4－5
－是否有制定量产工程管理图？　■是　□否　■附注　4－6</td></tr>
<tr><td>项目小组</td></tr>
<tr><td>■ 同意转入下一阶段　□ 拒绝进入下一阶段
评论：
该阶段的各项评定符合要求，同意进行下一阶段

项目经理：廖××　批准：江××</td></tr>
<tr><td>项目小组决定（最终决定）</td></tr>
<tr><td>项目作调整
在转入调整阶段前需作深入研究
■ 转入下一阶段
项目小组组长：廖××　批准：江××</td></tr>
<tr><td>分发情况</td></tr>
<tr><td>项目小组：李××、黄××、李×、张××、阮××、廖××、李×、卢××

负责人：廖××　分发人：龙××</td></tr>
</table>

第六节　量产阶段

1. 输入资料

1.1　试生产

1.2　MSA 评价

1.3　初始能力研究

1.4　生产件批准

1.5　生产确认试验

1.6　包装评价

1.7　生产控制计划

1.8　质量策划认定和管理者支持

2. 输出资料

2.1　减少变差

这个条款是要求做控制图，CPK≥1.33，数据要服从正态分布，否则就需要进行过程改善。参见 X－R 控制图。

表1-83　X-R控制图

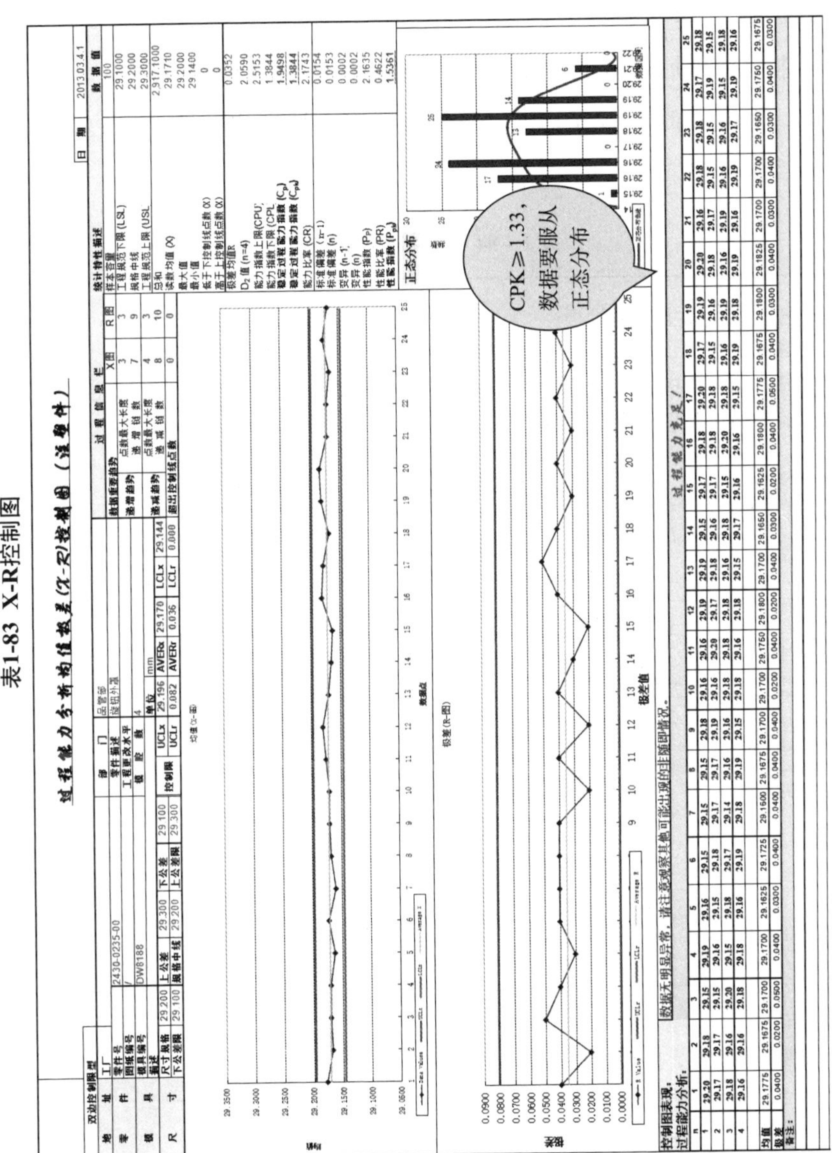

过程能力分析均值极差(X-R)控制图（注塑件）

双边控制限型								日　期	2013.03.4.1
地　址	工厂			部　门	品管部				
零　件	零件号	2430-0235-00		零件描述	旋钮外罩				
	图纸编号	/		工程更改水平					
模　具	模具编号	DW8188		模 腔 数	4				
	描述				单位	mm			
尺　寸	尺寸规格	29.200	上公差	29.300	下公差	29.100			
	下公差限	29.100	规格中线	29.200	上公差限	29.300			

控制限	UCLx	29.196	AVERx	29.170	LCLx	29.144
	UCLr	0.082	AVERr	0.036	LCLr	0.000

过程信息栏		X图	R图
数据重要趋势			
递增趋势	点数最大长度	3	3
	递增链数	7	9
递减趋势	点数最大长度	4	3
	递减链数	8	10
超出控制线点数		0	0

统计特性描述	数据值
样本容量	100
工程规范下限 (LSL)	29.1000
规格中线	29.2000
工程规范上限 (USL	29.3000
总和	2,917.1000
读数均值 (X)	29.1710
最大值	29.2000
最小值	29.1400
低于下控制线点数 (X)	0
高于上控制线点数 (X)	0
极差均值R	0.0352
D_2 值 (n=4)	2.0590
能力指数上限(CPU	2.5153
能力指数下限 (CPL	1.3844
稳定过程能力指数 (C_p)	1.9498
稳定过程能力指数 (C_{pk})	1.3844
能力比率 (CR)	2.1743
标准偏差（n-1）	0.0154
标准偏差 (n)	0.0153
变异 (n-1	0.0002
变异 (n)	0.0002
性能指数 (P_P)	2.1635
性能比率 (PR)	0.4622
性能指数 (P_{pk})	1.5361

控制图表现：数据无明显异常，请注意观察其他可能出现的非随即情况。

过程能力分析：过程能力充足！

n	1	2	3	4	5	6	7	8	9	10	11	12	13
1	29.20	29.18	29.15	29.19	29.16	29.15	29.15	29.15	29.18	29.16	29.16	29.19	29.19
2	29.17	29.17	29.15	29.16	29.15	29.18	29.17	29.17	29.19	29.16	29.20	29.17	29.18
3	29.18	29.16	29.20	29.15	29.18	29.17	29.14	29.16	29.16	29.18	29.18	29.18	29.16
4	29.16	29.16	29.18	29.18	29.16	29.19	29.18	29.19	29.15	29.18	29.16	29.18	29.15
均值	29.1775	29.1675	29.1700	29.1700	29.1625	29.1725	29.1600	29.1675	29.1700	29.1700	29.1750	29.1800	29.1700
极差	0.0400	0.0200	0.0500	0.0400	0.0300	0.0400	0.0400	0.0400	0.0400	0.0200	0.0400	0.0200	0.0400

n	14	15	16	17	18	19	20	21	22	23	24	25
1	29.15	29.17	29.18	29.20	29.17	29.19	29.20	29.16	29.18	29.18	29.17	29.18
2	29.16	29.17	29.18	29.18	29.15	29.16	29.18	29.17	29.15	29.15	29.19	29.15
3	29.18	29.15	29.20	29.18	29.16	29.19	29.16	29.19	29.16	29.16	29.15	29.18
4	29.17	29.16	29.16	29.15	29.19	29.18	29.19	29.16	29.19	29.17	29.19	29.16
均值	29.1650	29.1625	29.1800	29.1775	29.1675	29.1800	29.1825	29.1700	29.1700	29.1650	29.1750	29.1675
极差	0.0300	0.0200	0.0400	0.0500	0.0400	0.0300	0.0400	0.0300	0.0400	0.0300	0.0400	0.0300

备注：

2.2　顾客满意

顾客满意主要包括准时交货率统计、超额运费、顾客拜访反馈信息、专业机构调查信息、PPM、客户满意度调查等。参见表1－84顾客满意度调查表，1－85客户满意度日常监督表。

2.3 交付和服务

主要指售后服务的记录，零件行业基本上是换货、退货、处理投诉之类，半成品或成品行业售后服务可保修、培训之类。参见表 1－86 产品售后服务单。

表 1－84　客户满意度调查表

<table>
<tr><td colspan="5">致：××汽车电子有限公司
尊敬的客户：您的意见将是敝司的宝贵财富，期盼您的不吝指点，以求为您做得更好。您公正的评价、宝贵的意见将成为我们改进的依据，请填写此份调查表并传回我公司，我们将会改善我们的产品和服务和品质。谢谢！</td></tr>
<tr><td>评价项目</td><td>评价内容</td><td>10 分</td><td>9</td><td></td></tr>
<tr><td rowspan="2">一、品质</td><td>1. 产品质量</td><td>10 分</td><td>9</td><td></td></tr>
<tr><td>2. 客诉处理时效</td><td>10 分</td><td>10</td><td></td></tr>
<tr><td rowspan="2">二、样品</td><td>1. 送样的联络与回复</td><td>10 分</td><td>8</td><td></td></tr>
<tr><td>2. 送样时效</td><td>10 分</td><td>8</td><td></td></tr>
<tr><td rowspan="2">三、单价</td><td>1. 报价的时效</td><td>10 分</td><td>8</td><td></td></tr>
<tr><td>2. 单价的竞争力</td><td>10 分</td><td>8</td><td></td></tr>
<tr><td rowspan="2">四、交货</td><td>1. 交期的准时性</td><td>10 分</td><td>8</td><td></td></tr>
<tr><td>2. 订单交期回复时效</td><td>10 分</td><td>8</td><td></td></tr>
<tr><td rowspan="2">五、服务</td><td>1. 业务人员电话访谈或拜访的态度</td><td>10 分</td><td>8</td><td></td></tr>
<tr><td>2. 处理事务效率</td><td>10 分</td><td>8</td><td></td></tr>
<tr><td colspan="5">综合印象：
服务态度好，交期准时，改善能力较强</td></tr>
<tr><td colspan="5">意见或建议：
多增加工程力量，以便配合××的发展趋势</td></tr>
<tr><td colspan="2">填表人部门：市场部</td><td colspan="2">填表人：李××</td><td>日期：2013.12.10</td></tr>
</table>

表 1－85　客户满意度日常监控表

月份	准交率	超额运费	客户投诉	退货	备注	填表人

审核：

表 1－86　产品售后服务单

<table>
<tr><td>用户姓名</td><td></td><td>电话</td><td colspan="2"></td><td>详细地址</td><td colspan="3"></td></tr>
<tr><td>购机日期</td><td></td><td>机型</td><td colspan="2"></td><td>维修方式</td><td colspan="3">送修□　上门维修□</td></tr>
<tr><td colspan="2">整机编号</td><td colspan="2"></td><td colspan="2">发动机编号</td><td colspan="3"></td></tr>
<tr><td>报修日期</td><td></td><td colspan="3">公司出发时间：月　日　点　分</td><td colspan="4">服务到位时间：月　日　点　分</td></tr>
<tr><td colspan="3">服务结束时间：月　日　点　分</td><td colspan="3">返回公司时间：月　日　点　分</td><td colspan="3">服务总工时：小时　分</td></tr>
<tr><td colspan="5">服务起止地点：　　　至</td><td>往返里程</td><td>公里</td><td>往返车费</td><td>元</td></tr>
<tr><td>住宿费</td><td>元</td><td colspan="3">用户是否提供食宿</td><td colspan="2">是□　否□</td><td colspan="2">服务费　元</td></tr>
</table>

续表

<table>
<tr><td>报修
原因</td><td colspan="8"></td></tr>
<tr><td>故障
鉴定</td><td colspan="8"></td></tr>
<tr><td>服务
结果</td><td colspan="8">技术服务员签名：</td></tr>
<tr><td rowspan="2">用户
意见</td><td colspan="8">非常满意□　满意□　比较满意□　一般□　不满意□　很不满意□</td></tr>
<tr><td colspan="8">用户签名：</td></tr>
<tr><td colspan="7">电话回访情况：</td><td colspan="2">签字：</td></tr>
<tr><td colspan="7">服务主管意见：</td><td colspan="2">签字：</td></tr>
<tr><td rowspan="13">更换零部件</td><td>序号</td><td>零头文件名称</td><td>旧件
是否回收</td><td>旧件
收件人确认</td><td>数量</td><td>单价</td><td>金额</td><td>是否
三包</td></tr>
<tr><td>1</td><td></td><td></td><td></td><td></td><td></td><td>0</td><td></td></tr>
<tr><td>2</td><td></td><td></td><td></td><td></td><td></td><td>0</td><td></td></tr>
<tr><td>3</td><td></td><td></td><td></td><td></td><td></td><td>0</td><td></td></tr>
<tr><td>4</td><td></td><td></td><td></td><td></td><td></td><td>0</td><td></td></tr>
<tr><td>5</td><td></td><td></td><td></td><td></td><td></td><td>0</td><td></td></tr>
<tr><td>6</td><td></td><td></td><td></td><td></td><td></td><td>0</td><td></td></tr>
<tr><td>7</td><td></td><td></td><td></td><td></td><td></td><td>0</td><td></td></tr>
<tr><td>8</td><td></td><td></td><td></td><td></td><td></td><td>0</td><td></td></tr>
<tr><td>9</td><td></td><td></td><td></td><td></td><td></td><td>0</td><td></td></tr>
<tr><td>10</td><td></td><td></td><td></td><td></td><td></td><td>0</td><td></td></tr>
<tr><td>11</td><td></td><td></td><td></td><td></td><td></td><td>0</td><td></td></tr>
<tr><td>小计</td><td></td><td></td><td></td><td></td><td></td><td>0</td><td></td></tr>
</table>

3. 某汽车配件公司五阶段案例讲解

3.1　第五阶段工作流程图

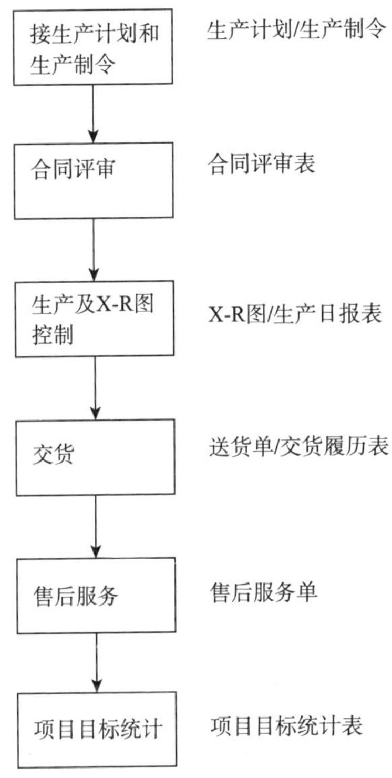

图 1－18　第五阶段工作流程图

3.2　第五阶段常用表单

目标统计表

顾客满意度调查表

顾客满意度日常监督表

X－R 控制图

三天滚动计划

表 1－87　项目目标统计表

品质目标	PPM	不良率	成本目标	CPK	备注
月份	100	0.01%	0.3 元	1.33	
1					
2					
3					
4					
5					
6					
7					
8					
9					
10					
11					
12					

4. 五阶段易犯的典型错误

4.1　项目目标没有统计，如 PPM、成本、CPK 等。

4.2　工程变更没有变更履历，或者变更有通知，但没有履历表。

4.3　针对汽车零部件行业，品质异常没有用 8D 报告形式来解决问题。

4.4　针对汽车零部件行业，出货检验标准没有遵守 C＝0。

4.5　量产中变更没有通知客户，重大变更没有重新 PPAP 提交。

表 1-88 三天滚动计划

编制： 编制日期：2016/7/2

机台号	产品名称	订单数量	累计数量	计划数量											
				6 白		6 晚		7 白		7 晚		8 白		8 晚	
				计划数量	实际数量	计划数量	实际数量	计划数量	实际数量	计划数量	实际数量	计划数量	实际数量	计划数量	实际数量
1	HK0 加拿大双牙螺母	1000	156	50		50		50		50		50		50	
2	HKA－TL－15	15800	9267	320		320		320		320		320		320	
3	HKC 涡轮	1100	617	200		50		200		50		200		50	
4	HK0 东聚蜗轮 02	2000	886	230		60		230		60		230		70	
5	HKA 十万客户	280		改机		30		120		40		80		30	
6	HKA316 客户铆钉	5000	0	300	300	300		300		300		300		300	
7	HKA316 客户铆钉	5000		300		300		300		300		300		300	
8	HKC 澳大利亚齿轮箱 06	135						HKC 澳大利亚齿轮箱 08				HKC 齿轮箱 05			
9	HG－000135	10000		600		200		600		200		400		200	
10	HKA 以色列 004	110	40	70				HKA 以色列 003				HKA 以色列 005			

汽车行业必须要有生产计划

续表

16	HG－000135	1000	0	800		300		800		300			800		300
17	HG－000135	1000		800		300		800		300		8000		3000	
18	HG－00078A	10000		280		280		280		280		280		280	
19	HG－00078A			280		280		280		280		280		280	
20	HK0 东聚蜗轮 01	2000		230		50		230		50		230		50	
21	常单														

第七节　控制计划

1. 控制计划的作用与分类

控制计划是针对工序失效的一份控制性文件，包括样品制作控制计划、试产控制计划、量产控制计划三种类型。

制作样品控制计划输入的是功能性能要求、法律法规要求、初始工艺流程图、初始材料清单、初始特殊特性清单、实验大纲和 DFMEA，要控制的是 DFMEA 识别出的失效。

制作试产控制计划输入的是工艺流程图、PFMEA、特性矩阵图等，要控制的是 PFMEA 中识别出的失效。

制作量产控制计划输入的是 PFMEA、试产报告、客户投诉及品质异常、工程变更等，要控制的是量产过程中的失效。

2. 控制计划制作流程及案例

2.1　样品控制计划流程

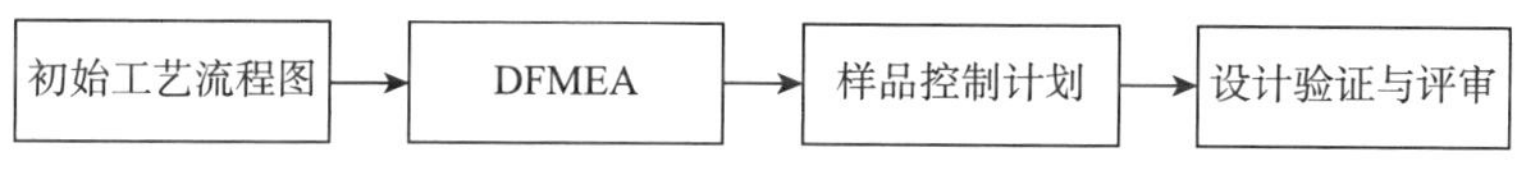

图 1－19　样品控制计划流程

DFMEA 识别出的失效和策划控制方法一定要在控制计划中得已体现，相应的试验与检测或其他验证的方法也必须得到相应实施。样品控制计划不能孤立于 DFMEA 而存在。如导线长时间运行产生热量过多会加速绝缘老化，这就需要进行导体电阻实验，在控制计划里要安排。

PCB 组件部件

表 1-89　潜在失效模式及后果分析

（设计 FMEA）

设计责任：产品二部/研发部

关键日期：______

核心小组：______

FMEA 编号 1103

共 1 页，第 1 页

编制人______

FMEA 日期（编制） 2009. 11. 28 （修订）______

项目功能	潜在失效模式	潜在失效后果	严重度 S	级别	潜在失效起因/机理	频度 O	设计控制	现行预防	现行探测设计控制	探测度 D	RPN	建议措施	责任及目标完成日期	措施结果				
														采取的措施	S	O	D	RPN
信号放大	不能放大信号，增益不够	无法导航、无法定位	8	▲	PCB 组件电流过大或过小	1		-	对 PCB 组件进行电流测试	3	24							
			7	▲	电路设计需满足高增益要求，设计不当，会导致匹配不佳，增益过低	1		-	网络分析仪测试 PCB 组件之增益	3	21							
组装	组装失配	成品无法组装	7		PCB 板长宽过大或小	1		-	量测 PCB 尺寸，并进行试装	2	14							
符合 ROHS 标准	材料不环保	客户不满意	8		材料选用不对	1		-	ROHS 测试	2	16							

输出材料承认书和样品控制计划

表 1－90　样品控制计划

■样件 控制计划编号：CP0303001		主要联系人/电话：刘××/021－××142626	日期（编制）	日期（修订）
产品编号/最新更改等级		核心小组：＿＿＿＿＿＿＿＿	顾客工程批准/日期（如需要）	
产品名称/描述：内置天线		供方/工厂批准/日期	顾客质量批准/日期（如需要）	
供方/工厂：××电子上海有限公司	供方代码	其他批准/日期（如需要）	其他批准/日期（如需要）	

产品/过程编号	过程名称/操作描述	生产设备	特性			特殊特性分类	方法					反应计划
			编号	产品	过程		产品/过程规范/公差	评价/测量技术	样本		控制方法	
									容量	频率		
1	进料检验—PCB 板		1	电流测试			产品规格书	电流测试仪	AQL1.0	批	进料检验报告	
			2	增益测试			产品规格书	增益测试仪	AQL1.0	批	进料检验报告	
			3	外形尺寸			产品规格书	数显卡尺	AQL1.0	批	进料检验报告	
			4	环保			ROHS	确认报告	1 次	每年	进料检验报告	
2												

控制计划与部件DFMEA保持一致

2.2 试产控制计划制作流程与案例

2.2.1 特性矩阵图和 PFMEA 关系

表 1-91 特性矩阵图

特性 工序	外观和颜色	性能	外径和线径	厚度	电压
进料					
束绞	●		●		
半成品检验					
押出					
成品检验					
性能检测					

这是 PFMEA 的输入

我们以束绞为案例，束绞影响外径和外观（如有油）、火花电压，那么在做 FMEA 分析时，只要分析这几项即可。因为半成品检验本身不影响产品特性，因此在做 FMEA 失效分析时就不需要分析半成品检验这个工序，控制计划中对半成品检验的要求具体体现在工序控制方法中。

2.2 PFMEA 和控制计划的关系

PFMEA 识别出的失效模式一定要在控制计划中进行预防和控制。就拿铜丝有油来说，失效原因也是多方面的，其中原因之一是作业人员手上有油，相应的预防控制方法是操作员在每次接触铜丝前用抹布将手擦干净，探测方法是操作员每次接触铜丝后目测检查铜丝是否有油；失效原因二是机器导轮有油，对应的预防方法是操作员每班首检导轮是否加油过多，探测方法则是操作员每班首检铜丝是否有油。

2.3 试产控制计划与量产控制计划，样品控制计划不同点

（1）试产控制计划一般算 PPK，量产控制计划则用控制图和 CPK，样品控制计划一般全检。

（2）样品控制计划一般没有首检、巡检，而试产和量产有。

（3）量产控制计划有产品审核，而试产无，但样品控制计划中检

验试验项目在产品审核中会有相应的体现。

（4）因数量不多，试产一些性能功能一般的样品，生产时间为 2 ~ 8 个小时，而量产数量较多，在控制计划中一般选择抽检、巡检。

（5）样品控制计划的输入是 DFMEA，试产和量产控制计划的输入则是 PFMEA。

（6）样品控制计划的产品过程规范公差栏目，一般填写设计卡、图纸、产品规范，这主要是给工程师用的。而量产控制计划一般填写检验指导书、作业指导书、工程图、工艺卡，一般是给车间用的。

表 1－92 过程潜在失效模式及后果分析（PFMEA）

SD－RD－GC－024/A

FMEA 编号：		修订状态			生效日期	
品名：	HKE 转接头	过程责任部门：	工程部	PEMEA	审核	
子系统：		关键日期：		核心	批准	
部品编号：		FMEA 初始日期：		小组	批准	
机型：		FMEA 更新日期：		成员	联系邮箱：	

项目/功能	潜在失效模式	潜在失效后果	严重度（S）	分类	潜在失效起因/机理	发生率（O）	现行预防过程控制	现行探测过程控制	探测度 D	风险顺序数（RPN）	建议措施	责任和目标完成日期	措施执行后果：采取的措施	严重度	发生率	测试度	RPN
CNC 车床	尺寸不符合	不能装配	8		刀具磨损	3	刀具有异常更换，现场有图纸	员工自检，首检，巡检，半成品入库检验，卡尺，投影仪	4	96	刀具寿命每200PCS更换新刀具	××7月8日	刀具寿命每200PCS更换新刀具	8	2	4	64
	5.0 和 8.0 尺寸	不能装配	8		刀具磨损	3	刀具有异常更换，现场有图纸	员工自检，首检，巡检，半成品入库检验，针规	4	96	刀具寿命每200PCS更换新刀具	××7月8日	刀具寿命每200PCS更换新刀具	8	2	4	64

续表

CNC 车床	外观不良，刀纹，毛刺	影响产品美观	3		刀具磨损	5	刀具有异常更换	员工自检，首检，巡检，半成品入库检验	4	60	N/A						
电脑锣	尺寸不符合	不能装配	8		刀具磨损	3	刀具有异常更换，现场有图纸	员工自检，首检，巡检，半成品入库检验，针规	4	96	刀具寿命每200PCS更换新刀具	××7月8日	刀具寿命每200PCS更换新刀具	8	2	4	64
	外观不良，刀纹，毛刺	影响产品美观	3		刀具磨损	5	刀具有异常更换	员工自检，首检，巡检，半成品入库检验	4	60	N/A						
抛光	外观不良	影响美观，客观投诉	5		供应商现场没按作业标准作业，没有磨到位	4	供应商体系开发，供应商考核评价	全检外观，抽检尺寸	4	80	N/A						
组装	组装不到位	客户无法使用	8		没有按作业标准组装		培训员工按作业指导书作业	员工自检	6	0	N/A						

续表

包装	短装	客户投诉	7		员工细心	2	员工按包装指导书和订单作业	员工自检	5	70	N/A						
出货	碰伤	客户投诉	7		产品与产品间没有隔开足够距离，包材不够厚	2	员工自检	4	56	N/A							

输入是流程图/矩阵图/以往经验

表 1－93　控制计划（Control Plan）

试生产						控制计划编号：						
产品编号/最新更改版本：连接头（主体）			核心小组：							控制制定日期：2015. 7. 13 客户工程批准/日期：		
产品名称和说明：				供方/工厂批准日期：2015. 7. 13						客户工程批准/日期：		
供方/工厂：××五金制品厂				供方代码：		其他批准/日期：				修订日期：		
零件/过程编号	过程名称/操作描述	机器/装置夹具/工装	特性			特殊特性分类	方法				控制方法	反应计划
			编号	产品	过程		产品/过程规范/公差（单位：mm）	评价/测量技术	样本			
									容量	频率		
3	CNC车床			外观			不可有毛刺，刀纹	目视	首检，巡检 5PCS，入库检按 105E II	巡检 2 小时，首检：机种切换	首检，巡检，自检，半成品入库检，半成品抽检日报表，首检报告，巡检报告。C＝0	返工
				φ8		△	0. 02/0. 06mm	针规	5PCS			返工
				尺寸车床图①②③④⑤⑥⑦			参见图纸	针规，投影	5PCS			返工
4	电脑锣		4. 1	外观			不可有毛刺，刀纹	目视	首检，巡检 5PCS，入库检按 105E II			返工

量产控制计划要有产品审核和X-R图

续表

4	电脑锣		4.2	ϕ5.0			0.02/－0.02	针规	5PCS	巡检3小时，首检：机种切换	首检，巡检，自检，半成品入库检，半成品抽检日报表，首检报告，巡检报告。C＝0	返工
			4.3	尺寸电脑锣图①－⑨			参见图纸	牙规，投影，卡尺	5PCS			返工
	抛光			尺寸电脑锣图①－⑨			参见图纸	牙规，投影，卡尺	5PCS	批	进料检验报告C＝0	报废
5				外观			不可有锈迹、刮伤、刮花、变形	目视	全检		全检：全检日报表C＝0	返工
6	组装			外观			不可有锈迹、刮伤、刮花、变形	目视	自检	批	生立日报表	返工
				压到位			要组装到位	目视	自检	批	生立日报表	返工
7	包装			包装方式			按包装仕样书包装	目视	自检	批	生立日报表	返工
				数量			按生产订单包装	目视	自检	批	生立日报表	返工
8	出货				轻拿轻放		按送货单出货					
9	产品审核				轻拿轻放		按送货单出货					

第二章

FMEA：潜在失效模式与效应分析

第一节　FMEA 制作前的准备

1. 什么是 FMEA

FMEA（Failure Mode and Effects Analysis）是一种可靠性设计的重要方法。它实际上是 FMA（故障模式分析）和 FEA（故障影响分析）的组合。简称失效模式与影响分析或潜在失效模式与后果分析。FMEA 作为一种用作预防措施工具，其主要目的是发现、评价产品/过程中潜在的失效及其后果；找到能够避免或减少潜在失效发生的措施并且不断地完善；能够相对容易且低成本地对产品或过程进行修改，从而减轻事后修改的危机，并找到能够避免或尽可能地减少这些潜在失效发生的措施。

2. FMEA 的作用

预防措施工具，找到能够避免或减少潜在失效发生的措施并且不断地完善，能够相对容易且低成本地对产品或过程进行修改，从而减轻事后修改的危机。如：因线路板印刷印反而导致产品做错。在试产前，我们根据经验识别到这种失效，并在量产前就制订好对策，在板上钻定位孔，这样印刷放反时就放不下去了，印刷印反错误就不会发生。

3. FMEA 的责任人员与时机

3.1　DFMEA 是以研发为中心的 FMEA 小组采用脑力激荡法制作出来的一种预防工具。PFMEA 以工程部为中心，FMEA 小组共同制作的预防工具。

3.2　DFMEA 一般在识别客户要求和法律法规要求后和正式设计之前做，这样先识别失效，再做 FMEA，设计就会少走弯路。PFMEA 一般要在工艺流程图制订好之后、试产控制计划之前做。

3.3　在以下情况下要制订或评估 FMEA 是否要修改：新产品/新项目/新工艺/设计变更/工程变更/新环境/新场所。

4. FMEA 专业术语解释

4.1　设计意图：希望产品能做什么、不能做什么。如设计打印机意图，希望能打印所有 office 文档，能双面打印、能复印、能扫描。

4.2　设计验证/确认：通过试验或测试确认是否达到设计目的或意图。

4.3　过程：由人、机、料、法、环组成。

4.4　QFD：质量功能展开，就是在设计的每个阶段，把客户要求转化为产品要求，把产品要求转为过程要求。如客户对桌子要求美观，承受 200 公斤力、环保，那么我们在产品设计时就要转为桌面要承受 200 公斤力，四个桌脚至少承受 120 公斤力。

4.5　失效模式：异常现象或不良现象，如产品刮花、尺寸偏大等。

4.6　失效原因：产生异常的原因，主要从 4M1E（人、机、事、物）找原因，要找到根本原因，如温度过低、时间过长等。

4.7　失效效应：失效后果，失效对下道工序或客户导致的影响，如产品不能用，顾客感受欠佳。

4.8　特殊特性：影响产品功能性能，组装最关键的特性，如影响装配的某个关键尺寸、短路、耐压、不导通等。产品特殊特性是从产品或半成品上表现出来的，而过程特殊特性则是从设备、工装、环境上表面出来的，如温度、时间、压力、速度等。

4.9　严重度 S：指失效效应的程度，具体根据失效效应来评分，如果违反法律法规，一般是 8 分以上。

4.10　发生频度 O：指失效模式发生的概率，一般根据不良情况的多少或异常出现的次数来打分。

4.11　探测度 D：指用测量系统发现不良或异常的概率，主要取决于用什么测量系统，以及在什么时候能发现异常。PFMEA 中，通过目视、感觉等方法进行的测量系统分数就高，用防呆措施的测量方法分数就低。

4.12　现行过程控制 - 预防：就是指现在和过去的预防方法，如员工培训、设备保养、参数点检、作业指导书等。

4.13　现行过程控制－探测：也就是过去和现在的检验试验方法，如首检、巡检、全检、定期抽检等。

4.14　RPN：是风险顺序数，是评价制程或设计方案是否要改善的依据之一。RPN 越大，改善的必要性就越高。

5. DFMEA 与 PFMEA 的差别

5.1　DFMEA 是设计开发的 FMEA，评价设计方案潜在失效，寻找最佳产品设计方案。它从客户要求出发，然后进一步展开到子系统，以及部件的功能和性能，基本出发点要从整体和部件的功能和性能展开。DFMEA 的前提假设是生产过程没有任何问题。

5.2　PFMEA 是生产过程的 FMEA，用于评价生产工序可能的不良、改善生产工艺、提升良率、降低成本、其出发点要从工序来做。PFMEA 的前提假设是设计过程和前工序或材料没有任何问题。

表 2－1　DFMEA 与 PFMEA 的差别

不同点	PFMEA	DFMEA
展开点	工序	功能、性能、外观、装配、可靠性、环保
前提假设	设计没问题，前工序或材料没问题	生产过程没问题
原因分析	本工序 4M1E	选材，结构设计，功能性能设计，外观设计
预防方法	培训、作业 SOP、设备保养、参数点检	设计规范，模拟试验
探测方法	检验、试验	试验、试配、评价
制作人员	工程部主导，项目小组成员参与	研发部主导，项目小组成员参与

6. 如何运用 FMEA 帮助企业改善品质

6.1　FMEA 是由多功能小组一起做的，有利于调动员工的积极性。

6.2　FMEA 在试产前或正式设计前制作，有利于减少试产或设计失败的次数，节省时间。

6.3　经过 FMEA 分析，让相关人员都了解失效原因、失效后果，进而有利于提升员工的品质意识。

6.4　加强 FMEA 资料的发行及看板管理，提升全体员工的品质意识。

6.5　注重 FMEA 资料的动态修改，这是经验积累的工具，也是改善的基础点。

7. FMEA 与其他质量管理工具的关系

7.1　在 FMEA 运用中，会用到 DOE 试验设计法，并且通过试验设计法来优化设计方案，DOE 是设计预防方法。

7.2　在 APQP 中，第二、第三及第四阶段都会用到 FMEA，这不仅是设计方案的基础，也是工艺控制文件的基础，同时更是持续改善的基础。

7.3　FMEA 是控制计划和 SOP 的输入，控制图是 FMEA 的现行过程控制预防重要工具之一。

7.4　FMEA 是 PPAP 的主要内容之一。

第二节　DFMEA 制作

1. DFMEA 制作流程（见图 2－1）

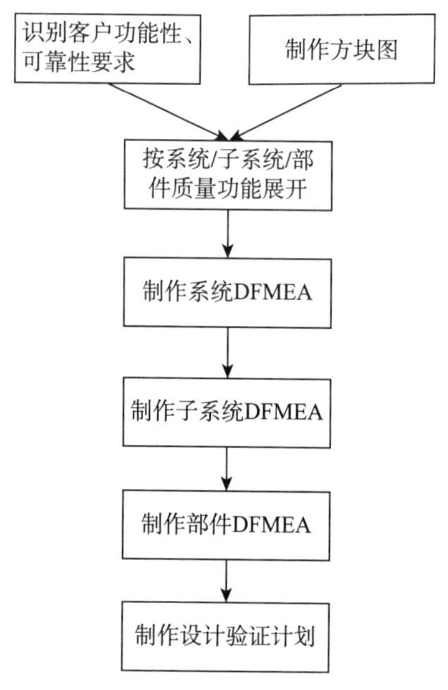

图 2－1　DFMEA 制作流程图

2. 方块图

以下是系统灯的功能方块图，子系统包括灯泡、开关、电池；部件包括灯罩、极板和弹片。

在做电池的子系统 DFMEA 时，输入灯的功能性能，可靠性要求。在做弹簧的部件 FMEA 时，同样也输入灯的功能性能，可靠性要求。

在做 DFMEA 时，我们一般考虑的是硬件功能性能的要求，软件则可以和 IC 放在一起分析。例如一个 GPS 天线，它的功能是接收信号、环保，相应的，系统的失效模式和子系统失效后果则都是接收不到信号或接收的信号弱；如果针对其子系统陶瓷天线来讲，那么对应的失效模式就应该是陶瓷天线发生频率偏移，VSWR 过高，天线效率变差。所以子系统的失效模式可能成为系统的失效原因，子系统的失效后果，可能成为系统的失效模式。因此系统、子系统、部件之间是相互联系而非各自独立的。

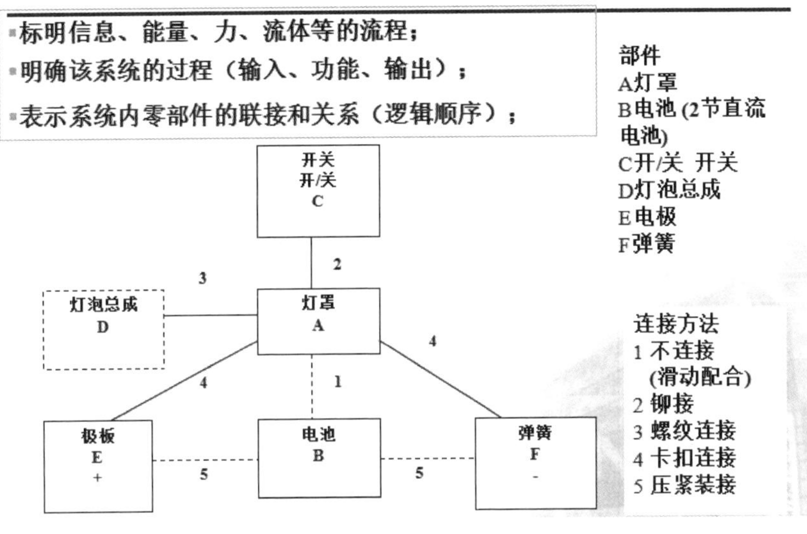

图 2－2 功能框图

3. 系统 DFME 制作与案例

这是一款 GPS 汽车天线导航设备，参见表 2－2，功能性能要求是环保、接收信号、确保汽车在行驶过程中能够很好地接收信号及防水等。相反地，失效模式就是不防水、不环保、接收不到信号或信号接收弱。原本的要求是在汽车行驶过程中产品要稳定且不会损坏。失效后果就是不能使用，比如无法定位或者无法导航。失效原因主要有增益过低、PCB 电流过高或过低、材料选用错误、结构不合理等几个方面，这些失效原因都有可能成为子系统电气总成、PCB 总成、陶瓷天线的失效模式。

表 2－2　系统 DFMEA 潜在失效模式及后果分析表

GPS 天线______系统　　　　FMEA 编号：__1101__

设计责任：GPS 天线　产品二部/研发部　　　　共__2__，第__1__

关键日期：______　　　　编制人：______

核心小组______　　　　FMEA 日期（编制）2009. 11. 28（修订）____

项目/功能	潜在失效模式	潜在失效后果	严重度 S	级别	潜在失效起因/机理	频度 O	现行预防设计控制	现行探测设计控制	探测度 D	RPN	建议措施	责任及目标完成日期	措施结果				
													采取的措施	S	O	D	RPN
处于卫星讯号正常之地点可接收其讯号	收不到信号，收信偏弱	无法收信号，无法定位	8	▲	PCB 组件—电流过大或过小	1	设计规范	对 PCB 组件进行电流测试	3	24							
					电气总成—电路设计需满足高增益要求，设计不当，匹配不佳，会导致增益过低	1	设计规范	使用网络分析仪测试 PCB 组件之增益	3	21							
	天气极冷或极热下收不到信号	客户极不满意	8	▲	外壳在极端条件下破裂	1	设计规范	高低温室实验	3	24							

续表

防水	不防水	客户极 不满意	6	▲	结构不合理		设计规范	通过防 水实验	3	24							
运输中 不会异常	运输	客户 不满意	6		结构设计不合理，强度不够	1	设计规范	振动实 验/跌 落实验	2	10							
符合 ROHS 标准	材料 不环保	客户 不满意	9		材料选用不对	1	设计规范	ROHS 测试	2	16							

严重度是根据失效后果来评价的，分值在 1 ~ 10 分，参见表2 -3，违反法律法规的一般 9 分或以上，主要功能失效 7 ~ 8 分，次要功能失效 5 ~ 6 分。再有就是功能性能不存在多大问题，如汽车玻璃升降特别慢，汽车车门力量轻了、关不紧等，像这种不会引起功能性伤失，但会带来麻烦的情况，一般打 2 ~ 4 分的严重度。

以这款 GPS 为例，违反法律法规的是环保要求，S 为 9 分，主要功能是接收信号，严重度为 8 分，防水是次要功能为 6 分，行驶过程不损坏也是次要功能，同样为 6 分。

表 2 -3　严重度（S）评价准则

影响	评定准则：后果的严重度（顾客影响）	等级
影响到安全或政府的法律法规的失效	在无任何警告的情况下影响到行车安全或不符合政府的法规	10
	在有警告的情况下影响到行车安全或不符合政府的法规	9
预期功能丧失或降低	基本功能丧失（车辆无法运行，不影响行车安全）	8
	预期功能降低（车辆能够运行，性能等级降低）	7
次要功能丧失或降低	次要功能丧失（车辆能够运行，但舒适性便利性功能无法实现）	6
	次要功能降低（车辆能够运行，但舒适性便利性功能的性能等级降低）	5
烦恼	车辆可运行，大部分顾客（ >75% ）能够察觉到的外观或噪音	4
	车辆可动行，部分顾客（50% ）能够察觉到的外观或噪音	3
	车辆可动行，部分顾客（ <25% ）能够察觉到的外观或噪音	2
无影响	无可探测的影响	1

特殊特性一般指系统主要功能性能还有结构的可装配性。针对特殊特性要有“▲”标示，这是公司内部定的，假使客户有要求，就要按客户要求进行标示。

潜在失效原因一般要从设计方面来找，而不是制造过程方面，大都是由于子系统或部件引起的。如收不到信号或信号弱，就从三个子系统方面找失效原因，一般是 PCB 组件电流过大或过小造成的；电气总成电路设计需要满足高增益要求，如果设计不当，就会导致匹配不佳、增益过低，陶瓷天线发生频率偏移、VSWR 过高、天线效率变差等后果。

发生频率指失效模式发生的概率，参见表 2－4，一般是从设计验证或量产中表现出来。全新产品全新技术失效模式发生的概率高，一般是 10 分，新设计的变更一般 7～9 分，类似设计变更 4～6 分，相同设计的模仿 2～3 分。通过预防手段失效基本上不会发生，频率相对较低，一般为 1 分。GPS 天线是市场上的成熟产品，在设计方面基本上是模仿，通过设计规范一般就可以解决失效的问题，打样的一次成功率极高，所以频率为 1 分。

表 2－4　频度（O）评价准则

失效的可能	评定准则：原因发生的可能性－DFMEA（设计寿命/车辆或项目的可靠性）	评定准则：原因发生的可能性－EFMEA（件数 每项目/辆）	等级
非常高	无相应历史的新技术、新设计	≥100/1000≥ 1/10	10
高	新设计、新应用或工作循环（负载）、操作条件更改带来的不可避免失效	50/1000 1/20	9
	新设计、新应用或工作循环（负载）、操作条件更改带来的很可能失效	20/1000 1/50	8
	新设计、新应用或工作循环（负载）、操作条件更改带来的不确定失效	10/1000 1/100	7
中等	类似设计或设计仿真和设计测试中频繁发生的失效	2/1000 1/500	6
	类似设计或设计仿真和设计测试中偶然发生的失效	0. 5/1000 1/2 000	5
	类似设计或设计仿真和设计测试中孤立的失效	0. 1/1000 1/10 000	4

续表

低	几乎相同的设计或设计仿真和设计测试中孤立的失效	0.01/1000 1/100 000	3
	几乎相同的设计或设计仿真和设计测试中未能察觉的失效	≤0.001/1000 1/1 000 000	2
非常低	通过预防控制可消除的失效	通过预防控制可消除的失效	1

现行设计预防一般是指设计标准化——设计规范，通过模拟试验来解决。因为这种设计一旦在成熟且形成标准之后，不管谁来设计，直接按这个标准来打样就可以，基本不会出错。模拟试验是指设计前的模拟，通关电脑软件或实验模拟后，再来进行设计，以此减少设计的错误。设计预防一般是指针对失效原因来展开的预防。

现场设计探测一般指通过设计验证来解决，用测试和试验的方法识别失效模式，样品数一般为 3 ~ 8 个，包括寿命实验、疲劳实验、防水实验、振动实验等。设计探测一般是针对失效模式来的，如 PCB 组件——电流过大或过小，而设计探测一般用电流测试来解决。

探测度一般指用设计探测方法识别失效模式的概率，越容易识别的其失效分数也就越低。具体如下：在样品验证阶段能找到失效的 3 ~ 5 分，在试产阶段能找到失效的 6 ~ 8 分，在量产阶段找到失效的 9 ~ 10 分，通过虚拟关联分析就能找到失效的 2 分，用设计预防手段来控制失效，探测度 1 分。这个 GPS 天线一般在打样阶段就可找到设计失效或设计预防就能控制失效，所以一般是 2 ~ 3 分。

风险顺序数 RPN 是 S × O × D 三项的乘积，同时这也只是一个参考数据。整个设计方案是否要改善，主要还是取决于严重度 S，而 RPN 则处于次要地位。假设一个失效模式严重度 8 分，发生概率 O 是 3 分，另一个失效模式严重度 5 分，发生概率 6 分，那么很显然，我们要优先改善严重度 8 分的。

表 2－5　探测度（D）评价准则

发现的机会	评定准则：通过设计控制发现的可能性	等级	发现的可能性
无发现的机会	无当前的设计控制，不能发现或不能分析	10	几乎不可能
在任何阶段无发现可能	设计分析/探测制有薄弱的发现能力，虚拟分析（如 CAE、FEA 等）不能关联期望的实际操作条件	9	非常微小
公布设计冻结和产品发布会前	设计冻结和产品发布会前利用通过/失败测试的产品验证/确认（符合接受准则的子系统或系统测试，如乘座、操控，装运评估）	8	极小的
	设计冻结和产品发布会前利用故障试验的产品验证/确认（直至子系统或系统测试故障发生的测试，系统交互测试等）	7	非常低
	设计冻结和产品发布会前利用故障试验的产品验证/确认（耐久性试验后的子系统或系统测试，如功能检查）	5	非常低
设计冻结前	设计冻结前利用通过/失败测试（如性能接受准则、功能检查等）进行的产品确认（可靠性测试开发或确认试验）	5	中等
	设计冻结前利用故障试验测试（如直至泄露、断裂、屈服等）进行的产品确认（可靠性测试，开发或确认试验）	4	高中等
	设计冻结前利用老试验（如数据趋势，前/后数据等）进行的产品确认（可靠性测试，开发或确认试验）	3	高
虚拟关联分析	设计数据分析/探测度控制有较强的发现能力，虚拟分析（如 CAE、FEA 等）和设计冻结前的实际或期望操作条件是关联的	2	非常高
探测不适用失效预防	因为充分预防的设计方案（如被证实的设计标准，最佳的实践或通用材料），失效模式或失效原因不能发生	1	几乎肯定

改善方案的制订要有可行性，要考虑现行的技术难度，以及一些经济性因素，改善之后要对比一下 RPN 分数是否下降了。

再总结一下制作系统 DFMEA 的流程：

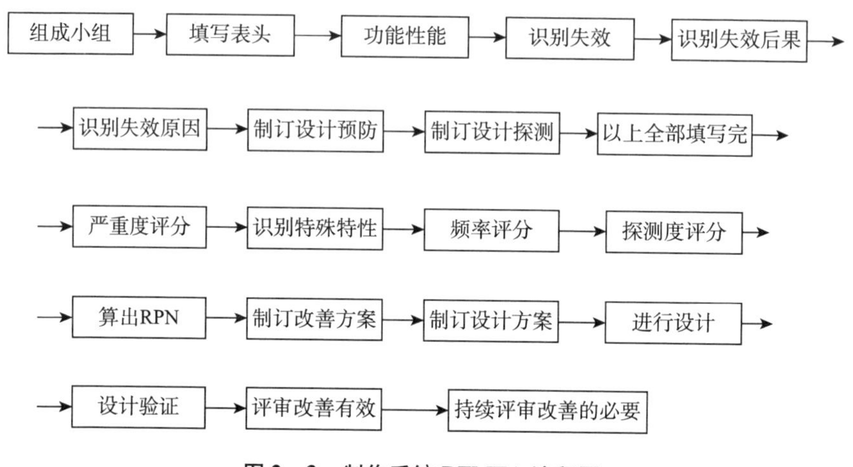

图 2－3　制作系统 DFMEA 流程图

4. 子系统 DFMEA 制作与案例

做子系统 DFMEA，首先要找到系统赋予它的功能性能要求。比如 GPS 天线这个系统，它所赋予子系统电气总成的功能是电路设计需满足高增益要求，如果设计不当，则会导致匹配不佳，增益过低。失效模式就是增益过低，失效后果是收不到信号或信号弱，这来自系统 DFMEA 的失效模式。那么失效原因就是设计不当。

子系统做完后，设计方案就基本出来了，按照要求，一般在设计预防里就要有设计方案。

任何设计都是需要持续改善的，设计预防和探测写以前的做法，而改善措施则要写现在或将来的做法。所以不管 RPN 分数多低，都会尽可能去改善。有些大型制造企业要求供应商 RPN 在 100 分以上的必须改善，这样的要求是不太合理的，因为有些暂时性的技术根本改不了。再者如果有些厂商故意把 RPN 分数弄到 100 分以下，这样就没办法要求它改善了，由此看来，改善还是要从领导层的意识开始。

有些产品比较复杂，可能有一级子系统、二级子系统、三级子系统，这个也要分别做 DFMEA，具体要求视产品的具体情况而定。

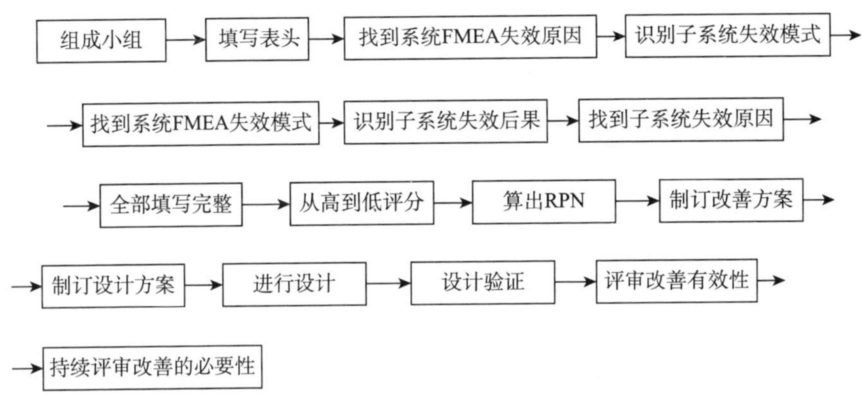

图 2-4　做子系统的流程

5. 部件 DFMEA 制作与案例

部件 DFMEA 指零件失效分析，这种零件一般具体细化到客户对结构的一定要求，不然会影响装配或外观，如小塑胶件、电容、电阻、小五金加工件等。这些零件关注的是结构设备和性能设计，通过分析，基本可以确定选用什么材料、使用什么结构。

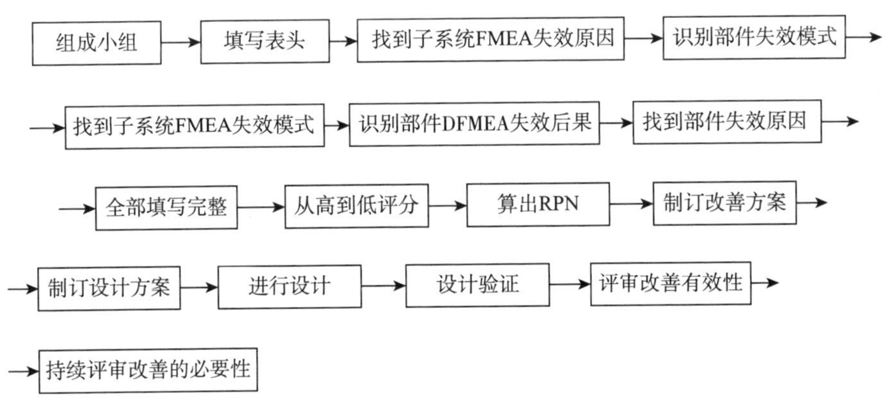

图 2-5　部件 DFMEA 流程

表 2-6　子系统设计失效模式与后果分析

电气总成____子系统　　　　FMEA 编号：1102

设计责任：产品二部/研发部　　　　共 1 ，第 1

关键日期：______　　　　编制人：______

核心小组______　　　　FMEA 日期（编制）2009. 11. 28（修订）__

项目/功能	潜在失效模式	潜在失效后果	严重度S	级别	潜在失效起因/机理	频度O	现行预防设计控制	现行探测设计控制	探测度D	RPN	建议措施	责任及目标完成日期	措施结果				
													采取的措施	S	O	D	RPN
电路设计需满足高增益要求	增益低	无法收信号，无法定位	8	▲	设计不当	1	设计规范	使用网络分析仪测试 PCB 组件之增益	3	24							
行驶过程接收信号	外壳在极端条件下破裂	行驶过程接收不到信号	8		材料选用不当	1	设计规范	高低温实验	3	24							
符合 ROHS 标准	材料不环保	客户不满意	8		材料选用不对	1	设计规范	ROHS 测试	2	16							

表2－7 部件DFMEA表

（设计FMEA）

陶瓷天线＿＿部件　　　　FMEA编号：＿1104＿

设计责任：＿产品二部/研发部＿　　　　共＿1＿，第＿1＿

关键日期：＿＿＿＿　　　　编制人：＿＿＿＿

核心小组＿＿＿＿＿＿＿＿　　　　FMEA日期（编制）2009.11.28（修订）＿＿

项目/功能	潜在失效模式	潜在失效后果	严重度S	级别	潜在失效起因/机理	频度O	现行预防设计控制	现行探测设计控制	探测度D	RPN	建议措施	责任及目标完成日期	措施结果				
													采取的措施	S	O	D	RPN
接收信号	无法接收信号	无法导航、无法定位	8	▲	陶瓷天线发生频率偏移，VSWR过高，天线效率变差	1	设计规范	使用网络分析仪测试PCB组件之增益	3	24							
组装	组装失配	半成品无法组装	7		PIN针过长，会顶到屏蔽罩，无法组装	1	设计规范	尺寸检测，并进行试装	2	14							
符合ROHS标准	材料不环保	客户不满意	8		材料选用不对	1	设计规范	ROHS测试	2	16							

输入子系统DFMEA失效原因，至少一个失效要做改善方案

6. 系统、子系统、部件 DFMEA 区别与联系

系统 DFMEA 是从客户的直接要求和法律法规要求来展开的，如果客户不是很专业，这种要求可能就会成为失效后果。例如不能进入美国市场，客户也不清楚原因，那么我们做设计的就要主动去识别了，为什么不能进入美国市场，如果原因是环保问题，那它就会成为系统 DFMEA 的失效模式。环保不能满足要求是系统 DFMEA 的失效模式，在子系统 DFMEA 中，这个环保不能满足要求可能就会成为失效后果，子系统 DFMEA 的失效模式就是铅贡超过 1000PPM，失效原因就是某种材料选用错误。

不防水在系统 DFMEA 中是失效模式，失效原因就是结构件设计不合理，间隙过大。而在子系统中，间隙过大是失效模式，不防水是失效后果，失效原因则是某某尺寸公差过大。所以子系统、系统、部件三者之间失效模式、失效后果、失效原因是相互联系、相互影响的，不能够独立存在。做子系统 DFMEA 失效模式时，系统 DFMEA 失效原因是输入，在做部件 DFMEA 失效模式时，子系统 DFMEA 失效原因是输入。

系统、子系统、部件 DFMEA 分析的对象各不相同，系统主要是针对本企业来讲的，就拿电脑键盘来讲，电脑键盘在键盘厂是系统，整个按键就是子系统，单独一个按键则称为部件。如果放在电脑公司，电脑键盘就是一个子系统，系统就变成了一整台电脑，子系统包括主机、显示器、键盘、鼠标、包装，二级子系统就是键盘系统，部件是一个个按键。所以系统、子系统、部件是相对的。

7. DFMEA 易犯的典型错误

7.1　没有充分识别到法律法规要求和客户功能性能可靠性要求、失效模式识别不充分。如 GPS 天线，客户要求是防水的，但没有识别到。

7.2　现行设计预防只写设计规范，没有明确具体的设计方案，应付式的识别，不具体。如失效模式结构不合理，失效原因是尺寸公差不合理，现行设计预防只写设计规范，没有明确现行公差如何制订。

7.3　没有改善方案，不符合持续改善精神。有的企业文件规定RPN达到100才改善，这是不合理的，不符合FMEA的精神。每一个FMEA都要尽可能去改善。

7.4　S、O、D评分不合理，倘若问及具体打5分或6分的原因，说出的理由与FMEA的标准不一致，没有真正理解评分规则。

7.5　在做DFMEA时没有进行方块图分析，没有识别子系统之间的关系，以及部件之间存在怎样的关系等。

第三节　PFMEA制作

1. PFMEA制作流程

PFMEA是制造过程的FMEA，输入是工艺流程图和矩阵图，只有那些会对产品品质造成直接影响的工序才需要进行分析，如烘料、储存等。而有些工序则不需要，如检验工序、调参数等。

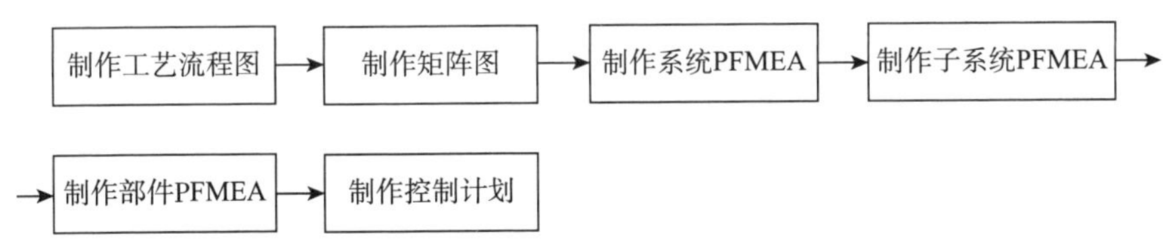

图2－6　PFMEA制作流程

制作流程如下：标准表格22项，1－7项是表头部分，FMEA编号是企业自己制订，没有统一要求。有些企业用这种形式：FMEA－产品料号。2是项目名称，如打火机、汽车导航旋扭等。3是责任部门，PFMEA一般是工程部，DFMEA一般是研发部。4是编制人，一般是形成文件的人，可能是文员助理之类的角色。5是年型车型，一般指产品规格，如152W。6是关键日期，一般是FMEA讨论定稿的日期。7是文件发行或修改时间。8 是 FMEA 讨论评审人员，一般是各部门代表，如采购、业务、工程、生产、品质等。

表 2－8　潜在失效模式及后果分析

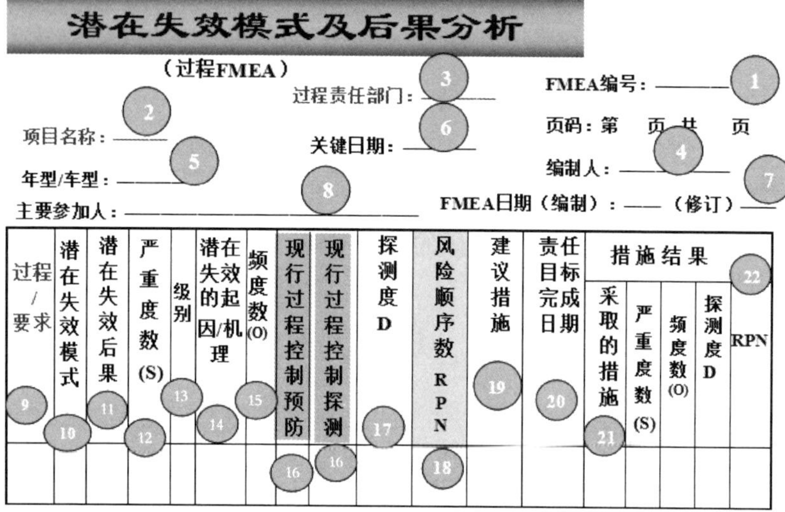

潜在失效模式及后果分析

（过程FMEA）

过程责任部门：______ 3　　FMEA编号：______ 1

项目名称：______ 2　　关键日期：______ 6　　页码：第　页 共　页 4

年型/车型：______ 5　　编制人：______ 7

主要参加人：______ 8　　FMEA日期（编制）：___（修订）___

过程/要求 9	潜在失效模式 10	潜在失效后果 11	严重度数(S) 12	级别 13	潜在失效的起因/机理 14	频度数(O) 15	现行过程控制预防 16	现行过程控制探测 16	探测度D 17	风险顺序数RPN 18	建议措施 19	责任目标完成日期 20	措施结果 21 22				
													采取的措施	严重度数(S)	频度数(O)	探测度D	RPN

9 是工序，及工序要求或功能。10 是失效模式，产品、材料、半成品上表现出来的异常，如尺寸超差、刮伤、短路、开路等。11 是潜在失效后果，这是针对下工序或客户来讲的，如感受不好、不能组装或间隙过大，影响美观等。12 是严重度，严重度是根据失效后果来评分的。影响法律法规的一般是 9～10 分，如不环保，安全系数达不到要求；导致主要功能伤失的一般 7～8 分，如结构件尺寸超差。舒适功能伤失的一般 5～6 分，如汽车玻璃升降缓慢，没有预期速度快，主要功能没有伤失。外观性能的不良 2～4 分。

表 2－9　PFMEA 后果分析表

后果	（顾客后果）	（制造/装配后果）	级别
无警告的严重危害	没有预警情况下，潜在失效模式影响车辆安全操作或设计不符合政府法规	可能在没有预警下危害操作者（机械或装配）	10
有警告的严重危害	有预警情况下，潜在失效模式影响车辆安全操作或设计不符合政府法规	可能在有预警下危害操作（机械或装配）	9
很高	基本功能损失（车辆不能操作，但不影响车辆安全操作）	100%的产品是废品，流水线停止或停止出货	8
高	基本功能损失（车辆可操作，但降低了功能的等级）	生产运转一定会产生部分废品，背离最初过程包括流水线速度降低或增加	7
中等	舒适功能损失（车辆可操作，但舒适便利功能损失）	100%需脱线返工，是被承认的	6
低	舒适功能降级（车辆可操作，但舒适便利功能降低）	部分需脱线返工，是被承认的	5
很低	外观或听见噪音，车辆可操作，不符合项被大部分顾客注意到（>75%）	在加工前100%需在位置上返工	4
轻微	外观或听见噪音，车辆可操作，不符合项被很多顾客注意到（50%）	在加工前部分需在位置上加工	3
很轻微	外观或听见噪音，车辆可操作，不符合项被有辨别能力的顾客注意到（<25%）	过程中操作或操作者的轻微不便利	2
无	没有可辨别的后果	没有可辨别的后果	1

2. 工艺流程图与矩阵图

工艺流程图要对原材料到出货的整个过程进行描述，同时异常的流程也要显示出来。矩阵图主要描述重要特性与工艺流程之间的关系强弱。如果产品特性与流程没有关系，那么在做流程 FMEA 分析时，自然也就不用分析。比如烘料与产品性能没有关系，那么烘料就不用分析性能方面的失效，不要分析外观即可。

如果产品存在系统、子系统、部件问题，那么就要分别制作出系统流程图、子系统流程图、部件加工流程图。比如一个点火器，组装是系统流程图，其中上下盖是自己成型的，就要做部件流程图。参见表2－10。

表2－10　工艺流程图

初始工艺流程图						产品型（代号）		TCC－001A		共1页
						零件号/零件名称		前横梁		第1页
序号	操作说明	加工 ◇	搬运 ○	存放 △	检验 □	序号	关键产品特性	特殊特性符号	编号	关键控制特性
一	进料检验（PP－GP30%胶料）				■	1a	材质	▲		
						1b	尺寸			
						1c	性能			
						1d	环境物质			
二	原材料入库			▲						
三	锁料		●							
四	烘料	◆								
五	成型	◆				5a	最大外形尺寸 ②879.41mm PV3341mm≤ 50 ug c/g PV3925≤ 10 mg/kg V3925≤ 10 mg/kg 阻燃性测试 不大于 100mm/min	▲	5A	速度
									5B	时间
									5C	压力
									5D	速度
									5E	位置
六	抽检轮廓度	◆			■					

续表

七	包装						
		编制人：（日期）	审核人：（日期）			批准人：（日期）	

表 2－11　特殊特性矩阵图

编号：CY－141103－002　　　　制订部门：工程部　　　　制订日期：2015 年 10 月 10 日

产品型号	TCC－001B		零件名称	后横梁									客户代码		013	
序号	描述		公差	过程名称												
	产品特性	符号		过程 项目	进料检验	烘料	成型	抽检	包装	入库出货						
	外观	△			◎	◎	◎	○	◎	○						
	包装外观		△		◎	○	○	○	◎	○						
	标识方式		△		◎	○	○	○	◎	○						
	包装数量	△			◎	○	○	○	◎	○						
	尺寸	▲		X－R 管制图 P 管制图	◎	◎	◎	○	○	○						
	性能	▲			◎	◎	◎	○	○	○						
备注：1. “○”表示一般关系、“◎”表示密切关系；2. “▲”表示特殊特性符号																

输入是产品要求和工艺流程图

从上图可看出，烘料只要分析外观失效即可；进料检验分析外观和性能失效；成型分析外观、尺寸、性能等。有几份流程图就有几份矩阵图。

表 2-12 设计失效模式及影响分析（PFEMA）

项目：点火器				过程责任部门								FMEA 编号：					
				联系方式：								编制人：					
核心小组：				关键日期：								日期（编制）		日期（修改）：			
过程功能/要求	产品特性编号/说明	潜在失效模式	潜在失效影响	严重度数	级别	潜在失效原因	频度数	现行过程预防	首检，巡检，目视	不可探测度数	风险顺序数	建议措施	采取的措施	严重度数	频度数	不可探测数	风险顺序数
裁出气油管		裁长	影响组装	3		没有比对好	1	SOP/培训	首检，巡检，目视	2	6						
		裁短	影响组装	3		没有比对好	1	SOP/培训	首检，巡检，目视	2	6						
出气油管组装		没装到位	出气不好	3		质量意识不够	2	SOP/培训	首检，巡检，目视	2	12						
装枪套		漏装	影响外观	4		质量意识不够	2	SOP/培训	首检，巡检，目视	2	16						
枪管组装		铜管没装到位	影响出发	5		质量意识不够	1	SOP/培训	首检，巡检，目视	2	10						
		电子线没装到位	影响击发	5		质量意识不够	2	SOP/培训	首检，巡检，目视	2	20						
瓦斯筒调火		火大	影响组装	3		没看标准	2	SOP/培训	首检，巡检，目视	3	18						

续表

瓦斯筒调火		火大	影响组装	3		没看标准	2	SOP/培训	首检，巡检，目视	3	18						
装分气把		装歪	影响组装	4		没看放正	2	SOP/培训	首检，巡检，目视	2	16						
下盖组装		配件没装到位	影响组装	4		质量意识不够	3	SOP/培训	首检，巡检，目视	3	36						
试火一		火大	影响组装	4		没有看准	3	SOP/培训	首检，巡检，目视	2	24						
试火一		火大	影响组装	4		没有看准	3	SOP/培训	首检，巡检，目视	2	8						
盖上盖		没盖好	影响组装	2		质量意识不够	2	SOP/培训	首检，巡检，目视	2	8						
装扣环		漏装	影响外观	5		质量意识不够	3	SOP/培训	首检，巡检，目视	2	30						
翘极针		漏夹	影响功能	4		质量意识不够	2	SOP/培训	首检，巡检，目视	2	16						

3. 系统 PFMEA 制作与案例

系统 PFMEA 指成品组装 FMEA。有些产品只有一个零件加工工序，如塑胶件成型和表面处理，这种就不用做系统 PFMEA，只要做部件的 PFMEA。图 2－7 是系统 PFMEA 制作流程，这个是根据组装的流程图来 PFMEA 分析的。系统 PFMEA 的制作流程如下：

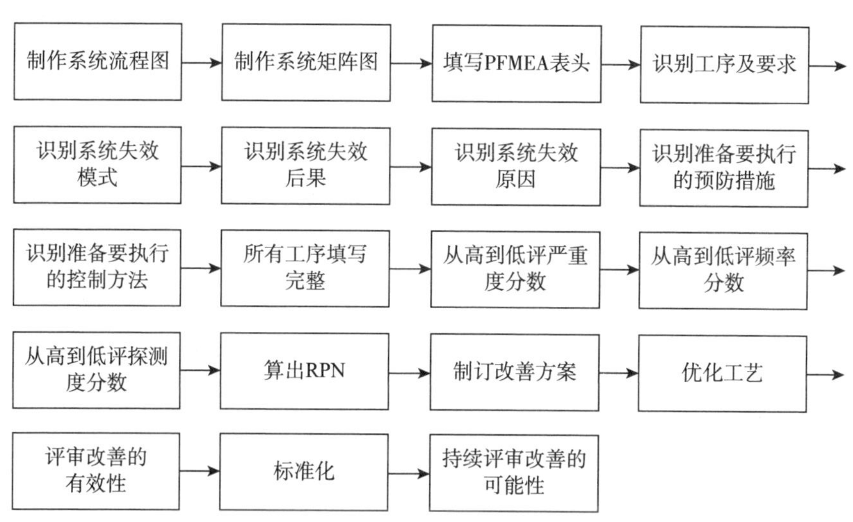

图 2－7　系统 PFMEA 制作流程

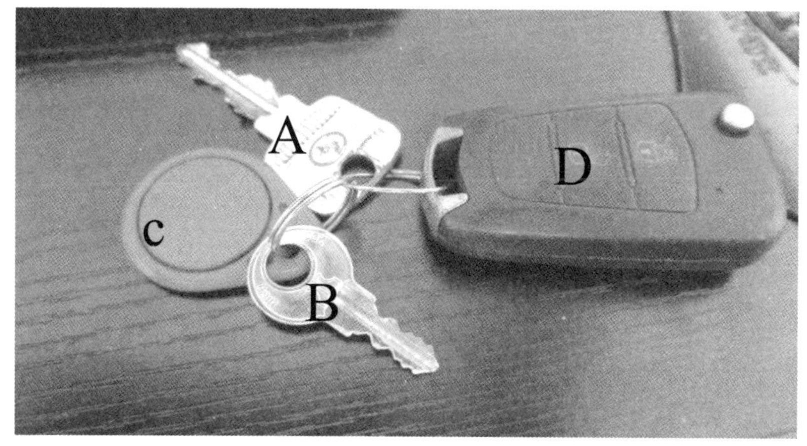

图 2－8　锁匙实物示意图

4. 子系统 PFMEA 制作与案例

图 2－8 是一串锁匙，这是一个系统，其中 A、B 是部件，C、D 是子系统。子系统下面也有很多部件，假设子系统 C 的零件全是外购，那么组装工序进行的 PFMEA 分析就是子系统的 FMEA 分析，这个单独做一份 PFMEA 分析表。假设子系统 C 的上下盖是自己成型的，那么就要做两份成型的 PFMEA 分析表。

子系统 FMEA 制作流程与系统 FMEA 制作流程是一样的。

5. 部件 PFMEA 制作与案例

部件 PFMEA 是针对零件加工来做的，不存在组装工序。比如图 2－8中锁匙 A、B 就属于部件 PFMEA，制作流程与系统 PFMEA 流程一样。表 2－13 是汽车旋扭塑胶件的 PFMEA，工艺流程是原材料——储存——烘料——成型——全检——包装——出货，其中全检工序可不作 FMEA 分析，因为不会对产品质量造成影响，但全检的动作是可以放在成型的现行控制探测中的。另外，在成型现行控制探测中，内容包括首检、巡检、自检、全检；工具则包括目视和卡尺。

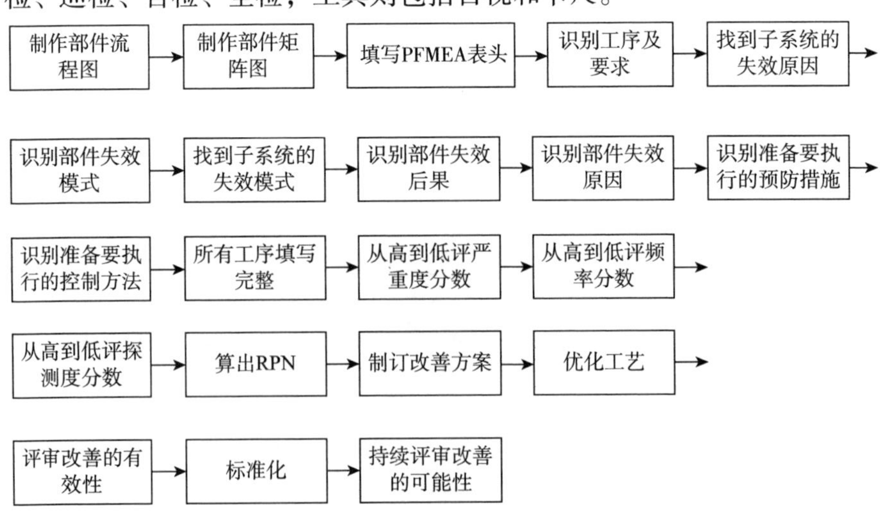

图 2－9　部件 PFMEA 制作流程

表 2－13 注塑 PFMEA（潜在失效模式及后果分析）

FMEA 编号：JYF－TD－R－037－01

项目名称：汽车音箱旋钮外罩　　过程责任：塑胶涂料有限公司　　编制人：谭××　审核：　车型/机种/年份：××350

工程放行日期/主要生产日期：2013.3.11　　FMEA 日期：2013.3.8　　核心小组：谭××\杨×\关××\李××\钟××\廖××

过程	功能要求	潜在失效模式	潜在失效后果	严重度(S)	分类	潜在失效起因/机制	现行制程管制				RPN	建议的措施	负责单位/人员及完成日期	措施所产生的后果				
							预防（P）	发生性	探测	探测度				采取的措施	S	O	D	RPN
1. 进料检验	依据原材料承认书及原材料检验规范检出材料中的不良	色差	承认样板颜色与来料不一致，导致客户抱怨	2		承认样品过期变色	定期更换承认样品	2	自检	8	32							
						供应商来料与承认样品有色差	定期对供应商进行稽核并辅导	1	抽检	8	16							
		颗粒大小不均匀	成型不稳定，会使产品产生缺料，导致报废	6		供应商未管制到位	定期对供应商进行稽核并辅导	2	抽检	8	96							
						检验时未核对承认样件	定期对 QC 进行教育培训	2	自检	6	72							

续表

1. 进料检验	依据原材料承认书及原材料检验规范检出材料中的不良	颗粒大小不均匀	成型不稳定，会使产品产生缺料，导致重工	3		供应商未管制到位	定期对供应商进行稽核并辅导	2	抽检	6	36							
						检验时未核对承认样件	定期对QC进行教育培训	2	自检	6	36							
			成型不稳定，会使产品产生流纹，导致报废	6		供应商未管制到位	定期对供应商进行稽核并辅导	2	抽检	6	72							
						检验时未核对承认样件	定期对 QC 进行教育培训	2	自检	6	72							
			成型不稳定，会使产品产生料花，导致报废	6		供应商未管制到位	定期对供应商进行稽核并辅导	2	抽检	6	72							
						检验时未核对承认样件	定期对 QC 进行教育培训	2	自检	6	72							

续表

1. 进料检验	依据原材料承认书及原材料检验规范检验出材料中的不良	颗粒大小不均匀	成型不稳定，会使产品产生变形，导致重工	6		供应商未管制到位	定期对供应商进行稽核并辅导	2	抽检	6	72							
						检验时未核对承认样件	定期对 QC 进行教育培训	2	自检	6	72							
			成型时易堵塞射嘴，导致产品无法正常生产	2		供应商未管制到位	定期对供应商进行稽核并辅导	2	抽检	6	24							
						检验时未核对承认样件	定期对 QC 进行教育培训	2	自检	6	24							
		水分多	成型不稳定，会使产品产生缺料，导致重工	6		胶料与空气接触会产生水分	将散装的材料进行密封并捆扎好	3	水分测试仪	5	90							
						供应商仓库未对温湿度管控	定期对供应商进行稽核并辅导	3	水分测试仪	5	90							

续表

1. 进料检验	依据原材料承认书及原材料检验规范检验出材料中的不良	水分多	成型不稳定，会使产品产生披锋，导致重工	3		胶料与空气接触会产生水分	将散装的材料进行密封并捆扎好	3	水分测试仪	5	45							
						供应商仓库未对温湿度管控	定期对供应商进行稽核并辅导	3	水分测试仪	5	45							
			成型不稳定，会使产品产生流纹，导致重工	6		胶料与空气接触会产生水分	将散装的材料进行密封并捆扎好	3	水分测试仪	5	90							
						供应商仓库未对温湿度管控	定期对供应商进行稽核并辅导	3	水分测试仪	5	90							
			成型不稳定，会使产品产生料花，导致重工	6		胶料与空气接触会产生水分	将散装的材料进行密封并捆扎好	3	水分测试仪	5	90							
						供应商仓库未对温湿度管控	定期对供应商进行稽核并辅导	3	水分测试仪	5	90							

续表

2. 原材料入库	将检验好的材料用托车拉入原材料仓库储存并标示	归类错误	生产的产品与客户要求不一致，导致报废	8		相似品摆在一起，致使仓管人员归类错误	对仓库人员定期进行培训教育，并把相似的材料分开摆放	1	自检抽检	5	40							
						归类时外包装标示贴错	对仓库人员定期进行培训	1	自检抽检	5	40							
		受潮	生锈，产品的性能降低，产品报废	6		仓库湿度超出标准，仓库人员未反应	对仓库人员定期进行培训	1	自检抽检	5	30							
						散装件开袋后未及时捆扎好	对仓库人员定期进行培训	2	自检抽检	5	60							
3. 领料	依据生管发出的生产制令单到仓库将材料领出	领错料	生产的产品与要求不一致，导致报废	6		制令单上的料号与领料单不一致	对领料人员进行培训教育	1	自检抽检	5	30							
			影响客户生产，客户抱怨	2		领料人员在领料时未确认数量	对领料人员进行培训教育	2	自检抽检	5	20							

续表

4. 烘料	把胶料放入烘料筒内，将胶料中的水分烘干	变黄	产品表面发黄，产品报废	3		烘料机温控器损坏实际温度比显示温度偏高	对烘料机定期进行保养	2	自检 抽检 巡检	5	30							
						归类时外包装标示贴错	对仓库人员定期进行培训	1	自检 抽检	5	40							
		水分未烘干	成型不稳定，会使产品产生缺料，导致报废	6		烘料机温控器损坏实际温度比显示温度偏低	对烘料机定期进行保养	2	成型 实验	6	72							
						烘料时间偏短	建立烘料时间管控表，对胶料上料机取料时间进行管控	2	成型 实验	6	72							
			成型不稳定，会使产品产生披锋，导致重工	3		烘料机温控器损坏实际温度比显示温度偏低	对烘料机定期进行保养	2	成型 实验	6	36							

续表

4. 烘料	把胶料放入烘料筒内，将胶料中的水分烘干	水分未烘干	成型不稳定，会使产品产生披锋，导致重工	3		烘料时间偏短	建立烘料时间管控表，对胶料上料机取料时间进行管控	2	成型实验	6	36							
			成型不稳定，会使产品产生流纹，导致重工	3		烘料机温控器损坏实际温度比显示温度偏低	对烘料机定期进行保养	2	成型实验	6	36							
						烘料时间偏短	建立烘料时间管控表，对胶料上料机取料时间进行管控	2	成型实验	6	72							
			成型不稳定，会使产品产生料花，导致报废	6		烘料机温控器损坏实际温度比显示温度偏低	对烘料机定期进行保养	2	成型实验	6	72							
						烘料时间偏短	建立烘料时间管控表，对胶料上料机取料时间进行管控	2	成型实验	6	12							

续表

4. 烘料	把胶料放入烘料筒内，将胶料中的水分烘干	水分未烘干	成型不稳定，会使产品产生变形，导致报废	6		烘料机温控器损坏实际温度比显示温度偏低	对烘料机定期进行保养	2	成型实验	6	72							
						烘料时间偏短	建立烘料时间管控表，对胶料上料机取料时间进行管控	2	成型实验	6	48							
		胶料成饼装	料筒堵塞	4		烘料机温控器损坏实际温度比显示温度偏高	对烘料机定期进行保养	2	无法生产	2	16							
5. 成型	用模具成型胶料做出符合客户要求的产品	缺料	产品报废	8		射出压力偏小	将产品的成型参数建立标准文件首件确认	2	首件 巡检 自检	5	80							
						射嘴温度偏低	将产品的成型参数建立标准文件	2	首件 巡检 自检	5	80							

续表

5. 成型	用模具成型胶料做出符合客户要求的产品	缺料	产品报废	8		模具唧嘴不平	开机前确认	2	自检	5	80							
						模具时与射嘴没有对准	开机前确认	2	自检	4	64							
						射出时间偏短	将产品的成型参数建立标准文件首件确认	2	首件 巡检 自检	4	64							
						射出时间偏短	将产品的成型参数建立标准文件首件确认	2	首件 巡检 自检	4	64							
						储料位置未设定	将产品的成型参数建立标准文件首件确认	2	首件 巡检自检	4	64							
						射嘴温度偏低	将产品的成型参数建立标准文件	2	首件 巡检 自检	5	80							

续表

5. 成型	用模具成型胶料做出符合客户要求的产品	披锋	重工	3		保压压力偏大	将产品的成型参数建立标准文件首件确认	4	首件 巡检 自检	4	48							
						射嘴温度偏高	将产品的成型参数建立标准文件首件确认	4	首件 巡检 自检	4	48							
						射出时间偏长	将产品的成型参数建立标准文件首件确认	4	首件 巡检 自检	4	48							
						模具表面不平	定时对模具进行清洁	4	自检	4	48							
						锁模高压偏低	将产品的成型参数建立标准文件首件确认	4	首件 巡检 自检	4	48							

续表

5. 成型	用模具成型胶料做出符合客户要求的产品	变形	产品报废	8		射出时间偏短	将产品的成型参数建立标准文件首件确认	2	首件 巡检自检	4	64							
						冷却时间偏短	将产品的成型参数建立标准文件首件确认	2	首件 巡检自检	4	64							
						射嘴温度偏高	将产品的成型参数建立标准文件首件确认	2	首件 巡检自检	4	64							
						保压时间偏短	将产品的成型参数建立标准文件首件确认	2	首件 巡检自检	4	64							
						保压压力偏小	将产品的成型参数建立标准文件首件确认	2	首件 巡检自检	4	64							
						模温偏高		2	自检	4	64							

续表

5. 成型	用模具成型胶料做出符合客户要求的产品	变形	产品报废	8		模具未开运水位置	开机前确认	2	自检	4	64							
						水塔中杂质太多导致过滤网堵塞运水进不进去	定期对水塔进行保养	2	自检 抽检	4	64							
		流纹	产品报废	3		射嘴温度偏高	将产品的成型参数建立标准文件	2	首件 巡检 自检	4	24							
						射出速度偏大	将产品的成型参数建立标准文件	2	首件 巡检 自检	4	24							
						模温偏低		2	巡检 自检	4	24							
						模具未开运水位偏小	开机前确认	2	巡检 自检	4	24							
						胶料有水分	烘料时间建立标准的作业指导书首件确认	2	巡检 自检	4	24							
						料筒温度偏低	将产品的成型参数建立标准文件首件确认	2	首件 巡检 自检	4	24							

续表

5. 成型	用模具成型胶料做出符合客户要求的产品	料花	产品报废	7		射嘴温度偏低	将产品的成型参数建立标准文件首件确认	4	首件 巡检 自检	4	112							
						料筒温度偏低	将产品的成型参数建立标准文件首件确认	4	首件 巡检 自检	4	112							
						胶料中有杂质	将产品的成型参数建立标准文件首件确认	4	首件 巡检 自检	4	112	1. 烘料前，对烘烤机进行清洁 2. 对加料人员进行培训	关雪华	1. 烘料前，对烘烤机进行清洁 2. 对加料人员进行培训	7	3	4	84
		客户要求特殊特性29. 15 ± 0. 1 尺寸偏大	产品装备松动，报废	8	▲	冷却时间偏短	将产品的成型参数建立标准文件 X－R 图	1	首件 巡检 自检	4	32							

续表

5. 成型	用模具成型胶料做出符合客户要求的产品	客户要求特殊特性 29.15±0.1 尺寸偏大	产品装备松动，报废	8		保压时间偏短	将产品的成型参数建立标准文件 X－R 图	1	首件 巡检 自检	4	32							
		客户要求特殊特性尺寸 29.15±0.1 偏小	产品不能装备，报废	8	▲	冷却时间偏短	将产品的成型参数建立标准文件 X－R 图	1	首件 巡检 自检	4	32							
						保压时间偏短	将产品的成型参数建立标准文件 X－R 图	1	首件 巡检 自检	4	32							
6. 包装	依据作业指导书对产品进行包装并标示清楚	多装	厂内损失	2		无治具及电子称确认	厂内购买电子称对每扎产品进行磅重确认	1	首件 巡检 自检 实验	6	12							
						员工意识不够	定期对员工进行培训教育	1	首件 巡检 自检 实验	6	12							

续表

6. 包装	依据作业指导书对产品进行包装并标示清楚	少装	影响客户正常生产	3		无治具及电子称确认	厂内购买电子称对每扎产品进行磅重确认	1	首件 巡检 自检	6	18							
						员工意识不够	定期对员工进行培训教育	1	首件 巡检 自检	6	18							
		标示错误	客户用错料致使产品报废	8		员工意识不够	定期对员工进行培训教育	1	首件 巡检 自检	5	40							
		混料	客户用错料致使产品报废	8		员工意识不够	定期对员工进行培训教育	1	首件 巡检 自检	5	40							
		杂物（纸屑,瓜子壳,果皮等）	影响客户产品品质	6		员工意识不够	定期对员工进行培训教育	1	首件 巡检 自检	5	30							
7. 成品检验	依据工程图面及检验规范检出产品的不良	缺料	产品报废	8		漏检流入至客户	定期对员工进行培训教育	2	首件 巡检 自检	5	80							

续表

7. 成品检验	依据工程图面及检验规范检出产品的不良	披锋	重工	3		漏检流入至客户	定期对员工进行培训教育	2	首件巡检自检	5	30							
						误判	定期对员工进行培训教育	2	首件巡检自检	5	30							
		流纹	重工	3		漏检流入至客户	定期对员工进行培训教育	2	首件巡检自检	5	30							
						误判	定期对员工进行培训教育	2	首件巡检自检	5	30							
		变形	报废	8		漏检流入至客户	定期对员工进行培训教育	2	首件巡检自检	5	80							
		料花	重工	6		漏检流入至客户	定期对员工进行培训教育	2	首件巡检自检	5	60							
						误判	定期对员工进行培训教育	2	首件巡检自检	5	60							

续表

8. 成品入库，待通知出货	将检验好的产品放入成品仓库储存待通知出货	纸箱变形	压坏产品导致客户退货	3		堆积太高	厂内增加产品限高标示	2	自检	5	30							
						搬运过程中碰撞	定期对员工进行培训教育	2	自检	5	30							
						装箱数量太少	工程设计不合理	2	自检	5	30							
						装箱数量太多	工程设计不合理	2	自检	5	30							
	将检验好的产品放入成品仓库储存待通知出货	标示错误	客户用错料致使产品报废	8		员工意识不够	定期对员工进行培训教育	2	自检	5	80							

备注：特殊特性用“▲”表示.

6. 系统、子系统、部件 PFMEA 的区别与联系

首先，子系统是系统 FMEA 的一部分。子系统的失效模式可能是系统 FMEA 的失效原因，因为子系统的异常可能导致系统失效。与此同时，子系统的失效后果可能是系统的失效模式。如一个手包，在做系统 FMEA 时，有个工序是整包外皮车缝，失效模式是露出主体，失效原因是外皮没有按既定尺寸进行加工。再者，在做外皮部件 FMEA 时，失效模式是尺寸偏差，失效后果就是整包车缝外皮时露出主体，失效原因就是作业时没有图纸，部件 PFMEA 的失效模式成为系统 PFMEA 的失效原因。

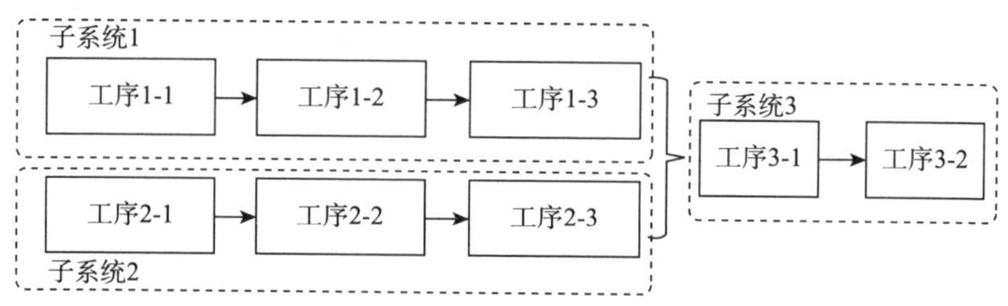

图 2－10　子系统工序流程

在图 2－10 中，工序 1－1 至 1－3 是子系统 1 的所有工序，工序 3－1 至 3－2 是系统的所有工序，子系统 1 和子系统 2 的失效模式可能成为子系统 3 的失效原因。以上要做三个 PFMEA，分别是一个是子系统 1、子系统 2 和子系统 3PFMEA。特别注意，在做 PFMEA 时，前提假设设计是没有问题的，重点是要分析在本工序的人机料法环方面可能造成的失效，同时对前面来料问题做次要分析。

7. PFMEA 易犯的典型错误

7.1　在做失效原因分析时，没有重点分析本工序造成的异常，而是把责任推到前工序。例如：电镀工序中有个粗化后水洗工序，失效模式是没洗干净，失效原因主要有水缸的清洗与更换不及时、打气气流量过小、喷淋头堵塞三大方面，但不能把责任推到前工序。

7.2　针对工序复杂的产品，没有区分部件、子系统，而是笼统地做在一起，导致整个 PFMEA 比较紊乱，缺乏系统性。如一个烫衣板由主体、网板、门、布套组成，网板、门、布套是部件，主体是子系统，因存在组装工序，这里的 PFMEA 至少要做 5 套。

7.3　失效模式、失效原因、失效效应理解错误。如电镀粗化后水洗工序，失效模式不是打气气流量过小、喷淋头堵塞，这些不是产品具体表现出来的，而仅仅是失效原因。比如，成型工序烘料，控制的是温度和时间，但失效模式是没烘干或料结块或料发黄，因此，应该明确失效模式一定要是产品上表现出来的。

7.4　S、O、D 三项评分混乱，无法判定最严重的产品特性是哪些，三大不良具体是指什么，以及哪些测量系统需要优化。

7.5　不管 RPN 分值多少，皆没有改善方案。FMEA 的目的就是改善，如果识别出失效模式缺乏针对性、计划性的改善，那么做 FMEA 就是没有意义的。

7.6　失效原因仅仅标记错误操作或设备操作错误，而在现行过程预防中并没有任何有效措施。

8. PFMEA 的变更

8.1　一般在以下情况下要评审变更：

8.1.1　重大品质异常

8.1.2　工程变更

8.1.3　制程改善

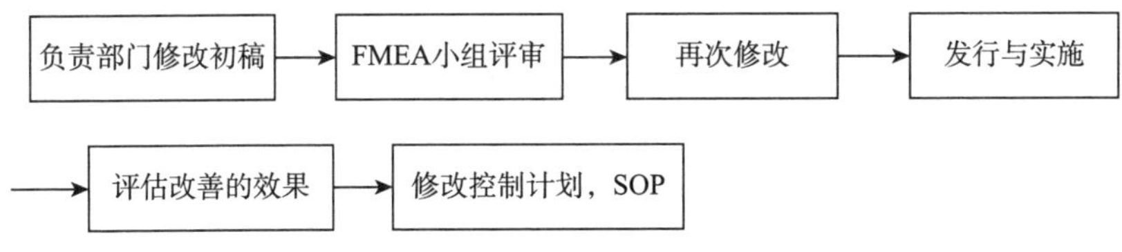

图 2－11　PFMEA 变更流程图

8.2　变更的流程 FMEA 是评审出来的，工程部门要负责编写成正式文件发行。在 FMEA 的使用过程中，如果因变更或改善而修改 FMEA，需要品质部门与工程部门协商，由工程部召开 FMEA 会议，各部门负责人均要参加，共同讨论 FMEA 修改方案和制订改善措施。在改善方案落实后，工程部门要再次评审改善的有效性，并通知相关部门，发放工程变更通知单。

第三章

MSA：测量系统分析

第一节　MSA 制作前的准备

1. 什么是 MSA

1.1　测量系统：指被测试特性赋值的操作、程序、量具、设备、软件及操作人员的集合，是用来获得测量结果的整个过程。

1.2　量具：指任何用来获得测量结果的装置，包括用来测量合格或不合格的装置。

1.3　测量系统的分辨率：测量系统检出并如实指示被测特性中极小变化的能力（也称为分辨力）。

特别提醒：单独一个测量仪器不是测量系统，如一把卡尺、一台电子称等。

2. 测量系统的作用

2.1　评估测量系统误差的大小，是否能被客户接受。

2.2　评估测量系统的稳定性，随着时间的推移，变异是否受控。

2.3　评估测量系统的偏倚值是否能被客户接受。

2.4　评估几种不同测量系统的优劣。通过 MSA 评估，找到测量系统改善的着力点，确定是进行人员培训，还是调整测量方法或调整仪器。

如图 3－1 所示，第一份 X－R 图显示过程正常，分辨力 0.001，第二份 X－R 图显示过程不正常，分辨力 0.01。虽然这是针对同一制程，但是为什么会有这么大的差异呢？从以上数据来看，第二份控制图的测量系统分辨力太低，导致虚发报警。因此可以推断出，做 SPC 的前提是 MSA 必须合格，虚发报警导致成本过高。

3. MSA 评估的仪器和责任人员

3.1　测量系统一般由仪校人员或品质部的负责人来主导，由参与检测或试验人员来测量，以提供测量数值。不可以由品质部领导或仪校人员来测量和提供数值，需要特别注意的是：测量人员不可知道自己上次测量结果和别人测量结果，要保证盲测。MSA 要识别的误差是测量人员、设备、环境、方法、标准值导致的误差，品质部领导和仪校人员一般不亲自测量产品，所以分析他们的测量数据基本没有价值。

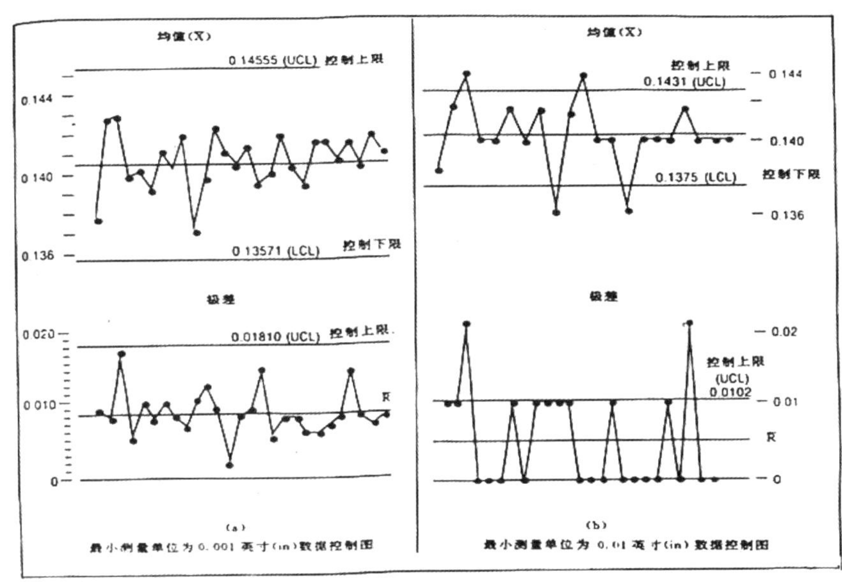

图 3－1　均值极差对比图

3.2　MSA 分析的范围来自控制计划所有的测量系统，包括计量性、计数性。

3.3　破坏性的测量系统现在一般不做分析，除非客户有特殊要求，如盐雾试验测量系统。

特别提醒： MSA 分析的包括控制计划中所有测量系统，而不仅仅是测量特殊特性的测量系统。

4. MSA 专业术语解释

4.1　准确度（ Accuracy ）

准确度或称偏移（BIAS），是指测量值与相对真值之间的差异。真值是使用更精密的仪器找到的相对真值。准确度值也称为偏倚值，一般说来要求其越小越好。在 MSA 中，一般分析偏倚值和稳定性值，参见图 3－2。

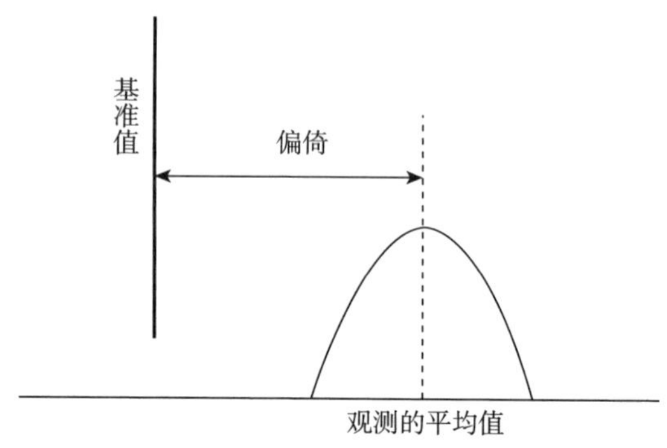

图 3－2　偏倚变差示意图

4.2　精密度（ Precision ）

精密度或称变差（Variation），是指利用同一量具，重复测量相同工件同一质量特性，所得数据之变异性。这里的变差主要分为两种：一种是重复性变差，另一种是再现性变差。精密度变差越小越好。

精密度不高的原因也有以下几种情况：首先，不同的人测量的结果不一样；其次，同一人同一仪器测量结果也不一样。像这样不确定性的因素很多，因此，客户承担的分险也很大。

4.3　分辨率（亦称分辨力、可读性、分辨率）

最小读数的单位、测量分辨率、刻度限度或探测度的分辨力更小。

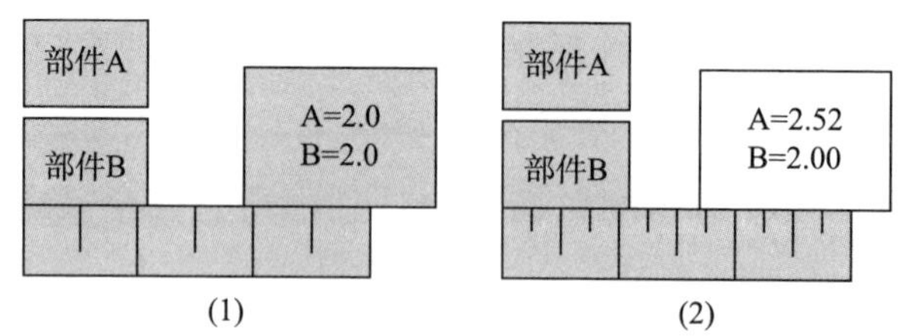

图 3－3　偏倚变差示意图

4.4　敏感度

敏感度是指能产生一个可检测到（有用的）输出信号的最小输入。它是测量系统对被测特性变化的回应。在敏感度越小情况下，稍有变动，测量的数值便会变化，数值的记录就会变得不那么容易，相反，敏感度太大，设备的准确度就会差，测量结果则易被人怀疑。

4.4　重复性变差

相同的人、相同的仪器重复测量多次同一产品同一特性，因测量结果不一样而导致的误差，就是重复性变差。参见图3－4。比如，3.41cm这个尺寸，A员工第一次测量为3.41cm，第二次测量为3.43cm，重复性误差为0.02cm。

4.5　再现性变差

不同的人用同一种仪器重复测量多次同一产品同一个特性，因测量结果不一样而导致的误差，就是再现性变差。参见图3－5。比如，3.41cm这个尺寸，A员工的测量结果为3.42cm，B员工的测量结果为3.41cm，A员工与B员工的再现性变差为0.01cm，这种变差能否接受要看GRR%。

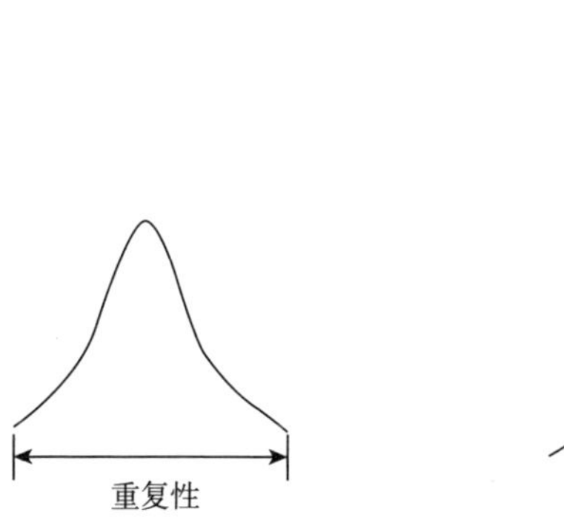

图3－4　重复性变差示意图

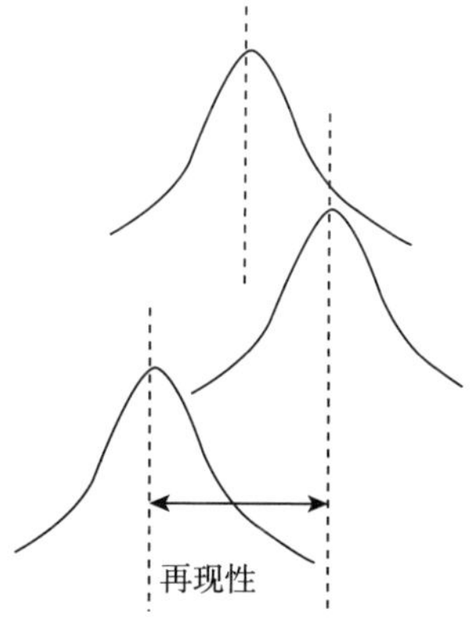

图3－5　再现性变差示意图

4.6　偏倚变差

测量值与相对真值之间的差异。如图3－2所示。偏倚变差允许出现，但超过规范就不能接受。

4.7　稳定性变差

随着时间的推移，偏倚变差的波动。如图 3 -6 所示。如果随着时间推移偏倚值越大，稳定性差不可接受。

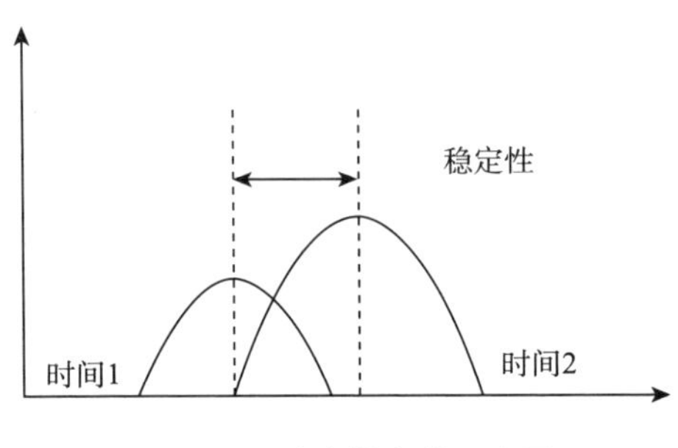

图 3 -6　稳定性变差示意图

4.8　线性变差

线性变差即偏倚值，是用来测量基准值存在的线性关系。如果存在线性变差，基准值越大，偏倚越大，这种程度的线性变差就不可接受。

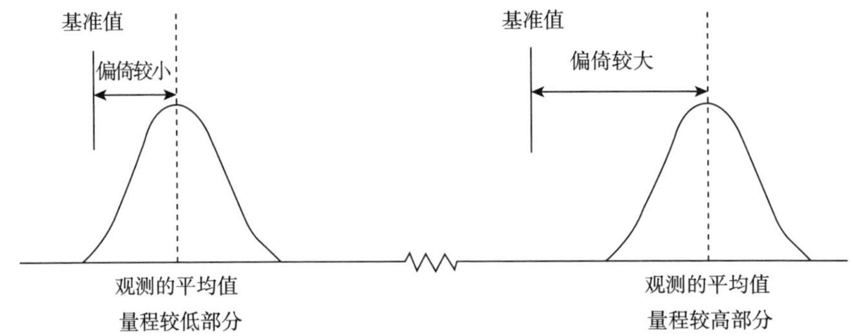

图 3 -7　线性变差示意图

5. 如何运用 MSA 帮助企业改善品质

5.1　新项目导入时，在试产前必须对测量系统进行 MSA 分析，评估测量误差是否在可控范围之内，以防止不必要的过程调整，以免在该调整环节失去最佳调整机会。

5.2　每年定期对测量系统的使用频率、客户对产品的要求、测量系统的稳定性进行 MSA 分析，评估测量系统的误差是否可控，以提高客户对本公司产品的信心。

5.3　专案改善时，需要首先评估测量系统的稳定性、可靠性，这样才能更加准确地评估品质是否有真正改善。如果测量系统误差太大，那么可能会导致有改善的地方测量不出来，同时也会打击员工的积极性。

6. MSA 与其他质量管理工具的关系

6.1　MSA 是 SPC 的基础，没有合格的 MSA，SPC 分析便没有任何意义。

6.2　MSA 是 PPAP 等级 3 提交的基础内容之一。

6.3　MSA 是 APQP 的第三阶段、第四阶段和第五阶段的基础内容，具体来说，第三阶段要做 MSA 计划，第四阶段要做 MSA 分析，第五阶段（量产）要定期 MSA 分析。

第二节　计量 MSA 分析流程与案例讲解

1. GRR 分析流程

第一步：确定要分析的测量系统和质量特性，例如：张××、李××、王××、数显卡尺 002 号、特性值 2.98±0.02cm、测量员是培训合格的、测量设备是校准合格的等。

第二步：先找到公差范围内 10～20 个样品，样品要覆盖到公差范围，如：2.981、2.993、2.998，注意不可一样大。

第三步：测量设备分析负责人让 A 检测员完成样品测量，随后负责人做好记录，填写在 GRR 分析表上。

第四步：B 检测员完成样品测量，由负责人做好记录，填写在 GRR 分析表上。

第五步：C 检测员完成样品测量，由负责人做好记录，填写在 GRR 分析表上。

第六步：A、B、C 检测员每人重复测量三遍，但不能知道别人的测量结果及自己上次的测量结果。

第七步：GRR 分析报告，GRR 百分比≤10%，NDC≥5，X 图要求 50% 点要落在控制线外，R 图所有点要落在控制线内。

第八步：如果误差太大，要进行改善，如培训检测员、维修量具及制作检测 SOP 等。

第九步：重复第一步至第七步的操作。

如表 3－1 所示，案例特性值 2.98 ±0.02cm 产品，要用数显卡尺精度为 0.001cm 进行测量。从极差图可看出，虽然测量结果达到了 GRR 百分比≤10%，NDC≥5 的要求，但是 A、B、C 三个检测员都是不合格的，其测量误差太大，仍需要进行进一步的培训。究其原因，很可能是检测员在测量具体某个产品尺寸时，测量的方法不正确。所以这个案例中，我们仍需测量系统进行改善，重新进行 GRR 分析。

2. GRR 分析改善案例

在表 3－2 案例中，A、B 检测员测量的 3 号、7 号产品是有问题的。原因很可能是在选样品的过程中就出现了问题，没有选覆盖公差范围内的样品，所以这种 MSA 是不合格的，要重新进行分析。表3－4是改善后的结果。

表 3－4 是改善后的数据，样本改成：29.11、29.13、29.15、29.17、29.19、29.21、29.23、29.25、29.27、29.29、29.18，共 10 个样本，分析方法还和以前是一样的。但从结果来看：不管从图上分析，还是从数据分析，测量系统都是合格的。

总结：

（1）GRR 分析结果不但从数值上要合格，而且图形上也要合格。

（2）选样品一定要覆盖过程变差，不可选一些特性值一样的产品。

表 3－1 量具重复性和再现性数据表

要10个不同的样品，覆盖过程变差

料号：TJ-354　　　　版号：A

量具名称：	卡尺	零件名称：		测量日期：	
量具编号：	A-001	特殊特性：		测量人员：	
量具量程：	0~150mm	标准规范：			

☐定期　☐修复后　☐量具更换　☐新控制计划　☑PPAP

评价人数 3 / 试验次数 9	零件编号 1	2	3	4	5	6	7	8	9	10（个数：10）	平均值
1. A 1	2.980	3.010	2.940	2.990	2.940	3.000	2.970	2.970	2.940	3.000	2.9740
2. 2	2.980	3.000	2.940	2.980	2.940	3.000	2.980	2.970	2.940	3.000	2.9730
3. 3	2.980	3.010	2.940	2.980	2.940	3.010	2.980	2.970	2.940	3.000	2.9750
4. 均值	2.980	3.007	2.940	2.983	2.940	3.003	2.977	2.970	2.940	3.000	$\bar{X}_A=$ 2.9740
5. 极差	0.000	0.010	0.000	0.010	0.000	0.010	0.010	0.000	0.000	0.000	$\bar{R}_A=$ 0.0040
6. B 1	2.980	3.010	2.940	2.990	2.940	3.000	2.980	2.970	2.940	3.000	2.9750
7. 2	2.980	3.010	2.940	2.990	2.940	3.000	2.980	2.970	2.940	3.000	2.9750
8. 3	2.980	3.010	2.950	2.990	2.940	3.000	2.980	2.970	2.940	3.000	2.9760
9. 均值	2.980	3.010	2.943	2.990	2.940	3.000	2.980	2.970	2.940	3.000	$\bar{X}_B=$ 2.9753
10. 极差	0.000	0.000	0.010	0.000	0.000	0.000	0.000	0.000	0.000	0.000	$\bar{R}_B=$ 0.0010
11. C 1	2.980	3.010	2.950	3.000	2.940	3.010	2.980	2.970	2.940	3.000	2.9780
12. 2	2.980	3.010	2.950	3.000	2.940	3.000	2.980	2.970	2.940	3.000	2.9770
13. 3	2.980	3.000	2.950	3.000	2.940	3.000	2.980	2.970	2.940	3.000	2.9760
14. 均值	2.980	3.007	2.950	3.000	2.940	3.003	2.980	2.970	2.940	3.000	$\bar{X}_C=$ 2.9770
15. 极差	0.000	0.010	0.000	0.000	0.000	0.010	0.000	0.000	0.000	0.000	$\bar{R}_C=$ 0.0020
零件均值 $\bar{X}_P$	2.980	3.008	2.944	2.991	2.940	3.002	2.979	2.970	2.940	3.000	$\bar{\bar{X}}=$ 2.9754 $R_P=$ 0.0678

						试验次数	2	3
极差均值	$\bar{\bar{R}}=(\bar{R}_A+\bar{R}_B+\bar{R}_C)$/评价人数＝	0.00233				D4	3.27	2.57
最大均值差	$X_{DIFF}=Max\bar{X}-Min\bar{X}=$	0.0030				D3	0	0
均值上限	$UCL_{\bar{X}}=\bar{\bar{X}}+A_2\bar{R}=$	2.9778	极差上限	$UCL_R=D_4\bar{R}=$	0.0060	A2	1.88	1.02
均值下限	$LCL_{\bar{X}}=\bar{\bar{X}}-A_2\bar{R}=$	2.9731	极差下限	$LCL_R=D_3\bar{R}=$	0			

注：

X图50%以上点超过控制线，R图不可超过控制线

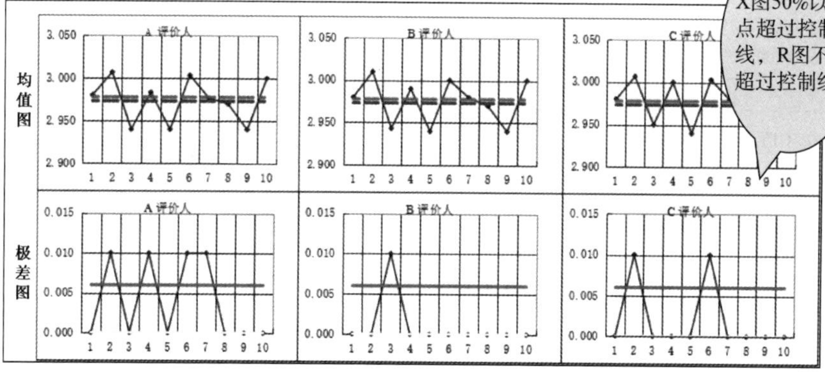

表 3－2　量具重复性和再现性分析表

料号：TJ－354　　　　版本：A　　　　编号：CY－120901－001

<table>
<tr><td colspan="4">量具名称：卡尺　　零件名称：　　分析日期：
量具编号：A－001　　没量参数：　　评价人员：
量具量程：0～150mm　　参数规格：　　评价人数量：3
来自数据表：$\bar{\bar{R}}=0.002$　$X_{DIFF}=0.0030$　$R_P=0.068$　试验次数 r=9　零件数量 n=10</td></tr>
<tr><td colspan="3">测量系统分析</td><td>总变差（TV）%</td></tr>
<tr><td>重复性－设备变差（EV）
$EV=\bar{\bar{R}}\times K_1$
$=0.002\times0.59$
$=0.001$</td><td>试验次数
2
3</td><td>K_1
0.8862
0.5908</td><td>E%V ＝100×（EV/TV）
＝100×（0.001/0.021）
＝6.4%</td></tr>
<tr><td>再现性－评价人变差（AV）
$AV=\sqrt{(\bar{X}_{DIFF}\times K_2)^2-(EV^2/nr)}$
$=\sqrt{(0.003\times0.52)^2-(0.001^2/(10\times9))}$
$=0.0016$</td><td>评价人数
2
3</td><td>K_2
0.7071
0.5231</td><td>A%V ＝100×（AV/TV）
＝100×（0.002/0.021）
＝3.3%
GRR%≤10%，NDC≥5合格</td></tr>
<tr><td>重复性和再现性（R&R）
$R\&R=\sqrt{EV^2+AV^2}$
$=\sqrt{0.001^2+0.002^2}$
$=0.002$</td><td rowspan="2">零件数量
3
4
5
6
7
8
9
10</td><td rowspan="2">K_3
0.5231
0.4467
0.4030
0.3742
0.3534
0.3375
0.3249
0.3146</td><td>R%&R ＝100×（R&R/TV）
＝100×（0.002/0.021）
＝9.7%</td></tr>
<tr><td>零件变差（PV）
$PV=R^P+K_3$
$=0.0678\times0.31$
$=0.021$</td><td>P%V ＝100×（PV/TV）
＝100×(0.021/0.021)
＝99.5%</td></tr>
<tr><td colspan="3">总变差（TV）
$TV=\sqrt{R\&R^2+PV^2}$
$=\sqrt{0.002^2+0.021^2}$
$=0.021$</td><td>有效
分辨率＝1.41×（PV/R&R）
＝1.41×（0.021/0.002）
＝14.429%</td></tr>
<tr><td colspan="3">判定：　%R&R＜10%，测量系统可以接受！</td><td></td></tr>
<tr><td rowspan="3">分析
评价
措施</td><td colspan="3">重复性和再现性占总变差的9.7%，重复性误差＜再现性误差，故该量具设备误差为主要变差，应对该量具进行校正与必要的维护</td></tr>
<tr><td colspan="3"></td></tr>
<tr><td colspan="3"></td></tr>
</table>

续表

备注： 所有计算都基于预期5.15s（在正态分布曲线之下99.0%的面积） K_1 为5.15/d_2，d_2 取决于试验次数（m）和零件与评价人的乘积（g），并假设该值大于15 AV－如果计算中根号下出现负值，评价人变差缺省为0 K_2 为5.15×d_2＊，式中 d_2＊取决于评价人数量（m）和（g），g为1，因为只有单极差计算 K_3 为5.15×d_2＊，式中 d_2＊取决于零件数（m）和（g），g为1，因为只有单极差计算

表 3－3　量具重复性和再现性数据表 GRR

料号:2430－0235－00　　版号: A0　　编号 JYF-PD1303001

量具名称：卡尺	零件名称：CD1126旋钮外罩	测量日期：2013.4.1
量具编号：JYF-IE-XD-003	特殊特性：产品尺寸	测量人员：
量具量程:0~200mm	标准规范：29.20±0.1mm（注塑件）	

☐定期　☐修复后　☐量具更换　☐新控制计划　☑PPAP

评价人数 3 / 试验次数 9	零件编号 1	2	3	4	5	6	7	8	9	10（个数：10）	平均值
1. A 1	29.110	29.130	29.150	29.190	29.210	29.230	29.250	29.270	29.290	29.180	29.2010
2. 2	29.110	29.130	29.140	29.180	29.200	29.220	29.250	29.270	29.280	29.180	29.1960
3. 3	29.110	29.130	29.150	29.190	29.210	29.230	29.250	29.270	29.290	29.180	29.2010
4. 均值	29.110	29.130	29.147	29.187	29.207	29.227	29.250	29.270	29.287	29.180	$\overline{X}_A=$ 29.1993
5. 极差	0.000	0.000	0.010	0.010	0.010	0.010	0.000	0.000	0.010	0.000	$\overline{R}_A=$ 0.0050
6. B 1	29.110	29.130	29.150	29.190	29.210	29.230	29.240	29.270	29.290	29.180	29.2000
7. 2	29.110	29.130	29.150	29.180	29.200	29.230	29.250	29.270	29.290	29.180	29.1990
8. 3	29.110	29.130	29.160	29.190	29.210	29.230	29.250	29.270	29.280	29.180	29.2010
9. 均值	29.110	29.130	29.153	29.187	29.207	29.230	29.247	29.270	29.287	29.180	$\overline{X}_B=$ 29.2000
10. 极差	0.000	0.000	0.010	0.010	0.010	0.000	0.010	0.000	0.010	0.000	$\overline{R}_B=$ 0.0050
11. C 1	29.120	29.130	29.150	29.190	29.210	29.220	29.240	29.270	29.270	29.180	29.1980
12. 2	29.120	29.120	29.150	29.190	29.210	29.220	29.240	29.260	29.270	29.180	29.1960
13. 3	29.120	29.120	29.150	29.190	29.210	29.220	29.250	29.270	29.270	29.180	29.1980
14. 均值	29.120	29.123	29.150	29.190	29.210	29.220	29.243	29.267	29.270	29.180	$\overline{X}_C=$ 29.1973
15. 极差	0.000	0.010	0.000	0.000	0.000	0.000	0.010	0.010	0.000	0.000	$\overline{R}_C=$ 0.0030
零件均值 $\overline{X}_P$	29.113	29.128	29.150	29.188	29.208	29.226	29.247	29.269	29.281	29.180	$\overline{\overline{X}}=$ 29.1989 $R_P=$ 0.1678

项目	公式	试验次数	2	3
极差均值	$\overline{\overline{R}}=(\overline{R}_A+\overline{R}_B+\overline{R}_C)/$评价人数 =0.00433	试验次数	2	3
最大均值差	$X_{DIFF}=Max\overline{X}-Min\overline{X}$ =0.0027	D4	3.27	2.57
均值上限	$UCL_{\overline{X}}=\overline{\overline{X}}+A_2\overline{R}=$ 29.2033　极差上限 $UCL_R=D_4\overline{R}=$ 0.0111	D3	0	0
均值下限	$LCL_{\overline{X}}=\overline{\overline{X}}-A_2\overline{R}=$ 29.1945　极差下限 $LCL_R=D_3\overline{R}=$ 0	A2	1.88	1.02

注:

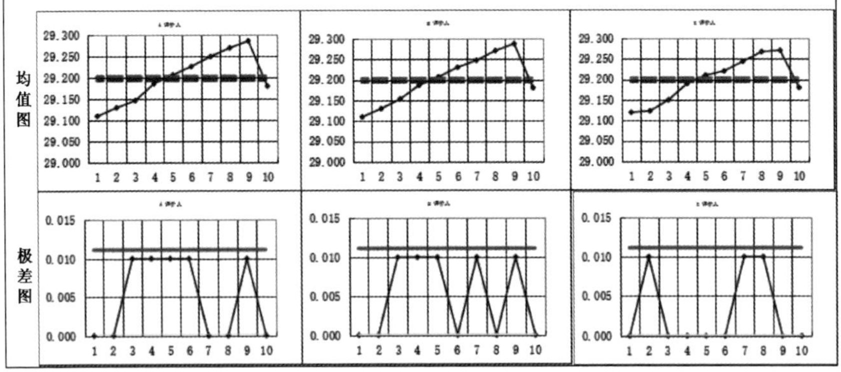

均值图

极差图

表3－4　量具重复性和再现性分析表二

料号：2430－0235－00　　　　版本：A　　　　编号：JYF－PD130401001

<table>
<tr><td colspan="3">量具名称：卡尺
量具编号：JYF－IE－XD－003
量具量程：0～200mm</td><td colspan="2">零件名称：CD1126 旋钮外罩
没量参数：产品尺寸
参数规格：29.20±0.1mm（注塑件）</td><td>分析日期：2013.4.1
评价人员：
评价人数量：3</td></tr>
<tr><td colspan="6">来自数据表：$\bar{\bar{R}}=0.001$　$X_{DIFF}=0.0003$　$R_P=0.020$　试验次数 r＝9　零件数量 n＝10</td></tr>
<tr><td colspan="5">测量系统分析</td><td>%总变差（TV）</td></tr>
<tr><td rowspan="3" colspan="3">重复性－设备变差（EV）
$EV=\bar{\bar{R}}\times K_1$
$=0.001\times0.59$
$=0.001$</td><td>试验次数</td><td>K_1</td><td rowspan="3">%EV ＝100×（EV/TV）
＝100×（0.001/0.006）
＝9.3%</td></tr>
<tr><td>2</td><td>0.8862</td></tr>
<tr><td>3</td><td>0.5908</td></tr>
<tr><td rowspan="3" colspan="3">再现性－评价人变差（AV）
$AV=\sqrt{(\bar{X}_{DIFF}\times K_2)^2-(EV^2/nr)}$
$=\sqrt{(0.000\times0.52)^2-(0.001^2/(10\times9))}$
$=0.0002$</td><td>评价人数</td><td>K_2</td><td rowspan="3">%AV ＝100×（AV/TV）
＝100×（0.000/0.006）
＝2.6%</td></tr>
<tr><td>2</td><td>0.7071</td></tr>
<tr><td>3</td><td>0.5231</td></tr>
<tr><td rowspan="5" colspan="3">重复性和再现性（R&R）
$R\&R=\sqrt{EV^2+AV^2}$
$=\sqrt{0.001^2+0.000^2}$
$=0.001$</td><td>零件数量</td><td>K_3</td><td rowspan="5">%R&R ＝100×（R&R/TV）
＝100×（0.001/0.006）
＝9.7%</td></tr>
<tr><td>3</td><td>0.5231</td></tr>
<tr><td>4</td><td>0.4467</td></tr>
<tr><td>5</td><td>0.4030</td></tr>
<tr><td>6</td><td>0.3742</td></tr>
<tr><td rowspan="4" colspan="3">零件变差（PV）
$PV=R^{P}+K_3$
$=0.0200\times0.31$
$=0.006$</td><td>7</td><td>0.3534</td><td rowspan="4">%PV ＝100×（PV/TV）
＝100×(0.006/0.006)
＝99.5%</td></tr>
<tr><td>8</td><td>0.3375</td></tr>
<tr><td>9</td><td>0.3249</td></tr>
<tr><td>10</td><td>0.3146</td></tr>
<tr><td colspan="5">总变差（TV）
$TV=\sqrt{R\&R^2+PV^2}$
$=\sqrt{0.001^2+0.006^2}$
$=0.006$</td><td>有效
分辨率＝1.41×（PV/R&R）
＝1.41×（0.006/0.001）
＝14.476%</td></tr>
<tr><td colspan="5">判定：测量系统可以接受！</td><td></td></tr>
<tr><td rowspan="3">分析
评价
措施</td><td colspan="5">重复性和再现性占总变差的9.7%，重复性误差＜再现性误差，故该量具设备误差为主要变差，应对该量具进行校正与必要的维护。</td></tr>
<tr><td colspan="5"></td></tr>
<tr><td colspan="5"></td></tr>
</table>

续表

备注： 所有计算都基于预期5.15s（在正态分布曲线之下99.0%的面积） K_1 为5.15/d_2，d_2 取决于试验次数（m）和零件与评价人的乘积（g），並假设该值大于15 AV－如果计算中根号下出现负值，评价人变差缺省为0 K_2 为5.15×d_2＊，式中 d_2＊取决于评价人数量（m）和（g），g为1，因为只有单极差计算 K_3 为5.15×d_2＊，式中 d_2＊取决于零件数（m）和（g），g为1，因为只有单极差计算

表3－4是改善后的数据，样本改成：29.11、29.13、29.15、29.17、29.19、29.21、29.23、29.25、29.27、29.29、29.18，共10个样本，分析方法还和以前是一样的。但从结果来看：不管从图上分析，还是从数据分析，测量系统都是合格的。

总结：

①GRR分析结果不但从数值上要合格，而且图形上也要合格。

②选样品一定要覆盖过程变差，不可选一些特性值一样的产品。

3. 偏倚分析流程

3.1　偏倚分析步骤

第一步：在生产线找一个样品，用更精密仪器测量10次以上找到相对真值。

第二步：让一个合格的测量员重复测量10次以上，把结果记录在偏倚分析表上。

第三步：测量员个数为g＝1，m＝15测量15次，基准值1.5801。

第四步：观测直方图是否服从正态分布，再观察偏倚置信区间是否包括0，如果符合以上两条件说明偏倚可接受。参见表3－6。

表3－5　d_2 表

		附录C－d_2＊表								子组容量Size（m）					
		2	3	4	5	6	7	8	9	10	11	12	13	14	15
子组数g	1	1.41	1.91	2.24	2.48	2.67	2.83	2.96	3.08	3.18	3.27	3.35	3.42	3.49	3.55
	2	1.28	1.81	2.15	2.40	2.60	2.77	2.91	3.02	3.13	3.22	3.30	3.38	3.45	3.51
	3	1.23	1.77	2.12	2.38	2.58	2.75	2.89	3.01	3.11	3.21	3.29	3.37	3.43	3.50

续表

		附录 C－d_2＊表								子组容量 Size（m）					
		2	3	4	5	6	7	8	9	10	11	12	13	14	15
子组数 g	4	1.21	1.75	2.11	2.37	2.57	2.74	2.88	3.00	3.10	3.20	3.28	3.36	3.43	3.49
	5	1.19	1.74	2.10	2.36	2.56	2.73	2.87	2.99	3.10	3.19	3.28	3.35	3.42	3.49
	6	1.18	1.73	2.09	2.35	2.56	2.72	2.87	2.99	3.10	3.19	3.27	3.35	3.42	3.49
	7	1.17	1.73	2.09	2.35	2.56	2.72	2.87	2.99	3.10	3.19	3.27	3.35	3.42	3.49
	8	1.17	1.72	2.08	2.35	2.56	2.72	2.87	2.98	3.9	3.19	3.27	3.35	3.42	3.48
	9	1.16	1.72	2.08	2.34	2.56	2.72	2.87	2.98	3.9	3.18	3.27	3.35	3.42	3.48
	10	1.16	1.72	2.08	2.34	2.56	2.72	2.86	2.98	3.9	3.18	3.27	3.35	3.42	3.48
	11	1.16	1.71	2.08	2.34	2.56	2.72	2.86	2.98	3.9	3.18	3.27	3.34	3.41	3.48
	12	1.15	1.71	2.08	2.34	2.56	2.72	2.85	2.98	3.9	3.18	3.27	3.34	3.41	3.48
	13	1.15	1.71	2.08	2.34	2.56	2.71	2.85	2.98	3.9	3.18	3.27	3.34	3.41	3.48
	14	1.15	1.71	2.08	2.34	2.56	2.71	2.85	2.98	3.9	3.18	3.27	3.34	3.41	3.48
	15	1.15	1.71	2.08	2.34	2.56	2.72	2.85	2.98	3.9	3.18	3.26	3.34	3.41	3.48

表 3－6　量具偏倚报告

SKYROCK

零件号和名称：PCB　　量具名称：千分尺　　日期：2003/7/9

特性：板厚　　量具号：PYKC－WJ－12　　完成人：

基准值　1.58010　g＝1　m＝15　a＝0.05　d_2＊＝3.55333

测量记录：			
1	1.58010	1.579	－0.0011
2		1.581	0.0009
3		1.578	－0.0021
4		1.579	－0.0011
5		1.583	－0.0029
6		1.580	－0.0001
7		1.582	－0.0019
8		1.579	－0.0011
9		1.580	－0.0001
10		1.583	－0.0029
11		1.580	－0.0001
12		1.578	－0.0021
13		1.582	－0.0019
14		1.580	－0.0001
15		1.581	－0.0009

均值 $\overline{X}$＝1.58033

标准偏差 σr ＝（MAX（Xi）－MIN（Xi））/d_2＊

＝（1.583－1.578）/3.55333

＝0.00141

均值的标准偏差 σr ＝σr/$\sqrt{m}$

＝0.00141/$\sqrt{15}$

＝0.00036

数据判定合格，但不符合正态分布

偏倚＝$\overline{X}$－基准值

＝1.58033－1.58010

＝0.00023

统计量 t ＝偏倚 σb

＝0.00023/0.00036

＝0.64223

续表

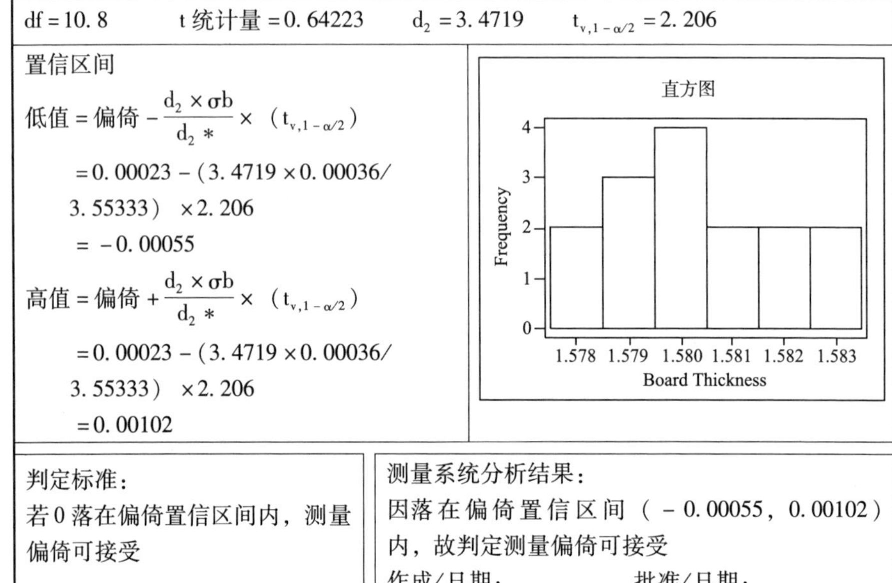

df = 10.8　　t 统计量 = 0.64223　　$d_2 = 3.4719$　　$t_{v,1-\alpha/2} = 2.206$

置信区间

低值 = 偏倚 $- \frac{d_2 \times \sigma b}{d_2 *} \times (t_{v,1-\alpha/2})$

= 0.00023 − (3.4719 × 0.00036/3.55333) × 2.206

= −0.00055

高值 = 偏倚 $+ \frac{d_2 \times \sigma b}{d_2 *} \times (t_{v,1-\alpha/2})$

= 0.00023 − (3.4719 × 0.00036/3.55333) × 2.206

= 0.00102

判定标准：	测量系统分析结果：
若 0 落在偏倚置信区间内，测量偏倚可接受	因落在偏倚置信区间（−0.00055，0.00102）内，故判定测量偏倚可接受 作成/日期：　　批准/日期：

在以上表 3−6 案例中，直方图和数据不匹配，说明这种软件已经损坏，虽然数据分析是对的，但不能确保这个测量系统偏倚分析是否可接受，所以以上要重新分析。

4. 偏倚分析改善案例

我们重新制作了一个新软件，从数值和图形两方面进行偏倚分析。如表 3−7 所示。

表 3−7　偏倚分析法

<table>
<tr><td colspan="3">零件号和名称：</td><td colspan="4">量具名称：二次元</td><td colspan="3">日期：</td></tr>
<tr><td colspan="3">被测特性：厚度</td><td colspan="4">量具号</td><td colspan="3">操作者：</td></tr>
<tr><td colspan="3">尺寸规格：二次元</td><td colspan="4">量具类型：长度类</td><td colspan="3">________</td></tr>
<tr><td colspan="10">一、确定标准样品及其基准值：
检验员从生产现场随机抽取一件产品，对其尺寸（1.5801 +001/ −0），采用二次元测量 20 次，得数据如下：</td></tr>
<tr><td>1.580100</td><td>1.580100</td><td>1.580100</td><td>1.580100</td><td>1.580100</td><td>1.580100</td><td>1.580100</td><td>1.580100</td><td>1.580100</td><td>1.580100</td></tr>
<tr><td>1.580100</td><td>1.580100</td><td>1.580100</td><td>1.580100</td><td>1.580100</td><td>1.580100</td><td>1.580100</td><td>1.580100</td><td>1.580100</td><td>1.580100</td></tr>
</table>

续表

由上，该产品标准标准件的基准值定为：1.580

二、由质量工程师对该标准标准件测量 15 次，所得数据见下表：

试验序号	观测值	偏倚	试验序号	观测值	偏倚		
1	1.579	0.001	9	1.580	0.000		
2	1.581	-0.001	10	1.583	-0.003	1.583	1.578
3	1.578	0.002	11	1.580	0.000	1.583	1.578
4	1.579	0.001	12	1.578	0.002		
5	1.583	-0.003	13	1.582	-0.002		
6	1.580	0.000	14	1.580	0.000		
7	1.582	-0.002	15	1.581	-0.001		
8	1.579	0.001					

每个读数出现的频次，如下图：

实测读数	出现频次
4.920	2
4.921	4
4.922	7
4.923	2

三、计算结果

n（m）	均值 X	标准差 σr（X_{MAX} − X_{MIN}）/d_2 *	观测均值的标准差 $\sigma b = \sigma r/\sqrt{n}$	d_2 *（常数）
15	1.58033	0.00141	0.00036	3.55

基准值 = 6.00，σ = 0.05，g = 1，d_2 * = 3.55

统计的 t 值	df（V）	显著的 t 值	偏倚	偏倚的 95% 置信度之间	
				下限	上限
0.64162	10.8	2.201	0.00023	-0.000567	0.0010337

其中：注：α、g、d_2 *、df（V）、t 均为统计常数，可从 d_2 表和 t 表中查得

1. 统计的 t 值 = 偏倚/σb = 0.6416242　　2. fd（V），可以从 d_2 * 表中查到，坐标（1，15）

续表

3. 显著的 t 值，可以从 t 分布表中查到，坐标［df = 11 （10.8），$t_{1-\alpha/2}$］ = $t_{0.975}$
4. 偏倚 = 观测平均值 - 标准件基准值　0.00023
5. 上、下限 = 偏倚 ± σb ×［t（v，1 - α/2）］ = 0.00023 ± 0.00080042
上式中，查 t 表，座标为 t（v，1 - α/2），即可得"显著的 t 值"
6. 通常 α = 0.05（95% 置信度），g = 1；否则应经顾客同意
研究结论：由于 0 落在偏倚的置信度区间，故认为其偏倚是可以接受的

偏倚分析改善后，分析步骤调整如下（参见表 3 - 7）：

第一步：在生产线找一个样品，用更精密的仪器测量 20 次，找到相对真值 1.5801。

第二步：让一个合格的测量员重复测量 15 次以上，把结果记录在偏倚分析表上。

第三步：填写如下数据：测量员个数为 g = 1、m = 15，测量 15 次，95% 的置信区间。

第四步：观测直方图服从正态分布，再观察偏倚置信区间（包括 0），符合以上两条件说明偏倚可接受。

5. 稳定性分析流程

5.1　稳定性分析流程

第一步：找到一个样品，这个样品要比较稳定，不可随着时间推移变异过大。

第二步：找到一个合格的检测员，每天或每周重复测量产品 3 ~ 5 次，填写在稳定性报表中。

第三步：测量到 25 组数据，进行测量系统分析，如果符合四个条件，测量系统可接受。

5.2　稳定性分析判定准则

5.2.1　没有点超过控制线

5.2.2　没有连续 6 个点上升或下降

5.2.3　没有连续 9 个点在单边

5.2.4　没有连续 11 个点一升一降

表 3－8　量具稳定性报告

量 具 稳 定 性 报 告

SKYROCK

零件号和名称 PCB　特性 板厚　量具名:称千分尺　量具号 PYKC-WJ-12　日期 2003/6/4-2003

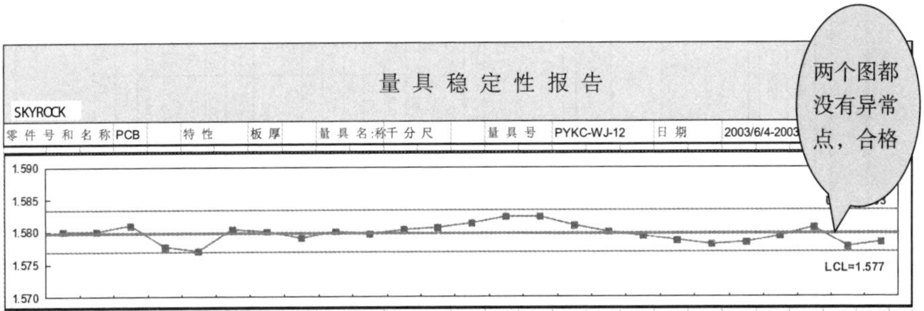

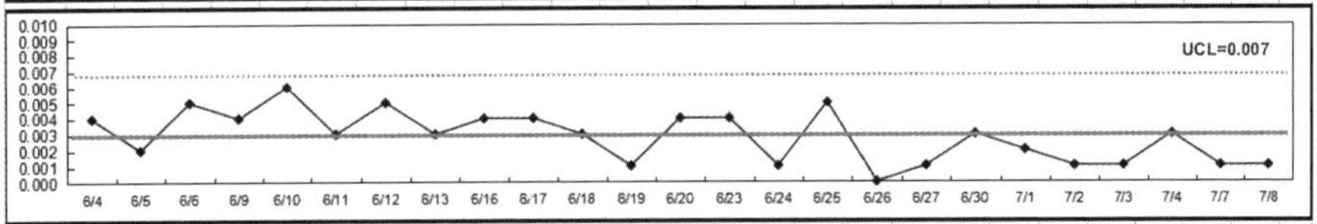

两个图都没有异常点，合格

UCL=1.583　LCL=1.577

UCL=0.007

日期	6/4	6/5	6/6	6/9	6/10	6/11	6/12	6/13	6/16	6/17	6/18	6/19	6/20
X1	1.582	1.579	1.579	1.577	1.581	1.582	1.579	1.577	1.582	1.578	1.582	1.581	1.583
X2	1.580	1.580	1.580	1.580	1.575	1.580	1.578	1.580	1.580	1.582	1.579	1.580	1.579
X3	1.578	1.581	1.584	1.576	1.575	1.579	1.583	1.580	1.578	1.579	1.580	1.581	1.582
$\overline{X}$	1.580	1.580	1.581	1.578	1.577	1.580	1.580	1.579	1.580	1.580	1.580	1.581	1.581
R	0.004	0.002	0.005	0.004	0.006	0.003	0.005	0.003	0.004	0.004	0.003	0.001	0.004

日期	6/23	6/24	6/25	6/26	6/27	6/30	7/1	7/2	7/3	7/4	7/7	7/8
X1	1.583	1.583	1.579	1.580	1.579	1.577	1.577	1.578	1.580	1.581	1.577	1.578
X2	1.584	1.582	1.580	1.580	1.579	1.580	1.579	1.578	1.579	1.582	1.578	1.578
X3	1.580	1.582	1.584	1.580	1.580	1.579	1.578	1.579	1.579	1.579	1.578	1.579
$\overline{X}$	1.582	1.582	1.581	1.580	1.579	1.579	1.578	1.578	1.579	1.581	1.578	1.578
R	0.004	0.001	0.005	0.000	0.001	0.003	0.002	0.001	0.001	0.003	0.001	0.001

k	$\overline{\overline{X}}$	$\overline{R}$
25	1.580	0.003

$\overline{X}$控制图：$UCL=\overline{\overline{X}}+A_2\overline{R}=$ 1.583；$LCL=\overline{\overline{X}}-A_2\overline{R}=$ 1.577

R控制图：$UCL=D_4\overline{R}=$ 0.007；LCL不考虑

n	A_2	D_4
3	1.02	2.57
4	0.73	2.28

判定：控制图分析显示，测量过程是稳定的，因为没有出现明显可见的特殊原因影响。测量系统可接受。

作成日期　　批准日期

6. 稳定性分析改善案例

表 3－9 案例，是一个针对温控器 MSA 分析的案例，实际温度在 28℃左右，每天上午和下午各记录一下温控器的显示值，如发现显示值有波动，参见表格数据。如果 R 图有一个点超控制线、X 图有多个点超过控制线，这个测量系统则是不可接受的，必须进行改善。改善主要从人、仪器、方法、环境、标准值等方面去找其主要原因。其中，温控器测量结果和人的影响相对较小，主要是仪器本身的影响大，所以这就要求对仪器进行检修，在检修过后再次进行 MSA 分析。经过改善后，所有点在控制线内并且没有异常点，则说明 MSA 稳定性合格。参见表3－10。

表3-9 改善前测量系统稳定性分析表

机种	175冰箱	特性	MT01-0029	测定单位	□	测定者		计算控制限日期	2013.09.12	规格上限	零下 26
项目	温控器	测定设备	温控测试台	样本容量	1	客户	/	统计日期	2013.10.10	规格下限	零下 30

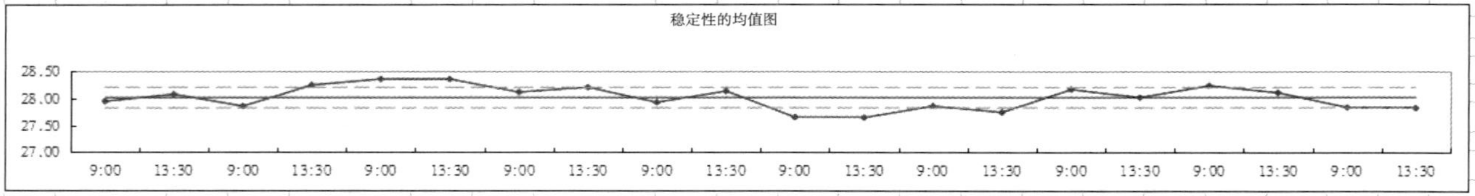

稳定性的均值图

28.50 28.00 27.50 27.00

9:00 13:30 9:00 13:30 9:00 13:30 9:00 13:30 9:00 13:30 9:00 13:30 9:00 13:30 9:00 13:30 9:00 13:30 9:00 13:30

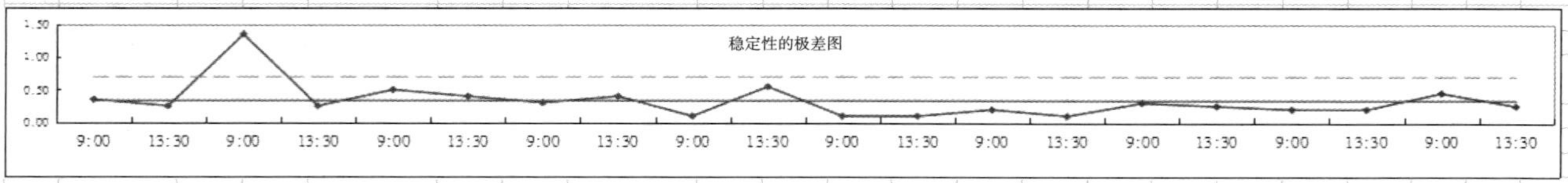

稳定性的极差图

1.50 1.00 0.50 0.00

9:00 13:30 9:00 13:30 9:00 13:30 9:00 13:30 9:00 13:30 9:00 13:30 9:00 13:30 9:00 13:30 9:00 13:30 9:00 13:30

時間(912)月號		9:00	13:30	9:00	13:30	9:00	13:30	9:00	13:30	9:00	13:30	9:00	13:30	9:00	13:30	9:00	13:30	9:00	13:30	9:00	13:30		
讀數	1	27.95	27.90	27.90	28.40	28.10	28.55	28.25	28.30	28.00	28.15	27.65	27.60	27.85	27.70	28.30	27.95	28.35	28.20	28.10	27.80		
	2	28.00	28.10	28.00	28.20	28.20	28.35	28.15	28.40	27.90	28.40	27.60	27.60	27.75	27.75	28.20	28.05	28.25	28.15	27.80	27.90		
	3	28.05	28.10	26.90	28.25	28.55	28.25	27.95	28.20	27.90	28.35	27.70	27.65	27.85	27.80	28.15	28.15	28.25	28.05	27.85	27.95		
	4	28.05	28.15	28.25	28.15	28.60	28.50	28.10	28.15	27.90	27.85	27.70	27.65	27.95	27.75	28.00	28.05	28.20	28.15	27.65	27.75		
	5	27.70	28.15	28.25	28.25	28.35	28.15	28.15	28.00	27.95	27.95	27.60	27.70	27.90	27.70	28.20	27.90	28.15	28.00	27.75	27.70		
和		139.8	140.4	139.3	141.3	141.8	141.8	140.6	141.1	139.7	140.7	138.3	138.2	139.3	138.7	140.9	140.1	141.2	140.6	139.2	139.1		
$\overline{X}$		27.95	28.08	27.86	28.25	28.36	28.36	28.12	28.21	27.93	28.14	27.65	27.64	27.86	27.74	28.17	28.02	28.24	28.11	27.83	27.82		
UCL		28.21	28.21	28.21	28.21	28.21	28.21	28.21	28.21	28.21	28.21	28.21	28.21	28.21	28.21	28.21	28.21	28.21	28.21	28.21	28.21		
CL		28.02	28.02	28.02	28.02	28.02	28.02	28.02	28.02	28.02	28.02	28.02	28.02	28.02	28.02	28.02	28.02	28.02	28.02	28.02	28.02		
LCL		27.83	27.83	27.83	27.83	27.83	27.83	27.83	27.83	27.83	27.83	27.83	27.83	27.83	27.83	27.83	27.83	27.83	27.83	27.83	27.83		
R		0.35	0.25	1.35	0.25	0.50	0.40	0.30	0.40	0.10	0.55	0.10	0.10	0.20	0.10	0.30	0.25	0.20	0.20	0.45	0.25	R-2 bar	0.33
UCL		0.70	0.70	0.70	0.70	0.70	0.70	0.70	0.70	0.70	0.70	0.70	0.70	0.70	0.70	0.70	0.70	0.70	0.70	0.70	0.70		
CL		0.33	0.33	0.33	0.33	0.33	0.33	0.33	0.33	0.33	0.33	0.33	0.33	0.33	0.33	0.33	0.33	0.33	0.33	0.33	0.33		
原因分析																							

点超出控制线，不合格

表3-10 改善后测量系统稳定性分析表

机 种	175冰 箱	特 性	MT01-0029	测定单位	□	测定者		计算控制限日期	2013.09.12	规格上限	零 下 26
项 目	温 控 器	测定设备	温 控 测 试 台	样本容量	1	客 户	/	统 计 日 期	2013.10.10	规格下限	零 下 30

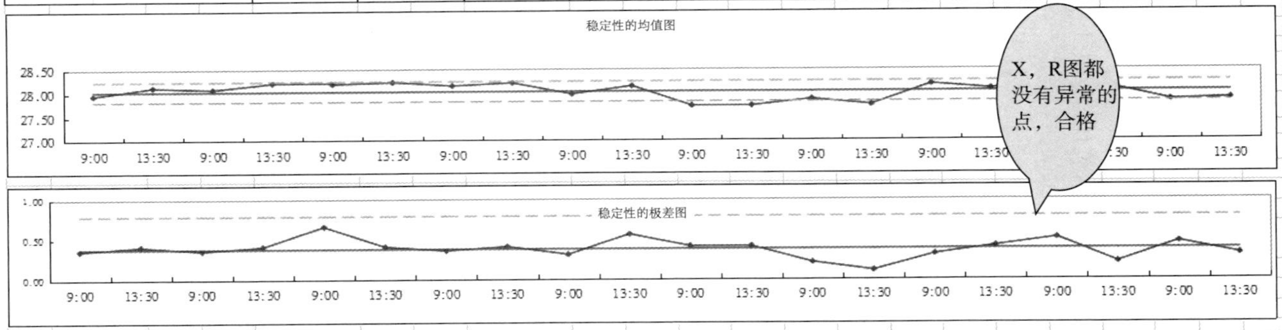

稳定性的均值图

28.50 28.00 27.50 27.00

9:00 13:30 9:00 13:30 9:00 13:30 9:00 13:30 9:00 13:30 9:00 13:30 9:00 13:30 9:00 13:30 9:00 13:30 9:00 13:30

X，R图都没有异常的点，合格

稳定性的极差图

1.00 0.50 0.00

9:00 13:30 9:00 13:30 9:00 13:30 9:00 13:30 9:00 13:30 9:00 13:30 9:00 13:30 9:00 13:30 9:00 13:30 9:00 13:30

時間(912)月號		9:00	13:30	9:00	13:30	9:00	13:30	9:00	13:30	9:00	13:30
讀數	1	27.95	27.90	27.90	28.40	28.00	28.40	28.25	28.30	28.20	28.15
	2	28.00	28.10	28.00	28.00	28.00	28.35	28.15	28.40	27.90	28.40
	3	28.05	28.30	28.00	28.25	28.55	28.00	27.95	28.20	27.90	28.35
	4	28.05	28.15	28.25	28.15	28.50	28.40	28.10	28.15	27.90	27.85
	5	27.70	28.15	28.25	28.25	27.90	28.00	28.30	28.00	27.95	27.95
和		139.8	140.6	140.4	141.1	141.0	141.2	140.8	141.1	139.9	140.7
$\overline{X}$		27.95	28.12	28.08	28.21	28.19	28.23	28.15	28.21	27.97	28.14
UCL		28.24	28.24	28.24	28.24	28.24	28.24	28.24	28.24	28.24	28.24
CL		28.03	28.03	28.03	28.03	28.03	28.03	28.03	28.03	28.03	28.03
LCL		27.81	27.81	27.81	27.81	27.81	27.81	27.81	27.81	27.81	27.81
R		0.35	0.40	0.35	0.40	0.65	0.40	0.35	0.40	0.30	0.55
UCL		0.78	0.78	0.78	0.78	0.78	0.78	0.78	0.78	0.78	0.78
CL		0.37	0.37	0.37	0.37	0.37	0.37	0.37	0.37	0.37	0.37
原因分析											

時間(912)月號		9:00	13:30	9:00	13:30	9:00	13:30	9:00	13:30	9:00	13:30		
讀數	1	28.00	28.00	27.85	27.70	28.30	27.95	28.50	28.20	28.10	28.00		
	2	27.60	27.60	27.75	27.75	28.20	28.30	28.25	28.15	27.80	27.90		
	3	27.70	27.65	27.85	27.80	28.15	28.15	28.00	28.05	27.85	27.95		
	4	27.70	27.65	27.95	27.75	28.00	28.05	28.20	28.15	27.65	27.75		
	5	27.60	27.70	27.90	27.70	28.20	27.90	28.15	28.00	27.75	27.70		
和		138.6	138.6	139.3	138.7	140.9	140.4	141.1	140.6	139.2	139.3		
$\overline{X}$		27.72	27.72	27.86	27.74	28.17	28.07	28.22	28.11	27.83	27.86	X-2 bar	#####
UCL		28.24	28.24	28.24	28.24	28.24	28.24	28.24	28.24	28.24	28.24		
CL		28.03	28.03	28.03	28.03	28.03	28.03	28.03	28.03	28.03	28.03		
LCL		27.81	27.81	27.81	27.81	27.81	27.81	27.81	27.81	27.81	27.81		
R		0.40	0.40	0.20	0.10	0.30	0.40	0.50	0.20	0.45	0.30	R-2 bar	0.37
UCL		0.78	0.78	0.78	0.78	0.78	0.78	0.78	0.78	0.78	0.78		
CL		0.37	0.37	0.37	0.37	0.37	0.37	0.37	0.37	0.37	0.37		
原因分析													

7. 线性分析流程

7.1　线性分析步骤

第一步：在量程范围内取 5 个以上代表不同量程的产品，用更精密仪器测量 10 次以上，找到相对真值。

第二步：每个零件让同一员工重复测量 10 次以上，填写线性分析表。

第三步：观察偏倚 X = 0 时，这条线是否完全在线性 95% 的区间内，如果在区间内，则说明 MSA 不存在线性问题，即 MSA 合格。

在表 3 – 11 这个案例中，测量系统存在线性问题，必须进行改善。主要是量程 1 ~ 2 和 8 ~ 10 偏倚过大，潜在的原因主要有量具磨损、变形等问题，但是必须要找到真正的原因，方可进行改善。

表 3-11　测量系统分析 MSA

测量系统分析　MSA 线性分析											RL/QR-C0611 No： 年 月 日
量具名称/编号：				量具规格：				操作人：			
基准值		2		4		6		8		10	
零件数(g)		读数	偏倚	读数	偏倚	读数	偏倚	读数	偏倚	读数	偏倚
测量次数(m)	1	2.7	0.7	5.1	1.1	5.8	-0.2	7.6	-0.4	9.1	-0.9
	2	2.5	0.5	3.9	-0.1	5.7	-0.2	7.7	-0.3	9.3	-0.7
	3	2.4	0.4	4.2	0.2	5.9	-0.3	7.8	-0.2	9.5	-0.5
	4	2.5	0.5	5	1	5.9	-0.1	7.7	-0.3	9.3	-0.7
	5	2.7	0.7	3.8	-0.2	6	-0.1	7.8	-0.2	9.4	-0.6
	6	2.3	0.3	3.9	-0.1	6.1	0	7.8	-0.2	9.5	-0.5
	7	2.5	0.5	3.9	-0.1	6	0	7.8	-0.2	9.5	-0.5
	8	2.5	0.5	3.9	-0.1	6.1	0.1	7.7	-0.3	9.5	-0.5
	9	2.4	0.4	3.9	-0.1	6.4	0.4	7.8	-0.2	9.6	-0.4
	10	2.4	0.4	4	0	6.3	0.3	7.5	-0.5	9.2	-0.8
	11	2.6	0.6	1.1	0.1	6	0	7.6	-0.4	9.3	-0.7
	12	2.4	0.4	3.8	-0.2	6.1	0.1	7.7	-0.3	9.4	-0.6
	13										

续表

测量次数（m）											
	14										
	15										
零件平均值		2. 491666667		4. 125		6. 025		7. 708333333		9. 383333333	
基准值		2		4		6		8		10	
偏倚		0. 491666667		0. 125		0. 025		−0. 291666667		−0. 616666667	
极差		0. 4		1. 3		0. 7		0. 3		0. 5	
m	g	a	b	Y = aX + b		R^2	a	s	tgm − 2, 1 − 2/2	t_a	t_b
12	5	−0. 13167	0. 736667	Y = −0. 13167X + 0. 73667		5. 84%	0. 05	0. 0592615	2. 001717	1. 194363	0. 501485

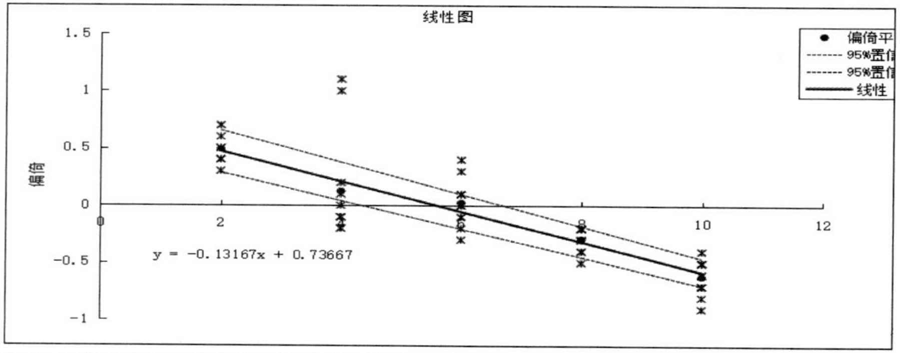

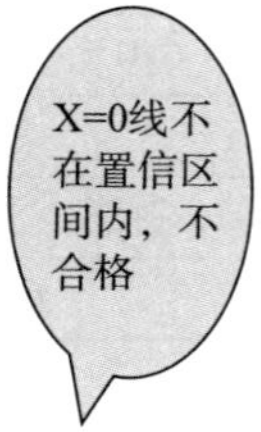

线性图

y = −0.13167x + 0.73667

X=0线不在置信区间内，不合格

结论	线性不可接受	评价人/日期	

8. 线性分析改善案例

从以上测量系统中，对量具 1～2 段和 8～10 段进行调整维修，用原来的样品和人员，重新进行 MSA 分析，得到结果如下：

表 3-12　改善后量具线性分析报告

产品编号	标准块	量具名称		资产编码		日期	
规格		量具编号		规格		分析者	

测量次数：	12		参考值数量		5
参考值次数	1	2	3	4	5
参考值	2.00	4.00	6.00	8.00	10.00
次数	读数				
1	2	5.1	5.8	7.6	10
2	2	3.9	5.7	7.7	10
3	2	4.2	5.9	7.8	9.5
4	2	5	5.9	7.7	11
5	2	3.8	6	8	9.4
6	1.9	3.9	6.1	8	9.5
7	1.9	3.9	6	8	10
8	2.5	3.9	6.1	8	10
9	2.4	3.9	6.4	7.8	10.5
10	2.4	4	6.3	7.5	11
11	2	4.1	6	7.6	9.3
12	2.4	3.8	6.1	7.7	9.4
偏移均值	0.125	0.125	0.025	-0.217	-0.033

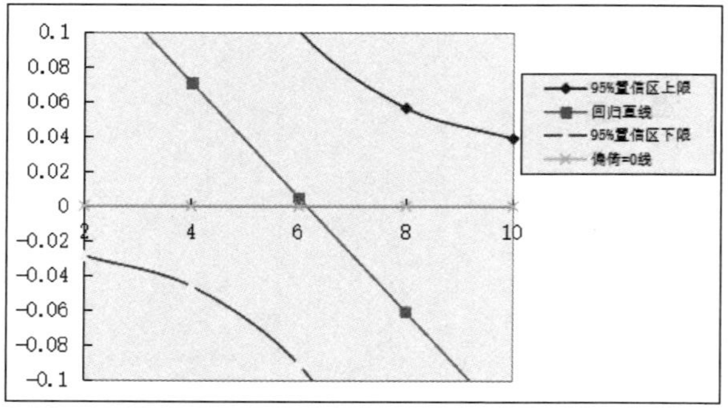

X=0线在置信区间内，合格。Ta和Tb<T，合格

续表

斜率 a	-0.03291667
截距 b	0.2025
R-Sα	0.061559251

95%置信区间	参考值				
	2.00	4.00	6.00	8.00	10.00
置信上限	0.3021549	0.187851	0.100545	0.056184	0.038822
置信下限	-0.028822	-0.04618	-0.09054	-0.17785	-0.29215
回归直线	0.1366667	0.070833	0.005	-0.06083	-0.12667

a 水平	0.05
ta	1.950551
tb	1.809006
tgm-2，1-a/2	2.001717
先看 \ ta \ < tgm-2，1-/2，偏倚对所有基准相等再看 \ tb \ < tgm-2，1-a/2，偏倚是否统计为 0	
线性可接受	

从数值分析来看，ta、tb 均小于统计值，不存在线性问题，从图像分析来看，X =0 这条线落在 95% 的置信区间内，同样不存在测量系统问题。

9. MSA 计量分析使用过程中易犯的错误

9.1　公式错误。使用人不知道公式，因此在做 MSA 分析时，一定要从数值和图形两个方面来分析。

9.2　片面从数值分析，而不是从图形和数值两个方面分析，进而导致误判。如表 3 -1 所示，从数值分析% GRR 是合格的，但从图形分析，测量系统确实存在问题，所以，用一种方法很难暴露问题。

9.3　使用人员不了解线性分析的含义及其使用意义，只会单纯套用图表。线性分析只想确保量程和偏倚不要存在关系，因为如果随意量程变大，偏倚存在的话，测量系统的误差是很大的。

9.4　样品选取没有代表性，分析出样品存在异常，但不知从哪方面进行改善。如：表 3 -1 案例中，选用了三个 2.94 样品、两个 3.00 样品，这样选样品是不科学的，一定要注意选不同的样品，以覆盖到整个公差范围。

9.5　测量方式不是盲测，MSA 组织人员告诉了测量的目的，或测量员知道自己上次测量或别人测量的结果，不是盲测的 MSA 分析是不科学的，没有意义。

9.6　人员没有培训或测量设备没有校准就去进行 MSA 分析，这个不满足 MSA 分析的前提条件，明知有问题还要进行 MSA 更精密的分析，失去了 MSA 的意义。

9.7　MSA 分析测量人员选用错误，用了计量室人员或和检测不相关的品质主管人员来测量，MSA 分析识别不到现场检测人员可能导致的误差。

第三节　计数 MSA 分析流程与案例讲解

1. 大样法分析

计数 MSA 一般针对只判合格与不合格的测量系统进行分析，如针规、外观检验、导通检测等。结果没有测量的数据，只有合格与不合格。特别注意以下几点：①要盲测；②样品要有代表性，合格、不合格、模棱两可三种样品都行；③检测员要培训合格；④检测仪器要校准合格。

1.1　大样法分析流程

第一步：找到三个现场合格检验人员 A、B、C，选取 50 个样品，其中 1/3 不良品，1/3 良品，以及 1/3 有争议的产品。

第二步：让 A、B、C 三个检测员先测量第一次，记录在计数 GRR 分析表上，然后再第二次及第三次。注意：检测员不能知道上次的测量结果及别人的检测结果。

第三步：观察数据，KAPPA 值要 ≥0.75，有效率 ≥90%，漏检率 ≤2%，错检率 ≤5%。

注：漏检率指不良品没有检出，错检率指良品当作不良品控制。

表 3－13　大样法分析

量规/量仪____　测量人数：__3__　最小有效率：__94.0%__　评估日期：____

尺寸编号：____　实验次数：__3__　最大漏失率：__0.0%__　统计人员：____

工件机种：____　样品数量：__50__　最大误判率：__3.8%__　CR&R 值：____

目标尺寸：0.5（+0.05/－0.05）　Ppk 0.5　最小 KAPPA 值：0.91　评定结果____

评价人 A ________　评价人 B ________　评价人 C ________

零件	A－1	A－2	A－3	B－1	B－2	B－3	C－1	C－2	C－3	基准		代码
1	1	1	1	1	1	1	1	1	1	1		+
2	1	1	1	1	1	1	1	1	1	1		+
3	0	0	0	0	0	0	0	0	0	2		－
4	0	0	0	0	0	0	0	0	0	2		－
5	0	0	0	0	0	0	0	0	0	2		－
6	1	1	1	1	1	1	1	1	1	1		+
7	1	1	1	1	1	1	1	1	1	1		+
8	1	1	1	1	1	1	1	1	1	1		+
9	0	0	0	0	0	0	0	0	0	2		－
10	1	1	1	1	1	1	1	1	1	1		+
11	1	1	1	1	1	1	1	1	1	1		+
12	0	0	0	0	0	0	0	0	0	2		－
13	1	1	1	1	1	1	1	1	1	1		+
14	1	1	1	1	1	1	1	1	1	1		×
15	1	1	1	1	1	1	1	1	1	1		+
16	1	1	1	1	1	1	1	1	1	1		+
17	1	1	1	1	1	1	1	1	1	1		+
18	1	1	1	1	1	1	1	1	1	1		+
19	1	1	1	1	1	1	1	1	1	1		+

续表

零件	A－1	A－2	A－3	B－1	B－2	B－3	C－1	C－2	C－3	基准		代码
20	1	1	1	1	1	1	1	1	1	1		+
21	1	1	1	1	1	1	1	1	0	1		×
22	0	0	0	0	0	0	0	0	0	2		−
23	1	1	1	1	1	1	1	1	1	1		+
24	1	1	1	1	1	1	1	1	1	1		+
25	0	0	0	0	0	0	0	0	0	0		−
26	0	0	0	0	0	0	0	0	0	0		−
27	1	1	1	1	1	1	1	1	1	1		+
28	1	1	1	1	1	1	1	1	1	1		+
29	1	1	1	1	1	1	1	1	1	1		+
30	0	0	0	0	0	0	0	0	0	0		−
31	1	1	1	1	1	1	1	1	1	1		+
32	1	1	1	1	1	1	1	1	1	1		+
33	1	1	1	1	1	1	1	1	1	1		+
34	0	0	0	0	0	0	0	0	0	0		×
35	1	1	1	1	1	1	1	1	1	1		+
36	1	1	1	1	1	1	1	1	1	1		×
37	0	0	0	0	0	0	0	0	0	0		−
38	1	1	1	1	1	1	1	1	1	1		+
39	0	0	0	0	0	0	0	0	0	0		−
40	1	1	1	1	1	1	1	1	1	1		+
41	1	1	1	1	1	1	1	1	1	1		+
42	0	0	0	0	0	0	0	0	0	0		−
43	1	1	1	1	1	1	1	1	1	1		×
44	1	1	1	1	1	1	1	1	1	1		+

续表

零件	A-1	A-2	A-3	B-1	B-2	B-3	C-1	C-2	C-3	基准		代码
45	0	0	0	0	0	0	0	0	0	0		-
46	1	1	1	1	1	1	1	1	1	1		+
47	1	1	1	1	1	1	1	1	1	1		+
48	0	0	0	0	0	0	0	0	0	0		-
49	1	1	1	1	1	1	1	1	1	1		+
50	0	0	0	0	0	0	0	0	0	0		-

A、B-交叉表

			B		合计
			0	1	
A	0	计数	38	5	43
		预期	12.6	30.4	43.0
	1	计数	6	101	107
		预期	31.4	75.6	100.0
合计		计数	44	106	150
		预期	44.0	106.0	150.0

A、基准-交叉表

			基准		合计
			0	1	
A	0	计数	39	4	43
		预期	12.9	30.1	43.0
	1	计数	6	101	107
		预期	32.1	74.9	100.0
合计		计数	45	105	150
		预期	45.0	105.0	143.0

B、C-交叉表

			基准		合计
			0	1	
B	0	计数	38	6	44
		预期	12.3	31.7	44.0
	1	计数	3	103	106
		预期	29.7	76.3	106.0
合计		计数	41	109	150
		预期	42.0	108.0	150.0

B、基准-交叉表

			基准		合计
			0	1	
B	0	计数	44	4	44
		预期	13.2	30.8	44.0
	1	计数	1	105	106
		预期	31.8	74.2	106.0
合计		计数	45	105	150
		预期	45.0	105.0	150.0

A、C－交叉表

			C		合计
			0	1	
A	0	计数	33	10	43
		预期	12.0	31.0	43.0
	1	计数	8	99	107
		预期	30.0	77.0	107.0
合计		计数	41	109	150
		预期	42.0	108.0	150.0

AC的一致性不合格，小于0.75，其他三个指标都不合格

C、基准－交叉表

			基准		合计
			0	1	
C	0	计数	39	2	41
		预期	12.6	29.4	42.0
	1	计数	6	103	109
		预期	32.4	75.6	108.0
合计		计数	45	105	150
		预期	45.0	105.0	150.0

KAPPA	A	B	C
A	-	0.82	0.70
B	0.82	-	0.85
C	0.70	0.85	-
基准	0.84	0.98	0.87

	有效率	漏失率	误判率
A	82.0%	13.3%	3.8%
B	98.0%	2.2%	0.0%
C	84.0%	13.3%	1.9%

	评价者%			结果%与归因的比较		
变差来源	A	B	C	A	B	C
总检查数	50	50	50	50	50	50
相配数	41	49	42	41	49	42
错误的拒收				0	0	0
错误的接受				0	0	0
不相配				0	0	0
95% UCI	91.4%	99.9%	92.8%	91.4%	99.9%	92.8%
计算所得结果	82.0%	98.0%	84.0%	82.0%	98.0%	84.0%
95% LCI	68.6%	89.4%	70.9%	68.6%	89.4%	70.9%

决定 测量系统	有效率	漏失率	误判率
评价者可接受条件	≥90%	≤2%	≥5%
评价者可接受条件可能需要改进	≥80%	≤5%	≥10%
评价者不可授受条件需要改进	<80%	>5%	>10%

	系统有效结果(%)	系统有效结果(%)与参考的比较
总检查数	50	50
一致的数量	37	37
95% UCI	85.4%	85.4%
计算所得结果	74.0%	74.0%
95% LCI	59.7%	59.7%

GR&R	判定
<10	通常被认为是一个可接受的测量体系。当排列或分类零件，需要加强过程控制时被推荐运用
10%～30%	在某些适用情况不被认为可接受。
>30%	被认为是不可接受的

充：

KAPPA 大于 0.75 表示有很好的一致

如果 P_PK 大于，则将测量系统与过程进行比较

如果 P_PK 小于，则将测量系统与公差进行比较

样本：

对于产品控制的情况下，不测量结果与决定准则是确定“符合或不符合某行性的规范”（如 100% 检验或抽样），样品（或标准）必须被选择，但不需要包括整个过程范围。测量系统的评估是以特性公差为基础（如对公差的% GRR）。

在过程研究情况下，当测量结果与决定准则是确定“过程稳定性、方向以及是否符合自然的过程变差”（如 SPC、过程控制、能力及过程改进），在整个作业过程范围的样本可获得性变得非常重要。当评估一测量系统对过程控制的适用性时（如对过程变差的% GRR），推荐采用过程变差的独立估计法（过程能力研究）

从以上数据可看出，A 与 C 的 KAPPA 值达不到 0.75，可能因为两个人的检测方法有问题，需要进行改善。A 和 C 的有效性小于 90%，漏检比较多，不良品流失严重。因此，需要对 A、C 两个检测员进行标准样品培训，严控检验标准。总而言之，上面的测量系统是不合格的。

2. 大样法分析异常改善方案

表 3－13 中的测量系统不符合要求，在对 A、C 测量员进行培训后，重新对这 50 个样品进行 MSA 分析，同时特别注意盲测的情况下，得到如下表 3－14 结果。KAPPA≥0.75，有效性≥90%，漏检率≤2%，

错检率≤5%，测量系统可接受。

说明：0 代表不良品，1 代表良品。

表 3－14　改善后大样法分析流程表

量规/量仪____　测量人数：___3___　最小有效率：__94.0%__　评估日期：____

尺寸编号：____　实验次数：___3___　最大漏失率：__0.0%__　统计人员：____

工件机种：____　样品数量：__50__　最大误判率：__3.8%__　CR&R 值：________

目标尺寸：0.5（+0.05/－0.05）　Ppk 0.5　最小 KAPPA 值：0.91　评定结果____

评价人 A __________　评价人 B __________　评价人 C __________

零件	A－1	A－2	A－3	B－1	B－2	B－3	C－1	C－2	C－3	基准		代码
1	1	1	1	1	1	1	1	1	1	1		+
2	1	1	1	1	1	1	1	1	1	1		+
3	0	0	0	0	0	0	0	0	0	2		－
4	0	0	0	0	0	0	0	0	0	2		－
5	0	0	0	0	0	0	0	0	0	2		－
6	1	1	1	1	1	1	1	1	1	1		+
7	1	1	1	1	1	1	1	1	1	1		+
8	1	1	1	1	1	1	1	1	1	1		+
9	0	0	0	0	0	0	0	0	0	2		－
10	1	1	1	1	1	1	1	1	1	1		+
11	1	1	1	1	1	1	1	1	1	1		+
12	0	0	0	0	0	0	0	0	0	2		－
13	1	1	1	1	1	1	1	1	1	1		+
14	1	1	1	1	1	1	1	1	1	1		×
15	1	1	1	1	1	1	1	1	1	1		+
16	1	1	1	1	1	1	1	1	1	1		+
17	1	1	1	1	1	1	1	1	1	1		+
18	1	1	1	1	1	1	1	1	1	1		+
19	1	1	1	1	1	1	1	1	1	1		+
20	1	1	1	1	1	1	1	1	1	1		+
21	1	1	1	1	1	1	1	1	0	1		×
22	0	0	0	0	0	0	0	0	0	2		－

续表

零件	A－1	A－2	A－3	B－1	B－2	B－3	C－1	C－2	C－3	基准		代码
23	1	1	1	1	1	1	1	1	1	1		+
24	1	1	1	1	1	1	1	1	1	1		+
25	0	0	0	0	0	0	0	0	0	0		−
26	0	0	0	0	0	0	0	0	0	0		−
27	1	1	1	1	1	1	1	1	1	1		+
28	1	1	1	1	1	1	1	1	1	1		+
29	1	1	1	1	1	1	1	1	1	1		+
30	0	0	0	0	0	0	0	0	0	0		−
31	1	1	1	1	1	1	1	1	1	1		+
32	1	1	1	1	1	1	1	1	1	1		+
33	1	1	1	1	1	1	1	1	1	1		+
34	0	0	0	0	0	0	0	0	0	0		×
35	1	1	1	1	1	1	1	1	1	1		+
36	1	1	1	1	1	1	1	1	1	1		×
37	0	0	0	0	0	0	0	0	0	0		−
38	1	1	1	1	1	1	1	1	1	1		+
39	0	0	0	0	0	0	0	0	0	0		−
40	1	1	1	1	1	1	1	1	1	1		+
41	1	1	1	1	1	1	1	1	1	1		+
42	0	0	0	0	0	0	0	0	0	0		−
43	1	1	1	1	1	1	1	1	1	1		×
44	1	1	1	1	1	1	1	1	1	1		+
45	0	0	0	0	0	0	0	0	0	0		−
46	1	1	1	1	1	1	1	1	1	1		+
47	1	1	1	1	1	1	1	1	1	1		+
48	0	0	0	0	0	0	0	0	0	0		−
49	1	1	1	1	1	1	1	1	1	1		+
50	0	0	0	0	0	0	0	0	0	0		−

A、B－交叉表

		B		合计	
		0	1		
A	0	计数	45	4	49
		预期	14.7	34.3	49.0
	1	计数	0	101	101
		预期	30.3	70.7	100.0
合计		计数	45	105	150
		预期	45.0	105.0	150.0

A、基准－交叉表

		基准		合计	
		0	1		
A	0	计数	45	4	49
		预期	14.7	34.3	49.0
	1	计数	0	101	101
		预期	30.3	70.7	100.0
合计		计数	45	105	150
		预期	45.0	105.0	143.0

B、C－交叉表

		基准		合计	
		0	1		
B	0	计数	45	0	45
		预期	14.1	30.9	45.0
	1	计数	2	103	105
		预期	32.9	72.1	105.0
合计		计数	47	103	150
		预期	47.0	103.0	150.0

B、基准－交叉表

		基准		合计	
		0	1		
B	0	计数	45	0	45
		预期	13.5	31.5	45.0
	1	计数	0	105	105
		预期	31.5	73.5	105.0
合计		计数	45	105	150
		预期	45.0	105.0	150.0

A、C－交叉表

		C		合计	
		0	1		
A	0	计数	45	4	49
		预期	15.4	33.6	49.0
	1	计数	2	99	101
		预期	31.6	69.4	101.0
合计		计数	47	103	150
		预期	47.0	103.0	150.0

C、基准－交叉表

		基准		合计	
		0	1		
C	0	计数	45	2	47
		预期	14.1	32.9	47.0
	1	计数	0	103	103
		预期	30.9	72.1	103.0
合计		计数	45	105	150
		预期	45.0	105.0	150.0

KAPPA	A	B	C
A	–	0.94	0.91
B	0.94	–	0.97
C	0.91	0.97	–
基准	0.94	1.00	0.97

	有效率	漏失率	误判率
A	94.0%	0.0%	3.8%
B	100.0%	0.0%	0.0%
C	96.0%	0.0%	1.9%

	评价者%			结果%与归因的比较		
变差来源	A	B	C	A	B	C
总检查数	50	50	50	50	50	50
相配数	47	50	48	47	50	48
错误的拒收				0	0	0
错误的接受				0	0	0
不相配				0	0	0
95% UCI	98.7%	100.0%	99.5%	98.7%	100.0%	99.5%
计算所得结果	94.0%	100.0%	96.0%	94.0%	100.0%	96.0%
95% LCI	83.5%	94.2%	86.3%	83.3%	94.2%	86.3%

决定 测量系统	有效率	漏失率	误判率
评价者可接受条件	≥90%	≤2%	≥5%
评价者可接受条件可能需要改进	≥80%	≤5%	≥10%
评价者不可授受条件需要改进	<80%	>5%	>10%

	系统有效结果（%）	系统有效结果(%)与参与的比较
总检查数	50	50
一致的数量	37	37
95% UCI	85.4%	85.4%
计算所得结果	74.0%	74.0%
95% LCI	59.7%	59.7%

GR&R	判定
<10% ~ %3	通常被认为是一个可接受的测量体系。当排列或分类零件，需要加强过程控制时被推荐运用。
10% ~ 3%	在某适用情况下被认为不接受
>30%	被认为是不可接受的

充：

KAPPA 大于0.75表示有很好的一致

如果 P_pK 大于，则将测量系统与过程进行比较

如果 P_pK 小于，则将测量系统与公差进行比较

样本：

对于产品控制的情况下，不测量结果与决定准则是确定“符合或不符合某行性的规范”（如100%检验或抽样），样品（或标准）必须被选择，但不需要包括整个过程范围。测量系统的评估是以特性公差为基础（如对公差的% GRR）。

在过程研究情况下，当测量结果与决定准则是确定“过程稳定性、方向以及是否符合自然的过程变差”（如SPC、过程控制、能力及过程改进），在整个作业过程范围的样本可获得性变得非常重要。当评估一测量系统对过程控制的适用性时（如对过程变差的% GRR），推荐采用过程变差的独立估计法（过程能力研究）

3. MSA 计数分析使用过程中易犯的错误

3.1　50 个样品没有代表性，全是合格样品。如果没有不良品和边界产品，测量系统分辨力则没办法模拟。

3.2　KAPPA 值没有考虑到要求≥0.75。只考虑有效性、漏检率、错检率是不够的。

3.3　漏检与错检两个概念混淆。漏检率是不良品当良品放下去了，要求≤2%，错检率则是良品当不良品卡住了，要求是≤5%。

3.4　测量系统没有定期分析且缺少定期分析计划。一旦测量系统有变更，变异都要进行分析，特别是设备维修、工作环境变更、人员变更、方法改进等方面，都要进行 MSA 分析。这就要求 MSA 不但要定期分析，还要根据变更与调整及时分析，这样才能保证产品不会错检漏检。如表 3－15 所示。

3.5　没有对所有测量系统进行分析，只对自己认为重要的进行了 MSA 分析。事实上，所有测量系统都会有变异和变差，我们要定期监控变差是否在可控的范围之内，确保送出的产品满足客户要求。所以，控制计划里面所有测量系统都要进行分析。现在一般不对破坏性的测量系统进行分析，而测量过程变差的测量系统则不进行，如盐雾实验机、烘料的温度测量仪等。

测量系统分析要评估五性，但并不要每个项目都分析，有些误差小，如线性误差，可不分析

表 3－15　MSA 分析计划（测量系统分析）

部门：品保部　生产单位（班别）：制造部　日期：2012 年 9 月 29 日

序号	产品图号	产品型号/名称	产品过程/特性	量具名称/规格（测量精度）	量具编号（本公司）	分析方法	分析人	计划完成日期	备注
1	CY0010002	比亚迪 G6 前后门塑料托架	3.0＋0.1/－0.2	数显游标卡尺 ≤0.01mm	A－001	GRR	李×	10 月 10 日	

批准　　　　审核：　　　　编制：

第四章

SPC：统计过程控制

第一节　SPC 制作前的准备

1. 什么是 SPC

1.1　SPC 即统计过程控制，控制对象为产品特性或过程特性，通过数据识别过程异常。

所谓产品特性，主要通过原材料、半成品、成品表现出来，直接体现在输出上，如矿浆浓度、H + 和 Cu + 含量。

所谓过程特性，主要通过人、设备、工装、工艺参数、环境表现出来，如 PH、合成温度，过程特性直接影响输出的结果。

1.2　它是一种检查变差的工具，虽然能识别变差，但不能解决问题，只是起到预警作用

1.3　20 世纪 20 年代，贝尔公司休哈特研究控制图，第一张控制图（P）在 1924 年诞生。

2. SPC 的作用

2.1　预防作用：通过过去和现在的数据分析，识别到特殊原因，从而起到预警作用，减少因过程异常导致的损失。控制图有上下控制线，如果有异常的点，即使没有超过规格线，我们还是要预警，以减少损失。因为如果超过规格线再来预警就太迟了，那时候，大量的不良品已经产生了。如图 4 – 1 所示。

2.2　比较作用：可以比较白晚班哪个班品质稳定、几个机台中哪个品质更稳，以及哪个改善方案更好等。

2.3　识别过程产生变异的原因：这个要具体看是普通原因还是特殊原因造成的。如果是普通原因，根据结果有些是可接受的；相反，如果是特殊原因，那就说明过程有大问题，必须改善不可。例如，从控制图看，没有任何异常的点，但 CPK 就是小于 1.33，这种情况就要进行分析了，看是不是要采取系统措施，如更换设备、更换材料、变更生产场地等。

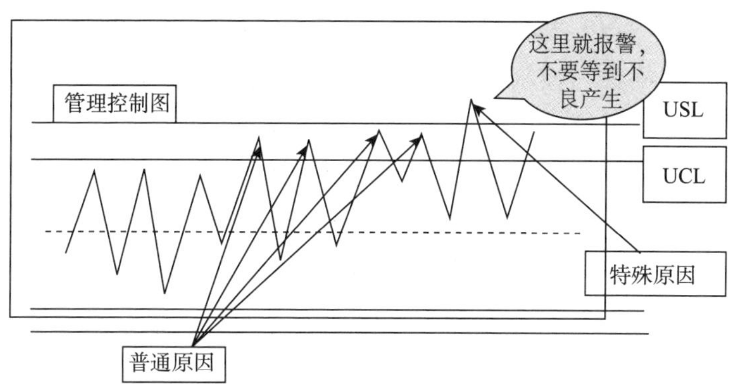

图 4－1　SPS 作用分析示意图

3. SPC 的责任人员和时机

3.1　SPC 一般是品质人员在做。在生产过程中，一般品质人员测试并描点在现场的控制图上，如有异常及时通知生产线。当搜集到一定量的数据时，品质人员就把原始数据输入电脑，进行 CPK 或 PPK 分析，评价过程能力是否充足。如果不足，品质人员开出 8D 报告给生产现场管理人员进行改善。

3.2　SPC 一般新项目试产时，必须计算 PPK，以评价过程能力是否充足，不充足不允许转量产。在量产过程中，针对特殊特性，也要进行 SPC 监控，有异常及时改善；过程能力不足，也要及时改善。

3.3　在进行品质改善时，也要通过 PPK 来进行对比，评价改善方案是否有效及改善是否产生明显变化。比如，以前 PPK 一般在 1.0 水平，经过现场改善，现在的 PPK 是 1.3，就说明过程能力有所提升。

4. SPC 专业术语解释

4.1　σ 指标准差，σ 越小，过程变异越小，品质越稳定。σ 包括估计值和样本标准差两种，在试产阶段或过程不稳定阶段，一般用样本标准差。过程稳定时或量产阶段，一般用估计值 $\overline{R}/d_2$。

$$样本标准差：s = \sqrt{s^2} = \sqrt{\frac{\sum_{i=1}^{n}(x_i - \bar{x})^2}{n-1}}$$

4.2　*USL/LSL*：规格上/下线，这是产品设计时定出的一个值，如 5.0±0.2。规格线与控制线不同，一般控制线更靠近规格中心线。

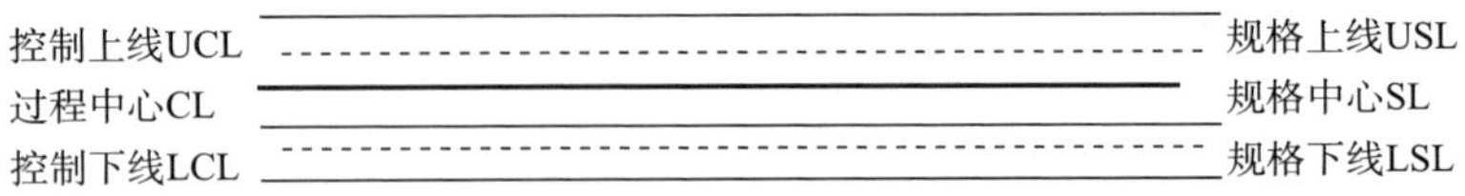

控制上线UCL　　规格上线USL
过程中心CL　　规格中心SL
控制下线LCL　　规格下线LSL

图 4-2　USL/UCL

4.3　*SL/CL*：规格中心线/过程中心线。这两条线不一定一样，可能会重合，也可能不重合，因为过程会偏倚。过程中心线表现实际生产的过程状态，而规格中心是理想的过程状态。如图 4-2 所示。

4.4　*R/MR*：极差/移动极差。极差表示两个或多个数据最大值与最小值之前的差异。移动极差是前一个数据和后一个数据比对的差异。例如温度检测：上午 34℃，下午 33℃，*MR* = 1。再如，上午测四个产品长度：3.1、3.4、3.6、3.5，*R* = 0.5。

4.5　*CPK* 为稳定生产过程能力指数。要求 100 个以上数据才可计算，一般是在过程稳定下计算出的过程能力，过程能力一般要求在 1.33～2 之间。如果间隔太大，过程能力过剩，会造成品质浪费。相反，如果间隔太小，过程能力不稳定，则满足不了客户的要求。

4.6　*PPK*，初始过程能力指数。一般指不稳定下的过程能力，30 个以上数据就可计算。一般要求 1.67 以上。

4.7　计量型和计数型控制图。计量型是用仪器测量出的结果，用控制图分析叫计量控制图，如 *X*-*R* 图。计数是判定合格与不合格、不良数或缺点数的控制图，是要经过计算的，如 *P* 控制图。一般外观检验、导通测试、针规检测用的就是计数控制图。

5. 如何运用 SPC 帮助企业改善品质

5.1　在批量生产前，我们就要评估过程能力是否充足，不充足就不能转量产。主要是避免量产后出现批量不良，导致频繁变更，从而影响公司信誉及交货。

5.2　在量产时，通过*SPC*提前预警，在出现不良前进行及时改善调整，避免品质事故、减少品质不良、降低品质成本。

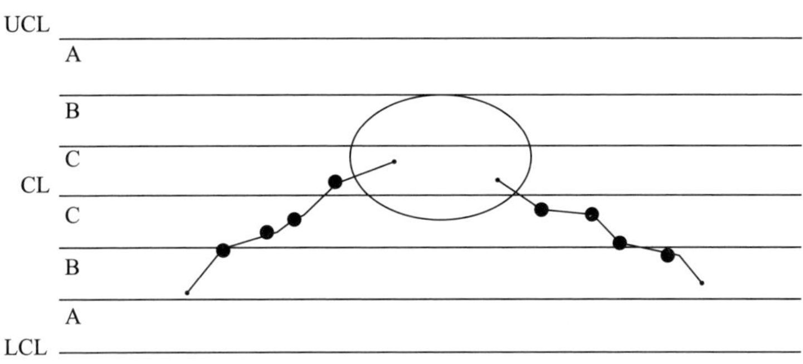

图4－3　UCL/CL/LCL

5.3　通过控制图，可以帮助我们针对品质问题进行原因分析，找到失效的主要缘由，并对普通原因与特殊原因加以区别，以避免改善的盲目性。如表4－1所示。

表4－1　QC七大手法

No.	手法名称	形状	目的
(1)	检查表		容易记录、整理数据、掌握问题
(2)	柏拉图		对于多种问题，找出该从什么地方下手
(3)	特性要因图		整理特性（问题点）与主要原因的关系并找出原因
(4)	散布图		了解两种成对数据的关系，用于管理方法的决定方面
(5)	直方图		使“偏差视觉化，用于管理方法的决定方面”
(6)	控制图、图表		管理图：了解工程是否处于稳定状态的图表 图表：使数据视觉化，领悟相关信息
(7)	层化		按要求区分数据，了解“偏差”是否有影响

6. SPC 与其他质量管理工具的关系

6.1　SPC 是 QC 七大手法的主要质量工具，控制图普遍运用于制造行业。

6.2　SPC 主要在 APQP 第三、第四、第五阶段中得到普遍运用，在第三阶段的作用主要是识别不同特性分别使用什么样的控制图，并做出 SPC 计划；在第四阶段收集数据、评估过程能力及评价是否可量产；在第五阶段主要监控过程是否有变异、过程能力是否充足。

表 4－2　SPC 各阶段作用示意图

阶段	质量工具
项目确定阶段（一）	甘特图
产品设计阶段（二）	检查表，FMEA
过程设计阶段（三）	SPC 计划，MSA 计划，控制计划，FMEA
过程确认阶段（四）	SPC，MSA，鱼骨图
量产阶段（五）	SPC，MSA，鱼骨图，柏拉图，甘特图

6.3　SPC 在 PPAP 等级三提交是必不可少的工具，客户一般通过 PPK 评估过程能力是否充足、是否可下量产单。

6.4　SPC 一般在 6sigma 改善中评估现有过程能力，评估是否有改善的必要。在改善之后，仍要评估过程能力的变化，确保过程改善的有效性。

表 4－3　SPC 在 6sigma 的作用

D，M，A 阶段：评估当前过程能力
I 阶段：评估改善方案的有效性
C 阶段：控制关键的 X 和 Y，易产生波动的参数。X 代表过程参数，Y 代表产品特性

第二节　常用计量数据 SPC 分析

1. 制作流程与能力计算

1.1　制作流程

第一步：选定特殊特性，确定使用何种控制图、测量工具、人员、样品数。

第二步：测量系统分析合格，如卡尺，测量员组成的测量系统 GRR 分析。

第三步：制作控制图广告牌、填写规格值、确定测量频率。

第四步：按频率要求进行测量描点，并把数据填写在控制图上。

第五步：搜集到 25 组以上数据时，把现场控制图上的数据输入电脑。

第六步：分析控制图，观察有无异常的点，若有要及时进行删除，同时分析过程能力是否足够。

第七步：继续测量描点，将补充数据输入电脑，得到新的控制图。

第八步：得出过程能力指数和控制线，并把控制线带到下一张控制图上。

第九步：测量、描述、找出异常的点，进行原因分析与改善。

第十步：搜集到 25 组以上数据后，得到新的控制线和 CPK 值，并把控制线带到下一张控制图。

1.2　案例分析

产品名称：紫铜管　机械号码：×××　质量特性：内径50+/－3操　作者：张××

测定单位：mm　　测定者：李××　　制造场所：×××

抽样期限：自2016年6月1日至2016年6月25日

表4－4　$\overline{X}$－R控制图用数据表

样组	测定值					$\overline{X}$	R	样组	测定值					$\overline{X}$	R
	X1	X2	X3	X4	X5				X1	X2	X3	X4	X5		
1	50	50	49	52	51	50.4	3	14	53	48	47	52	51	50.2	6
2	47	53	53	45	50	49.6	8	15	53	53	49	51	52	51.6	4
3	46	45	49	48	49	47.4	4	16	46	46	53	51	53	49.8	7
4	50	48	49	49	52	49.6	4	17	50	50	49	49	49	49.4	1
5	46	48	50	54	50	49.6	8	18	50	50	50	49	51	50.0	2
6	50	49	52	51	54	51.2	5	19	52	52	52	53	50	51.8	3
7	47	49	50	48	52	49.2	5	20	50	50	50	53	52	51.0	3
8	48	50	46	49	51	48.8	5	21	52	52	51	53	50	51.6	3
9	50	50	49	51	53	50.6	4	22	55	55	51	51	50	52.4	5
10	49	51	51	46	48	49.0	5	23	50	50	52	50	49	50.2	3
11	51	50	49	46	50	49.2	5	24	47	47	51	52	52	49.8	5
12	50	50	49	52	51	50.4	3	25	53	53	51	50	51	51.6	3
13	49	49	49	50	55	50.4	6							1254.8	110

第一步：选定特殊特性50+/－1，确定用何种控制图，同时确定测量工具卡尺和检测人员李××，以及样品数5PCS。

第二步：卡尺和李××、张××、王×××，GRR分析合格。

第三步：制作控制图广告牌、填写规格值、确定测量频率（4小时测量一次）。

第四步：按频率要求进行测量描点，并在控制图上填写数据，见表4－4。

第五步：搜集到25组以上数据时，把现场控制图上的数据输入电脑。图 4 – 4。

人工计算：系数表：$A_2=0.577$，$D_4=2.11$，D3 = 0，$d_2=2.326$

X 图

$CL=\bar{\bar{x}}50.16$

$UCL=CL+\bar{R}A_2=52.93$

$LCL=CL-\bar{R}A_2=47.39$

R 图

$CL=\bar{\bar{R}}=4.8$

$UCL=\bar{R}D_4=10.15$

$LCL=D_3\bar{\bar{R}}=0$

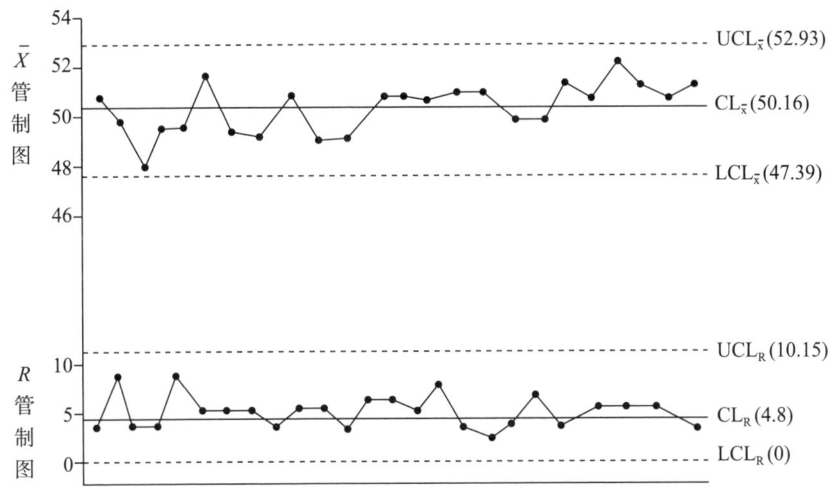

图 4 – 4　管制图

第六步：分析控制图，无异常的点。

第七步：之前继续测量描点，补充数据输入电脑，得到新的控制图这一环节不需要，因无异常的点。

第八步：进行正态分布检测，计算过程能力指数，得到控制线，把控制线带到下一张控制图上。数据输入表 4 – 5 显示服从正态分布。

计算方式一：

$C_a = | SL - CL | / (T/2) = 0.16/3 = 0.0533$

$C_P = T/6\sigma = 6/(\bar{6}/d_2) = 0.485$

CPK = $(1 - C_a)\ C_p = 0.9467 * 0.485 = 0.459$ 过程能力不足，需要改善。

计算方法二：

$C_{p1} = | S_u - cl | /3\sigma = (53 - 50.16) /6.191 = 0.459$

$C_{p2} = | cl - S_l | \ (50.16 - 47) /6.191 = 0.51$

CPK = MIN（C_{p1}，C_{p2}） = 0.459 潜在过程能力不足，需要系统改善。

计算方法三：σ 样本标准差 = $STDEV = 2.081$

PP1 = $C_{p1} = | S_u - cl | /3\sigma = 2.84/(3 \times 2.081) = 0.455$

PP2 = $C_{p2} = | cl - S_l | /3\sigma 3.16/(3 \times 2.081) = 0.506$

PPK = MIN（C_{p1}，C_{p2}） = 0.455，实际的过程能力不足，过程控制不好。

第九步：测量、描述、找出异常的点，进行原因分析与改善，如果从图上分析没有异常的点，则需要系统改善，比如更换设备、模具、材料等。

第十步：改善后，得到 25 组以上数据，同时相应地得到新的控制线和 CPK 值，把控制线带到下一张控制图。

表4-5 过程能力分析均值极差（X-R）控制表

双边控制限型

地　址	工厂			部　门	品保部		
零　件	零件号	TJ-354		零件描述	比亚迪G6前后门塑料托架		
	图纸编号	CY0010001		工程更改水平			
模　具	模具编号	CY-M-005		模腔数	4		
	描述	开口尺寸量测数据			单位	mm	
尺　寸	尺寸规格 50.000	上公差 53.000	下公差 47.000	控制限	UCLx	AVERx	LCLx
	下公差限 47.000	规格中线 50.000	上公差限 53.000		UCLr	AVERr	LCLr

过程信息栏		X图	R图
数据重要趋势			
递增趋势	点数最大长度	3	2
	递增链数	7	8
递减趋势	点数最大长度	4	5
	递减链数	7	8
超出控制线点数		0	0

日期：2012-10-5

统计特性描述	数据值
样本容量	125
工程规范下限 (LSL)	47.0000
规格中线	50.0000
工程规范上限 (USL)	53.0000
总和	6,270.0000
读数均值 (X)	50.1600
最大值	55.0000
最小值	45.0000
低于下控制线点数(X)	0
高于上控制线点数(X)	0
极差均值R	4.4800
D_2 值 (n=4)	2.0590
能力指数上限(CPU)	0.4351
能力指数下限 (CPL)	0.4841
稳定过程能力指数 (C_p)	0.4596
稳定过程能力指数 (C_{pk})	0.4351
能力比率 (CR)	9.2243
标准偏差 (n-1)	2.0806
标准偏差 (n)	2.0723
变异 (n-1)	4.3290
变异 (n)	4.2944
性能指数 (P_p)	0.4806
性能比率 (PR)	2.0806
性能指数 (P_{pk})	0.4550

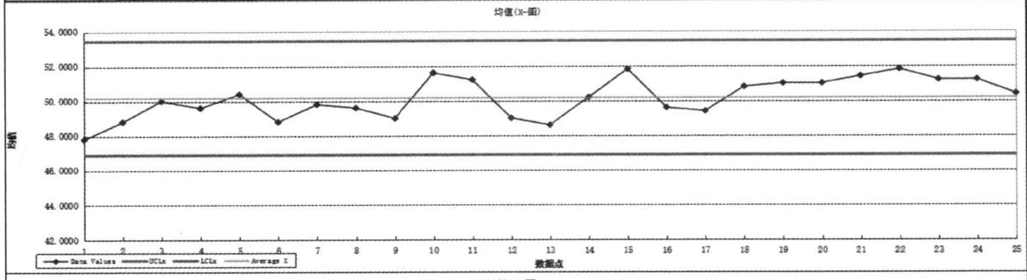

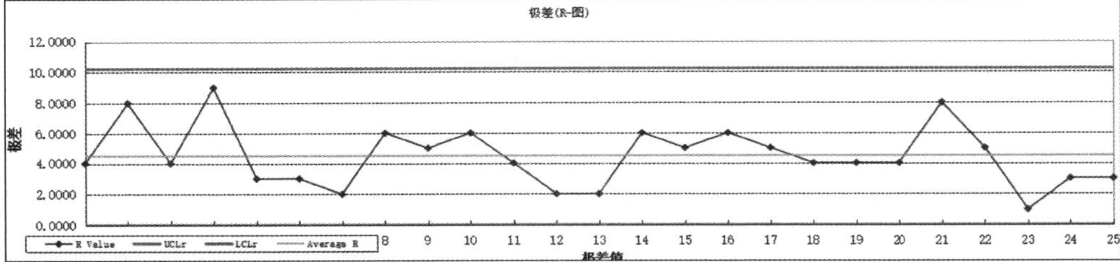

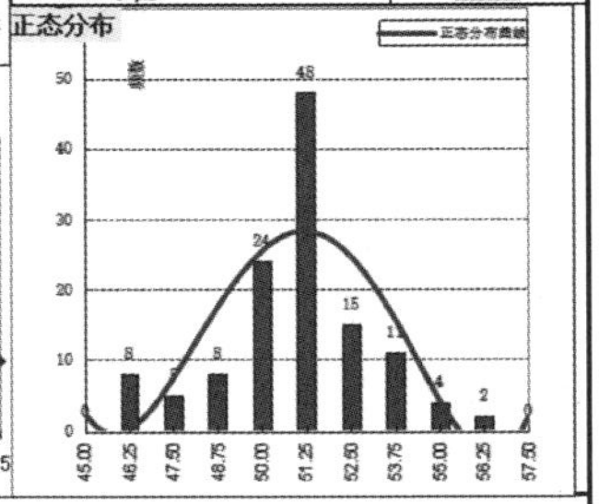

均值(X-图)

极差(R-图)

正态分布

控制图表现：数据无明显异常，请注意观察其他可能出现的非随即情况。

过程能力分析：程能力严重不足！

n	1	2	3	4	5	6	7	8	9	10	11	12	13
1	50	50	49	52	51	50	49	52	51	54	51	50	49
2	47	53	53	45	50	47	49	50	48	52	50	50	49
3	46	45	49	48	49	48	50	46	49	51	49	49	49
4	50	48	49	49	52	50	50	49	51	53	53	48	47
	46	48	50	54	50	49	51	51	46	48	53	48	49
均值	47.8000	48.8000	50.0000	49.6000	50.4000	48.8000	49.8000	49.6000	49.0000	51.6000	51.2000	49.0000	48.6000
极差	4.0000	8.0000	4.0000	9.0000	3.0000	3.0000	2.0000	6.0000	5.0000	6.0000	4.0000	2.0000	2.0000

n	14	15	16	17	18	19	20	21	22	23	24	25
1	46	50	46	50	53	51	53	52	49	51	53	50
2	52	51	50	52	49	49	49	55	54	51	51	50
3	50	55	50	49	50	49	51	50	54	52	50	49
4	52	51	52	49	52	53	50	47	51	51	52	52
	51	52	50	47	50	53	52	53	51	51	50	51
均值	50.2000	51.8000	49.6000	49.4000	50.8000	51.0000	51.0000	51.4000	51.8000	51.2000	51.2000	50.4000
极差	6.0000	5.0000	6.0000	5.0000	4.0000	4.0000	4.0000	8.0000	5.0000	1.0000	3.0000	3.0000

2. *X*－*MR* 图制作流程与能力计算

2.1　制作流程

第一步：选定特殊特性，确定用何种控制图，以及确定测量工具、人员、样品数。

第二步：测量系统分析合格，如卡尺，测量员组成的测量系统GRR 分析。

第三步：制作控制图广告牌、填写规格值、确定测量频率。

第四步：按频率要求进行测量描点，并将数据填写在控制图上。

第五步：搜集到 100 个以上数据时，把现场控制图上的数据输入电脑。

第六步：分析控制图，有无异常的点，若有则删除，同时分析过程能力是否足够。

第七步：继续测量描点，补充数据输入电脑，得到新的控制图。

第八步：得出过程能力指数和控制线，把控制线带到下一张控制图上。

第九步：测量、描述，找出异常的点，进行原因分析与改善。

第十步：得到 100 个以上数据后，就会得到新的控制线和 CPK 值，把控制线带到下一张控制图。

2.2　案例分析

特性值要求不大于 0.7，一小时测量一次。

表 4－6　X－MR 图制作流程与能力计算示意表

测试时间	样本号	测定值 X	移动极差 Rm
08：00	1	0.530	–
09：00	2	0.524	0.006
10：00	3	0.546	0.022
11：00	4	0.549	0.003

续表

12：00	5	0.541	0.008
13：00	6	0.547	0.006
14：00	7	0.558	0.011
15：00	8	0.529	0.029
16：00	9	0.539	0.010
17：00	10	0.542	0.003
08：00	11	0.563	0.021
09：00	12	0.528	0.035
10：00	13	0.529	0.001
11：00	14	0.549	0.020
12：00	15	0.561	0.012
13：00	16	0.572	0.011
14：00	17	0.546	0.026
15：00	18	0.534	0.012
16：00	19	0.573	0.039
17：00	20	0.572	0.001
08：00	21	0.583	0.011
09：00	22	0.549	0.034
10：00	23	0.532	0.017
11：00	24	0.512	0.020
12：00	25	0.523	0.011
13：00	Σ		
	平均值	0.5452	0.0154

第一步：选定特殊特性，杂质含量≤0.7，一个员工每小时测量一次。

第二步：测量系统分析合格，测量员组成的测量系统 GRR 分析。

第三步：制作控制图广告牌，杂质含量≤0.7，一小时测量一次。

第四步：按频率要求进行测量描点，并将数据填写在控制图上。

第五步：把25个数据输入电脑（这里是为了方便计算，至少要100个数据）。参见表4－7。

第六步：分析控制图，过程能力 3.78。无异常的点。

$\bar{x}$ 图　$CL = \bar{x} = 0.545$

$UCL = \bar{x} + E_2\overline{Rm} = 0.0545 + 2.660 \times 0.0154 = 0.586$

$LCL = \bar{x} - E_2\overline{Rm} = 0.0545 - 2.660 \times 0.0154 = 0.504$

R_m 图　$CL = \overline{Rm} = 0.015$

$UCL = D_4\overline{Rm} = 3.267 \times 0154 = 0.050$

$LCL = D_3\overline{Rm}$（没有极差的控制下限）

系数表：当 n = 2 时，$d_2 = 1.128$，E2 = 2.66，D4 = 3.267，D3 = 0

CPK 计算：

$C_{p1} = | S_u - cl | /3\sigma =$（0.7 − 0.545）/0.0408 = 3.78

$C_{p1} = | cl - S_l | /3\sigma$ 不存在

CPK = MIN（C_{p1}，C_{p2}） = 3.78 潜在过程能力足。

PPK 计算：

σ 样本标准差 = $STDEV$ = 0.01812

PP1 = $C_{p1} = | S_u - cl | /3\sigma = 0.155/$（3 × 0.01812） = 2.851，过程控制充足。

PP2 = $C_{p1} = | cl - S_l | /3\sigma$ 不存在

第七步：继续测量描点，补充数据输入电脑，得到新的控制图。

第八步：得出过程能力指数及控制线，把控制线带到下一张控制图上。

第九步：测量、描述、找出异常的点，进行原因分析与改善。

第十步：搜集到 100 个以上数据后，得到新的控制线和 CPK 值，把控制线带到下一张控制图。以上数据放在表 4 − 7 中验证，结果相同。

3. 过程能力不足如何改善

3.1　当 CPK 不足时，会反映为潜在过程不足，通俗点讲就是先天不足，就像让一个 1 米高的男子去打篮球。所以在 CPK 不足的情况下，最好的方法是进行系统改善，如人员系统培训、模具变更、大范围的设备更换、换新材料或供应商等，一般可能需要选用以上一种或两种方法来加以改善。

3.2　PPK 不足，可能是先天不足或者后天没有控制好导致的，如设备无保养、人员培训不足、熟练度不够、过程控制不好等情况。

3.3　控制点异常，原因有很多，如控制线不合理、螺丝松动、刀具磨损、漏油漏气、设备故障等都有可能导致异常。至于如何改善，要具体情况具体分析，一般从人、设备、模具、刀具、环境、主要材料、辅助材料、工艺等方面着手进行分析。

4. 计量 SPC 制作易犯的错误

4.1　计算 CPK 的数据没有达到 100 个以上。数据太少，算出来的 CPK 能力不真实。

4.2　CPK 与 PPK 不分。CPK 是潜在的过程能力指数，一般在制程稳定的情况下才算，而 PPK 是过程控制能力指数，一般在过程不稳定情况下计算，同时计算的值不一样。

4.3　控制图的控制线是静态的，没有变化。其实控制线应该是动态的，在过程能力发生变化时，控制线也会随之发生变化。

4.4　同一模具不同模穴用同一张控制图。不同模穴是不同的过程，控制线也会不一样，因此，有几个模穴就要做几份控制图。

4.5　控制图没有通过电子屏或纸档形式在生产现场描点及预警，而是到了月底一次性输入电脑。算出 CPK、SPC 的主要作用是现场预警作用，而没有在现场目视化是无意义的。

4.6　没有进行 MSA 评价，直接做 SPC。MSA 不合格的情况下做 SPC 也是有很大风险的，可能导致不该预警而预警，应预警而不预警的情况。

4.7　异常的点也纳入 CPK 计算，CPK 是潜在过程能力，有异常的数据必须删除。PPK 可以把异常的点纳入计算。

4.8　控制图没有记录各种变更、异常及改善对策。

表4-7　X-MR控制图

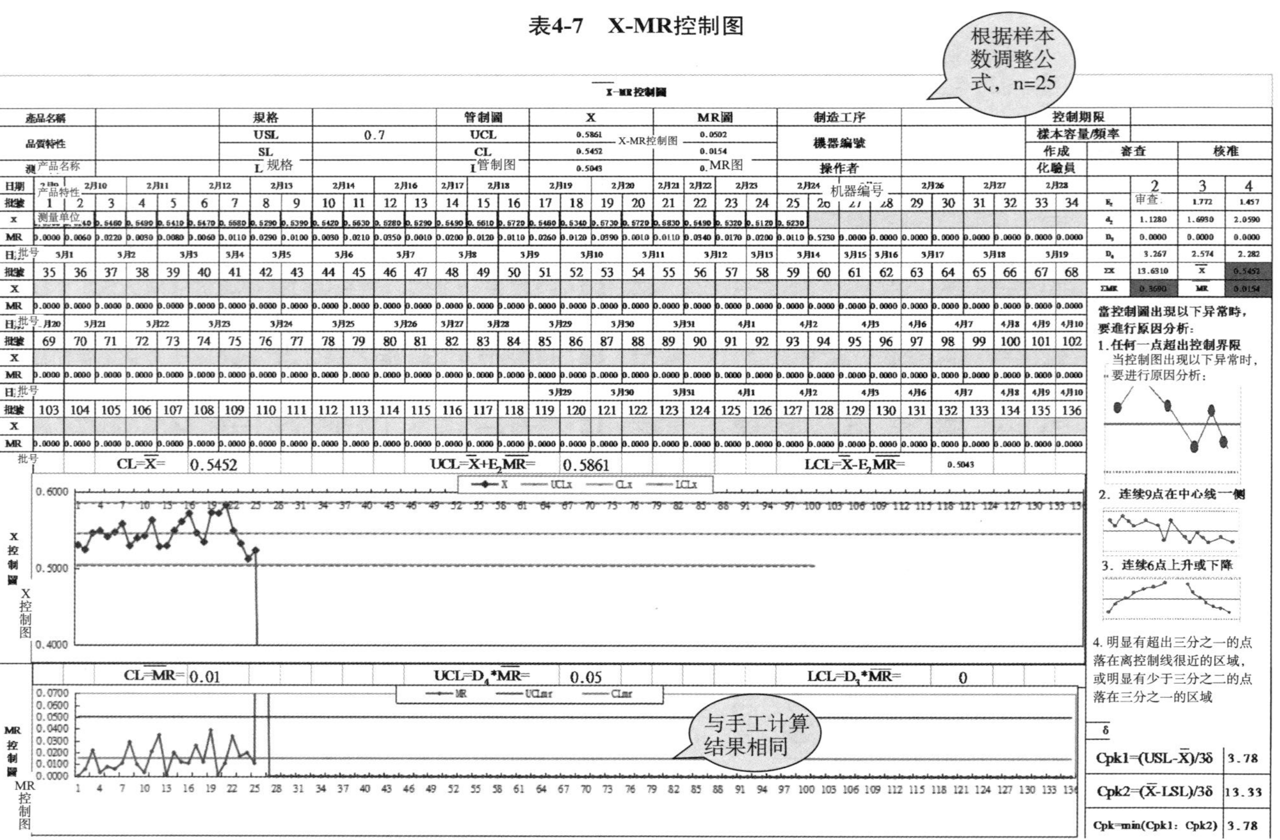

X-MR控制圖

產品名稱		規格		管制圖	X	MR圖	制造工序		控制期限		
品質特性		USL	0.7	UCL	0.5861	0.0502	機器編號		樣本容量/頻率		
		SL		CL	0.5452	0.0154			作成	審查	核准
測		L		I	0.5043	0.	操作者		化驗員		

日期	2月?	2月10		2月11		2月12		2月13		2月14		2月16		2月17	2月18		2月19
批號	1	2	3	4	5	6	7	8	9	10	11	12	13	14	15	16	17
X	[illegible]	[illegible]	0.5460	0.5490	0.5410	0.5470	0.5580	0.5290	0.5390	0.5420	0.5630	0.5280	0.5290	0.5490	0.5610	0.5720	0.5460
MR	0.0000	0.0060	0.0220	0.0030	0.0080	0.0060	0.0110	0.0290	0.0100	0.0030	0.0210	0.0350	0.0010	0.0200	0.0120	0.0110	0.0260

日期		2月20		2月21	2月22	2月23		2月24				2月26		2月27		2月28	
批號	18	19	20	21	22	23	24	25	26	27	28	29	30	31	32	33	34
X	0.5340	0.5730	0.5720	0.5830	0.5490	0.5320	0.5120	0.5230									
MR	0.0120	0.0390	0.0010	0.0110	0.0340	0.0170	0.0200	0.0110	0.5230	0.0000	0.0000	0.0000	0.0000	0.0000	0.0000	0.0000	0.0000

日期	3月1		3月2		3月3		3月4	3月5		3月6		3月7		3月8		3月9	
批號	35	36	37	38	39	40	41	42	43	44	45	46	47	48	49	50	51
X																	
MR	0.0000	0.0000	0.0000	0.0000	0.0000	0.0000	0.0000	0.0000	0.0000	0.0000	0.0000	0.0000	0.0000	0.0000	0.0000	0.0000	0.0000

日期	3月10		3月11		3月12		3月13	3月14		3月15	3月16	3月17		3月18		3月19	
批號	52	53	54	55	56	57	58	59	60	61	62	63	64	65	66	67	68
X																	
MR	0.0000	0.0000	0.0000	0.0000	0.0000	0.0000	0.0000	0.0000	0.0000	0.0000	0.0000	0.0000	0.0000	0.0000	0.0000	0.0000	0.0000

日期	3月20	3月21		3月22		3月23		3月24		3月25		3月26		3月27	3月28		3月29
批號	69	70	71	72	73	74	75	76	77	78	79	80	81	82	83	84	85
X																	
MR	0.0000	0.0000	0.0000	0.0000	0.0000	0.0000	0.0000	0.0000	0.0000	0.0000	0.0000	0.0000	0.0000	0.0000	0.0000	0.0000	0.0000

日期		3月30		3月31		4月1		4月2		4月3		4月6	4月7		4月8	4月9	4月10
批號	86	87	88	89	90	91	92	93	94	95	96	97	98	99	100	101	102
X																	
MR	0.0000	0.0000	0.0000	0.0000	0.0000	0.0000	0.0000	0.0000	0.0000	0.0000	0.0000	0.0000	0.0000	0.0000	0.0000	0.0000	0.0000

日期																	3月29
批號	103	104	105	106	107	108	109	110	111	112	113	114	115	116	117	118	119
X																	
MR	0.0000	0.0000	0.0000	0.0000	0.0000	0.0000	0.0000	0.0000	0.0000	0.0000	0.0000	0.0000	0.0000	0.0000	0.0000	0.0000	0.0000

日期		3月30		3月31		4月1		4月2		4月3		4月6	4月7		4月8	4月9	4月10
批號	120	121	122	123	124	125	126	127	128	129	130	131	132	133	134	135	136
X																	
MR	0.0000	0.0000	0.0000	0.0000	0.0000	0.0000	0.0000	0.0000	0.0000	0.0000	0.0000	0.0000	0.0000	0.0000	0.0000	0.0000	0.0000

	2	3	4
E_2		1.772	1.457
d_2	1.1280	1.6930	2.0590
D_3	0.0000	0.0000	0.0000
D_4	3.267	2.574	2.282
ΣX	13.6310	$\overline{X}$	0.5452
ΣMR	0.3690	$\overline{MR}$	0.0154

$CL=\overline{X}=$ 0.5452　　$UCL=\overline{X}+E_2\overline{MR}=$ 0.5861　　$LCL=\overline{X}-E_2\overline{MR}=$ 0.5043

$CL=\overline{MR}=$ 0.01　　$UCL=D_4*\overline{MR}=$ 0.05　　$LCL=D_3*\overline{MR}=$ 0

當控制圖出現以下异常時，要進行原因分析：

1. 任何一点超出控制界限
2. 连续9点在中心线一侧
3. 连续6点上升或下降
4. 明显有超出三分之一的点落在离控制线很近的区域，或明显有少于三分之二的点落在三分之一的区域

δ

Cpk1=(USL-$\overline{X}$)/3δ	3.78
Cpk2=($\overline{X}$-LSL)/3δ	13.33
Cpk=min(Cpk1：Cpk2)	3.78

第三节　常用计数数据 SPC 分析

1. P 图制作流程与能力计算

P 图是计数性控制图，一般是针对不良率来计算的，不良率越低越好。理论上来讲，P 图的控制线是一条曲线，根据抽样数的不同，控制线也不一样。这样就在实际操作过程中带来不便，由于没办法预警，很多企业把不良率的品质目标当控制线，一旦有超过控制线或异常点的情况就报警，并进行原因分析与制定改善对策。

P 图可以针对所有机种来计算不良率，也可针对单个机种计算不良率，甚至也可以针对单个机种某种不良现象计算不良率，当然这个是需要根据具体情况来进行具体策划的。

需要特别注意的是，抽样的样本数不能相差太大，样本总数 n 在 ±25% 内。样本可相同，也可不同。

1.1　P 图制作流程

第一步：确定要进行不良率控制的机种或不良性质、测量工具、统计频率。如 PCB 导通不良率 P 图，一天统计一次。某某机种不良率 P 图，这个是所有不良性质 P 图。

第二步：制作 P 图表一般用三张纸：第一张收集数据，第二张绘制 P 图，第三张注明变更、异常、原因分析及对策。

第三步：检测并计算不良率，并在图上描点。

第四步：得到 100 个数据后，计算控制线。

第五步：删除异常的点，得到真正的控制线。

第六步：把控制线带入下张控制图，先描上控制线。

第七步：检测、描述、预警、原因及对策分析。

第八步：得到 100 个数据后，重新计算控制线。

1.2　案例分析

为考核某零件孔的质量水平，用通过/不通过塞规来检测该孔，如果不通过表明这个孔不合格。检验员刘××每4小时抽取150个左右的样品进行检验，记录的数据如表4－8所示。

表4－8　零件孔质量水平检验记录表

产品名称：PC板		产品特性：孔径		4小时抽样数：150	
工序位：		量具编号：A－001		检验者：刘××	
序号	检验日期	抽样数	不良数	不良率	备注
1	8月1日　上午	151	4	2.7%	
2	8月1日　下午	150	2	1.3%	
3	8月1日　晚上	150	2	1.3%	
4	8月2日　上午	150	3	2.0%	
5	8月2日　下午	150	1	0.7%	
6	8月2日　晚上	150	0	0.0%	
7	8月3日　上午	150	2	1.3%	
8	8月3日　下午	150	0	0.0%	
9	8月3日　晚上	150	2	1.3%	
10	8月4日　上午	153	4	2.7%	
11	8月4日　下午	150	4	2.7%	
12	8月4日　晚上	150	1	0.7%	
13	8月5日　上午	150	3	2.0%	
14	8月5日　下午	150	0	0.0%	
15	8月5日　晚上	150	1	0.7%	
16	8月6日　上午	150	2	1.3%	
17	8月6日　下午	150	4	2.7%	

续表

18	8月6日　晚上	150	4	2.7%	
19	8月7日　上午	150	0	0.0%	
20	8月7日　下午	150	2	1.3%	
21	8月7日　晚上	150	3	2.0%	
22	8月8日　上午	149	3	2.0%	
23	8月8日　下午	148	4	2.7%	
24	8月8日　晚上	150	4	2.7%	
25	8月9日　上午	150	2	1.3%	
26	8月9日　下午	150	2	1.3%	
27	8月9日　晚上	150	2	1.3%	
28	8月10日　上午	150	1	0.7%	
29	8月10日　下午	150	1	0.7%	
30	8月10日　晚上	150	3	2.0%	
	∑x	4500	66		
			1.466%		
对特殊原因采取措施的说明： 1. 任何超出控制限的点 2. 连续9个点全在中心线之上或之下 3. 连续6点上升或下降 4. 连续14号交替上下			采取措施的说明： 1. 2. 3. 4.		

第一步：测量孔的大小，每四小时测量一次，抽150PCS。

第二步：制作P图一般用三张：第一张收集数据，第二张绘制P图，第三张注明变更、异常、原因分析及对策。

第三步：检测并计算不良率，并在图上描点。

人工计算：$CL=\overline{P}=1.466\%$　　样本容量在n在±25%间时可取n的平均值，n=150

$$UCL=\overline{P}+3\sqrt{\frac{P\ (1-P)}{n}}=4.41\%\text{（记住 n=150）}$$

$$UCL=\overline{P}-3\sqrt{\frac{P\ (1-P)}{n}}=0$$

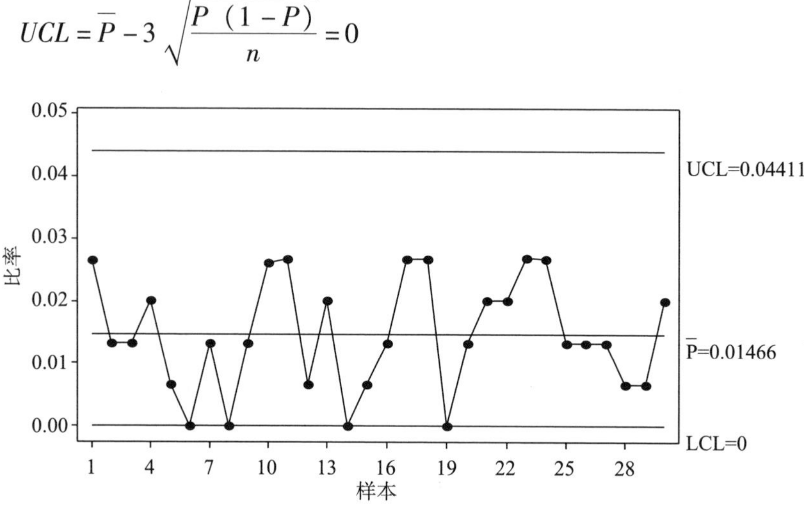

图 4-5　C2 的 P 控制图

第四步：为了方便计算，这里只有 30 个数据，要有 100 个数据才能算控制线，得到控制线为 4.41%。

第五步：没有异常的点。说明只要不良控制在 4.41% 以下就是可控水平，可不进行对策分析。

第六步：把控制线带入下张控制图，先描上控制线。如图 4-3-2 所示。

第七步：检测、描述、预警、原因和对策分析。

第八步：搜集 100 个数据后，重新计算控制线。

2. 过程能力不足如何改善

2.1　当不良率控制图过程能力不足时，可先找三大不良进行改善，或者找到三个主要不良机种进行攻关。改善一定要重点进行，先集中所有力量把主要不良解决掉，然后再来解决其他不良。

图4-9　P管制图

管制圖编號：

制品名称		部门		上限UCL	4.41%	中心限CL	1.47%	下限LCL	0.00%	子组数	30	样本上限	188
制程名称		机台		记录者		日期		$\overline{P}$	1.47%	样本容量 $\overline{n}$	150	样本下限	113

日期	1	2	3	4	5	6	7	8	9	10	11	12	13	14	15	16	17	18	19	20	21	22	23	24	25	26	27	28	29	30	31	合计	备注
检查数量	151	150	150	150	150	150	150	150	150	153	150	150	150	150	150	150	150	150	150	150	150	149	148	150	150	150	150	150	150	150		4501	
不良内容及数量 点焊检查																																0	
焊锡检查																																0	
半完成品检查																																0	
扣合后外观检查																																0	
外观检查																																0	
完成品检查																																0	
ROM数据确认																																0	
其他																																0	
总不良数	4	2	2	3	1	0	2	0	2	4	4	1	3	0	1	2	4	4	0	2	3	3	4	4	2	2	2	1	1	3	0	66	
不良率	2.65%	1.33%	1.33%	2.00%	0.67%		1.33%		1.33%	2.61%	2.67%	0.67%	2.00%		0.67%	1.33%	2.67%	2.67%		1.33%	2.00%	2.01%	2.70%	2.67%	1.33%	1.33%	1.33%	0.67%	0.67%	2.00%		1.47%	

P管制圖

5.000%
4.500%
4.000%
3.500%
3.000%
2.500%
2.000%
1.500%
1.000%
0.500%
0.000%

1 2 3 4 5 6 7 8 9 10 11 12 13 14 15 16 17 18 19 20 21 22 23 24 25 26 27 28 29 30 31

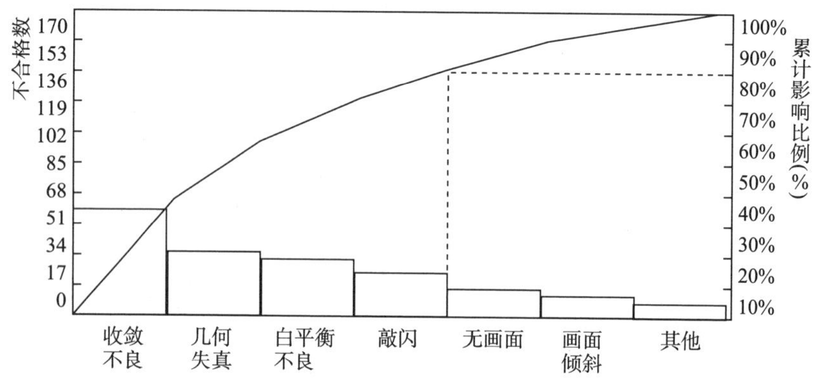

图4-6　过程能力不足改善示意图图

2.2　针对单个性质不良，如尺寸不良，就要从人、机、料、法、环进行分析，用5WHY找到问题的根本原因，再来寻找对策。

作业者（Man）

（1）是否遵守标准？

（2）作业效率是否良好？

（3）是否具有问题意识？

（4）是否具有技术？

（5）是否具责任感？

（6）是否具有经验？

（7）是否具改善意识？

（8）是否具改善适当？

（9）人际关系是否良好？

（10）健康状况是否良好？

机具、设备（Machine）

（1）是否有满足生产的能力？

（2）是否具备制程能力？

（3）有无充分点检？

（4）保养、加油是否适当？

（5）是否时常有故障、停止？

（6）精密度是否足够？

（7）是否发生异常？

（8）机具配置是否适当？

（9）数量是否过多或过少？

（10）整理、整顿如何？

原材料（Material）

（1）数量有无错误？

（2）等级有无错误？

（3）标识有无错误？

方法（Method）

（1）作业标准内容是否完整？

（2）作业标准是否有修改？

（3）这种方法是否安全？

(4) 质量是否符合规格？
(5) 库存是否足够？
(6) 有无浪费现象？
(7) 处理情形是否良好？
(8) 整理整顿如何？
(9) 卫生、安全如何？
(10) 储存是否良好？

(4) 方法是否适当？
(5) 方法是否能提高效率？
(6) 作业顺序是否适当、正确？
(7) 相互协调是否良好？
(8) 前后两段之连接是否良好？

量规、仪器（Measurement）

(1) 量具的精确度如何？
(2) 是否定期保养？
(3) 有否定期校正？
(4) 操作方法正确否？
(5) 再现性良好？

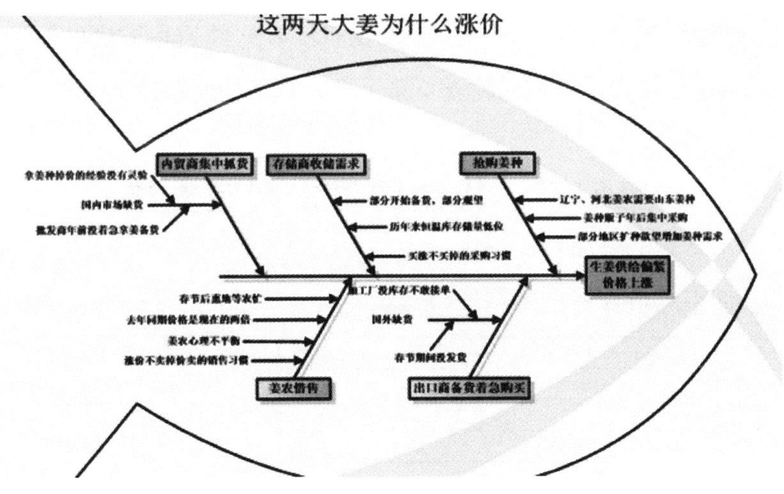

图 4－7　鱼骨图

案例：大野耐一运用 5 个“为什么”分析

丰田汽车公司前副社长大野耐一先生曾举了一个例子来找出停机的真正原因。

有一次，大野耐一在生产线上的机器总是停转，虽然修过多次但仍不见好转。于是，大野耐一与工人进行了以下的问答：

一问：“为什么机器停了？”

答：“因为超过了负荷，保险丝就断了。”

二问：“为什么超负荷呢？”

答：“因为轴承的润滑不够。”

三问：“为什么润滑不够？”

答：“因为润滑泵吸不上油来。”

四问：“为什么吸不上油来？”

答：“因为油泵轴磨损、松动了。”

五问：“为什么磨损了呢？”

再答：“因为没有安装过滤器，混进了铁屑等杂质。”

经过连续五次不停地问“为什么”，才找到问题的真正原因和解决的方法，在油泵轴上安装过滤器。如果我们没有这种追根究底的精神来发掘问题，很可能只是换根保险丝草草了事，真正的问题还是没有解决。

第四节　控制图异常判定方法

1. 样本点落在管制界限之外

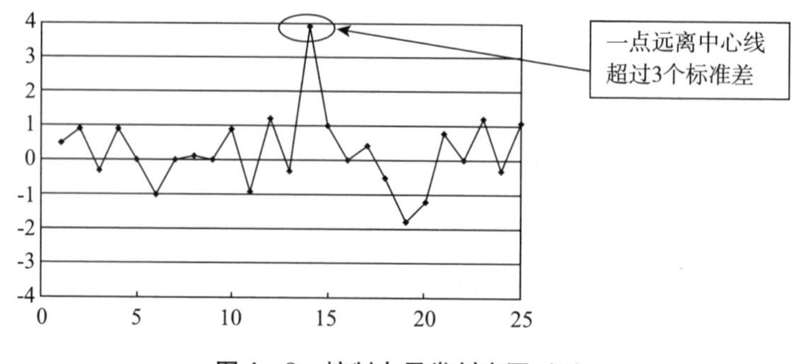

图4－8　控制点异常判定图（1）

2. 连续 7 点在同侧的 C 区或 C 区之外

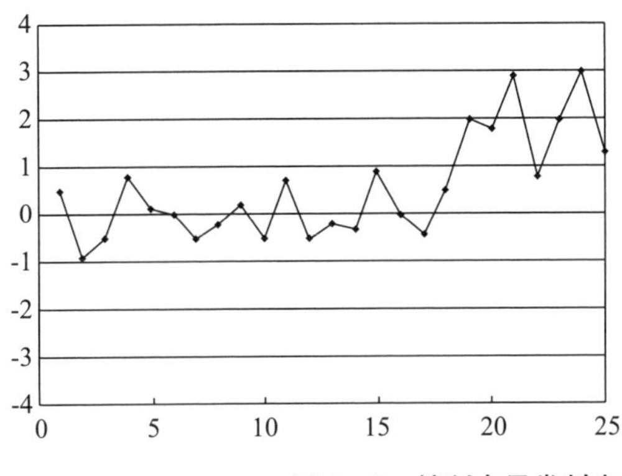

图 4－9　控制点异常判定图（2）

测量结果单边的影响组装，风险极大，不能接受。出现这种情况必须进行原因分析、停止生产、采取对策。

3. 连续 6 点以上持续地上升或下降

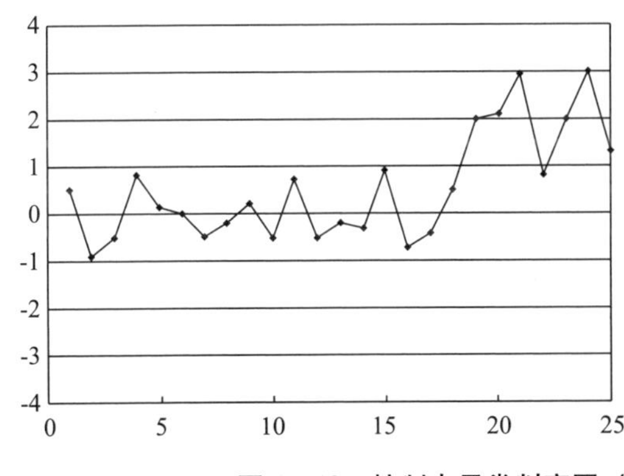

图 4－10　控制点异常判定图（3）

可能出现螺丝松动等异常，必须停机，检讨原因。

4. 连续 14 点交互一升一降

一般会产生这样的疑问，这么整齐的数据会不会有假？

5. 相连 3 点中有 2 点在同侧的 A 区或 A 区之外

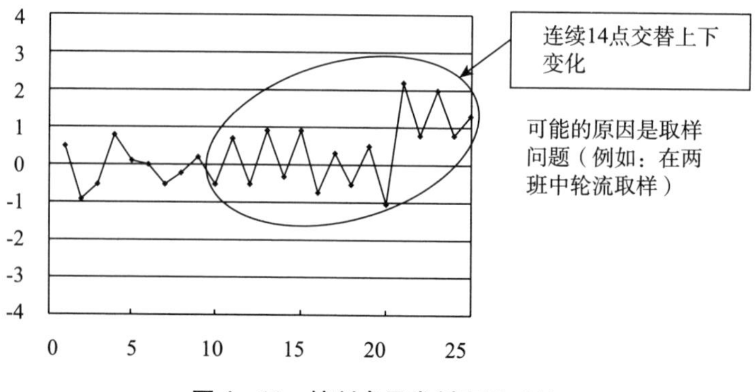

图 4－11　控制点异常判定图（4）

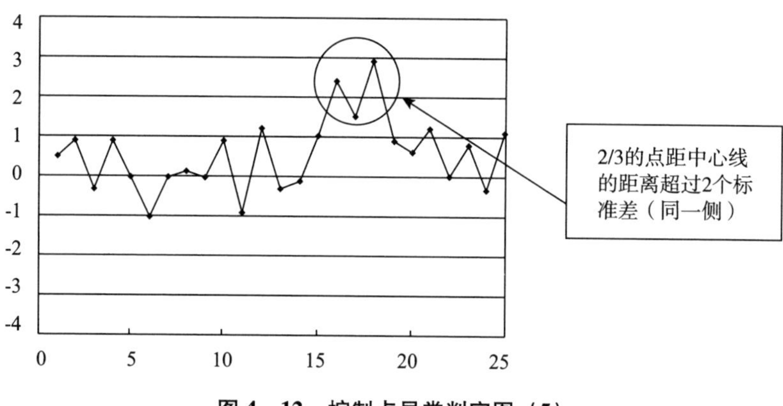

图 4－12　控制点异常判定图（5）

6. 相连 5 点中有 4 点在同侧的 B 区或 B 区之外

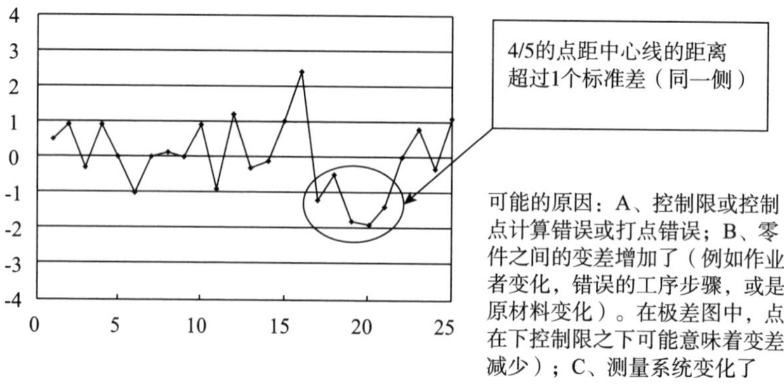

图 4－13　控制点异常判定图（6）

7. 连续 15 点在中心线上下两侧的 C 区

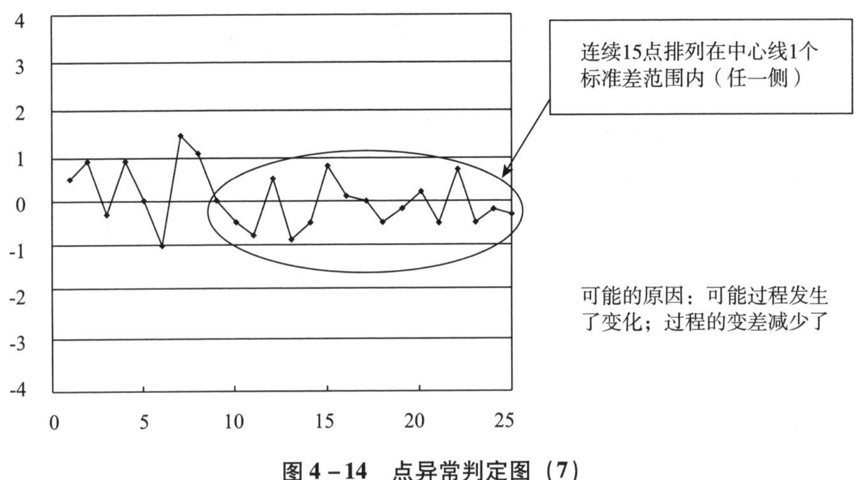

图 4－14　点异常判定图（7）

过程能力太好，还是要检讨一下数据是否真实、测量系统是否异常。

8. 有 8 点在中心线之两侧，但 C 区并无点子。

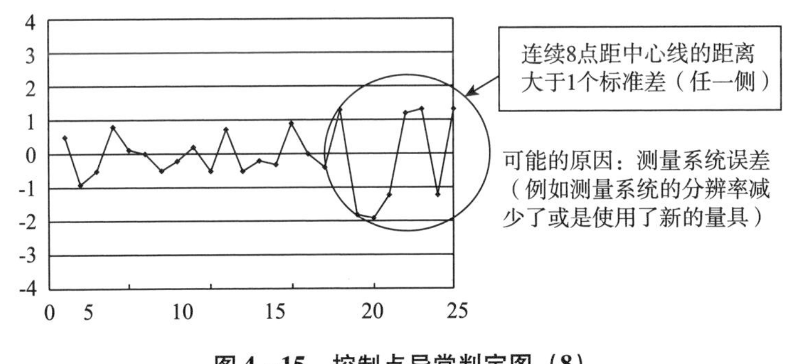

图 4－15　控制点异常判定图（8）

常规判定异常的方法主要有本章第二节中的 4.1～4.4 和 4.7 这五种，其他方法一般很少用到。

第五节　过程能力计算

过程能力一般包括潜在过程能力 CPK 和控制过程能力 PPK 两种，潜在过程能力不一定会表现出来，比如一个人的能力可挑 200 斤，但某天不舒服，只挑了 120 斤，200 斤是 CPK，潜在能力，120 斤是控制能力，PPK。

潜在过程能力 CPK 计算一般有两种方法，一种是单边的，例如小于等于 0.5，另一种是双边的，例如 0.5 +/ -0.1。当样本是 5 时，系数 A2 =0.577、D4 =2.11、D3 =0、d_2 =2.326。

方法一：

$C_{p1} = | S_u - cl | /3\sigma =（53 - 50.16）/6.191 = 0.459$

$C_{p2} = | cl - S_l | /3\sigma =（50.16 - 47）/6.191 = 0.51$

CPK = MIN（C_{p1}，C_{p2}）=0.459

以上数据来自于表 4 -4。

双边规格的可用方法一，也可用方法二。

方法二：

$C_a = | SL - CL | /（T/2）= 0.16/3 = 0.0533$

$C_p = T/6\sigma = 6/（6\overline{R}/d_2）0.485$

CPK =（$1 - C_a$）C_p = 0.9467 × 0.485 = 0.459

以上数据来自于表 4 -4。

C_a 不足，可能是设备模具没有调置好，没有靠近规格中心。

C_p 不足，可能是过程性能不好，很不稳定，一时靠近规格上线、一时靠近下线。

针对控制过程能力指数 PPK，因为过程不稳定，一般用以下方法计算：

σ 样本标准差 = *STDEV* = 2.081，用 Excel 表格中的公式 STDEV 来计算。

$PP1 = C_{p1} = |S_u - cl| / 3\sigma = 2.84 / (3 \times 2.081) = 0.455$

$PP2 = PP1 = C_{p2} = |cl - S_l| / 3\sigma = 3.16 / (3 \times 2.081) = 0.506$

$PPK = MIN(C_{p1}, C_{p2}) = 0.455$

以上数据来自于表4－4。

如果PPK能力不足，必须改善过程管理，加强员工培训、设备模具刀具保养、工艺参数管理。

第六节　SPC从新项目到项目结束的运作流程

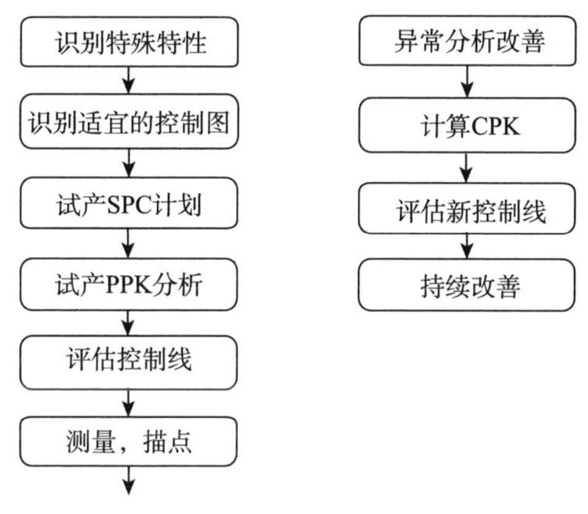

图4－16　SPC运作流程示意图

一个新项目一般在试产前要识别特殊特性，以及用何种控制图、相关测量频率、试产中测量、计算PPK值，如果大于等于1.67，就可转量产。

在量产中，要先找到控制线、测量、描点，在得到100个以上数据后，计算控制线、删除异常的点，然后再测量补充数据，得到新的控制线和CPK，得出的控制线可带入下一张控制图。

先把控制线描上，再进行测量描点、异常点原因分析和改善、删除异常点、得到新的控制线和CPK值。如果CPK不足，要分析原因和改善对策。

表 4－10　控制图常用系数表

取样数 n	平均数控制图			标准差控制图						极差控制图							中位数控制图		个别值控制图	最大值与最小值控制图
	控制界限系数			中心线系数		控制界限系数				中心线系数			控制界限系数				控制界限系数		控制界限系数	控制界限系数
	A_1	A_2	A_3	C_4	$1/C_4$	B_1	B_2	B_3	B_4	d_2	$1/d_2$	d_3	D_1	D_2	D_3	D_4	M_3	M_3A_2	E_2	A_9
2	3. 760	1. 880	2. 659	0. 7979	1. 2533	0. 000	1. 843	0. 000	3. 267	1. 128	0. 8865	0. 853	0. 000	3. 685	0. 000	3. 267	1. 000	1. 880	2. 660	2. 695
3	2. 394	1. 023	1. 954	0. 8862	1. 1284	0. 000	1. 858	0. 000	2. 568	1. 693	0. 5907	0. 888	0. 000	4. 358	0. 000	2. 574	1. 060	1. 187	1. 772	1. 826
4	1. 880	0. 729	1. 628	0. 9213	1. 0854	0. 000	1. 808	0. 000	2. 266	2. 059	0. 4857	0. 880	0. 000	4. 698	0. 000	2. 282	1. 092	0. 796	1. 457	1. 522
5	1. 596	0. 577	1. 427	0. 9400	1. 0638	0. 000	1. 756	0. 000	2. 089	2. 326	0. 4289	0. 864	0. 000	4. 918	0. 000	2. 114	1. 198	0. 691	1. 290	1. 363
6	1. 410	0. 483	1. 287	0. 9515	1. 0510	0. 026	1. 711	0. 030	1. 970	2. 534	0. 3946	0. 848	0. 000	5. 078	0. 000	2. 004	1. 135	0. 549	1. 184	1. 263
7	1. 277	0. 419	1. 182	0. 9594	1. 0423	0. 105	1. 672	0. 118	1. 882	2. 704	0. 3698	0. 833	0. 205	5. 205	0. 076	1. 924	1. 214	0. 509	1. 109	1. 191
8	1. 175	0. 373	1. 099	0. 9650	1. 0363	0. 167	1. 638	0. 185	1. 815	2. 847	. 03512	0. 820	0. 354	5. 307	0. 136	1. 864	1. 160	0. 432	1. 054	1. 143
9	1. 094	0. 337	1. 032	0. 9693	1. 0317	0. 219	1. 609	0. 239	1. 761	2. 970	0. 3367	0. 808	0. 546	5. 394	0. 184	1. 816	1. 223	0. 412	1. 010	1. 104
10	1. 028	0. 308	0. 975	0. 9727	1. 0281	0. 262	1. 584	0. 284	1. 716	3. 078	0. 3249	0. 797	0. 687	5. 469	0. 223	1. 777	1. 176	0. 363	0. 975	1. 072
11	0. 973	0. 285	0. 927	0. 9754	1. 0252	0. 299	1. 561	0. 321	1. 679	3. 173	0. 3152	0. 787	0. 812	5. 534	0. 256	1. 744			0. 945	
12	0. 925	0. 266	0. 886	0. 9776	1. 0229	0. 331	1. 541	0. 354	1. 646	3. 258	0. 3069	0. 778	0. 924	5. 592	0. 284	1. 717			0. 921	
13	0. 884	0. 249	0. 850	0. 9794	1. 0210	0. 359	1. 523	0. 382	1. 618	3. 336	0. 2998	0. 770	1. 026	5. 646	0. 308	1. 693			0. 899	

续表

14	0. 848	0. 235	0. 817	0. 9810	1. 0194	0. 384	1. 507	0. 406	1. 594	3. 407	0. 2935	0. 762	1. 121	5. 693	0. 329	1. 672			0. 880	
15	0. 816	0. 223	0. 789	0. 9823	1. 0180	0. 406	1. 492	0. 428	1. 572	3. 472	0. 2880	0. 755	1. 207	5. 737	0. 348	1. 653			0. 864	
16	0. 788	0. 212	0. 763	0. 9835	1. 0168	0. 427	1. 478	0. 448	1. 552	3. 532	0. 2831	0. 749	1. 285	5. 779	0. 364	1. 637			0. 849	
17	0. 762	0. 203	0. 739	0. 9845	1. 0157	0. 445	1. 465	0. 466	1. 534	3. 588	0. 2787	0. 743	1. 359	5. 817	0. 379	1. 622			0. 936	
18	0. 738	0. 194	0. 718	0. 9854	1. 0148	0. 461	1. 454	0. 482	1. 518	3. 640	0. 2747	0. 738	1. 426	5. 854	0. 392	1. 608			0. 824	
19	0. 717	0. 187	0. 698	0. 9862	1. 0140	0. 477	1. 443	0. 497	1. 503	3. 689	0. 2711	0. 733	1. 490	5. 888	0. 404	1. 596			0. 813	
20	0. 697	0. 180	0. 680	0. 9869	1. 0133	0. 491	1. 433	0. 510	1. 490	3. 735	0. 2677	0. 729	1. 548	5. 922	0. 414	1. 586		0. 803		
21	0. 679	0. 173	0. 663	0. 9876	1. 0126	0. 504	1. 424	0. 523	1. 477	3. 778	0. 2647	0. 724	1. 606	5. 950	0. 425	1. 575				
22	0. 662	0. 167	0. 647	0. 9882	1. 0119	0. 516	1. 415	0. 534	1. 466	3. 819	0. 2618	0. 720	1. 659	5. 979	0. 434	1. 566				
23	0. 647	0. 162	0. 633	0. 9887	1. 0114	0. 527	1. 407	0. 545	1. 455	3. 858	0. 2592	0. 716	1. 710	6. 006	0. 443	1. 557				
24	0. 632	0. 157	0. 619	0. 9892	1. 0109	0. 538	1. 399	0. 555	1. 445	3. 895	0. 2567	0. 712	1. 759	6. 031	0. 452	1. 543				
25	0. 619	0. 153	0. 606	0. 9896	1. 0105	0. 548	1. 392	0. 565	1. 435	3. 931	0. 2544	0. 709	1. 804	6. 058	0. 459	1. 541				

表 4－11　6sigma 水平与实际预想不良率对照表

良品数	不良率 PPM	6s 水平	Z. lt	良品数	不良率 PPM	6s 水平	Z. lt	良品数	不良率 PPM	6s 水平	Z. lt	良品数	不良率 PPM	6s 水平	Z. lt
999 999 6	3.4	6.0	4.5	986.097	13 903	3.7	2.2	420 740	579 260	1.3	−0.2	6 210	993 790	−1.0	−2.5
999 995	5	5.9	4.4	977 250	22 750	3.5	2.0	382 089	617 911	1.2	−0.3	4 661	995 339	−1.1	−2.5
999 991	9	5.8	4.3	971 248	28 716	3.4	1.9	344 578	655 422	1.1	−0.4	3 467	996 533	−1.2	−2.6
999 987	13	5.7	4.2	964 070	35 930	3.3	1.8	308 538	691 462	1.0	−0.5	2 555	997 445	−1.3	−2.7
999 979	21	5.6	4.1	955 435	44 565	3.2	1.7	274 253	725 747	0.9	−0.6	1 866	998 134	−1.4	−2.8
999 968	32	5.5	4.0	945 201	54 799	3.1	1.6	241 964	758 036	0.8	−0.7	1 350	999 650	−1.5	−2.9
999 952	48	5.4	3.9	933 193	66 807	3.0	1.5	211 855	788 145	0.7	−0.8	968	999 032	−1.6	−3.0
999 928	32	5.3	3.8	919 243	80 757	2.9	1.4	184 060	815 940	0.6	−0.9	687	999 313	−1.7	−3.1
999 892	48	5.2	3.7	903 199	96 801	2.8	1.3	158 655	841 345	0.5	−1.0	483	999 517	−1.8	−3.2
999 841	72	5.1	3.6	884 930	115 070	2.7	1.2	135 666	864 334	0.4	−1.1	337	999 663	−1.9	−3.3
999 767	108	5.0	3.5	864 334	135 666	2.6	1.1	115 070	884 930	0.3	−1.2	233	999 767	−2.0	−3.4
999 663	159	4.9	3.4	841 345	158 655	2.5	1.0	96 801	903 199	0.2	−1.3	159	999 841	−2.1	−3.5
999 517	233	4.8	3.3	815 940	184 060	2.4	0.9	80 757	919 243	0.1	−1.4	108	999 892	−2.2	−3.6
999 313	237	4.7	3.2	788 145	211 855	2.3	0.8	66 807	933 193	0.0	−1.5	72	999 928	−2.3	−3.7
999 032	483	4.6	3.1	758 036	241 964	2.2	0.7	54 799	945 201	−0.1	−1.6	48	999 952	−2.4	−3.8
999 650	687	4.5	3.0	725 747	274 253	2.1	0.6	44 565	955 435	−0.2	−1.7	32	999 968	−2.5	−3.9
998 134	1 350	4.4	2.9	691 462	308 538	2.0	0.5	35 930	964 070	−0.3	−1.8	21	999 979	−2.6	−4.0
998 445	1 866	4.3	2.8	655 422	344 578	1.9	0.4	28 716	971 284	−0.4	−1.9	13	999 987	−2.7	−4.1
996 533	2 555	4.2	2.7	617 911	382 089	1.8	0.3	22 750	977 250	−0.5	−2.0	9	999 991	−2.8	−4.2
995 339	3 467	4.1	2.6	579 260	420 740	1.7	0.2	17 864	982 136	−0.6	−2.1	5	999 995	−2.9	−4.3
993 790	6 210	4.0	2.5	539 828	460 172	1.6	0.1	13 903	986 097	−0.7	−2.2	3	999 997	−3.0	−4.4
991 802	8 198	3.9	2.4	500 000	500 000	1.5	0.0	10 724	989 276	−0.8	−2.3		−4.5		
989 276	10 724	3.8	2.3	460 172	539 828	1.4	−0.1	8 198	991 802	−0.9	−2.4				

【案例】江西某公司 SPC 运用实例

一、公司产品介绍

江西某公司主要生产氯化钴、硫酸钴、四氧化三钴，产品用于动力汽车电池、锂电池、硬质合金和超级合金、瓷器色釉料、工业催化剂。氯化钴和硫酸钴主要关注点是钴含量，还有铁、镁含量。四氧化三钴主要关注磁性物质含量、粒度、松比等。

二、项目行程

第一天

1. 识别客户要求
2. 识别关键工序
3. 识别特殊特性
4. 识别要用的控制图（X－R 图、X－MR 图、C 图、U 图等）
5. 与相关人员确定控制图，并明确使用控制图的时机
6. 对控制图，过程能力进行培训

第二天

1. 提供模板，单独辅导品质人员如何制作控制图
2. 辅导如何计算过程能力
3. 辅导如何判定异常
4. 辅导生产现场人员，现场品质人员如何使用控制图，识别异常
5. 现场开始全面导入 SPC

第三天

1. 制作 SPC 运用流程和控制图使用相关作业指导书
2. 培训控制图流程和相关作业指导书
3. 现场查看并指导 SPC 运用，并给出整改意见。

三、项目策划结果

表 4－12　SPC 控制图策划表

工序	输入	输出	产品特性	抽样地点	控制图	绘图人	过程特性	抽样地点	控制图	绘图责任人
钴萃取 204	钴浸出液	除杂后液					锰含量	生产部取样，A6 段，100ml	X－MR	品质部，8 小时
钴萃取 507	除杂后液	硫酸钴浓液或氯化钴溶液					(大)钙／(小)镁含量	(大)生产部在 E25 取样，100ml (小)生产部在 D25 取样 100ml	X－MR	品质部，8 小时
成品车间	硫酸钴浓液或氯化钴溶液	结晶成品	铁，镁	成品待检区，品管部，每批按包 20%，抽样，400g	X－MR 图	品质部				
四氧化三钴成品	氧化钴滤	四氧化三钴	磁性物质，粒度	成品待检区，品管部，每批按包数抽样 3kg	X－MR 图	品质部				

由于行业的特殊性，每次抽样只能测试一个数据，所以只能做 X－MR 图。半成品一般由车间取样，品质部化验；成品则由品质部取检、化验、绘图。当时现场用 4 张 A4 纸做成看板挂在车间：第一张是数据记录、第二张是 X 图、第三张是 MR 图、最后一张是原因分析和改善图。

表4-13　X-MR控制图

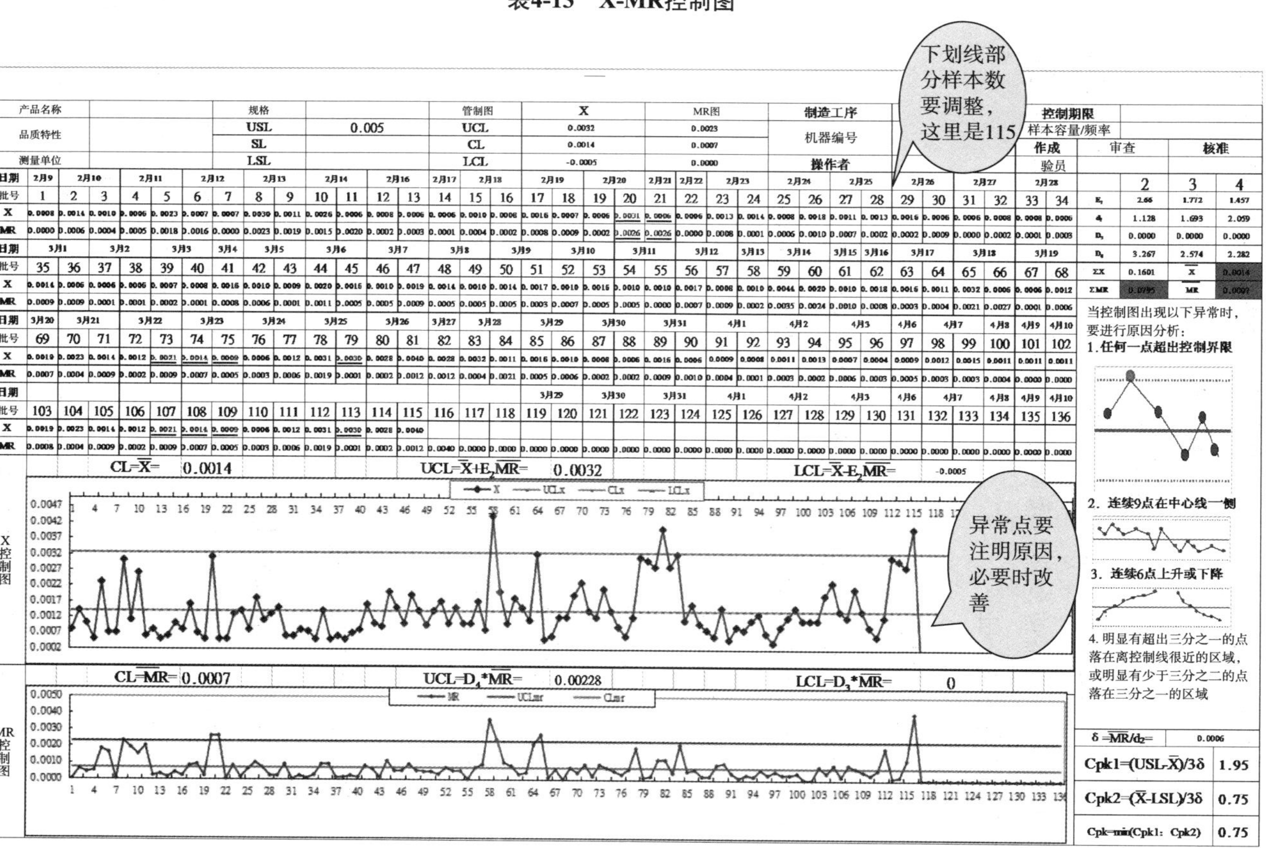

产品名称		规格		管制图	X	MR图	制造工序		控制期限		
品质特性		USL	0.005	UCL	0.0032	0.0023	机器编号		样本容量/频率		
		SL		CL	0.0014	0.0007			作成	审查	核准
测量单位		LSL		LCL	-0.0005	0.0000	操作者		验员		

日期	2月9	2月10		2月11		2月12		2月13		2月14		2月16		2月17	2月18		2月19		2月20		2月21	2月22	2月23		2月24		2月25		2月26		2月27		2月28	
批号	1	2	3	4	5	6	7	8	9	10	11	12	13	14	15	16	17	18	19	20	21	22	23	24	25	26	27	28	29	30	31	32	33	34
X	0.0008	0.0014	0.0010	0.0006	0.0023	0.0007	0.0007	0.0030	0.0011	0.0026	0.0006	0.0008	0.0006	0.0006	0.0010	0.0008	0.0016	0.0007	0.0006	0.0031	0.0006	0.0006	0.0013	0.0014	0.0008	0.0018	0.0011	0.0013	0.0016	0.0006	0.0006	0.0008	0.0008	0.0006
MR	0.0000	0.0006	0.0004	0.0005	0.0018	0.0016	0.0000	0.0023	0.0019	0.0015	0.0020	0.0002	0.0003	0.0001	0.0004	0.0002	0.0008	0.0009	0.0002	0.0026	0.0026	0.0000	0.0008	0.0001	0.0006	0.0010	0.0007	0.0002	0.0002	0.0009	0.0000	0.0002	0.0001	0.0003

日期	3月1		3月2		3月3		3月4	3月5		3月6		3月7		3月8		3月9		3月10		3月11		3月12		3月13	3月14		3月15	3月16	3月17		3月18		3月19	
批号	35	36	37	38	39	40	41	42	43	44	45	46	47	48	49	50	51	52	53	54	55	56	57	58	59	60	61	62	63	64	65	66	67	68
X	0.0014	0.0006	0.0006	0.0006	0.0007	0.0008	0.0016	0.0010	0.0009	0.0020	0.0016	0.0010	0.0019	0.0014	0.0010	0.0014	0.0017	0.0010	0.0016	0.0010	0.0010	0.0017	0.0008	0.0010	0.0044	0.0020	0.0010	0.0018	0.0016	0.0011	0.0032	0.0006	0.0006	0.0012
MR	0.0009	0.0009	0.0001	0.0001	0.0002	0.0001	0.0008	0.0006	0.0001	0.0011	0.0005	0.0005	0.0009	0.0005	0.0005	0.0005	0.0003	0.0007	0.0005	0.0005	0.0000	0.0007	0.0009	0.0002	0.0035	0.0024	0.0010	0.0008	0.0003	0.0004	0.0021	0.0027	0.0001	0.0006

日期	3月20	3月21		3月22		3月23		3月24		3月25		3月26		3月27	3月28		3月29		3月30		3月31		4月1		4月2		4月3		4月6	4月7		4月8	4月9	4月10
批号	69	70	71	72	73	74	75	76	77	78	79	80	81	82	83	84	85	86	87	88	89	90	91	92	93	94	95	96	97	98	99	100	101	102
X	0.0019	0.0023	0.0014	0.0012	0.0021	0.0014	0.0009	0.0006	0.0012	0.0031	0.0030	0.0028	0.0040	0.0028	0.0032	0.0011	0.0016	0.0010	0.0008	0.0006	0.0016	0.0006	0.0009	0.0008	0.0011	0.0013	0.0007	0.0004	0.0009	0.0012	0.0015	0.0011	0.0011	0.0011
MR	0.0007	0.0004	0.0009	0.0002	0.0009	0.0007	0.0005	0.0003	0.0006	0.0019	0.0001	0.0002	0.0012	0.0012	0.0004	0.0021	0.0005	0.0006	0.0002	0.0002	0.0009	0.0010	0.0004	0.0001	0.0003	0.0002	0.0006	0.0003	0.0005	0.0003	0.0003	0.0004	0.0000	0.0000

日期																	3月29		3月30		3月31		4月1		4月2		4月3		4月6	4月7		4月8	4月9	4月10
批号	103	104	105	106	107	108	109	110	111	112	113	114	115	116	117	118	119	120	121	122	123	124	125	126	127	128	129	130	131	132	133	134	135	136
X	0.0019	0.0023	0.0014	0.0012	0.0021	0.0014	0.0009	0.0006	0.0012	0.0031	0.0030	0.0028	0.0040																					
MR	0.0008	0.0004	0.0009	0.0002	0.0009	0.0007	0.0005	0.0003	0.0006	0.0019	0.0001	0.0002	0.0012	0.0040	0.0000	0.0000	0.0000	0.0000	0.0000	0.0000	0.0000	0.0000	0.0000	0.0000	0.0000	0.0000	0.0000	0.0000	0.0000	0.0000	0.0000	0.0000	0.0000	0.0000

	2	3	4
E_2	2.66	1.772	1.457
d_2	1.128	1.693	2.059
D_3	0.0000	0.0000	0.0000
D_4	3.267	2.574	2.282
ΣX	0.1601	$\overline{X}$	0.0014
ΣMR	0.0795	$\overline{MR}$	0.0007

X控制图：$CL=\overline{X}=$ 0.0014　$UCL=\overline{X}+E_2\overline{MR}=$ 0.0032　$LCL=\overline{X}-E_2\overline{MR}=$ -0.0005

MR控制图：$CL=\overline{MR}=$ 0.0007　$UCL=D_4*\overline{MR}=$ 0.00228　$LCL=D_3*\overline{MR}=$ 0

当控制图出现以下异常时，要进行原因分析：

1. 任何一点超出控制界限
2. 连续9点在中心线一侧
3. 连续6点上升或下降
4. 明显有超出三分之一的点落在离控制线很近的区域，或明显有少于三分之二的点落在三分之一的区域

$\delta=\overline{MR}/d_2=$	0.0006
$Cpk1=(USL-\overline{X})/3\delta$	1.95
$Cpk2=(\overline{X}-LSL)/3\delta$	0.75
Cpk=min(Cpk1：Cpk2)	0.75

由于行业的特殊性，我们只要求计算 PPK，不算 CPK。加之因为过程不是很稳定、异常点不去除，所以只注明原因改善方案。

【案例】福建某公司培训辅导 SPC 实例

该公司拥有多项国家专利，是国内极少完全拥有 LCD 液晶显示器光学材料核心技术的企业，是国内唯一拥有全系列背光模组光学材料生产技术的高科技企业。

一、培训目的

通过培训，让企业相关人员真正理解 SPC 的作用及运用的意义，能灵活运用 SPC 控制图，达到提升品质、降低成本的作用。

二、培训时间

2016. 7. 12—2016. 7. 14，共三天。

三、培训对象

所有中高层管理人员、品质人员、生产部管理人员、品质与生产文员等。

四、培训工作进度

第一层觉知：诊断阶段

××公司主要做导光板和扩散板，工艺流程主要有：原材料——仓储——热熔——挤出——成型——冷却——横切边切——全检——托盘——成品仓。关键特性有：板的长、宽、厚、透光率、YI、雾度等。其中，厚度一般会影响最终客户的安装与使用，长和宽会影响成本，光学性能比较稳定，检验是破坏性的。生产部门为生产一部和二部，每个部门包括 A、B 班。初步识别需要 SPC 控制的关键特性和方法有：

表 4－14　福建××SPC 策划表

序号	工序	控制点	控制图	数据	责任人	时机	仪器	备注
1	试产	厚度	PPK 值>=1.67	30 个及以上数据，每片 3 个点以上	品质部	每个机种试产，边切横切后，按机种分开做	卡尺	所有试产机种
2	边切横切	厚度	X－R 图，CPK>=1.33	25 组及以上数据	品质部	根据厚度分开做，每条线和每个班次分开	卡尺	每组 3 个以上数据，以下厚度要做：1.17
3	边切横切	光学性能	X－MR 图，CPK>=1.33	100 组及以上数据	品质部	按材料分开做，不同材料用不同的控制图		导光板做透光率，YI，扩散板做透光率，雾度，所有材料都要做。
4	边切横切	外观	P 图	50 组及以上数据	品质部	不同线不同班次分开来做	目视	样品容样 500 以上，所有规格型号都要做

第二层觉知：培训与案例模拟

培训主要内容有：

1. SPC 定义与用途
2. SPC 的作用
3. SPC 的原理
4. 控制图的分类与选择原则
5. 计量控制图
6. 计数控制图
7. 特殊控制图（2/3）
8. 控制图的异常判定
9. 过程能力计算

10. 运用 SPC 常见错误分析

培训过程中发现学员基础差，很多概念是第一次接触，一时无法理解，再加上 SPC 涉及很多高中和大学的数学知识，对学员来说，理解特别困难。同时在制作控制图时发现，学员对制作控制图的步骤并不了解。于是培训第二天，改为练习与案例教学结合。老师先讲方法与步骤，然后以学员亲自模拟企业实际练习为主，通过这种方法，员工慢慢开始理解 SPC 如何运用。

练习题如下：

1. 如果导光板透光率每小时只测量一个数值，并且要有控制图，只能用__________（X－R 图、X－MR 图、P 图）。

2. 如果长度 1600 ±5mm，用卷尺测量，分辨率 1mm，是否可用控制图来控制？

3. 某产品厚度 0.2mm ±0.03，过程中心线 =0.201，管制上线 =0.22，管制下线 0.182，Usl =____LSL =____SL =____CL =____UCL =____LCL =____

4. 下面哪个是越小越好：CPK，PPK。

5. 某个产品 CPK≥1.33，说明：A. 没有不良品；B. 满足国际标准要求；C. 还是有些不良品。

6. 过程稳定情况下用：A. CPK；B. PPK

7. SPC 的主要作用有：A. B. C.

8. 某款产品厚度每 PCS 都全检了，请问还要 SPC 吗？

9. 判定控制线找到了就不要改变。

10. 下图说明：A. CPK 值肯定偏小，因为过程中心偏了；B. 产品特性偏下限，要调整生产过程；C. 没有不良品产生。

11. 模拟制作图、X－R 图、X－MR 图。

第三层觉知：用真实数据来实践操作

品质与生产部门用老师提供的模板来计算 P 图、X－R 图、X－MR

图时，发现了不少问题。就拿厚度来说，如果用计算的控制线来预警，那么可能会出现天天预警的情况。公司的过程能力暂时还没有达到这个水平，而且控制线计算也比较复杂。因此老板建议，针对厚度的 X－R 图控制线用公差 2/3 来控制，这种方法在相同行业均有应用，简单易行、方便有效、切合实际。

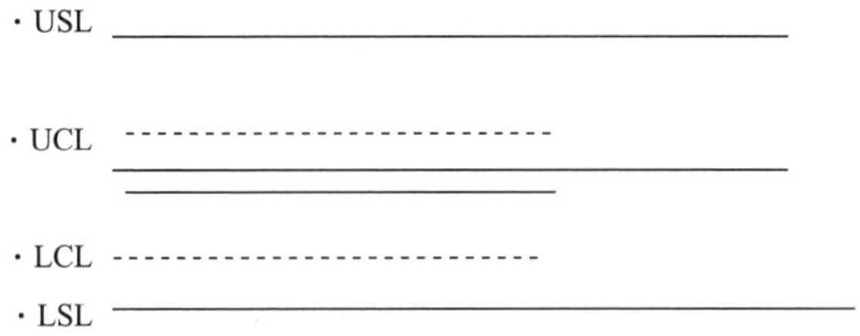

· USL

· UCL

· LCL

· LSL

图 4－17　第 10 题图

针对 P 图，生产部计算非正常损耗的产出率，公司目标要求 96% 以上，而实际只有 85% ～95% 的水平。如果用品质目标来预警的话，就可能是每天预警，于是老师建议把生产一部的控制线改为 85% ～95%，低于 85% 要写改善方案。同时 A、B 班要分开来做报表，用于比对、唤醒员工良知、激发改善的动力。

针对 X－MR 图，用于控制光学性能，CPK 值达到 12 以上，属于严重品质过剩，公司反映光学性能一直很稳定，暂时没有用 SPC 控制的必要。

7 月 14 日下午，SPC 小组召开总结会议，会议决议如下：

表 4－15　福建 × ×SPC 策划表（正式版）

序号	工序	控制点	控制图	数据	责任人	时机	仪器	备注
1	试产	厚度	PPK 值≥ 1.67	30 个及以上数据，每片 3 个点以上	品质部	每个机种试产，边切横切后，按机种分开做	卡尺	所有试产机种

续表

2	边切横切	厚度	X－R 图，CPK≥1.33	25 组及以上数据	品质部	根据厚度分开做，每条线和每个班次分开	卡尺	每组 3 个以上数据，以下厚度要做：1.17
3	边切横切	光学性能	X－MR 图，CPK≥1.33	100 组及以上数据	品质部	按材料分开做，不同材料用不同的控制图。		导光板做透光率，YI，扩散板做透光率，雾度，所有材料都要做。
4	边切横切	外观	P 图	50 组及以上数据	品质部	不同线不同班次分开来做	目视	样品容样 500 以上，所有规格型号都要做

五、建议

1. 加强企业文化的建立、培训、宣导。一定要注入中国的传统文化，一切外来的管理模式如果不和中国传统的儒释道思想相融合，就都是空中楼阁，无法落地。

2. 大力推行东方思维模式的 QCC 品管圈，调动全员的积极性，加强技术创新和管理创新，打造行业标杆。

3. 适当地引用 6sigma 的科学管理思想与方法，加强现场改善。

4. 建立企业文化宣传橱窗，加强企业凝聚力建设。

5. 新项目导入 PPAP 流程。

六、培训心得

不执着于标准与规则，能帮助企业成长适用的才是好的管理模式。通过比喻和互动的方式，提升培训效果。

第五章

PPAP：生产件批准

第一节 PPAP 基础

1. 什么是 PPAP

PPAP 是指顾客对供应商的产品、生产条件、生产过程等方面的书面约定与认可。一般指试产成功后的提交，客户承认的不仅是产品规格、外观、功能、性能等，而且还要承认生产过程和产能。

2. PPAP 的作用

确定供方是否已经正确理解了顾客工程设计记录和规范的所有要求，并且在执行所要求生产节拍下的实际生产过程中，具有持续满足这些要求的潜在能力。

即使样品承认合格，也不代表生产过程稳定，能批量供货。可能抽取的样品是在几十件或上百件中选出的良品，但实际过程很差，所以依旧需要对过程承认。同样的，如果品质保证了，也不代表有足够的供货能力，仍旧可能没办法保证客户生产线正常生产。

3. PPAP 的责任人员

PPAP 一般由设计部门或工程部门制作、统筹，业务部门负责提交并跟进。PPAP 包括了 19 份资料，涉及采购、生产、品质、工程、业务等部门，所以需要各部门大力配合。

4. PPAP 专业术语解释

4.1 散装材料，一般指固化剂、黏着剂、氧化钴、塑胶粒、氧化剂等液体或固体散装材料。如果在产品中含有这些，必须填写一份清单给客户。如塑胶电镀厂会用到大量散装材料，就要写一份清单给客户批准。

4.2 PSW，即零件提交保证书。具体是 PPAP 准备完成后，供应商内部承认，并给到客户承认的一份综合性资料，也是一份证据。

4.3 AAR，即外观批准书。这个外观指颜色深浅、亮度、粗糙度、纹理等。一般都要打色差，不能打色差时，就要制作限度样做比对。需要注意的是，这里的外观和其他外观（刮伤、批锋、毛边、暗点、缺胶）是不一样的。

4.4　生产件，在生产现场使用与生产环境相同的工装、量具、工艺、材料和操作人员进行生产，而不是工程研发人员做出的产品。

4.5　关键产品特性（KPC）和关键控制特性（KCC）。KPC一般指产品、半成品、原材料上表现出来的特性，如尺寸、外观、强度、硬度等。KCC一般指工艺上表现出来的特性，如温度、时间、压力、速度、扭力等。

4.6　CMK，是设备能力指数，计算公式等同于PPK，一般指新设备或设备大修后对设备的性能进行验证的过程参数。

5. PPAP过程要求

5.1　有代表性的产品。

5.2　是1小时到8小时的生产，且规定的生产数量至少为300件连续生产的部件，除非顾客代表另有规定；散装材料根据客户代表或客户要求规定产量。

5.3　在生产现场使用与生产环境相同的工装、量具、工艺、材料和操作人员进行生产。

5.4　手工样品不能用于PPAP，研发工程人员制作的产品也不能用于PPAP，临时治具加工出的产品不能用于PPAP。

6. PPAP 提交流程

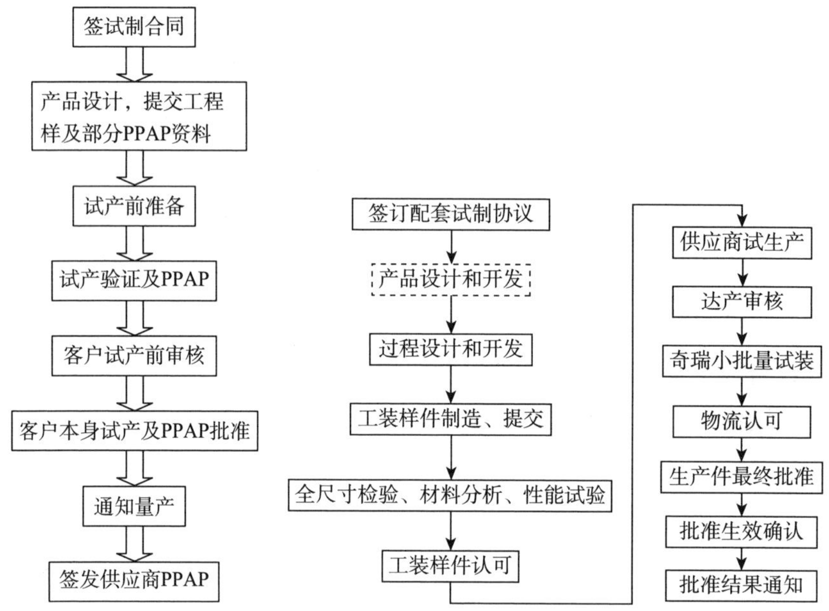

图 5－1　× ×公司 PPAP 流程图

7. PPAP 提交等级

等级 1——只向顾客提交保证书（对指定的外观项目，还应提交一份外观批准报告）；

等级 2——向顾客提交保证书和产品样品及有限的支持数据；

等级 3——向顾客提交保证书和产品样品及完整的支持数据；

等级 4——提交保证书和顾客规定的其他要求；

等级 5——在供方制造厂备有保证书、产品样品和完整的支持性数据以供评审。

如果客户没有其他的规定，则供方必须使用等级 3 作为默认等级进行全部提交。

等级 3 最严格，不但要提交，资料还要发行并使用。

严格程度排序：等级3、等级2、等级1、等级5、等级4。

S要求提交客户，并发行。

R要求资料发行，不一定提交。

*要求资料不发行，不一定提交，当客户要时提交即可。

表5-1　供应商PPAP文件提交等级表

序号	文件名称	等级1	等级2	等级3	等级4	等级5	备注
1	设计记录	R	S	S	*	R	
	对于专利部件/详细资料	R	R	R	*	R	
	对于所有其他部件/详细资料	R	S	S	*	R	
2	工程更改文件	R	S	S	*	R	
3	过程批准	R	R	S	*	R	
4	DFMEA	R	R	S	*	R	
5	过程流程图	R	R	S	*	R	
6	PFMEA	R	R	S	*	R	
7	尺寸结果	R	S	S	*	R	
8	材料试验记录	R	S	S	*	R	
	性能试验记录	R	S	S	*	R	
9	初始过程研究	R	R	S	*	R	
10	测量系统分析	R	R	S	*	R	
11	实验室的资格文件	R	S	S	*	R	
12	控制计划	R	R	S	*	R	
13	零件提交保证书	S	S	S	S	R	
14	外观件批准报告	S	S	S	*	R	
15	散装材料检查表	R	R	R	*	R	
16	生产件样品	R	S	R	*	R	
17	标准样品	R	R	R	*	R	

续表

18	检查辅具	R	R	R	*	R	
19	顾客特殊要求（节拍生产及产能）	R	R	S	*	R	
20	包装规范（需要时）	R	R	S	*	R	
注：S 表示供应商必须向指定的顾客产品批准部门提交，并在适当的场所，包括制造场所，保留一份记录或文件 R 表示供应商必须在适当的场所，包括制造场所保存，顾客代表有要求时应易于得到 * 表示供应商必须在适当的场所保存，并在有要求时向顾客提交							

8. PPAP 批准结果

8.1　完全批准，是指该零件或材料满足顾客所有的规范和要求。

8.2　临时批准，是在有限的时间或零件数量的前提下，允许运送生产需要的材料。只有当供方在下列情况下，可给予临时批准：

表示已明确了影响批准的不合格品的根本原因。

表示已准备了一份顾客同意的临时批准计划。若要获得“完全批准”，需要再次提交。

一份临时批准文件所包括的材料，若没能按截止日期或规定的发运量来满足已由顾客同意的措施计划，则会被拒收。如果没有同意延长临时批准，则不允许再发运。

8.3　拒收，是指从批量产品中提交出的样品和配备文件不符合顾客的要求。因此，在按批量发运之前，必须提交和批准已更改的产品和文件。

9. PPAP 提交时机

9.1　必须提交：

9.1.1　一种新的零件或产品。

9.1.2　对以前提交零件不符合的纠正。

9.1.3　由于设计记录、规范或材料方面的工程更改引起的产品改变。

9.2 通知客户，按客户要求提交：

9.2.1 和以前批准的零件或产品相比，使用了其他不同的加工方法或材料。

9.2.2 使用新的或改进的工装（不包括易损工装）、模具、铸模、模型等，包括附加的或替换用的工装。

9.2.3 在对现有的工装或装备进行翻新或重新布置之后进行生产。

9.2.4 生产是在工装和设备转移到不同的工厂或在一个新增的厂址进行的。

9.2.5 分承包方对零件或服务（如热处理、电镀、油漆）的更改，从而影响顾客的装配、成型、功能、耐久性或性能的要求。

9.2.6 在工装（如模具）停止批量生产达到或超过12个月以后重新启用而生产的产品。

9.2.7 涉及由内部制造的或由分承包方制造的生产产品部件的产品和过程更改。这些部件会影响销售产品的装配性、成型、功能、性能和或耐久性。另外，在提交顾客之前，供方必须就分承包方提出的任何申请，先与分承包方达成一致。

9.2.8 由于新技术的采用导致试验检验方法的更改（不影响接受准则）。

案例学习：××汽车公司PPAP提交时机

在下列情况下送工装样品：

1. 采用新产品、新材料、新供应商（含供应商的关键供应链变更）时，必须进行工装样件认可。

2. 对影响配合、工艺性、外观、产品性能、可靠性、耐久性的产品定义更改时，汽研院应要求供应商提交OTS工程样件认可。

3. 若汽研院确认除上述两种情形外其他产品定义更改无须进行工装样件认可。则需书面通知质保部；由质保部决定进入小批量试装或直接进入批量。

4. 当发生以下情形时，由质保部决定是否要求供应商及汽研院进行工装样件认可，若需要，则书面通知汽研院，若不需要，则必须由质保部进行过程确认，然后决定进入小批量试装或直接进入批量。

●供应商关键工装、关键设备、生产场地、生产工艺、控制计划的变更。

●增加新的生产过程，如添加生产线等。

●供应商的非关键供应链变更。

●发生严重不合格，整改完成后重新供货。

●生产工装停产 6 个月以上再投入生产。

在下列情况下进行 PPAP 提交：

①一种新的零件或产品（如以前从未提供给××公司的特殊零件、材料或颜色）。

②对以前不合格，且严重影响产品性能、功能、可靠性、明显外观的情况，进行改进后，重新提交的零件。

③由于产品设计、设计规范或材料的改变而发生的产品变化。

④使用新的或改变了的工具（易损工具除外）、模具、铸造、仿型等，包括附加的和可替换的工具进行的生产。

⑤新的关键工装或关键工装进行了结构性或功能性返修、调整；生产过程或生产方法发生了明显变化后进行的生产；把工装或设备转到其他生产场地或在另一生产场地进行生产；零件、材料或服务（如热处理、电镀）的来源，即供应链，发生了变化；工装在停止批量生产达 6 个月以上后重新投入生产。

10. PPAP 与其他质量管理工具的关系

PPAP 会用到以下质量工具：

10.1　FMEA 潜在失效模式与效应分析（DFMEA、PFMEA）

10.2　控制计划（量产）

10.3　SPC 统计过程控制（$\overline{X}-R$ 图或 PPK 图）

第二节　PPAP 资料要求

1. 设计记录

一般指 2D 图、3D 图、电性图、线路图、结构图、组装图、模具图等。

2. 工程更改文件

参见 APQP 的产品变更履历表。

表 5－2　工程变更通知单

<table>
<tr><td>产品型号</td><td></td><td>日期</td><td></td><td>发出部门</td><td>项目部</td><td>NO：</td></tr>
<tr><td>变更主题</td><td colspan="6"></td></tr>
<tr><td rowspan="2">更改性质</td><td colspan="6">□永久更改　□临时更改（自　　年　月　日至　　年　月　日止，变易自动取消）</td></tr>
<tr><td colspan="4">开始执行日期：</td><td colspan="2">开始执行订单号：________</td></tr>
<tr><td>更改类别</td><td colspan="6">□零件　□包装　□模具　□功能　□测试要求或测试夹具
□工作方法或流程　□其他：________</td></tr>
<tr><td colspan="7">更改原因：</td></tr>
<tr><td rowspan="4"></td><td rowspan="4">取消</td><td colspan="2">材料编号</td><td>名称/规格</td><td>位置</td><td>数量</td></tr>
<tr><td colspan="2"></td><td></td><td></td><td></td></tr>
<tr><td colspan="2"></td><td></td><td></td><td></td></tr>
<tr><td colspan="2"></td><td></td><td></td><td></td></tr>
</table>

续表

<table>
<tr><td rowspan="15"></td><td rowspan="3">增加</td><td></td><td></td><td></td><td></td></tr>
<tr><td></td><td></td><td></td><td></td></tr>
<tr><td></td><td></td><td></td><td></td></tr>
<tr><td colspan="2">更改前内容描述</td><td>更改标记</td><td>更改处数</td><td>更改后内容描述</td></tr>
<tr><td colspan="2"></td><td></td><td></td><td></td></tr>
<tr><td colspan="2"></td><td></td><td></td><td></td></tr>
<tr><td colspan="2"></td><td></td><td></td><td></td></tr>
<tr><td colspan="3">要求完成日期：</td><td colspan="2">实际完成日期：</td></tr>
<tr><td colspan="5">外购在途物料的处理：□取消订单　□继续交货</td></tr>
<tr><td colspan="5">生产线物料的处理：□特采　□供方返工　□加工使用　□报废　□加工使用　□其他________</td></tr>
<tr><td colspan="5">仓库库存物料的处理：□特采　□供方返工　□报废　□加工使用　□其他________</td></tr>
<tr><td colspan="5">生产线在制产品的处理：□立即执行　□限量生产（限产：　）□其他______</td></tr>
<tr><td colspan="5">生产线已制产品的处理：□入库　□返工　□其他________</td></tr>
<tr><td colspan="5">仓库库存产品的处理：□重工　□出货　□其他________</td></tr>
<tr><td colspan="5">已出货产品的处理：□继续销售　□退回返工　□其他________</td></tr>
<tr><td></td><td colspan="5">其他</td></tr>
<tr><td colspan="6">受影响需要更改的文件</td></tr>
<tr><td colspan="6">□物品料单　□检验规范　□原理图　□布线图　□结构图　□开模图　□样品材料承认书　□其他________</td></tr>
<tr><td colspan="6">分发范围：□品管部　□生产部　□物控部　□生产计划部</td></tr>
<tr><td colspan="6">□采购部　□工程部　□售后　□PIE　□仓库</td></tr>
<tr><td colspan="6">其他：</td></tr>
<tr><td colspan="6">更改人：　　　　　　　　部门审核：　　　　　　　　部门批准：</td></tr>
</table>

表 5－3 PPAP 提交清单

<table>
<tr><td colspan="9">供应商/Supplier：惠州市××塑胶有限公司　　物料编码/Part No：2430－0235－00
提交等级/Submiss Level：3 级　　物流名称/Part Name：旋钮</td></tr>
<tr><td rowspan="2">序号
No</td><td rowspan="2">项目
Item</td><td colspan="5">提交等级
Submission Level</td><td rowspan="2">要求提交时间
Require</td><td rowspan="2">状态
Status</td></tr>
<tr><td>1</td><td>2</td><td>3</td><td>4</td><td>5</td></tr>
<tr><td>1</td><td>PPAP 提交清单
The submission list of PPAP</td><td></td><td>*</td><td>*</td><td></td><td></td><td></td><td></td></tr>
<tr><td>2</td><td>工程变更文件（如果有）
Englineer change documents （if any）</td><td></td><td>*</td><td>*</td><td></td><td></td><td></td><td></td></tr>
<tr><td>3</td><td>顾客工程批准（如果被要求）
Customer engineering approval
（if required）</td><td></td><td></td><td></td><td></td><td></td><td></td><td></td></tr>
<tr><td>4</td><td>过程流程图
Process flow Diagrams</td><td></td><td></td><td>*</td><td></td><td></td><td></td><td></td></tr>
<tr><td>5</td><td>过程 FMEA
PFMEA</td><td></td><td></td><td>*</td><td></td><td></td><td></td><td></td></tr>
<tr><td>6</td><td>控制计划
Control plan</td><td></td><td></td><td>*</td><td></td><td></td><td></td><td></td></tr>
<tr><td>7</td><td>测量系统分析
Measurement System Analysis</td><td></td><td></td><td>*</td><td></td><td></td><td></td><td></td></tr>
<tr><td>8</td><td>全尺寸检验报告
Dimensional inspection report</td><td></td><td>*</td><td>*</td><td></td><td></td><td></td><td></td></tr>
<tr><td>9</td><td>材料、性能试验报告
Material，performance tests report</td><td></td><td>*</td><td>*</td><td></td><td></td><td></td><td></td></tr>
<tr><td>10</td><td>初始过程能力研究
Initial Process Studies （SPC）</td><td></td><td></td><td>*</td><td></td><td></td><td></td><td></td></tr>
<tr><td>11</td><td>合格实验室文件
Qualified Laboratory Documentation</td><td></td><td>*</td><td>*</td><td></td><td></td><td></td><td></td></tr>
<tr><td>12</td><td>外观批准报告（AAR），若适用
Appearance Approval Report，（AAR） if</td><td>*</td><td>*</td><td>*</td><td></td><td></td><td></td><td></td></tr>
</table>

续表

13	生产件样品 Sample product							
14	标准样品 Master sample		*	*				
15	检查辅具 Checking aids			*				
16	产品检查基准书 Product inspection reference book			*				
17.1	APQP 小组名单 APQP team members			*				
17.2	供应商清单 Suppliers list			*				
17.3	零件变更履历表 Parts changing record			*				
17.4	特殊特性清单 C. C. /S. C. LIST			*				
17.5	包装方案 Packing SOP			*				
17.6	产能分析报告 Production capability analysis report			*				
17.7	安全投产计划 Safe launch plan			*				
18	零件提交保证书 Part Submission Warrant	*	*	*				
19	出货检查成绩表 Rulk material cheaklist							

3. 顾客工程批准（如果有，这里批试样批准书）

打样阶段的批准证据，如签样、签承认书等。

表 5-4 江苏××汽车电子有限公司工程样品评估报告

Form ID 受控号：　　Revision 版本：00　　Page：1 of 1

Part Name 名称： CD1126 旋钮外罩	Part No 编码 2430-0236-00	End Product Name 产品 TP9159
Part Level 等级 3 级	Sample Qty 数量 20CS	Date Submitted 提交日期 2013. 3. 17
Supplier 供应商 ××塑胶涂料有限公司		Part Made Date 生产日期 2013. 3. 14
Dimension 尺寸 Drawing No.（including level）图纸号（含等级）：2430-0235-00 Result 结果： （with detail data report 附具体报告）　■Pass 合格　□Fail 不合格　□N/A 不适用 Material 材料 Requirement 要求：见图纸。 Result 结果： ■Pass 合格　□Fail 不合格　□N/A 不适用		
Apperance 外观： Requirement 要求：无划伤，锈蚀，断裂等缺陷； Result 结果： ■Pass 合格　□Fail 不合格　□N/A 不适用		
Fitting Funciton 组装 Requirement 要求：超声波焊接可靠； Result 结果： ■Pass 合格　□Fail 不合格　□N/A 不适用		
Environmental requriement 环境要求 Requirement 要求： Result 结果： ■Pass 合格　□Fail 不合格　□N/A 不适用		
Other Requirement 其他要求： ■Pass 合格　□Fail 不合格		

续表

Validation Result 结果： ■ Approved 批准 □ Rejected 拒收 □ Conditional Approval，under the condition（pls state detail）条件认可（请具体指出） __________ __________ __________	
Prepared by 编制：	Date 日期：2013. 3. 18
Confirmed by 核对：	Date 日期：2013. 3. 18
Approved by 批准：	Date 日期：2013. 3. 18

4. 设计 FMEA

包括设计系统、子系统、部件 FMEA，其中方块图不需要提交。针对严重度高、RPN 分数高的情况要采取相应的措施，切忌一个改善措施都没有。现行设计控制包括预防和探测两种手段，预防主要是设计规格、模拟实验，而探测则主要是设计验证（如测试、实验）。

5. 过程流程图

过程流程图包括成品组装流程、半成品组装流程图、零件成型加工流程图。特别注意，一定要用流程图标准格式填写，如△代表储存，○代表加工，□代表检验，每个工序要注明过程特性和产品特性。系统、子系统及物料不可做在一张流程图上，需要分开。另外须注意的是，在绘制流程图的过程中，要把不合格的流程也要画出来。这个流程图包括：机座加工流程图、内胆成型流程图、箱体组装流程图、成品总装流程图。该流程图的最大问题是品质异常的流程没有描述出来。

表 5-5 过程流程图

							产品型（代号）号	TP 9159 2430－0235－00	共 页
							零件号/零件名称	CD1126 旋钮外罩	第 页
序号	操作说明	加工 ◇	搬运 ○	存放 △	检验 □	序号	产品特性	编号	过程特性
1	进料检验				□	1.1	颜色		
					□	1.2	颗粒的均匀度		
					□	1.3	水分的含量		
					□	1.4	韧性		
					□	1.9	环境物质		
2	原材料入库		○	△				2.1	归类错误
			○					2.2	受潮
3	领料		○					3.1	领错料
								3.2	少领
4	烘料	◇				4.1	胶料外观		
		◇				4.2	胶料水分含量		
		◇				4.3			时间
		◇				4.4			温度
5	上模/设定参数	◇						5.1	射不出胶
		◇						5.2	不通水
		◇						5.3	漏胶
6	成型	◇				6.1	产品外观		
		◇				6.3	客户要求尺寸		
		◇				6.7			温度
		◇				6.8			压力
		◇				6.9			时间
		◇				6.10			位置
		◇				6.11			流量

续表

7	检查		7.1	漏检		
8	包装	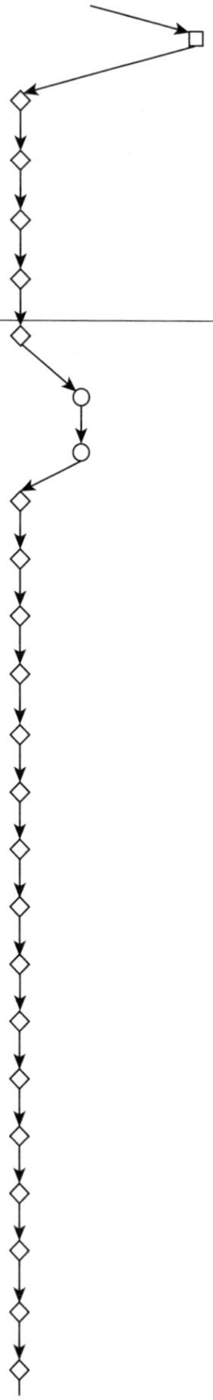	8.1	多装		
			8.2	少装		
			8.3	标示错误		
			8.4	混料		
			8.5	杂物（纸屑，瓜子壳，果皮等）		
9	入库				9.1	归类错误
10	领料				10.1	领错料
11	上挂		11.1	碰伤产品		
12	上机		12.1	碰伤产品		
13	除油				13.1	药水浓度不适中
14	粗化				14.1	药水浓度不适中
15	水洗		15.1	产品水洗不干净		
16	中和				16.1	药水浓度不适中
17	预浸				17.1	药水浓度不适中
18	钯水				18.1	药水浓度不适中
19	水洗		19.1	产品水洗不干净		
20	解胶				20.1	药水浓度不适中
21	水洗		21.1	产品水洗不干净		
22	化学镍				22.1	药水浓度不适中
23	水洗		23.1	产品水洗不干净		
24	酸洗				24.1	药水浓度不适中
25	水洗		25.1	产品水洗不干净		
26	焦铜				26.1	药水浓度不适中

续表

27	水洗	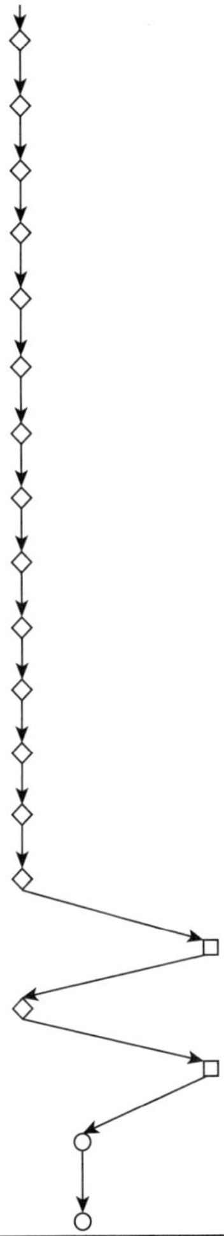	27. 1	产品洗不干净		
28	酸洗				28. 1	药水浓度不适中
29	光铜				29. 1	药水浓度不适中
30	水洗		30. 1	产品洗不干净		
31	酸洗				31. 1	药水浓度不适中
32	水洗		32. 1	产品洗不干净		
33	半光镍				33. 1	药水浓度不适中
34	光镍				34. 1	药水浓度不适中
35	镍封				35. 1	药水浓度不适中
36	水洗		36. 1	产品洗不干净		
37	光铬				37. 1	药水浓度不适中
38	水洗		38. 1	产品洗不干净		
39	烘干		39. 1	产品未烘干		
40	下挂		40. 1	碰伤产品		
41	全检		41. 1	漏检		
42	包装		42. 1	少装		
43	抽检		43. 1	产品或碰伤，少/多装		
44	入库				44. 1	纸箱变形
45	出货				45. 1	标示错误

6. 过程 FMEA

过程 FMEA 需要根据流程图来做，有几份流程图就要做几份 FMEA。以下案例中有四份流程图，严重度高的和 RPN 分数相对高的要采取相应措施，切忌一个改善措施都没有。现行过程控制包括预防和探测两种手段，都要填写清楚。千万注意失效模式与失效原因不要混淆，另外特殊特性一定要用指定符号在级别栏注明。

表 5－6　PFMEA（潜在失效模式及后果分析）

项目名称：汽车音箱旋钮外罩　　过程责任：××塑胶涂料有限公司　　编制人：　审核：　　FMEA 编号：JYF－TD－R－037－01

工程放行日期/主要生产日期：2013. 3. 8　　FMEA 日期：2013. 3. 8　　核心小组：

过程	功能要求	潜在失效模式	潜在失效后果	严重度(S)	分类	潜在失效起因/机制	现行制程管制				RPN	建议的措施	负责单位、人员及完成日期	措施所产生的后果				
							预防(P)	发生性	探测	探测度				采取的措施	S	O	D	RPN
1. 进料检验	依据原材料承认书及原材料检验规范检验出材料中的不良	水分多	成型不稳定，会使产品产生缺料，导致报废	6		胶料与空气接触会产生水分	将散装的材料进行密封并捆扎好	3	成型实验	9	162							
						供应商仓库未对温湿度管控	定期对供应商进行稽核并辅导	3	抽检	9	162							
			成型不稳定，会使产品产生披锋，导致重工	3		胶料与空气接触会产生水分	将散装的材料进行密封并捆扎好	3	实验	9	81							
						供应商仓库未对温湿度管控	定期对供应商进行稽核并辅导	3	抽检	9	81							
			成型不稳定，会使产品产生流纹，导致报废	6		胶料与空气接触会产生水分	将散装的材料进行密封并捆扎好	3	实验	9	162							

续表

			成型不稳定，会使产品产生流纹，导致报废	6		供应商仓库未对温湿度管控	定期对供应商进行稽核并辅导	3	抽检	9	162							
			成型不稳定，会使产品产生料花，导致重工	6		胶料与空气接触会产生水分	将散装的材料进行密封并捆扎好	3	成型实验	9	162							
			成型不稳定，会使产品产生料花，导致重工	5		供应商仓库未对温湿度管控	定期对供应商进行稽核并辅导	3	抽检	9	135							
			成型不稳定，会使产品产生变形，导致报废	6		胶料与空气接触会产生水分	将散装的材料进行密封并捆扎好	3	成型实验	9	162							
						供应商仓库未对温湿度管控	定期对供应商进行稽核并辅导	2	抽检	9	108							

续表

		韧性差	折断力达不到要求，导致产品报废	6						9	0							
						供应商未管制到位	定期对供应商进行稽核并辅导	2	抽检	9	108							
			折断力达不到要求，导致产品报废	6						9	0							
						供应商未管制到位	定期对供应商进行稽核并辅导	2	抽检	9	108							
2. 原材料入库	将检验好的材料用托车拉入原材料仓库储存并标示	归类错误	生产的产品与客户要求不一致，导致报废	8		相似品摆在一起，致使仓管人员归类错误	对仓库人员定期进行培训教育，并把相似的材料分开摆放	1	自检 抽检	6	48							
						归类时外包装标示贴错	对仓库人员定期进行培训	1	自检 抽检	6	48							

续表

3. 领料	依据生管发出的生产制令单到仓库将材料领出	领错料	生产的产品与要求不一致，导致报废	6		制令单上的料号与领料单不一致	对领料人员进行培训教育	1	自检抽检	6	36							
		少领	影响客户生产，客户抱怨	2		领料人员在领料时未确认数量	对领料人员进行培训教育	2	自检抽检	6	24							
4. 烘料	把胶料放入烘料筒内	变黄	产品表面发黄，产品报废	3			对烘料机定期进行保养	2	自检抽检巡检	6	36							
		水分未烘干	成型不稳定，会使产品产生缺料	6			对烘料机定期进行保养	2	自检抽检巡检	6	72							

续表

4. 烘料			成型不稳定，会使产品披锋，导致重工	3			对烘料机定期进行保养	2	自检抽检巡检	6	63							
						潜在失效原因/机制与预防要保持一致		2	自检抽检巡检	6	36							
			成型不稳定，会使产品流纹，导致重工	3		烘料机温控器损坏实际温度比显示温度偏低	对烘料机定期进行保养	2	自检抽检巡检	9	54							
						烘料时间偏短	建立烘料时间管控表，对胶料上料机取料时间进行管控	2	自检抽检巡检	9	108							

续表

4. 烘料			成型不稳定，会使产品料花，导致报废	6		烘料机温控器损坏实际温度比显示温度偏低	对烘料机定期进行保养	2	自检抽检巡检	9	108							
						烘料时间偏短	建立烘料时间管控表，对胶料上料机取料时间进行管控	2	自检抽检巡检	9	12							
			成型不稳定，会使产品变形，导致报废	6		烘料机温控器损坏实际温度比显示温度偏低	对烘料机定期进行保养	2	自检抽检巡检	9	108							
						烘料时间偏短	建立烘料时间管控表，对胶料上料机取料时间进行管控	2	自检抽检巡检	9	72							
		胶料成饼状	料筒堵塞	4		烘料机温控器损坏实际温度比显示温度偏高	对烘料机定期进行保养	2	自检抽检巡检	6	48							

续表

5. 成型		缺料	产品报废	8		射出压力偏小	将产品的成型参数建设标准文件，发行并确认	4	首件巡检自检	6	192							
						射出温度偏低	将产品的成型参数建设标准文件	4	首件巡检自检	6	192							
						模具唧嘴不平	开机前确认	4	自检	6	192							
						模具时与射嘴没有对准	开机前确认	4	自检	6	192							
						射出时间偏短	将产品的成型参数建设标准文件，首件确认	4	首件巡检自检	6	192							
						储料位置未设定	将产品的成型参数建设标准文件，首件确认	4	首件巡检自检	6	192							

续表

5. 成型		披锋	重工	3		射出压力偏大	将产品的成型参数建设标准文件，首件确认	2	首件巡检自检	6	36							
						射出时间偏长	定时对模具进行清洁	2	首件巡检自检	6	36							
						模具表面不平	定时对模具进行清洁	2	自检	6	36							
						锁模高压偏低	将产品的成型参数建设标准文件，首件确认	4	首件巡检自检	6	36							
6. 加工检查		变形	产品报废	8		射出压力偏短	将产品的成型参数建设标准文件，首件确认	2	首件巡检自检	6	96							

续表

6. 加工检查		变形	产品报废	8		冷却时间偏短	将产品的成型参数建设标准文件，首件确认	2	首件巡检自检	6	96							
						模具表面不平	定时对模具进行清洁	2	自检	6	36							
						锁模高压偏低	将产品的成型参数建设标准文件，首件确认	4	首件巡检自检	6	36							
						射出压力偏短	将产品的成型参数建设标准文件，首件确认	2	首件巡检自检	6	96							
						冷却时间偏短	将产品的成型参数建设标准文件，首件确认	2	首件巡检自检	6	96							

续表

6. 加工检查						射嘴温度偏低	将产品的成型参数建设标准文件，首件确认	2	首件巡检自检	6	96							
						保压时间偏短	将产品的成型参数建设标准文件，首件确认	2	首件巡检自检	6	96							
						保压压力偏小	将产品的成型参数建设标准文件，首件确认	2	首件巡检自检	6	96							
						模温偏高	领班针对模芯状况进行监测温度	2	巡检自检	6	96							
						模具未开运水位置	开机前确认	2	巡检自检	6	96							

续表

6. 加工检查		流纹	产品报废	3		水塔中杂质太多导致过滤网堵塞运水进不进去	定期对水塔进行保养	2	首件巡检自检	6	96							
						射嘴温度偏高	将产品的成型参数建立标准文件	2	首件巡检自检	6	36							
						射嘴速度偏大	将产品的成型参数建立标准文件	2	首件巡检自检	6	36							
						模温偏低	领班针对模芯状况进行监测温度	2	首件巡检自检	6	36							
						模具未开运水位偏小	开机前确认	2	巡检自检	6	36							

续表

6. 加工检查						胶料有水分	烘料时间建立标准的作业指导书首件确认	2	巡检自检	6	36							
						料筒温度偏低	将产品的成型参数建立的标准文件首件确认	2	首件巡检自检	6	36							
		料花	产品报废	6		射嘴温度偏高	将产品的成型参数建立的标准文件首件确认	4	首件巡检自检	6	144							
						料筒温度偏低	将产品的成型参数建立的标准文件首件确认	4	首件巡检自检	6	144							
						胶料中有杂质	将产品的成型参数建立的标准文件首件确认	4	首件巡检自检	6	144							

续表

6. 加工检查						料筒温度偏低	将产品的成型参数建立的标准文件首件确认	4	首件巡检自检	6	144							
		客户要求尺寸偏大	产品报废	8		冷却时间偏短	将产品的成型参数建立的标准文件首件确认	1	首件巡检自检	5	40							
						保压时间偏长	将产品的成型参数建立的标准文件首件确认	1	首件巡检自检	5	40							
						冷却时间偏短	将产品的成型参数建立的标准文件首件确认	1	首件巡检自检	5	40							
						保压时间偏短	将产品的成型参数建立的标准文件首件确认	1	首件巡检自检	5	40							

续表

6. 加工检查	依据工程图面及检验规范检出产品的不良	缺料	产品报废	8		漏检流入至客户	定期对员工进行培训教育，样版	2	首检巡检自检	6	36							
		披锋	重工	3		漏检流入至客户	定期对员工进行培训教育，样版	2	首检巡检自检	6	36							
						误判	定期对员工进行培训教育，样版	2	首检巡检自检	6	36							
		流纹	重工	3		漏检流入至客户	定期对员工进行培训教育，样版	2	首检巡检自检	6	36							
						误判	定期对员工进行培训教育，样版	2	首检巡检自检	6	36							

续表

6. 加工检查		变形	报废	8		漏检流入至客户	定期对员工进行培训教育，样版	2	首检巡检自检	6	96							
		料花	重工	6		漏检流入至客户	定期对员工进行培训教育，样版	2	首检巡检自检	6	72							
						误判	定期对员工进行培训教育，样版	2	首检巡检自检	6	72							
7. 成品入库		多装	厂内损失	2		无治具及电子称确认	厂内购买电子称对每扎产品进行磅重确认	1	首检巡检自检	6	12							

续表

7. 成品入库	将检验好的产品放入成品仓库储存待通知					员工意识不够	定期对员工进行培训教育，作业指导书	1	首检巡检自检	6	12							
		少装	影响客户正常生产	3		无治具及电子称确认	厂内购买电子称对每扎产品进行磅重确认	1	首检巡检自检	6	18							
						员工意识不够	定期对员工进行培训教育，作业指导书	1	首检巡检自检	6	18							
		标示错误	客户用错料致使产品报废	8		员工意识不够	定期对员工进行培训教育，作业指导书	1	首检巡检自检	6	48							

续表

7. 成品入库		混料	客户用错料致使产品报废	8		员工意识不够	定期对员工进行培训教育，作业指导书	1	首检巡检自检	6	48							
		杂物（纸屑，瓜子壳，果皮等）	影响客户产品品质	6		员工意识不够	定期对员工进行培训教育，作业指导书	1	首检巡检自检	6	36							
		标示错误	客户用错料致使产品报废	8		员工意识不够	定期对员工进行培训教育，作业指导书	1	首检巡检自检	6	48							
	将检验好的产品放入成品仓库储存待通知出货	纸箱变形	压坏产品导致客户退货	3		堆积太高	厂内增加产品限高标示	2	自检	6	36							
						搬运过程中碰撞	定期对员工进行培训教育	2	自检	6	36							
						装箱数量太少	工程设计不合理	2	自检	6	36							

续表

						装箱数量太少	工程设计不合理	2	自检	6	36							
		标示错误	客户用错料致使产品报废	8		员工意识不够	定期对员工进行培训教育	2	自检	6	96							

7. 尺寸结果

这里的尺寸结果主要是指外型尺寸，不包括每个零件所有尺寸。除非客户有强烈要求，工程图所有尺寸都要检测提交。需要特别注意工程图的版本号，最好在检测报告上注明图纸版本号。

表 5－7　生产件批准—尺寸结果示意表

<table>
<tr><td colspan="3">Customer（客户）：</td><td colspan="4">Part Name（零件名称）：
CD1126 旋钮外罩</td><td colspan="3">Quantity（数量）：4PCS</td></tr>
<tr><td colspan="3">Part No（零件料号）：
2430－0235－00</td><td colspan="4">Mold number（模具编号）：DW8818</td><td colspan="3">Negative NO
（不良数量）：0PCS</td></tr>
<tr><td colspan="3">Ln spe ctor（检验员）：</td><td colspan="7">Inspector Date（检验日期）：2013. 3. 25</td></tr>
<tr><td>Item</td><td>Design Spec</td><td>Upper Tol</td><td>Lower Tol</td><td>Actual value 1</td><td>Actual value 2</td><td>Actual value 3</td><td>Actual value 4</td><td>Result</td><td>Instr.</td></tr>
<tr><td>1</td><td>29. 15</td><td>29. 25</td><td>29. 15</td><td>29. 17</td><td>29. 16</td><td>39. 16</td><td>29. 18</td><td>OK</td><td></td></tr>
<tr><td>2</td><td>0. 78</td><td>0. 83</td><td>0. 73</td><td>0. 76</td><td>0. 76</td><td>76. 00</td><td>0. 76</td><td>OK</td><td></td></tr>
<tr><td>3</td><td>33. 87</td><td>33. 97</td><td>33. 77</td><td>33. 80</td><td>33. 80</td><td>33. 78</td><td>33. 80</td><td>OK</td><td></td></tr>
<tr><td>4</td><td>9. 37</td><td>9. 47</td><td>9. 27</td><td>9. 30</td><td>9. 32</td><td>9. 32</td><td>9. 30</td><td>OK</td><td></td></tr>
<tr><td>5</td><td>13. 49</td><td>13. 59</td><td>13. 39</td><td>13. 42</td><td>13. 40</td><td>13. 40</td><td>13. 42</td><td>OK</td><td></td></tr>
<tr><td>6</td><td>27. 00</td><td>27. 10</td><td>26. 90</td><td>26. 98</td><td>26. 96</td><td>26. 96</td><td>26. 98</td><td>OK</td><td></td></tr>
<tr><td>7</td><td>27. 13</td><td>27. 23</td><td>27. 03</td><td>27. 06</td><td>27. 06</td><td>27. 06</td><td>27. 04</td><td>OK</td><td></td></tr>
<tr><td>8</td><td>4. 12</td><td>4. 22</td><td>4. 02</td><td>4. 08</td><td>4. 08</td><td>4. 08</td><td>4. 08</td><td>OK</td><td></td></tr>
<tr><td>9</td><td>1. 87</td><td>1. 97</td><td>1. 77</td><td>1. 82</td><td>1. 82</td><td>1. 84</td><td>1. 84</td><td>OK</td><td></td></tr>
<tr><td>10</td><td>1. 5</td><td>1. 60</td><td>1. 40</td><td>1. 48</td><td>1. 48</td><td>1. 48</td><td>1. 48</td><td>OK</td><td></td></tr>
<tr><td colspan="2">产品用量：
2PCS/每台车</td><td>产品单重：</td><td>1. 9g</td><td>模具重量：</td><td colspan="2">/</td><td>胶料类型：</td><td>ABS + PC T65</td><td></td></tr>
<tr><td colspan="2">水口重量：</td><td>3. 7g</td><td>模具穴数：</td><td>1×4</td><td colspan="2">试模次数：</td><td>3</td><td>预估产能/小时：</td><td>36PCS/H</td></tr>
</table>

续表

Mark：C－CMM；H－Heigh guage；R－R gauge；P－Projector；T－Block gauge；PG－Pin gauge；L－Look
M－Micrometer；N－Callipers

8. 材料、性能试验结果

这里包括材料性能测试结果和成品性能测试结果，主要分为两种情况：一种是有些项目材料测试了，成品可不测，如ROHS检测。另一种是有些项目只能在成品或半成品时测试，这个要看客户认可的试验大纲，试验大纲可不提交，但大纲的检测项目必须提供完整的证据。图5－2、图5－3、图5－4是完整大纲输出的案例。

12-ELEN-1

× × ×

×××Testing International Group

Test Report NO.：W06073021404D Date：Jun 12, 2012 Page 1 of 4

Applicant: Huizhou × × × Plastics Paint Co.,Ltd.

Address: × × × × × × ×, Luoyang Town, Boluo County Huizhou City, Guangdong Province

The following sample(s) was/were submitted and identified on behalf of the client as:

Sample Name: Trivalent chromium electroplating solution(white)

Sample Model: CHROME

Manufacturer: SHEN ZHEN × × × × × TECHNOGY CO., LTD.

Sample Received Date: Jun 07, 2012

Test Period: Jun 07, 2012 To Jun 12, 2012

Test Requested: In accordance with SONY SS-00259.

Test Method: With reference to IEC62321 Edition 1.0 :2008 method：Regulated Substances Content of test process with Electrical & Electronic Products

(1) Lead Analysis is performed by AAS

(2) Cadmium Analysis is performed by AAS

(3) Mercury Analysis is performed by ICP-OES

(4) Hexavalent Chromium Analysis is performed by UV-Vis

(5) PBBs and PBDEs Analysis is performed by GC-MS

Test Result: Please refer to next page(s)

Approved by: Zhaoyan yu

Code：k7cp64zzm

Pony ... Group

www.ponytest.com Hotline 400-819-5688

图 5－2 某项目实验报告一

12-ELEN-1

××× Testing International Group

Test Report NO.：W06073021404D Date：Jun 12, 2012 Page 2 of 4

SONY SS-00259

Test Result (Unit：mg/kg)

Test Item	MDL	Test Result	Client's Limit
Lead (Pb)	1	N.D.	100
Cadmium (Cd)	1	N.D.	5
Mercury (Hg)	1	N.D.	Not Used
Hexavalent Chromium (Cr^{6+})	1	N.D.	Not Used
PBBs	—	N.D.	Not Used
Bromobiphenyl	5	N.D.	—
Dibromobiphenyl	5	N.D.	—
Tribromobiphenyl	5	N.D.	—
Tetrabromobiphenyl	5	N.D.	—
Pentabromobiphenyl	5	N.D.	—
Hexabromobiphenyl	5	N.D.	—
Heptabromobiphenyl	5	N.D.	—
Octabromobiphenyl	5	N.D.	—
Nonabromobiphenyl	5	N.D.	—
Decabromobiphenyl	5	N.D.	—
PBDEs	—	N.D.	Not Used
Bromodiphenyl ether	5	N.D.	—
Dibromodiphenyl ether	5	N.D.	—
Tribromodiphenyl ether	5	N.D.	—
Tetrabromodiphenyl ether	5	N.D.	—
Pentabromodiphenyl ether	5	N.D.	—
Hexabromodiphenyl ether	5	N.D.	—
Heptabromodiphenyl ether	5	N.D.	—
Octabromodiphenyl ether	5	N.D.	—
Nonabromodiphenyl ether	5	N.D.	—
Decabromodiphenyl ether	5	N.D.	—

Note：
(1) mg/kg = ppm
(2) "—" = Does not stipulate
(3) N.D. = Not Detected (<MDL)
(4) MDL = Method Detection Limit

Pony Testing International Group

www.ponytest.com Hotline 400-819-5688

Add: YingzhiBuilding,No.49-3,Suzhou Road,HaidianDistrict,Beijing; Tel: (010)82618116; Fax: (010)82619629; E-mail: pony@ponytest.com

Building55,No.680,GuipingRoad, XuhuiDistrict,Shanghai; (021)64851999; (021)64856405; csh@ponytest.com

Building6ofZhongxingIndustryCity, ChuangyeRoad,NanshanDistrict,Shenzhen; (0755)26050909; (0755)26068336; sz@ponytest.com

No.2-1,KeyuanWeiRoad3,Hi-tech Park,LaoshanDistrict,Qingdao; (0532)88706866; (0532)88706877; qd@ponytest.com

图 5-3 某项目实验报告二

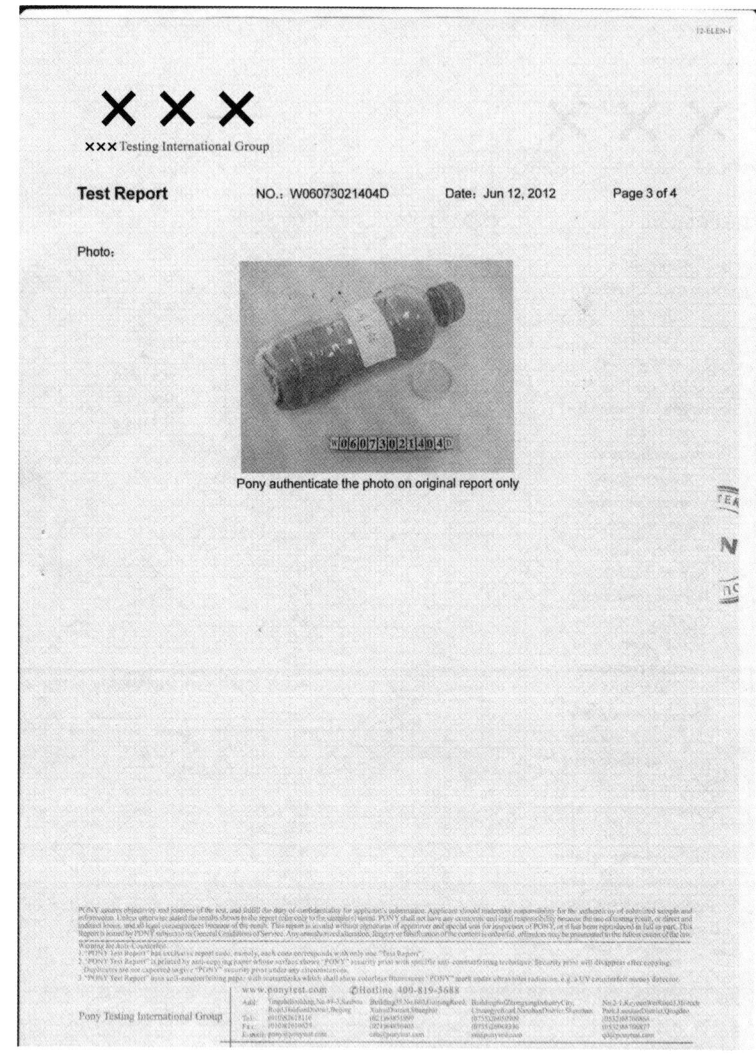
12-ELEN-1

×××

×××Testing International Group

Test Report NO.：W06073021404D Date：Jun 12, 2012 Page 3 of 4

Photo：

Pony authenticate the photo on original report only

www.ponytest.com Hotline 400-819-5688

Pony Testing International Group

图 5-4　某项目实验报告三

9. 初始过程研究

这里针对特殊特性 27.2 尺寸进行能力分析。特别注意，过程变更以及异常点必须注明原因，并采取相应措施，PPK≥1.67。

表 5－8　CPK 计算　　　　作成　确认　　审核

序号＼模号	1	2	3	4
1	27.2	27.18	27.19	27.2
2	27.2	27.18	27.19	27.2
3	27.2	27.18	27.19	27.2
4	27.2	27.18	27.19	27.2
5	27.2	27.18	27.19	27.2
6	27.2	27.18	27.19	27.2
7	27.2	27.18	27.19	27.2
8	27.2	27.18	27.19	27.2
9	27.2	27.18	27.19	27.2
10	27.2	27.18	27.19	27.2
11	27.2	27.18	27.19	27.2
12	27.2	27.18	27.19	27.2
13	27.2	27.18	27.19	27.2
14	27.2	27.18	27.19	27.2
15	27.2	27.18	27.19	27.2
16	27.2	27.18	27.19	27.2
17	27.2	27.18	27.19	27.2
18	27.2	27.18	27.19	27.2
19	27.2	27.18	27.19	27.2
20	27.2	27.18	27.19	27.2
21	27.2	27.18	27.19	27.2
22	27.2	27.18	27.19	27.2
23	27.2	27.18	27.19	27.2
24	27.2	27.18	27.19	27.2
25	27.2	27.18	27.19	27.2

PPK 计算值			
双上限规格	公差上限 USL	27.30	输入上限值
	公差下限 LSL	27.10	输入下限值
	规格中心 U	(UCL + LSL)/2	27.2
	规格公差 T	USL − LSL	0.2
	X 平均差 S	na	27.19
	标准差 s	STDEV	0.01
	最大值	MAX	27.20
	最小值	Min	27.18
	PPKU	(USL − $\bar{x}$) /3s	4.30
	PPKL	($\bar{x}$ − LSL) /3s	3.70
	Cp 离散趋势精确度	(USL − LSL)/6s	4.00
	Ca 集中趋势精确度	(X − U)/(T/2)	−0.08
	Ppk	Cp * (1 − | Ca |)	3.70

10. 测量系统分析

测量系统分析一般来说要针对所有测量系统，但是很多客户往往也接受只针对特殊特性做 MSA 分析，这个要求具体要请示客户。GRR 的要求一般是小于等于 10%，碰到 GRR 大于 10% 的情况，就需要在进行改善后，方可进行批量性生产。

表 5－9 量具重复性和再现性分析表及其数据表

料号：2430－0235－00　　版号：A0　　编号：2013. 4. 1

量具名称：卡尺　　零件名称：CD1126 旋钮外罩　　测量日期：2013. 4. 1

量具编号：JYF－IE－XD－003　　特殊特性：产品尺寸　　测量人员：

量具量程：0～200mm　　标准规范：29. 20±0. 1mm（注塑件）

□定期 □修复后 □量具更换 □新控制计划 ☑ PPAP

评价人数 3	零 件 编 号					个数：10					平均值
评价人数 9	1	2	3	4	5	6	7	8	9	10	
1. A 1	29. 110	29. 130	29. 150	29. 190	29. 210	29. 230	29. 250	29. 270	29. 290	29. 180	29. 2010
2. 2	29. 110	29. 130	29. 140	29. 180	29. 200	29. 220	29. 250	29. 270	29. 280	29. 180	29. 1960
3. 3	29. 110	29. 130	29. 150	29. 190	29. 210	29. 230	29. 250	29. 270	29. 290	29. 180	29. 2010
4. 均值	29. 110	29. 130	29. 147	29. 187	29. 207	29. 227	29. 250	29. 270	29. 287	29. 180	$\overline{X}_A=29.1993$
5. 极差	0. 000	0. 000	0. 010	0. 010	0. 010	0. 010	0. 000	0. 000	0. 000	0. 000	$\overline{R}_A=0.0050$
6. B 1	29. 110	29. 130	29. 150	29. 190	29. 210	29. 230	29. 240	29. 270	29. 290	29. 180	29. 2000
7. 2	29. 110	29. 130	29. 150	29. 180	29. 200	29. 230	29. 250	29. 270	29. 290	29. 180	29. 1990
8. 3	29. 110	29. 130	29. 160	29. 190	29. 210	29. 230	29. 250	29. 270	29. 280	29. 180	29. 2010
9. 均值	29. 110	29. 130	29. 153	29. 187	29. 207	29. 230	21. 247	29. 270	29. 287	29. 180	$\overline{X}_B=29.2000$
10. 极差	0. 000	0. 000	0. 010	0. 010	0. 010	0. 000	0. 010	0. 000	0. 010	0. 000	$\overline{R}_B=0.0050$
11. C 1	29. 120	29. 130	29. 150	29. 190	29. 210	29. 220	21. 240	29. 270	29. 270	29. 180	29. 1980
12. 2	29. 120	29. 120	29. 150	29. 190	29. 210	29. 220	21. 140	29. 260	29. 270	29. 180	29. 1960
13. 3	29. 120	29. 120	29. 150	29. 190	29. 210	29. 220	21. 250	29. 270	29. 270	29. 180	29. 1980

续表

14. 均值	29. 120	29. 123	29. 150	29. 190	29. 210	29. 220	29. 243	29. 267	29. 270	29. 180	$\overline{X}_C=29.1973$	
15. 极差	0. 000	0. 010	0. 000	0. 000	0. 000	0. 000	0. 010	0. 010	0. 000	0. 000	$\overline{R}_C=0.0030$	
零件均值 $\overline{X}_P$	29. 113	29. 128	29. 150	29. 188	29. 208	29. 226	29. 247	29. 269	29. 281	29. 180	$\overline{\overline{X}}=29.1989$ $R_P=0.1678$	
极差均值	$\overline{\overline{R}}=(\overline{R}_A+\overline{R}_B+\overline{R}_C)$／评价人数＝0. 00433									试验次数	2	3
最大均值差	$X_{DIFF}=\text{Max}\ \overline{X}-\text{Mln}\ \overline{X}=0.0027$									D4	3. 27	2. 57
均值上限	$UCL_{\overline{X}}=\overline{\overline{X}}+A_2\overline{R}$29. 2033　　极差上限 $UCL_R=D_4\overline{R}=0.0111$									D3	0	0
均值下限	$UCL_{\overline{X}}=\overline{\overline{X}}+A_2\overline{R}$29. 1945　　极差下限 $LCL_R=D_3\overline{R}=0$									A2	1. 88	1. 02
注：												

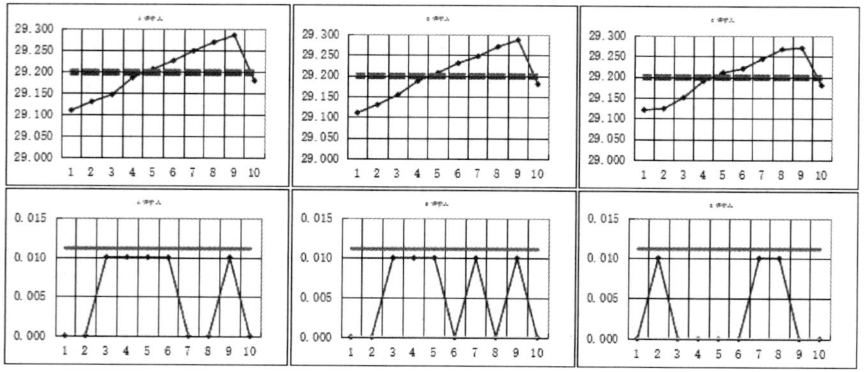

表 5－10　量具重复性和再现性分析表

料号：2460－0235－00　　版本：A　　编号：JYF－PD130401001

量具名称：卡尺	零件名称：CD1126 旋钮外罩	分析日期：
量具编号：JYF－IE－XD－003	测量参数：产品尺寸	评价人员：
量具量程：0～200mm	参数规格：29.20±0.1mm（注塑件）	评价人数量：3
来自数据表：$\overline{\overline{R}}=0.004$　$X_{DIFF}=0.0027$　$R_P=0.168$	试验次数 r＝9	零件数量 n＝10

测量系统分析	% 总变差（TV）
重复性－设备变差（EV） $EV=\overline{\overline{R}}\times K_1$ $=0.004\times0.59$ $=0.003$	$\%EV=100\times(EV/TV)$ $=100\times(0.003/0.053)$ $=4.8\%$
再现性－评价人变差（AV） $AV=\sqrt{(\overline{X}_{DIFF}\times K_2)^2-(EV^2/nr)}$ $=\sqrt{(0.003\times0.52)^2-(0.003^2/(10\times9))}$ $=0.0014$	$\%AV=100\times(AV/TV)$ $=100\times(0.001/0.053)$ $=2.6\%$
重复性和再现性（R&R） $R\&R=\sqrt{EV^2+AV^2}$ $=\sqrt{0.003^2+0.001^2}$ $=0.003$	$\%R\&R=100\times(R\&R/TV)$ $=100\times(0.003/0.053)$ $=5.5\%$
零件变差（PV） $PV=R^P+K_3$ $=0.1678\times0.31$ $=0.053$	$\%PV=100\times(PV/TV)$ $=100\times(0.053/0.053)$ $=99.8\%$
总变差（TV） $TV=\sqrt{R\&R^2+PV^2}$ $=\sqrt{0.003^2+0.053^2}$ $=0.053$	有效 分辨率$=1.41\times(PV/R\&R)$ $=1.41\times(0.053/0.003)$ $=25.637\%$
判定：测量系统可以接受！	
分析评价措施	

试验次数	K_1
2	0.8862
3	0.5908

评价人数	K_2
2	0.7071
3	0.5231

零件数量	K_3
3	0.5231
4	0.4467
5	0.4030
6	0.3742
7	0.3534
8	0.3375
9	0.3249
10	0.3146

续表

备注： 所有计算都基于预期5.15s（在正态分布曲线之下99.0%的面积） K_1 为 $5.15/d_2$，d_2 取决于试验次数（m）和零件与评价人的乘积（g），并假设该值大于15 AV－如果计算中根号下出现负值，评价人变差缺省为0 K_2 为 $5.15*d_2*$，式中 d_2* 取决于评价人数量（m）和（g），g为1，因为只有单极差计算 K_3 为 $5.15*d_2*$，式中 d_2* 取决于零件数（m）和（g），g为1，因为只有单极差计算

11. 具有资格的实验室文件

这个要与实验大纲一一对应，如果是委外实验，要提供委外厂商的资质证明；如果内部实验，则要有相应的校准报告、实验设备名称。实验依据、实验条件，制定标准要明确，因为影响实验结果。

×××塑胶涂料有限公司

信赖性试验工作指示

文件编号	JYF-QD-W-006	版本	A4	生效日期	2010.3.18	第 3 页 共 4 页

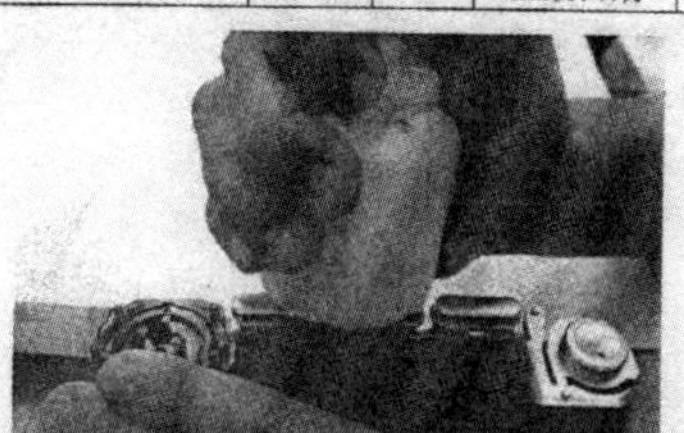

4.2.6 判定标准：表面不能有可见的脱落及露底材色；

4.2.7 砝码重量及磨擦次数若客户有不同要求时，则依客户标准执行。

4.3 高温高湿试验：

4.3.1 试验范围：喷油、烫金、丝/移印、电镀塑胶件；

4.3.2 试验工具：高温高湿试验机

4.3.3 测试人员：试验员

4.3.4 测试数量及频率：

4.3.4.1 同种油漆/油墨、同种电镀生产工艺部品 3~5PCS，每半月一次；

4.3.4.2 电镀生产线清缸后每种生产工艺部品 3~5PCS；

4.3.4.3 按试验计划执行，测试部品 3~5PCS。

4.3.5 试验方法及判定标准：按《高温高湿试验作业指引》执行；

4.4 盐雾试验：

4.4.1 试验范围：电镀塑胶件；

4.4.2 试验工具：盐雾试验机

4.4.3 测试人员：试验员

4.4.4 测试数量及频率：

4.4.4.1 每种电镀生产工艺部品 3~5PCS，每半月一次；

4.4.4.2 电镀生产线清缸后每种生产工艺部品 3~5PCS；

4.4.4.3 按试验计划执行，测试部品 3~5PCS。

4.4.5 试验方法及判定标准：按《盐雾试验操作指引》执行；

4 .5 膜厚试验：

4.5.1 试验范围：喷涂、电镀塑胶件；

4.5.2 试验工具：膜厚测试仪、电解测膜厚机

4.5.3 测试人员：试验员

4.5.4 测试数量及频率：产品打板客户有要求/生产异常需要时，部品 2~3PCS

4.5.5 试验方法：电镀品按《电解测膜厚机操作指引》执行，喷涂产品按《涂层膜厚测试作业指引》执行；

4.5.6 判定标准：见下表，客户有特殊要求时按客户要求执行。◇

图 5－5　×××公司信赖性试验工作指示一

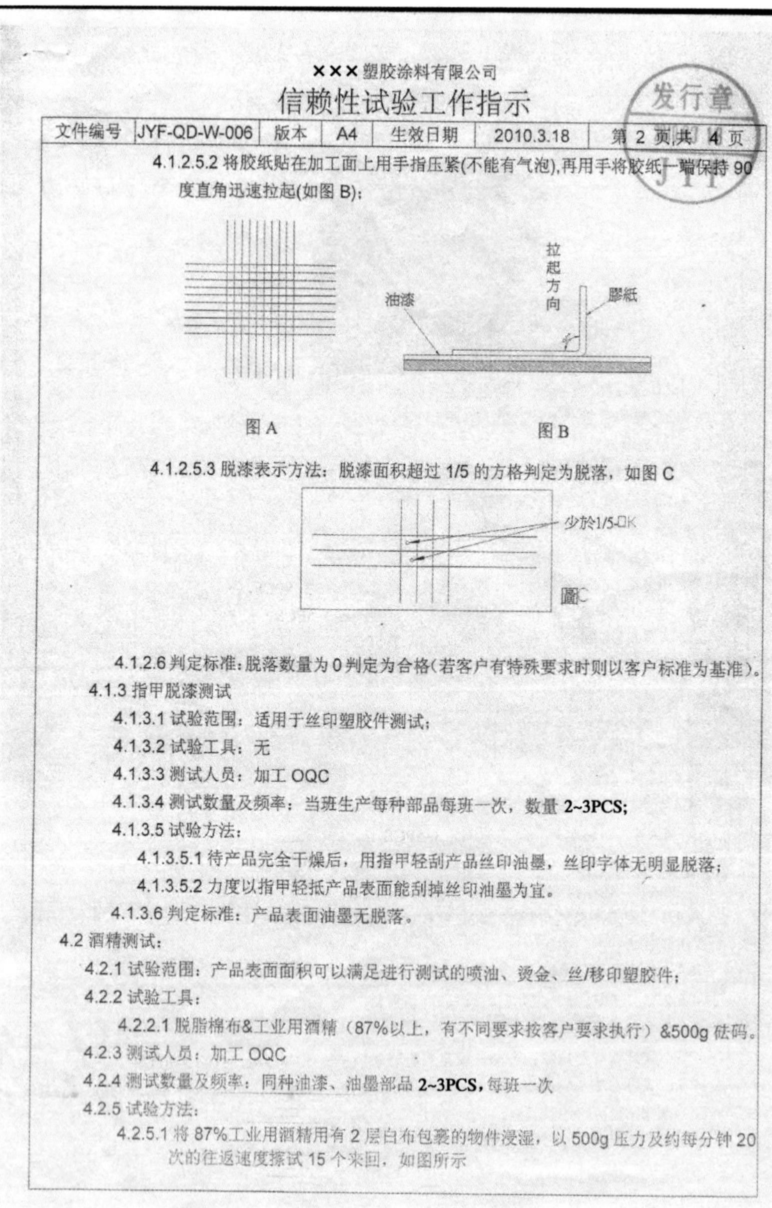

×××塑胶涂料有限公司

信赖性试验工作指示

文件编号	JYF-QD-W-006	版本	A4	生效日期	2010.3.18	第 2 页共 4 页

4.1.2.5.2 将胶纸贴在加工面上用手指压紧(不能有气泡),再用手将胶纸一端保持 90 度直角迅速拉起(如图 B)：

4.1.2.5.3 脱漆表示方法：脱漆面积超过 1/5 的方格判定为脱落，如图 C

4.1.2.6 判定标准：脱落数量为 0 判定为合格(若客户有特殊要求时则以客户标准为基准)。

4.1.3 指甲脱漆测试

4.1.3.1 试验范围：适用于丝印塑胶件测试；

4.1.3.2 试验工具：无

4.1.3.3 测试人员：加工 OQC

4.1.3.4 测试数量及频率：当班生产每种部品每班一次，数量 2~3PCS;

4.1.3.5 试验方法：

4.1.3.5.1 待产品完全干燥后，用指甲轻刮产品丝印油墨，丝印字体无明显脱落；

4.1.3.5.2 力度以指甲轻抵产品表面能刮掉丝印油墨为宜。

4.1.3.6 判定标准：产品表面油墨无脱落。

4.2 酒精测试：

4.2.1 试验范围：产品表面面积可以满足进行测试的喷油、烫金、丝/移印塑胶件；

4.2.2 试验工具：

4.2.2.1 脱脂棉布&工业用酒精（87%以上，有不同要求按客户要求执行）&500g 砝码。

4.2.3 测试人员：加工 OQC

4.2.4 测试数量及频率：同种油漆、油墨部品 2~3PCS，每班一次

4.2.5 试验方法：

4.2.5.1 将 87%工业用酒精用有 2 层白布包裹的物件浸湿，以 500g 压力及约每分钟 20 次的往返速度擦试 15 个来回，如图所示

图 5－6　×××公司信赖性试验工作指示二

×××塑胶涂料有限公司

信赖性试验工作指示

文件编号	JYF-QD-W-006	版本	A4	生效日期	2010.3.18	第 3 页共 4 页

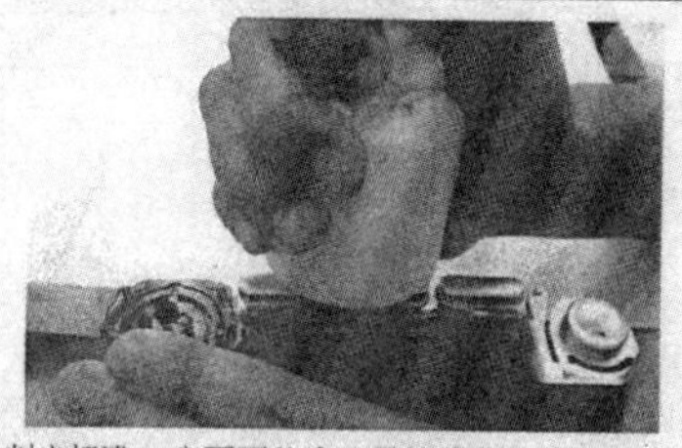

4.2.6 判定标准：表面不能有可见的脱落及露底材色；

4.2.7 砝码重量及磨擦次数若客户有不同要求时，则依客户标准执行。

4.3 高温高湿试验：

4.3.1 试验范围：喷油、烫金、丝/移印、电镀塑胶件；

4.3.2 试验工具：高温高湿试验机

4.3.3 测试人员：试验员

4.3.4 测试数量及频率：

4.3.4.1 同种油漆/油墨、同种电镀生产工艺部品 3~5PCS，每半月一次；

4.3.4.2 电镀生产线清缸后每种生产工艺部品 3~5PCS；

4.3.4.3 按试验计划执行，测试部品 3~5PCS。

4.3.5 试验方法及判定标准：按《高温高湿试验作业指引》执行；

4.4 盐雾试验：

4.4.1 试验范围：电镀塑胶件；

4.4.2 试验工具：盐雾试验机

4.4.3 测试人员：试验员

4.4.4 测试数量及频率：

4.4.4.1 每种电镀生产工艺部品 3~5PCS，每半月一次；

4.4.4.2 电镀生产线清缸后每种生产工艺部品 3~5PCS；

4.4.4.3 按试验计划执行，测试部品 3~5PCS。

4.4.5 试验方法及判定标准：按《盐雾试验操作指引》执行；

4 .5 膜厚试验：

4.5.1 试验范围：喷涂、电镀塑胶件；

4.5.2 试验工具：膜厚测试仪、电解测膜厚机

4.5.3 测试人员：试验员

4.5.4 测试数量及频率：产品打板客户有要求/生产异常需要时，部品 2~3PCS

4.5.5 试验方法：电镀品按《电解测膜厚机操作指引》执行，喷涂产品按《涂层膜厚测试作业指引》执行；

4.5.6 判定标准：见下表，客户有特殊要求时按客户要求执行。◇

图 5－7　×××公司信赖性试验工作指示三

×××塑胶涂料有限公司

信赖性试验工作指示

文件编号	JYF-QD-W-006	版本	A4	生效日期	2010.3.18	第 4 页,共 4 页

膜厚(μm) / 工艺	Cr	Ni	Cu	涂层	合计
光　铬	0.05~0.4	1~8	2~20	/	3~28
哑光铬	0.05~0.4	1~8	0~5	/	1~13
三价白铬	0.05~0.4	1~8	2~20	/	3~28
三价黑铬	0.05~0.4	1~8	2~20	/	3~28
三价哑铬	0.05~0.4	1~8	0~5	/	1~13
喷涂	/	/	/	8~12	8~12

5. 相关文件

5.1 高温高湿试验作业指引

5.2 耐磨试验操作指引

5.3 盐雾试验操作指引

5.4 电解测膜厚机操作指引

5.5 涂层膜厚测试作业指引

6. 使用表单

6.1 信赖性测试报告

6.2OQC 信赖性测试报告

修订记录	序号	修订内容	作成	确认	承认
	02	规定测试频率及测试负责人			
	03	修订产品膜厚要求			
	04	修订产品膜厚要求			

发行章 2010.03.18 JYF

图 5－8　×××公司信赖性试验工作指示四

表 5－11 检测与试验设备清单

部门：品管部

设备编号	名称	型号	数量	备注
JYF－XD－R－001－01	游标卡尺	0～200mm	1 把	
JYF－XD－R－017－01	测膜厚仪	0～50um	1 台	
JYF－XD－R－018－01	盐雾耐腐蚀试验机	AK－Y150	1 台	
JYF－XD－R－019－01	高低温测试机	EL－02AGP	1 台	

部门：品管部

设备编号	名称	型号	数量	备注
JYF－IE－TD－001	电导率仪	DDS－11A/C	1 台	
JYF－IE－TD－003	酸度计	PHS－2C	1 台	
JYF－IE－TD－005	分光光度计	722S	1 台	

作成：詹×× 确认：/ 承认：谭××

12. 控制计划（生产）

控制计划必须要与过程流程图，PFMEA 保持一致，不可漏掉工序，做到有失效模式的地方就有检验的手段，有失效原因的地方就有控制的方法，参见表 5－12。

表 5－12　控制计划表

□样品　□试产　■量产 控制计划编号：JYF－TD－R－038－01	主要联系人/电话：	日期（编制）： 2013. 3. 24	日期（修订）：
零件名称/最新更改等级： 汽车音量旋钮外罩等级 2	核心小组：	顾客工程批准/日期（如需要）：	
零件名称/描述 保护音量旋钮	供方/工厂批准/日期：	顾客质量批准/日期（如需要）：	
供方/工厂：　供方代码：	其他批准/日期（如需要）：	其他批准/日期（如需要）：	

零件过程编号	过程名称/操作描述	机器装置夹具工装	特性			特殊特性分类	方法						记录	反应计划
			编号	产品	过程		产品/过程规格/公差	评价/测量技术	样本		控制方法	责任人		
									容量	频率				
1	原材料检验		1. 1	颗粒的均匀度			大小均与	目视	25g	每批次			进料检验报告	特采、退货
			1. 2	水分的含量			无	手感	25g	每批次				特采、退货
			1. 3	环境物质			符合 ROHS	XRF 测试机	25g	每批次				退货
2	原材料入库	叉车	2. 1		归类错误		无	目视	1 批	每批次	物料管理程序	仓库	进料验收单物资收发卡片	重工 报废
			2. 2		受潮		无	温湿度计	1 天	每天				重工

续表

3	领料	叉车	3.1		领错料		无	目视	1LOT	每 LOT	物料管理程序	注塑部仓库	领料单内部订单管理表	重工报废
			3.2		受潮		无	电子称	1LOT	每 LOT				
4	烘料	烘料机	4.1	胶料外观	/		色差在可接受的范围内	目视	每袋	每 LOT	《塑胶原料烘烤作业指引》《保养规范》	注塑部	加料记录表、成型条件表	报废
							不能有饼状	目视	每袋	每 LOT				报废
			4.2	胶料水分含量				手感	每袋	每 LOT				重新烘料
					时间		2H 以上	记录	每袋	每 LOT	《作业指导书》	注塑部	加料记录表、成型条件表	重新烘料
					温度		80 ±5	目视	每袋	每 LOT	《作业指导书》	注塑部	加料记录表、成型条件表	重新烘料

续表

5	成型	成型机	6.1	成品外观	/		不能有批峰/缺料/流纹/料花/变形/杂质	目视	3－5模	2h/次	《作业指导书》《检查基准书》	注塑部品保部	首件记录表 制程巡检报表 现品票 生产日报表 机台工程报表	重工报废
			6.2	客户要求尺寸	▲①29.125±0.01mm			卡尺	1模	2h/次	《作业指导书》《检查基准书》	注塑部品保部	首件记录表 制程巡检报表 Xbar－R管制图	报废
					①33.87±0.01mm ②27.0±0.01mm			卡尺	1模	2h/次	《作业指导书》《检查基准书》	注塑部品保部	首件记录表 制程巡检报表	
			6.3		温度		参见成型条件表	工程设定	1模	上线时	《成型条件表》	注塑部品保部	成型条件表	工程重新确认
			6.4		压力		参见成型条件表	工程设定	1模	上线时	《成型条件表》	注塑部品保部	成型条件表	工程重新确认
			6.5		时间		参见成型条件表	工程设定	1模	上线时	《成型条件表》	注塑部品保部	成型条件表	工程重新确认
			6.6		位置		参见成型条件表	工程设定	1模	上线时	《成型条件表》	注塑部品保部	成型条件表	工程重新确认
			6.7		速度		参见成型条件表	工程设定	1模	上线时	《成型条件表》	注塑部品保部	成型条件表	工程重新确认

续表

6	加工检查	无	7.1	成品外观			不能有批峰 不能有缺料 不能有流纹 不能有料花 不能有变形	目视	2模	每LOT	《检查基准书》	品保部	成型机台生产日报	退货重工
7	包装	封箱机	8.1	多装			480PCS/箱	电子称	1次	每天	《作业指导书》《工程图面》《包装规范》	注塑部品保部	生产日报表/入库单/0QC检验报表	重工
			8.2	少装			480PCS/箱	电子称	每箱	每天				
			8.3	标示错误			无	目视	1箱	2h/次				
			8.4	混料			无	目视	1箱	2h/次				
			8.5	杂物（纸屑，瓜子壳，果皮等）			无	目视	1箱	2h/次				
8	包装	封箱机	9.1	纸箱外观			纸箱不能变形	目视	1模	每LOT	无	注塑部	成品入库单 出货检验报告	
			9.2	标示			依作业指导书标示	目视	100%	每LOT				

备注：特殊特性用“▲”表示。

13. 零件提交保证书（PSW）

PSW 要注明重量、提交原因、提交等级、本司联系人等信息。

14. 外观批准报告（AAR）

表 5－13 零件提交保证书

零件名称：旋钮外罩	客户物料编码：2430－0235－00
图纸号：/	客户物料编码：2430－0235－00
工程更改等级：NA	日期：2013. 3. 17
附加工程变更：	日期：2013. 3. 17
安全或政府法规：□是 YES ■是 NO	采购订单号：NA 重量（kg）：1. 9g
模具号：NA	检具工程更改等级：NA 日期：NA
供方制造场所信息：	提交顾客信息：
供应商名称/供应商代码：××地胶涂料有限公司	顾客名称/部门
街道地址：罗阳镇××工业区	采购员/采购员代码
城市：博罗县 州/省：广东 国家：中国	适用范围：________（应用车型/发动机/变速箱，年份）
材料报告：	
顾客要求的受关注物质信息是否已报告：□是 YES □否 NO □不适用 NA	
塑胶零件是否已标注适当的 ISO 标识代码：□是 YES ■否 NO □不适用 NA	
提交原因：（至少选择一项）	
■首次提交	□改为其他选用的结构或材料
□工程设计更改	□分供方或原材料来源更改
□工装：转移、代替、整修或添加	□零件加工过程变更
□偏差纠正	□在其他地方生产零件
□工装停止使用期超过一年	□其他——请说明
要求的提交等级（选择一项）：	
□等级 1－只向顾客提交保证书（若指定为外观项目，还应该提交外观件批准报告）	
■等级 2－向顾客提交保证书、产品样及有限的支持数据	

续表

□等级 3 – 向顾客提交保证书、产品样品及全部的支持数据
提交结果：
结果：■尺寸测量 □材料和功能试验 □外观标准 ■统计过程数据结果
这些结果满足所有图纸的规范要求：■是 YES □否 No（若为“否”请解释）
成型模/多模腔/生产过程：一模 4 腔，成形 + 电镀
声明：
我声明，本次提交所适用的样品是出自我们生产过程的，具有代表性的零件，且符合生产件批准程序手册第四版的所有要求；我进一步保证这些样品是以 25 件/小时的生产节拍制造的。同时，我保证所有符合性证明文件都已归档备妥，以获评审。我还说明了任何与此声明有偏差的内容，见下文。
解释/说明：
顾客拥有的工装是否都已适当地标签和编号：■是 YES □否 No
经授权的供方代表签字：__________ 日期：__________
印刷体姓名：何× 电话 0752 – 6122 ××× 传真：0752 – 6122 ×××
职务：副总 E – mail：b he@ ×××. net
仅供顾客使用
PPAP 认可情况：■批准 □拒绝 □其他__________
印刷体姓名：江苏××汽车电子有限公司 顾客跟踪编号（可选）__________

14. 外观批准报告（AAR）

表 5 – 14 外观批准报告

外观件批准报		报告编号 Report Number：
零件号	图样号	适用产品
零件名称	工程更改等级	更改日期
供应商名称	供应商代码	电话及地址
提交原因： □零件提交保证书 □特殊样品 □再提交 □表面预处理 □第一批发运 □工程更改 □其他		
外 观 评 价		

续表

供应商表面加工资料		表面预处理评价	顾客代表签字
			外观评定工程师
		纠正并继续	
		纠正和再提交	
		表面特性合格	

颜色评价																							
颜色下注	三色数据					标准样品代号	标准样品批准日期	材料类型	材料来源	色彩				色调		色品度		亮度		金属光泽		颜色供货标志	零件交接
	DL*	Da*	Db*	DE*	CMC					红	黄	绿	蓝	淡	深	灰	清晰	高	低	高	低		

说明：

供应商代表： 日期：	顾客代表： 日期：

15. 生产件样品

外观指颜色、纹理、粗糙度、亮度等方面的内容，至于毛刺、刮伤、黑点等不在这个范围之内。这里指试产的产品，一般要求 300 件以上，要看客户的具体要求。

16. 标准样品

打样时客户签的样品。

表 5-15　江苏××汽车电子有限公司工程样品评估报告

Form ID 受控号：

Revision 版本：00

Page：1 of 1

Part Name 名称	Part No 编码	Eng Product Name 产品
CD1126 旋钮外罩	2430-0235-00	TP9159
Part Level 等级	Sample Qty 数量	Dart Made Date 生产日期
3 级	20CS	2013. 3. 14
Supplier 供应商 ××塑胶涂料有限公司		2013. 3. 14
Dimension 尺寸 Drawing No.（including Level）图纸号（含等级）：2430-0235-00 Result 结果： （with detail data report 附具体报告）　■Pass 合格　□Fail 不合格　□N/A 不适用		
Material 材料 Requirement 要求：见图纸。 Result 结果： ■Pass 合格　□Fail 不合格　□N/A 不适用		
Qpperance 外观： Requirement 要求：无划伤，锈蚀，断裂等缺陷： Result 结果： ■Pass 合格　□Fail 不合格　□N/A 不适用		
Fitting Function 组装 Requirement 要求：超声波焊接可靠： Result 结果： ■Pass 合格　□Fail 不合格　□N/A 不适用		
Environmental requriement 环境要求 Requirement 要求： Result 结果： ■Pass 合格　□Fail 不合格　□N/A 不适用		

续表

<table>
<tr><td>Other Requirement 其他要求：
Result 结果：
■Pass 合格　□Fail 不合格</td></tr>
<tr><td>Vaidation Result 结果：
■Approved 批准
□Rejected 拒收
□Conditional Approval，under the condition（pls state detail）条件认可（请具体指出）
______
______
______</td></tr>
<tr><td>Prepared by 编制：　Date 日期：2013. 3. 18
Confirmed by 核对：　Date 日期：2013. 3. 18
Approved by 批准：　Date 日期：2013. 3. 18</td></tr>
</table>

Jiangsu × × × Automotives Electronics Co., Ltd.

江苏××汽车电子有限公司

Engineering sample approval report工程样品批准报告

Form ID 受控号:
Revision版本 : 00
Page : 1 of 1

Part Name 名称 旋钮外罩	Part No 编码 2430-0235-00	End Product Name 产品 TP9159 CD1126
Part Level 等级 3级	Sample Qty 数量 4PCS	Date Submitted 提交日期 2013.3.15
Supplier 供应商 金永发塑胶涂料有限公司		Part Made Date 生产日期 2013.3.12

Dimension 尺寸
Drawing No.(including Level) 图纸号(含等级): 18G-035-186F/SWI-CD1036F/7009-0737
Result 结果:
(with detail data report 附具体报告)　■ Pass 合格　□ Fail 不合格　□ N/A 不适用

Material 材料
Requirement 要求:见图纸。
Result 结果:
■ Pass 合格　□ Fail 不合格　□ N/A 不适用

Apperance 外观:
Requirement 要求:无划伤，锈蚀，断裂等缺陷；
Result 结果:
■ Pass 合格　□ Fail 不合格　□ N/A 不适用

Fitting Function 组装
Requirement 要求:超声波焊接可靠；
Result 结果:
■ Pass 合格　□ Fail 不合格　□ N/A 不适用

Environmental requriement 环境要求
Requirement 要求:
Result 结果:
■ Pass 合格　□ Fail 不合格　□ N/A 不适用

Other Requirement 其它要求:
■ Pass 合格　□ Fail 不合格

Validation Result 结果:
■ Approved 批准
□ Rejected 拒收
□ Conditional Approval,under the condition(pls state detail) 条件认可(请具体指出)

Prepared by 编制:石一磊	Date 日期 :2013.3.17
Confirmed by 核对:徐×	Date 日期 :2013.3.17
Approved by 批准:黄××	Date 日期 :2013.3.17

（印章：江苏××汽车电子有限公司 订单专用章）

图 5－9　江苏××汽车电子有限公司工程样品批准报告

17. 检查辅具清单

参见检测与实验设备清单，主要包括卡尺、针规、塞规等。

18. 其他符合顾客特殊要求的记录

如产能评估记录。如表 5－16 所示。

表 5－16　供应商新产品产能审核报告

编号：

<table>
<tr><td>供应商：</td><td colspan="2">惠州××精密部件有限公司</td><td>生产时间：</td><td colspan="2">2013.3.7</td></tr>
<tr><td>天宝编码：</td><td colspan="2">GSI6－177－341</td><td>零件名称：</td><td colspan="2">CD1166C06</td></tr>
<tr><td colspan="6">上季度产能余量＝上季度总产量－上季度总订单量</td></tr>
<tr><td>序号</td><td>工序名称</td><td colspan="2">产量［PCS/H］（合格品）</td><td>FTT</td><td>备注</td></tr>
<tr><td>1</td><td>注塑</td><td colspan="2">75</td><td>97%</td><td></td></tr>
<tr><td>2</td><td>加工</td><td colspan="2">72</td><td>99%</td><td></td></tr>
<tr><td>3</td><td>喷油</td><td colspan="2">65</td><td>95%</td><td>套/人/H</td></tr>
<tr><td>4</td><td>镭射</td><td colspan="2">55</td><td>97%</td><td>套/台/H</td></tr>
<tr><td>5</td><td>组装</td><td colspan="2">25</td><td>99%</td><td>套/人/H</td></tr>
<tr><td>6</td><td>包装</td><td colspan="2">60</td><td>100%</td><td></td></tr>
<tr><td></td><td></td><td colspan="2"></td><td></td><td></td></tr>
<tr><td></td><td></td><td colspan="2"></td><td></td><td></td></tr>
<tr><td></td><td></td><td colspan="2"></td><td></td><td></td></tr>
<tr><td></td><td></td><td colspan="2"></td><td></td><td></td></tr>
<tr><td></td><td></td><td colspan="2"></td><td></td><td></td></tr>
<tr><td></td><td></td><td colspan="2"></td><td></td><td></td></tr>
<tr><td></td><td>名称</td><td colspan="2">措施</td><td>完成时间</td><td>责任人</td></tr>
<tr><td>瓶颈工序 1</td><td>镭射</td><td colspan="2">开 2 台机镭射</td><td>4 月 30 晶</td><td></td></tr>
<tr><td>瓶颈工序 2</td><td>组装</td><td colspan="2">增加人手</td><td>4 月 30 晶</td><td></td></tr>
<tr><td>设备总效率</td><td colspan="5">OEE＝EA×PE×QR＝设备使用率×设备效率×合格率＝35%</td></tr>
<tr><td>每日产能</td><td colspan="5">瓶颈工序 1 小时 1 次合格数×每天正常工作的小时数（按每日工作 22 小时）＝550PCS/人</td></tr>
</table>

续表

每季度产能：	（按每月26天工作日）42900	年产量	128700套	
天宝要求年产量	47000	结论	产能足够	
供应商代表：				
审核员：		批准：		

19. 散装材料检查清单（当客户要求时）

如果提交的是散装材料，如油漆、稳定剂等，就要提交散装材料清单，如表5－17所示。

表5－17 散装材料要求检查表

散装材料要求检查表： 项目：

	要求目标/日期	主要的责任		评价/条件	批准人/日期
		顾客	组织		
产品设计和开发的验证					
设计矩阵表					
设计FMEA					
产品特殊特性					
设计记录					
样件控制计划					
外观批准报告					
标准样品					
试验结果					
尺寸结果					
检查辅具					
工程批准					
过程设计和开发的验证					
过程流程图					

续表

过程 FEMA					
过程特殊特性					
试生产控制计划					
生产控制计划					
测量系统研究					
临时批准					
产品和过程确认					
初始过程研究					
零件提交保证书，PSW					
需要填写的项目					
顾客工厂的关系					
顾客特殊要求					
文件变更					
供方的考虑					

计划同意人：姓名/职能部门	公司/职务/日期

油漆供应商 PPAP 需要提交表 5－18 的内容。

(1) 散装材料要求检查表

对于散装材料，所要求的 PPAP 要素是通过散装材料检查表定义的，任何顾客特定要求必须在散装材料检查表里列出。参见表 5－18。

5－18 散装材料要求检查表

	要求/目标日期	主要的责任		评价/条件	批准人/日期
		顾客	组织		
产品设计和开发的验证					
设计矩阵表					
产品特殊特性					

续表

设计记录					
样件控制计划					
外观批准报告					
标准样品					
试验结果					
尺寸结果					
检查辅具					
工程批准					
过程设计和开发的验证					
过程流程图					
过程 FMEA					
过程特殊特性					
试生产（trial run）					
生产控制计划					
测量系统研究					
临时批准					
产品和过程确认					
初始过程研究					
零件提交保证书（PSW）					
需要时填写的要素					
顾客工厂的关系					
顾客特殊要求					
文件变更					
供方的考虑					
计划同意人：姓名/职能部门		公司/职务/日期			

（2）设计矩阵表

设计矩阵表：在DFMEA前完成，设计矩阵表决定了配方成分的成分特性、产品特性、过程限制和顾客使用条件之间复杂的相互关系，然后再设计FMEA便能有效地分析重大影响的项目。

（3）散装材料DFMEA

利用设计矩阵表（如果使用的话），列出有严重负面影响的特性，作为与潜在失效模式相关联的潜在失效起因或机理。机理通常被描述为超过或低于某一特定的界限。这些界限规定了用于产品批准及因此要求将任何变更通知给顾客的界限。

（4）散装材料特殊特性

如果产品特性/属性能够使得正常变差超出设计预期的稳定范围，从而导致重大影响的话，那么这些特性/属性就被指定为特殊的，必须通过特殊的控制方法加以控制。对于散装材料，经常出现的是以散装材料到最终产品的加工转化过程。如从油漆到漆膜的形成过程中，固体树脂的百分比。散装产品特性（提供产品的特征）和最终属性（加工转化后产品的特征）间的不同。例如产品特性的例子是结合剂、% NV固体。最终产品属性的例子是外观、形体薄膜、安全性、耐久性。

（5）散装材料控制计划

试生产（trial run）——对产品/过程控制特性、影响特殊特性的过程控制、相关的试验以及在产品形成规模和正常生产之前采用的测量系统等形成文件。

生产——对产品/过程控制特性、影响特殊特性的过程控制、相关的试验及在产品形成规模和正常生产过程中使用的测量系统等形成文件。根据组织的判定，还可以包括其他内容。

（6）散装材料MSA

为进行测量，散装材料常常在取样之后需要进行进一步的加工。测量通常是破坏性的，不能对同一个样品重复进行试验。加工工业中重要特性的测量变差（如黏度和纯度），往往比机械行业测量特性（如尺寸）的变差大得多。其测量变差可能会占总观察到的变差的50%甚至更多。若使用标准化的试验方法（如ASTM即国际材料试验协会、ISO、AMS），则不要求进行MSA分析。但是了解在所采用的试验方法中测量变差占总变差的比例，对组织是很重要的。对于MSA的实际要求，不论是非标准的试验方法，还是“供方全新”的试验方法，关于这一点，应该在策划阶段得到顾客的同意。对特殊特性有关的每一试验方法均应该进行MSA研究，而并非是由某测量方法对每一件产品。因此，MSA研究应该尽可能广泛地覆盖使用某一特定试验方法的所有产品。如果产生的变差性不可接受，那么应该在更窄的产品范围内进行研究或应该采取某种措施改进试验方法。

（7）散装材料标准样品

对稳定材料适用实物样品。

分析样品的记录：如紫外/红外光谱图、原子吸收或气体质量色析法分析记录是一种合适的标准样品。

制造样品记录：生产产品的数量、重要的性能结果、使用的原材料（制造商、批号、重要特性记录）、为制造该种散装材料所要求的关键设备、分析样品记录、批量标签。

（8）散装材料PSW

表格参见标准模板。

（9）散装材料临时批准

大部分产品在开始使用之前都将得到批准。在不能获得批准的情况下，可能会获得“散装材料临时批准”。

（10）散装材料顾客工厂关系

顾客工厂关系是将供应散装材料的组织和顾客的职责进行分摊。该关系将定义特定的顾客工厂中带有特殊特性的加工步骤和散装材料最终产品属性的相互关系。当散装材料需进行化学或物理转化时，这种相互关系的意义尤为重大。此内容适用于由散装材料（如灌装内的液体油漆）加工转化为最终产品（如固化的油漆膜）。这种情况可能并不适用于所有的散装材料（如清洗液、引擎机油、钢铁等）。

第三节　PPAP 常见典型错误

1. 提交的控制计划是试产的，而不是量产的。客户关注的是现有过程能力是否充足，量产时是如何保证品质和准时交货的。

2. 过程流程图没有反应异常处理流程，工序代表符号错误。过程流程图在工业工程行业有自己的标准，不可随意更改。

3. 特殊特性没有标示。针对客户指定的或公司识别出的特殊特性，应有指定符号标示，并在 FMEA、控制计划、SOP、SIP 图纸上均有标示。

4. 组织自己的供应商没有明确 PPAP 提交要求，只送了样品。PPAP 在整个供应链是传递的，整个供应商链都要制作 PPAP，但是等级不一样。

第四节　【案例】东莞某公司 PPAP 辅导案例

东莞某公司是五金机加工的专业企业，有 10 年生产经验，集生产、销售为一体，员工近 50 人。

PPAP 培训行程安排：

一、第一天

1. 识别客户要求（功能、性能、可靠性、法律法规、尺寸、外观）。
2. 识别关键工序及工序控制点、失效模式。
3. 识别特殊特性。
4. 识别要用的控制图（X－R 图、X－MR 图、C 图、U 图等）。

5. 与相关人员确定控制图，并明确使用控制图的时机。

6. 对所有主管进行 PPAP 培训。

二、第二天

1. 继续培训 PPAP。

2. 提供模板，单独辅导研发品质人员如何制作工艺流程图、FMEA、控制计划、控制图。

3. 辅导如何计算过程能力。

4. 辅导如何判定异常。

5. 辅导生产现场人员、现场品质人员如何使用控制图，识别异常。

6. 现场开始全面导入 FMEA、控制计划、控制图。

三、第三天

1. 制作 PPAP 运用流程和控制图，使用相关作业指导书。

2. 培训 SPC 流程和相关作业指导书。

3. 现场查看并指导作业指导书、控制图运用，并给出整改意见。

4. 对各部门制作的 PPAP 资料进行审核。

四、第四天

1. 对各部门制作的 PPAP 资料进行审核，并记录。

2. 对各部门暴露出的问题，针对 PPAP 要求再次进行培训。

3. 项目结束。

PPAP 项目部分资料：

表5－19 零件提交保证书

	零件提交保证书	报告编号：XRN－AP－003

零件名称：＿连接头＿零件号：＿＿＿＿

安全或法规项 □是 ■否 工程图样更改等级：＿A＿更改日期：A

附加工程更改：＿/＿更改日期：＿/＿

图样号：＿/＿采购订单号：＿/＿重量（kg）：＿0.175＿

检查用辅助工具号：＿＿工具更改等级：＿＿ 批准日期：＿2015.7.11＿

供应商资料

供应商名称：＿＿＿＿供应商代码：＿＿＿＿

地址：＿＿＿＿ 邮编：＿＿＿＿

主机厂名称：

提交资料

■尺寸 ■材料 □性能 ■外观

以上提交资料对应的零件适用于＿/＿

注：该部件是否含有任何限制的或需要报告的物质。 ■是 □否

零部件是否标注了相应的产品标识。□是 □否

提交原因

■首次提交 □改为其他选用的结构或材料

□工程更改 □二级供应商或材料来源更改

□工装：转移、更换、整修或添加 □零件加工过程更改

□偏差校正 □在其他地方生产零件

□工装停止使用期超过一年

□其他

要求的提交等级（选择一项）

□等级1——只向本公司提交保证书（若指定为外观项目，还应该提交外观件批准报告）

□等级2——向本公司提交保证书和工装样件及有限的支持数据

■等级3——向本公司提交保证书和工装样件及完整的支持数据

□等级4——向本公司提交保证书和本公司规定的其他要求

□等级5——在供应商制造厂备有保证书、工装样件和完整的支持数据以供评审

提交结果

■尺寸测量结果 ■材料试验结果 □性能试验结果 ■外观评价结果 ■统计过程数据

提交结果评价

■以上提交结果满足所有图样和规范要求

□以上提交结果不完全满足所有图样和规范要求，其解释是＿＿＿＿

续表

声明
所提交的样品，数据和其他信息是代表我司的产品；样品是完全按照客户的图纸和尺寸来做的；材质也是根据客户指定，按照常规生产的特定材料，如有变更我会在以下说明：解释/说明：________ 印刷体姓名：____职务：工程经理电话号码：________传真号码：________ 供应商授权代表签字：________________________________日期：________
以下由顾客填写 零件提交保证书处理意见：□批准　□拒绝　□其他　　零件功能批准：□批准　□放弃 公司代表：________________________________日期：________

表 5－20　PPAP 提交清单

供应商名称：Vendor Name	东莞市××五金制品有限公司	电话/Tel：	
物料名称/Description		传真/Fox：	
规格型号：Model No：	连接头	地址/Add	
提交日期： Submitting Date：	2015. 7. 10		
提交资料清单/List			

编号	资料主题/Reject	页数
1	潜在失效模式后果分析	
2	过程流程图	
3	特殊性清单	
4	CPK	
5	产能评估	
6	各种证明文件	
7	图纸报告	
8	产品控制计划	
9	首件报告	
10	MSA	

续表

<table>
<tr><td>11</td><td colspan="3">产品组成化学物质含量一览表</td><td></td></tr>
<tr><td>12</td><td colspan="3">实验室清单</td><td></td></tr>
<tr><td>13</td><td colspan="3">外观批准报告</td><td></td></tr>
<tr><td>14</td><td colspan="3">零件提交保证书</td><td></td></tr>
<tr><td colspan="5"></td></tr>
<tr><td></td><td colspan="2">供应商审批 Supplier Approve</td><td colspan="2">客户批准/Customer Approve</td></tr>
<tr><td rowspan="3"></td><td>编制/Prepare</td><td></td><td colspan="2" rowspan="3"></td></tr>
<tr><td>审核/Auditing</td><td></td></tr>
<tr><td>批准/Approve</td><td></td></tr>
</table>

表5-21　X-R图

产品编号　连接头插稍　　　　规格下限:　4.99　　规格上限:　5.01

Item	1	2	3	4	5	6	7	8	9	10	11	12	13	14	15	16	17	18	19	20	21	22	23	24	25
X1	5.00	5.00	5.00	5.00	5.00	5.00	5.00	5.00	5.00	5.00	5.00	5.00	5.00	5.00	5.00	5.00	5.00	5.00	5.00	5.00	5.00	5.00	5.00	5.00	5.00
X2	5.00	5.00	5.00	5.00	5.00	5.01	5.01	5.01	5.01	5.00	5.00	5.00	5.00	5.01	5.00	5.01	5.00	5.00	5.01	5.00	5.00	5.00	5.00	5.00	5.00
X3	5.00	5.00	5.00	5.00	5.00	5.00	5.00	5.00	5.01	5.00	5.00	5.00	5.00	5.01	5.01	5.00	5.00	5.00	5.00	5.00	5.00	5.01	5.00	5.00	5.00
X4	5.00	5.00	5.00	5.00	5.00	5.00	5.00	5.00	5.00	5.00	5.00	5.00	5.00	5.00	5.00	5.00	5.00	5.00	5.00	5.00	5.00	5.01	5.01	5.01	5.00
$\overline{X}$	5.000	5.000	5.000	5.000	5.000	5.003	5.003	5.003	5.005	5.000	5.000	5.000	5.000	5.005	5.003	5.003	5.000	5.000	5.003	5.000	5.000	5.005	5.003	5.003	5.000
$\overline{\overline{X}}$	5.00	5.00	5.00	5.00	5.00	5.00	5.00	5.00	5.00	5.00	5.00	5.00	5.00	5.00	5.00	5.00	5.00	5.00	5.00	5.00	5.00	5.00	5.00	5.00	5.00
XU	5.00	5.00	5.00	5.00	5.00	5.00	5.00	5.00	5.00	5.00	5.00	5.00	5.00	5.00	5.00	5.00	5.00	5.00	5.00	5.00	5.00	5.00	5.00	5.00	5.00
XL	5.00	5.00	5.00	5.00	5.00	5.00	5.00	5.00	5.00	5.00	5.00	5.00	5.00	5.00	5.00	5.00	5.00	5.00	5.00	5.00	5.00	5.00	5.00	5.00	5.00

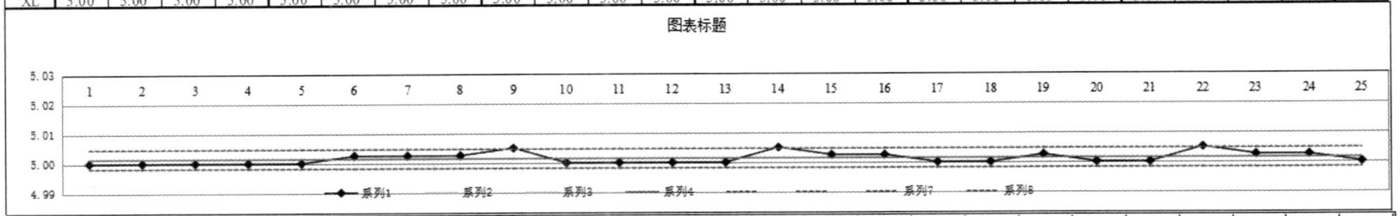

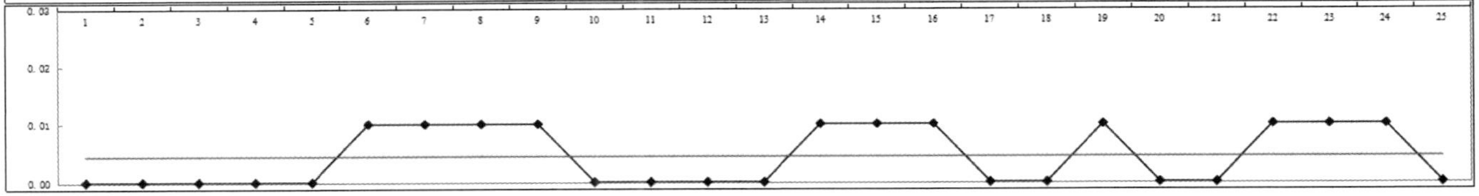

$\overline{\overline{X}}$ = 5.00	$\overline{R}$ = 0.00	s = 0.00	s = 0.00	Verify :	chart :
$UCL_{\overline{X}}$ = 5.005	UCL_R = 0.010	Cp = 1.56	Pp = 0.96		
$LCL_{\overline{X}}$ = 4.998	LCL_R = 0.00	CPK = 1.34	PPK = 0.83	2015/6/6	2015/6/6

表 5－22　化学成分表

零件号	供应商	材料类别	镉	铅	PBB	PBDE	汞	六价格	检测报告编号	检测日期	备注
1		不锈钢304	4	38	无	无	ND	NEGATIVE	CANEC 142028503	2015. 7. 13	
2											

制表：　　　　　　　　　　　　　　　　　　　　　　　审核：

表 5－23　特殊特性清单

适用范围：HKE 转接头　　　　　　　　　　　　　　　　2015. 5. 22

编号	零件名称	特性	描述/说明	规范/公差（mm）	类别	符号
1	ϕ5 六角头			+0. 02/ －0. 01		△
2	ϕ8 主体			+0. 02/ 0. 06		
3	ϕ5 主体			+0. 02/ －0. 01		
4	ϕ5 插稍			+/ －0. 01		
5	ϕ5 四方块			+0. 03/ －0. 08		
6	ϕ5 六角头			+0. 02/ －0. 01		
7						
8						
9						
10						

小组成员：

表 5-24　初始工艺过程流程图

零件编号：转接头　　　　零件名称：　　　　文件编号：

2015/10　　　　工程变更等级：A0　　　　图纸编号：

工序号	移动	制造	包装	检验	返工	储存	操作描述	特殊特性			备注
	○	M	⬠	◇	Q	△		符号	KPC（产品）	KCC（过程）	
						△	原料储存		ф5 六角头		
	○						搬运		ф8 主体		
		M					CNC 车床		ф5 主体		
		M					电脑锣		ф5 插稍		
		M					外发抛光		ф5 四方块		
				Q			全检外观，抽检尺寸		ф5 六角头		
		M					组装				
			⬠			△	包装入库	△			
	○						出货				

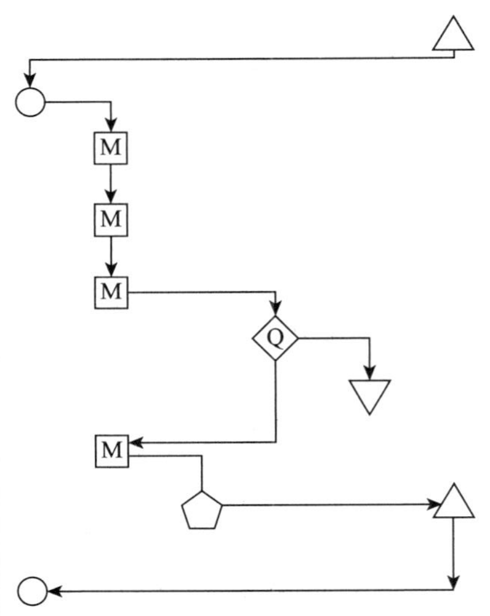

编制：　　　　审核：　　　　批准：

表 5－25　MSA 分析结果

量具重复性和再现性数据表

料号：连接头　　　　版号：A

量具名称：投影仪				零件名称：主体				测量日期：2015. 6. 11			
量具编号：CNC4030				特殊特性：距离尺寸				测量人员：			
量具量程：0－200				标准规范：83. 7							
□定期　□修复后　□量具更换　□新控制计划　☑ PPAP											
评价人数 3		零 件 编 号　　个数：10									平均值
评价人数 9		1	2	3	4	5	6	7	8	9	10
1. A	1	83. 700	83. 600	83. 700	83. 600	83. 600	83. 700	83. 800	83. 700	83. 700	83. 600	＝83. 6700
2.	2	83. 700	83. 600	83. 700	83. 600	83. 600	83. 700	83. 800	83. 700	83. 700	83. 600	＝83. 6700
3.	3	83. 700	83. 600	83. 700	83. 600	83. 600	83. 700	83. 800	83. 700	83. 700	83. 700	＝83. 6700
4.	均值	83. 110	83. 130	83. 147	83. 187	83. 207	83. 227	83. 250	83. 270	83. 287	83. 633	$\overline{X}_A$＝83. 6700
6. B	1	83. 700	83. 600	83. 700	83. 600	83. 600	83. 700	83. 800	83. 700	83. 700	83. 600	＝83. 6700
7.	2	83. 700	83. 600	83. 700	83. 600	83. 600	83. 700	83. 800	83. 700	83. 700	83. 600	＝83. 6700
8.	3	83. 700	83. 600	83. 700	83. 600	83. 600	83. 700	83. 800	83. 700	83. 700	83. 700	＝83. 6700
9.	均值	83. 700	83. 600	83. 700	83. 600	83. 600	83. 700	83. 800	83. 667	83. 700	83. 600	$\overline{X}_B$＝83. 6667
10.	极差	0. 000	0. 000	0. 010	0. 010	0. 010	0. 000	0. 000	0. 100	0. 000	0. 000	$\overline{R}_B$＝0. 0010
11. C	1	83. 700	83. 600	83. 700	83. 600	83. 600	83. 700	83. 800	83. 700	83. 700	83. 600	＝83. 6700
12.	2	83. 700	83. 600	83. 700	83. 600	83. 600	83. 700	83. 800	83. 700	83. 700	83. 600	＝83. 6700
13.	3	83. 700	83. 600	83. 700	83. 600	83. 600	83. 700	83. 800	83. 700	83. 700	83. 700	＝83. 6700

续表

<table>
<tr><td>14.　均值</td><td>83.700</td><td>83.600</td><td>83.700</td><td>83.600</td><td>83.600</td><td>83.700</td><td>83.800</td><td>83.700</td><td>83.700</td><td>83.600</td><td colspan="2">$\overline{X}_C = 83.6700$</td></tr>
<tr><td>15.　极差</td><td>0.000</td><td>0.000</td><td>0.010</td><td>0.010</td><td>0.010</td><td>0.000</td><td>0.000</td><td>0.000</td><td>0.000</td><td>0.000</td><td colspan="2">$\overline{R}_C = 0.0000$</td></tr>
<tr><td>零件均值 $\overline{X}_P$</td><td>83.700</td><td>83.600</td><td>83.700</td><td>83.600</td><td>83.600</td><td>83.700</td><td>83.800</td><td>83.689</td><td>83.700</td><td>83.611</td><td colspan="2">$\overline{\overline{X}} = 83.6700$
$R_P = 0.2000$</td></tr>
<tr><td>极差均值</td><td colspan="9">$\overline{\overline{R}} =$ （$\overline{R}_A + \overline{R}_B + \overline{R}_C$）/评价人数 = 0.00667</td><td>试验次数</td><td>2</td><td>3</td></tr>
<tr><td>最大均值差</td><td colspan="9">$X_{DIFF} = \text{Max}\ \overline{X} - \text{Mln}\ \overline{X} = 0.0067$</td><td>D4</td><td>3.27</td><td>2.57</td></tr>
<tr><td>均值上限</td><td colspan="9">$UCL_{\overline{X}} = \overline{\overline{X}} + A_2\overline{R}283.6768$　　极差上限 $UCL_R = D_4\overline{R} = 0.0171$</td><td>D3</td><td>0</td><td>0</td></tr>
<tr><td>均值下限</td><td colspan="9">$UCL_{\overline{X}} = \overline{\overline{X}} + A_2\overline{R}283.6632$　　极差下限 $LCL_R = D_3\overline{R} = 0$</td><td>A2</td><td>1.88</td><td>1.02</td></tr>
<tr><td colspan="13">注：</td></tr>
</table>

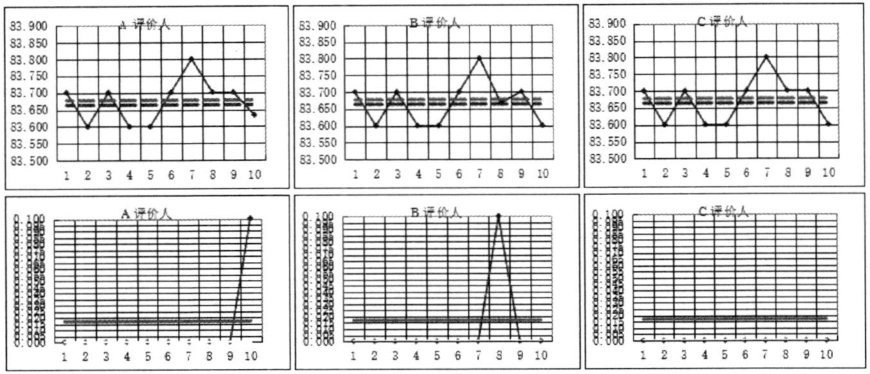

表 5－26　量具重复性和再现性分析表

料号：投影仪　　　　版本：A　　　　编号：

<table>
<tr><td colspan="3">量具名称：投影仪　　零件名称：主体　　分析日期：2015.6.11
量具编号：CNC4030　　量具参数：距离尺寸　　评价人员：
量具量程：0－200　　参数规格：　　83.7　评价人数量：3
来自数据表：$\overline{\overline{R}}=0.002$　$X_{DIFF}=0.0030$　$R_P=0.068$　试验次数 r＝9　零件数量 n＝10</td></tr>
<tr><td colspan="2">测量系统分析</td><td>％总变差（TV）</td></tr>
<tr><td>重复性－设备变差（EV）
$EV=\overline{\overline{R}}\times K_1$
$=0.007\times0.59$
$=0.004$</td><td>

试验次数	K_1
2	0.8862
3	0.5908

</td><td>$\%EV=100\times(EV/TV)$
$=100\times(0.004/0.063)$
$=6.2\%$</td></tr>
<tr><td>再现性－评价人变差（AV）
$AV=\sqrt{(\overline{X}_{DIFF}\times K_2)^2-(EV^2/nr)}$
$=\sqrt{(0.007\times0.52)^2-(0.004^2/(10\times9))}$
$=0.0035$</td><td>

评价人数	K_2
2	0.7071
3	0.5231

</td><td>$\%AV=100\times(AV/TV)$
$=100\times(0.003/0.063)$
$=5.5\%$</td></tr>
<tr><td>重复性和再现性（R&R）
$R\&R=\sqrt{EV^2+AV^2}$
$=\sqrt{0.004^2+0.003^2}$
$=0.005$</td><td rowspan="2">

零件数量	K_3
3	0.5231
4	0.4467
5	0.4030
6	0.3742
7	0.3534
8	0.3375
9	0.3249
10	0.3146

</td><td>$\%R\&R=100\times(R\&R/TV)$
$=100\times(0.005/0.063)$
$=8.3\%$</td></tr>
<tr><td>零件变差（PV）
$PV=R^{P}+K_3$
$=0.2000\times0.31$
$=0.063$</td><td>$\%PV=100\times(PV/TV)$
$=100\times(0.063/0.063)$
$=99.7\%$</td></tr>
<tr><td colspan="2">总变差（TV）
$TV=\sqrt{R\&R^2+PV^2}$
$=\sqrt{0.005^2+0.063^2}$
$=0.063$</td><td>有效
分辨率$=1.41\times(PV/R\&R)$
$=1.41\times(0.063/0.005)$
$=16.917\%$</td></tr>
<tr><td colspan="2">判定：　％R&R＜10％，测量系统可以接受！</td><td>HKAA Industrial Co.，Limited</td></tr>
<tr><td>分析评价措施</td><td colspan="2">重复性和再现性占总变差的 9.7％，重复性误差＜再现性误差，故该量具设备误差为主要变差，应对该量具进行校正与必要的维护</td></tr>
</table>

续表

备注：
所有计算都基于预期5.15s（在正态分布曲线之下99.0%的面积） K_1 为5.15/d_2，d_2 取决于试验次数（m）和零件与评价人的乘积（g），并假设该值大于15。 AV－如果计算中根号下出现负值，评价人变差缺省为0 K_2 为5.15＊d_2＊，式中 d_2＊取决于评价人数量（m）和（g），g为1，因为只有单极差计算 K_3 为5.15＊d_2＊，式中 d_2＊取决于零件数（m）和（g），g为1，因为只有单极差计算

表5－27 试产报告

客户	HKE	品名规格					日期							2015.7.11
产品料号	转接头	试产数量		1000PCS			试产次数							首次试产
试产单号		产线					申请人							
参与人员														
产前说明	为使产品能正常生产，生产时降低不良，稳定制程，特试产该产品													
检验测试（品质部填写）														
检验项目	检验标准	检验结果								SPC	不良数			判定
		1	2	3	4	5	6	7	8		CR	MA	MI	
1	7.0+/－0.1	7.02	7.03	7.01	7.02	7.02								OK
2	20+/－0.1	19.98	19.97	19.98	19.99	19.97								OK
3	Φ8+0.05/－0	ok	ok	ok	ok	ok								OK
4	11.5+/－0.1	11.51	11.52	11.52	11.51	11.52								OK
5	M4.0×0.7	ok	ok	ok	ok	ok								OK
6	M4.0×0.7	ok	ok	ok	ok	ok								OK
7	14+/－0.1	14.02	14.03	14.02	14.03	14.02								OK

续表

8														OK
9														OK
	不可有飞边、毛刺	无	无	无	无	无	无	无	无					OK
	不可有缩孔、缩松、气孔、缺料等	无	无	无	无	无	无	无	无					OK
性能	膜厚	供应商膜厚测试报告								OK				

试产总结（工程部填写）					
项目	异常描述	原因分析	改善对策	责任部门	完成日期
异常及改善对策	无				
	无				

判定					
判定	核准	工程部	品保部	制造部	专案负责人
	■ 可量产 □ 改善后可量产 □ 改善后再试产，日期________				

表 5－28 产能评估报告

XRN－AP－005

供应商	旭×诺五金制品厂	生产时间：		
编码：	连接头	零件名称：		
上季度产能余量＝上季度总量－上季度总订单量＝				
序号	工序名称	产量		
序号	工序名称	产量［PCS/H］（合格品）	FTT	备注
1	车床	200/台	97%	20 台
2	电脑锣	100/台	97%	10 台

续表

3	抛光	500/天	99%	
4	组装	100PCS/人	97%	10 人
5	全检外观	500/人	100%	2 人
6	包装	500/人	100%	2 人
	名称	措施	完成时间	责任人
瓶颈工序 1	抛光			
瓶颈工序 2				
设备总效率	OEE = EA × PE × QR = 设备使用率 × 设备效率 × 合格率 =			
每日产能	瓶颈工序 1 小时 1 次合格数 × 每天正常工作的小时数（按每日工作 8 小时）=550PCS/人			
每季度产能：	（按每月 26 天工作日）	年产量		
天宝要求年产量	47000	结论		
供应商代表：				
审核员：		批准：		

表5-29 设备工装量具清单

序号	测量仪器名称	测量仪器编号	测量单位	量程	最小刻度	校正日期	下一次校正日期	是否合格	使用部门	保管责任人	仪校人员
1	数显电子拉力试验机	zcl－s200w	牛顿	0～200	0.001	2016.3.15	2017.3.15	是	品管部	赵×	外校
2	影像测量仪	vml1250	微米	0～200	0.0001	2016.3.15	2017.3.15	是	品管部	赵×	外校
3	弹簧试验机	HT－10				2016.3.15	2017.3.15	是	品管部	赵×	外校
4	盐雾测试机	YW－001				2016.3.15	2017.3.15	是	品管部	赵×	外校
5	影像测量仪二次元	CNC4030	毫米	0～200	0.0001	2016.3.15	2017.3.15	是	品管部	赵×	外校
6	三坐标	CROMA8016	毫米	1000	0.0001	2016.3.15	2017.3.15	是	品管部	赵×	外校
7	恒温恒湿实验箱	SR232	摄氏度	150°	0.01	2016.3.15	2017.3.15	是	品管部	赵×	外校
8	粗糙度检测仪	SJ310	微米	0～4	0.001	2016.3.15	2017.3.15	是	品管部	赵×	外校
9	插拔力试验机	JN－2124R	千克	0.001	0.01	2016.3.15	2017.3.15	是	品管部	赵×	外校
10	洛氏硬度计	HR－150A	HRC	0～150	0.01	2016.3.15	2017.3.15	是	品管部	赵×	外校
11	显微镜	XWJ－001	无	无	无	2016.3.15	2017.3.15	是	品管部	赵×	外校
12	牙规	M6×1.0				2016.3.15	2017.3.15	是	品管部	赵×	外校
13	牙规	M4×0.7				2016.3.15	2017.3.15	是	品管部	赵×	外校
14	针规	Φ13.2	毫米			2016.3.15	2017.3.15	是	品管部	赵×	外校
15	针规	Φ13.15	毫米			2016.3.15	2017.3.15	是	品管部	赵×	外校
16	针规	Φ6.5	毫米			2016.3.15	2017.3.15	是	品管部	赵×	外校
17	针规	Φ6.7	毫米			2016.3.15	2017.3.15	是	品管部	赵×	外校
18	针规	Φ1.8	毫米			2016.3.15	2017.3.15	是	品管部	赵×	外校

表 5－30 包装方式

包装式样书

<table>
<tr><td>客户/厂商</td><td colspan="3">HKE</td><td colspan="2">产品料号</td><td colspan="4">转接头</td></tr>
<tr><td>客户料号</td><td colspan="3">HKE20150510</td><td colspan="2">制作日期</td><td colspan="4">2016. 5. 22</td></tr>
<tr><td>品名/规格</td><td colspan="3"></td><td colspan="2">修订日期</td><td colspan="4"></td></tr>
<tr><td>包装类型</td><td colspan="9">□可回收包装 ■一次性包装</td></tr>
<tr><td>外箱规格</td><td>500PCS</td><td>层数</td><td></td><td colspan="2">每袋数量</td><td></td><td colspan="2">每扎数量</td><td>/</td></tr>
<tr><td>外箱规格</td><td colspan="4">250（L）×250（W）×250（H）mm</td><td colspan="3">内箱规格</td><td colspan="2">无</td></tr>
<tr><td>在 PE 袋规格</td><td colspan="4"></td><td colspan="3">小 PE 袋规格</td><td colspan="2">40×150</td></tr>
<tr><td>包装辅助材料</td><td colspan="4">无</td><td colspan="3">送货方式</td><td colspan="2">物流送货</td></tr>
<tr><td>包装方式</td><td colspan="9">每个 PE 袋装一套产品，每放一层加一层珍珠棉</td></tr>
<tr><td colspan="10">备注：无</td></tr>
<tr><td colspan="10">包装图示</td></tr>
<tr><td colspan="10"></td></tr>
</table>

核准： 审核： 制作：

第六章

APQP 等五大工具程序文件案例

第一节　APQP 程序文件

1. 目的

为了标准化新产品项目管理过程，确保新产品项目满足质量、时间和成本等要求，实现公司和客户的满意。

2. 适用范围

2.1　所有厂内能生产的产品；

2.2　总经理签批需要纳入新产品开发项目。

3. 参考文件

3.1　PPAP 控制程序

3.2　PFMEA 控制程序

3.3　MSA 控制程序

3.4　数据统计控制程序

4. 定义

APQP，英文为 Advanced Product Quality Planning，中文意思是产品质量先期策划（或者产品质量先期策划和控制计划），是 QS9000、TS16949 质量管理体系的一部分。产品质量策划是一种结构化的方法，以此来制定确保顾客满意产品所需的步骤。

5. 职责

5.1　总经理：负责任命项目组长、提供必要的资源与支持、APQP 文件的最终审批、质量策划最终的检讨、确保 APQP 工作顺利进行。

5.2　APQP 小组：负责产品质量先期策划的组织及实施。

5.3　责任部门：推荐人员参与、配合质量先期策划的执行。

5.4　项目组长：负责主导整个项目策划的管理。

5.5　业务部：客户信息的收集和整理、客户资料和样板的传递、报价给到客户，并及时知会 APQP 组长、公司与客户间的沟通和协调；

确保客户满意、客户签回样板及提交项目组长、客户 PPAP 的认可及确认。

6. 作业内容

6.1　业务部接收到客户的新项目时，及时召开各部门会议，将客户的信息传递给相关部门，然后相关部门根据自己的职责分别在一个工作日内对新项目进行总的确认。

6.2　各部门会议结果，完成《新产品可行性评估报告》后，首先由相关部门主管会签，呈总经理批示，总经理根据可行性状况任命项目组长；随后项目组长召集各部们主管召开项目第一次会议，确定项目小组的成员名单，并做成该项目的小组成员组织结构图，定义出各自的职责。

6.3　项目组长召开项目的第二次会议，决定项目开发计划，并将该计划发送给项目小组成员及各部门主管。具体的计划内容要涵盖下面各阶段的内容。

6.4　项目小组对每阶段的计划的完成状况及问题进行评审，评审后须经总经理批准方可进入下一阶段。

7. 流程图

7.1　计划和确定项目

表 6－1　计划与确定项目

权责人员	工程部	品保部	业务部	相关部门	相关作业说明	相关表单
业务部		新品会议			业务部召开各部门会议，将客户的信息传递给各部门	会议记录
相关部门		资料准备			各部门根据自己的职责分别在一个工作日内对新项目进行总的确认。工程部负责初始材料清单，初始流程图，初始特殊特性清单，设备，设施需求清单，新模具，工装需求清单。业务提供包装需求，生管负责产能评估	初始材料清单 初始流程图 初始特殊特性清单 设备一览表 模/治具申请单 产能评估
业务部		可行性评估（NG→新品会议；OK↓）			根据初始阶段的各部门会议结果，完成新产品可行性评估报告，由各部门主管会签	新产品可行性评估报告
业务部		报价			业务部根据新产品可行性评估报告及评审资料报价给客户	报价单
业务部	NG取消项目←	单价竞标（OK↓）			单价竞标OK，与客户签订开发协议	开发协议
项目经理		项目组长任命			任命项目组长	项目组长任命书
项目组长		成立项目小组			项目组长召集各部门主管开项目的第一次会议，确定项目小组成员的成员名单，并做成该项目的小组成员组织结构图，定出各自的职责，并签订该项目的保密协议	会议记录 项目小组成员明细表 项目小组组织结构 项目小组职责与权限 保密协议
项目组长		开发任务书			项目组长制作新产品开发任务书，明确开发要求及开发的目标	开发任命书
APQP小组		开发计划			项目组长召集APQP小组成员召开第二次会议，明确项目开发计划，并将该计划发送给项目小组成员及各部门主管，计划内容需涵盖各阶段的内容	项目开发计划
APQP小组		第一阶段总结			项目组长召开第一次项目评审会议，确认该项目的问题并制定解决问题的责任者，经项目经理批示后进入下一阶段	阶段评审报告

7.2　样品阶段

表 6－2　样品阶段

权责人员	工程部	品保部	业务部	相关部门	相关作业说明	相关表单
项目组长	质量计划				当客户要求时，项目组长对该项目质量进行策划	
APQP小组	产品保证计划				APQP小组对该项目制作产品保证计划	产品保证计划
各部门	计划				工程部制作模治具计划及供应商提交要求书 品保部制作量检具计划 采购制作供应商送样通知 项目组长制作人员培训计划	新增设备配置计划 供应商提交要求 供应商送样通知 人员培训计划
各部门	验收				工程部对模治具材进行验收 品保部对量检具进行验收	模治具验收报告 材料验收报告 量检具验收报告
工程部	样品制作				样件制作	
工程部 品保部		样品确认			工程部对样品制作参数进行确认，品保部对样品尺寸、性能进行确认	
业务部		送样			送样客户	
APQP小组		小组可行性承诺			小组可行性承诺	小组可行性承诺
APQP小组		第二阶段总结			项目组长召开第二次项目评审会议，确认该项目的问题并制定角决问题的责任者，经项目经理批示后进入下一阶段	阶段评审报告

7.3 过程设计与开发

表6－3 过程设计与开发

权责人员	工程部	品保部	业务部	相关部门	相关作业说明	相关表单
工程部	包装场地设计				工程部制产品包装试样书，场地平面布置图，特殊特性矩阵图	包装试样书 场地平面布置图 特殊特性矩阵图
APQP小组	生产流程设计				APQP小组制作产品的过程流程图	过程流程图
APQP小组	失效模式分析				APQP小组依据产品的过程流程图制作PFMEA	PFMEA
品保部	制作控制计划				品保部依据PFMEA制作试产控制计划	试产控制计划
工程部	作业指导书				工程部依据PFMEA及控制计划制作产品的作业指导书SOP、成型条件表、BOM表、实验清单、工程图面、原材料承认书	作业指导书SOP 成型条件表 BOM表 实验清单 工程图面 原材料承认书
品保部	检验基准书				品保部依据PFMEA及控制计划制作进料检验基准书，出货检验基准书，MSA计划及SPC计划	进料检验基准书 出货检验基准书 MSA计划 SPC计划
APQP小组	第三阶段总结				项目组长召开第三次项目评审会议，确认该项目的问题并制定解决问题的责任者，经项目经理批示后进入下一阶段	阶段评审报告

7.4　产品与过程确认

表 6－4　产品与过程确认

权责人员	工程部	品保部	业务部	相关部门	相关作业说明	相关表单
工程部			试产申请		生产部开立试产申请单，定义试产的数量，试产的时间及试产的地点等	试产申请单
APQP 小组			试产会议		项目组长召集APQP小组成员召开试产前会议，定义试产的目标及各部门需准备的事项	试产会议记录
制造部			试产		试产	
品保部		试制记录			品保部对试产时产品的品质进行跟踪及反馈，量检具的测量分析，对过程能力进行研究，包装方式进行评价	首末件记录表 制程巡检记录表 MSA PPK 包装评价
APQP 小组		试产总结			试产总结	试产总结报告
APQP 小组		第四阶段总结			项目组长召开第四次项目评审会议，确认该项目的问题并制定解决问题的责任者，经项目经理批示后进入下一阶段	阶段评审报告
APQP 小组		作业标准修订			工程资料的修订	PFMEA 作业指导书SOP 成型条件表 工程图画 实验清单
品保部		检验标准修订			检验基准书及控制计划的修订	量产控制计划 进料检验基准书 出货检验基准书
业务部		PPAP提交			PPAP提交	PPAP相关资料
业务部		PPAP认可			PPAP认可	
文控中心		资料移转			量产资料移转	资料移转单

7.5 量产阶段

表 6－5 量产阶段

权责人员	工程部	品保部	业务部	相关部门	相关作业说明	相关表单
制造部		量产			量产	生产计划
品保部		量产记录			过程记录、质量提升计划、降低变异、持续改进	首件记录 巡检记录 CPK 项目目标统计表
业务部		客户满意度调查			业务部对客户的满意度及质量信息进行反馈	客户满意度调查表

8. 附件

8.1 APQP 清单

表 6－6 APQP 清单

序号	记录名称	
1	可行性评估报告	
2	项目小组职能分配表	
3	保密协议	
4	新产品开发任务书	
5	项目开发进度表	
6	初始材料清单与价格表	
7	初始工艺流程图	
8	成本分析表	
9	产品保证计划	
10	项目阶段评审报告	
11	材料与性能实验计划	
12	供应商提交要求	
13	送样通知书	

续表

14	包装试样书	
15	场地平面布置图	
16	特性矩阵图	
17	MSA 计划	
18	SPC 计划	
19	尺寸检验报告	
20	材料实验报告	
21	性能测试报告	
22	PPK 报告	
23	包装评价报告	
24	PPAP 提交清单	
25	质量策划认定书	
26	项目总结报告	
27	X－R 管制图	

第二节　PPAP 程序文件

1. 目的

确定我公司是否已经了解顾客工程设计记录和规范的所有要求、该过程是否具有潜在能力，以确保在实际生产过程中按规定的生产节拍来生产满足顾客要求的产品。

2. 范围

所有汽车生产和服务零件的生产件核准一般要求。

3. 参考文件

3.1　APQP 控制程序

3.2　FMEA 控制程序

3.3　MSA 控制程序

3.4　数据统计控制程序

4. 职责

4.1　业务部负责提交保证书及数据；

4.2　品质部负责检查结果、实验和性能结果、制程能力之结果、能力研究、量具研究及制作控制计划；

4.3　工程部负责汇总 FMEA。

5. 作业程序

5.1　生产件

生产件是指在生产场所使用批量生产的工模具、量具、生产过程、原材料、操作者、环境和制程参数（如速度、时间、压力、温度等）所制造的零组件。用作生产件核准的零组件，应取自一定规模的生产批量，此批量一般是 1～8 小时之间生产，规定的产量至少为 300 件，顾客书面同意其他产量的情况除外。

5.2　提交时机

5.2.1　使用不同于以前核准过的零件或产品的其他结构或材料。

5.2.2　使用新的或修改过的模具。

5.2.3　对现有的工模治具或设备进行重新装备或重新调整后进行的生产。

5.2.4　把工模治具和设备转到不同的厂房位置或另一厂房位置所进行的生产。

5.2.5　外包零件等材料或服务的来源变更，且影响顾客装配、成形、功能、耐久性或性能要求。

5.2.6　工模治具停止量产 12 个月或更长时间后，再生产的产品和量产产品零件相关的产品和制程变更，不论是内制或外包，都会影响可销售产品的装配、成形、功能、性能和耐久性。

5.2.7　测试、检验方法得改变——新技术（对允收标准无影响）。

5.2.8　加工方法与生产条件变更。

5.2.9　运输与包装方式变更。

5.2.10　工艺流程变更。

5.3　生产件核准的资料要求

凡符合上述 5.2 中任何一种情况，本公司必须完成下述文件及项目：

5.3.1　可销售产品之设计记录（有专利的零件、其他零件）

5.3.2　工程变更文件

5.3.3　顾客工程核准

5.3.4　制造流程图

5.3.5　制程 FMEA

5.3.6　尺寸结果

5.3.7　材料、性能测试结果

5.3.8　初期制程研究

5.3.9　测量系统分析研究

5.3.10　合格实验室文件

5.3.11　控制计划

5.3.12　产品提交保证书（PSW）

5.3.13　生产件样品

5.3.14　标准样品

5.3.15　检查辅具

5.3.16　符合顾客特定要求之记录

5.3.17　检查基准书

5.3.18　外观件批准报告（当客户有要求）

5.4　提交等级

供方必须按顾客要求的等级，提交该等级规定的项目和记录：

5.4.1

等级 1—只向顾客提交保证书（对指定的外观项目，还应提供一份外观批准报告）；

等级2—向顾客提交保证书和产品样品及有限的支持数据；

等级3—向顾客提交保证书和产品样品及完整的支持数据；

等级4—提交保证书和顾客规定的其他要求；

等级5—在供方制造厂备有保证书、产品样品和完整的支持性数据以供评审。

5.4.2　每一等级的详细要求见表6－7。

5.4.3　如果顾客负责产品批准部门没有其他规定，则供方必须使用等级3作为默认等级进行提交。

表6－7　各等级要求统计表

要求	提交等级				
	等级1	等级2	等级3	等级4	等级5
1. 可销售产品的设计记录	R	S	S	*	R
—对于专利部件/详细资料	R	R	R	*	R
—对于所有其他部件/详细资料	R	S	S	*	R
2. 工程更改文件，如果有	R	S	S	*	R
3. 顾客工程批准，如果要求	R	R	S	*	R
4. 设计FMEA	R	R	S	*	R
5. 过程流程图	R	R	S	*	R
6. 过程FMEA	R	R	S	*	R
7. 尺寸结果	R	S	S	*	R
8. 材料、性能试验结果	R	S	S	*	R
9. 初始过程研究	R	R	S	*	R

续表

10. 测量系统分析研究	R	R	S	*	R
11. 具有资格的实验室文件	R	S	S	*	R
12. 控制计划	R	R	S	*	R
13. 产品提交保证书（PSW）	S	S	S	S	R
14. 外观批准报告（AAR），如果适用	S	S	S	*	R
15. 散装材料要求检查清单（仅适用于散装材料的 PPAP）	R	R	R	*	R
16. 生产件样品	R	S	S	*	R
17. 标准样品	R	R	R	*	R
18. 检查辅具	R	R	R	*	R
19. 符合顾客特殊要求的记录	R	R	S	*	R
S 表示我厂必须向指定的顾客产品批准部门提交，并在适当的场所，包括制造场所，保留一份记录或文件项目的复印件。 R 表示我厂必须在适当的场所，包括制造场所保存，顾客代表有要求时应易于得到。 * 表示我厂必须在适当的场所保存，并在有要求时向顾客提交					

5.5　提交资料要求

5.5.1　设计资料（准备图面与规范）：本公司应有可销售产品的所有设计数据，包括该可销售产品的零件或细节的设计数据。当这些设计数据（例如 CAD/CAM 数据、零件图、规格）是电子格式时（例如数据），本公司应有一份硬盘拷贝（hard copy），例如图样、几何尺寸和公差图表、图面等，以识别量测点位置。

备注 1：任何可销售产品、零组件或组件，不论设计责任为何方，将只有一套设计数据。这些设计资料可以成为其他文件设计资料的一部分。

备注 2：对主要原物料，设计数据可包括原料的识别、成分、制程处理步骤及参数值、最终产品的规格或允收标准。若尺寸结果不适用，则 CAD/CAM 的要求亦不适用。

5.5.2　任何被授权的工程变更文件：本公司应有尚未记入设计数据但已纳入产品、零组件或工模具的任何被授权的工程变更文件。

5.5.3　工程核准文件（顾客要求时）：当设计数据要求时，本公司应有顾客工程核准的证据。

5.5.4　制程流程图：从原料进厂到出货的所有步骤，要有详细的步骤与次序，并且明确每个工序控制特性。

5.5.5　制程失效模式及效果分析（PFMEA）：本公司应有一份根据并符合 ISO/TS16949 要求之制程 FMEA 程序。

备注：单独的一份设计或制程 FMEA 可适用相同制程的系列类似产品或材料。

5.5.6　全尺寸结果：

（1）按检查基准书要求对产品进行全尺测量，检测点需与图纸所标关键测量点一一对应。

（2）如果采用一个以上的型腔、铸模、冲模、工装或加工设备、生产单元、生产线的过程设计，必须从每一部分的 PPAP 产品中按检查基准书要求进行全尺寸测量。

（3）供应商必须从所测量合格的零件中指定一件为标准样品。

（4）针对图纸等要求中有数值及偏差要求的，必须以数字的形式体现，若只有“合格”“符合”等字样是不被接受的。

5.5.7　材料性能测试结果记录：

（1）当产品对材料有效性、性能、耐久性、可靠性等有要求时，供应商应提交性能报告。性能数据必须与样品同一生产批次且要求有说明数据，不允许只表明“合格”或“不合格”字样。无检测能力的供应商可委托有检测能力的第三方进行试验检测。

（2）性能测试结果：当设计数据和计划控制上规定了性能或功能方面的要求时，本公司应对所有产品或其材料实施测试。测试报告应指出：

第一，受测零件的设计数据变更阶段、编号、日期和受测零件所依据规范的变更阶段。

第二，任何已被授权但尚未被纳入设计数据的工程变更文件。

第三，测试进行的日期。

备注：设计数据或相关规范中要求的所有测试须以可理解的格式记录，并包括测量数量。

5.6 初期制程研究

对重要工序必须进行过程能力研究，对使用 Xbar－R 图进行研究的特性，在 PPAP 生产过程中抽取至少 25 个子组的数据（至少 100 个）进行短期研究；当所研究的过程稳定时，使用以下接受准则：

- 当指数 >1.67 时，该过程满足顾客要求；
- 当 1.33≤指数≤1.67，该过程目前可按受，若在批量生产前仍没有改进，则需对控制计划进行修改；
- 当指数 <1.33，该过程不能满足顾客要求。

如在 PPAP 提交前，仍无法取得可接受的过程能力，则必须由供应商提出计划。

5.6.1 测量系统分析研究：

有关评价对于控制计划所需要的量具、检具和试验设备进行适用的测量系统分析；R&R 分析结果：特殊特性必须小于 10%，10%～30% 之间需改进，大于 30% 为不接受。

5.6.2 合格实验室文件：

要求所有的性能实验，材质实验在有资格的实验室完成，当供应商的设备能力不足需要委托第三方进行检测时，第三方检测单位必须属于国家相关单位认可，并具有检验资格的试验室，同时需提交第三方检测单位资格证明。

5.6.3 控制计划：

控制计划必须与过程流程图、PFMEA 一一对应，如果对新零件的共通性以及通过评审，可以使用类似零件的控制计划。

5.6.4 产品提交保证书（PSW）：

在圆满完成所有要求的测量和测试后，本公司应填写产品提交保证书（PSW）上所要求的资料，除非顾客另有要求。每一个顾客零件号码都应完成一份相应的保证书。若生产性零组件系由一个以上的工具、模型或制程（例如生产线或加工单元）所生产，本公司都应个别完成尺寸评价（参考 5.5.6）。特定的生产线等资料应在 PSW 的“模型制程”栏加以注明或作为附件。本公司应确认所有的测量和测试结果均符合顾客要求，以及所有要求的文件均随时可得（或者对等级 2、3、4 而言，提交数据已包括）。本公司负责的代表应核准保证书并注明日期、职务和电话号码。

5.6.5 零组件重量（质量）：

本公司应记录 PSW 上的零组件重量，除非顾客另有规定，应使用千克（kg）测量和表示，并写至小数点后四位（0.0000）。重量不得包括运输时的保护装置、装配的辅助材料或包装材料。为确定零组件重量，应随机抽取十个产品分别称重后，加以计算并报告其平均重量。每一量产时使用的工具、生产线或制程，至少应抽取一个样品加以量测。

5.6.6 生产性零组件样品：

从连续生产的产品（不小于 200 件）中提取 30 ~ 100 件提交，以确保样品可代表过程在稳定状态下运作，首批样品上应表明零件编号、更改水平和供应商名称。

5.6.7 标准样品：

本公司应保存一件标准样品，保存时间与生产件核准记录时间相同，也可以直到另一相同顾客零件号码的新样品被生产出来作为顾客核准用，或者设计数据、计划控制以及检验标准要求使用标准作为参考或标准。标准样品应对前述内容标示，并显示顾客核准日期。除非顾客另有规定，本公司应保存多模型、工具、模板或生产制程的每个位置的标准样品。

5.6.8　检查辅具：对于当模具、检具更改影响到产品的本身的质量时，需通知顾客获得认可。

5.6.9　顾客特定要求：本公司应有符合顾客特定要求的记录。

5.6.10　检验基准书：检查基准书必须与顾客相关资料保持一致，各阶段供应商所提供检测报告，包括每批次、周期性试验及年度试验，均按该基准书所规定周期及频次进行提供。

5.7　记录与标准样品之保存：对于每一次提交，公司都应保存一份完整的结果记录和标准样品，包括 SPC 结果。记录应显示符合所有尺寸、化学、物理及其他测试的规范，此记录包括下列文件之副本：

5.7.1　所有尺寸要求的检验结果，是参照顾客工程核准的设计记录而得，并要附上该记录。

5.7.2　实验室测试报告，需涵盖该材料及产品规定的所有化学、物理和性能方面的测试。

5.7.3　所有关键和重要特性的初期制程能力结果、制造流程图、制程 FMEA、生产计划控制、初期制程研究，外包商保证书及标准样品。

5.7.4　不论顾客要求提交等级为何，都应完成并保存 5.3 指定的所有文件。

5.7.5　生产件核准记录的保存时间为该产品和服务活动所要求时间加上一个日历年。

5.7.6　标准样品的保存时间与生产件核准记录的保存时间相同，或是直到另一相同产品号码的新标准样品被生产出来作为顾客核准用，标准样品应以前述内容标示并显示顾客核准日期。

5.7.7　供应商提交首批样品时，需在提交产品的外包装上标识“首批送样”的字样。

5.8　产品提交状态

5.8.1　顾客会通知提交审查的结果，样品核准后，本公司必须确保此后仍持续符合顾客的所有要求。

5.8.2　在接到顾客核准前，绝对不可先行制作。

5.9　PPAP 要求同样适用于本公司的所有原材料供应商与委外加工商。

6. 表单记录

6.1　PPAP 提交过程

6.2　产品提交保证书 PSW

第三节　FMEA 程序文件

1. 目的

为了确保量产的质量性能稳定，事前进行分析，以预防不良发生而制订控制体系。

2. 适用范围

凡是执行 ISO/TS16949 质量系统的制程。

3. 参考文件

无

4. 责任

4.1　FMEA 的制作由多功能小组负责。

4.2　工程部负责 FMEA 的整理。

5. 程序

5.1　PFMEA 是 Process Potential Failure Mode and Effects Analysis 的缩写，为潜在不良模式及效应分析，是一种系统性的分析工程。具体是指通过小组的思考预先考虑产品制程中可能出现的不良模式及其效应，并采取对策以降低或消除不良情形的出现。

5.2　制作修改时机：新产品第一次试产前准备期间，试产、量产时需根据实际情况改善修订。

5.3　跨功能小组的应用：PFMEA 的形成及审查由跨功能小组共同参与。

5.4　PFMEA 表格：多功能小组分析后由工程负责整理，交文控发行至相关部门。

5.5　FMEA 制作前的准备：工艺流程图/客户相关产品要求及使用信息/类似产品以往失效模式/材料供方提供物料相关使用信息.

5.6　制作流程：收集信息（APQP 成员）→APQP 成员会议讨论 PFMEA 失效模式、失效效应、失效原因、预防与探测→讨论 SOD 评分→决定改善先后顺序→制订改善方案→实施方案→SOD 效果改善评审→提交客户→客户认可发行→量产及时评审更新。

5.7　评分标准

5.7.1　严重度（Severity）：

判定准则：后果的严重度导致一个潜在失效模式造成了在最终顾客或制造、组装工厂的缺陷。首先应该随时考虑最终顾客。

表 6-8　后果严重度示意表

后果	（顾客后果）	（制造/装配后果）	级别
无警告的严重危害	没有预警情况下，潜在失效模式影响车辆安全操作或设计不符合政府法规	可能在没有预警下危害操作（机械或装配）	10
有警告的严重危害	有预警情况下，潜在失效模式影响车辆安全操作或设计不符合政府法规	可能在有预警下危害操作（机械或装配）	9
很高	基本功能损失（车辆不能操作，但不影响车辆安全操作）	100%的产品是废品，流水线停止或停止出货	8
高	基本功能损失（车辆可操作，但降低了功能的等级）	生产运转一定会产生部分废品，背离最初过程包括流水线速度降低或增加	7

续表

后果	（顾客后果）	（制造/装配后果）	级别
中等	舒适功能损失（车辆可操作，但舒适便利功能损失）	100%需脱线返工，是被承认的	6
很低	外观或听见噪音，车辆可操作，不符合项被大部分顾客注意到（>75%）	在加工前100%需在位置上返工	4
低	舒适功能降级（车辆可操作，但舒适便利功能降低）	部分需脱线返工，是备承认的	5
轻微	外观或听见噪音，车辆可操作，不符合项被很多顾客注意到（50%）	在加工前部分需在位置上加工	3
很轻微	外观或听见噪音，车辆可操作，不符合项被有辨别能力的顾客注意到（<25%）	过程操作或操作者的轻微不便利	2
无	没有可辨别的后果	没有可辨别的后果	1

5.7.2 发生度（Occurrence）

表6-9 发生度评判表

项目	失效发生可能性	可能失效率	评分
发生度	非常高	≥100次每1000个，≥1次 每10辆中	10
	高	50次每1000个，1次每20辆中	9
		20次每1000个，1次每50辆中	8
		10次每1000个，1次每100辆中	7
	一般	2次每1000个，1次每500辆中	6
		0.5次每1000个，1次每2000辆中	5
		0.1次每1000个，1次每1000辆中	4
	低	0.01次每1000个，1次每100000辆中	3
		≤0.001次每1000个，1次每1000000辆中	2
	非常低	失效通过预防消除了	

5.7.3　探测度（Detection）

6-10　探测度示意表

探测可能性	探测机会	评价准则 过程控制探测的可能性（D）	评分
几乎不可能	没有探测机会	没有现有控制：不能探测或不能解析	10
非常微小	在任何阶段不太可能探测	失效模式或错误（要因）不容易探测（如随机检查）	9
微小	加工后问题探测	操作者通过目测、排列、耳听法的事后失效模式探测	8
非常低	开始时问题探测	操作者通过直视、目测、排列、耳听法在位置上做失效模式探测或操作者通过使用特性测量（行/不行、手动转矩检查等）做加工后探测	7
低	加工后问题探测	操作者通过使用变量测量或操作者在位置上通过使用特性测量事后失效模式探测（行/不行、手动转矩检查等）	6
一般	开始时问题探测	操作者在位置上使用变量测量或通过位置上的自动控制探测差异零件和通知操作者（光、杂音等），在位置上或首件检查时执行测量（仅对于设置要因）	5
一般高	加工后问题探测	由自动控制探测变异零件并锁住零件预防进一步加工的事后失效模式探测	4
高	开始时问题探测	由自动控制在位置上探测变异零件并在位置上自动锁住零件预防进一步加工的失效模式探测	3
非常高	错误探测或问题预防	由自动控制在位置上探测错误并预防制造中的变异零件的错误（要因）探测	2
几乎确定	探测不能用：防错	以夹具设计、机械设计或零件设计所做的错误（要因）预防，因为过程或产品设计的放错项目不会产生变异零件	1
备注：			

5.8　严重度分类基准

表 6－11　严重度分类基准

严重度	等　级	说　明
6－10	主要缺点	对产品的功能有大的影响，可能无法使用或影响安全
1－5	次要缺点	对产品的功能无影响

5.9　风险优先指数（RPN）

5.9.1　RPN 是严重度、发生度及探测度的乘积。即 RPN＝严重度×发生度×探测度，RPN 介于 1～1000 之间，对于较高的 RPN 必须尽最大努力通过改善措施来减少其危险性。

5.9.2　制程改善根据严重度 S 得分高低决定改善先后顺序，当 S 相同时，根据发生度 O 的大小决定改善先后顺序，当 O≤2 时，由探测度 D 决定改善先后顺序。

5.9.3　不论 RPN 的大小，凡严重度≥8 的项目和发生度≥7 的项目，也要提出相应对策。

5.10　对策原则

5.10.1　降低发生度或设计变更，可以采用统计方法做行动导向的制程研究。

5.10.2　只有修改设计或制程变更才能减少严重度等级。

5.11　表格的填写

表 6－12　表格的填写

项　次	项　目	填写说明
1	FMEA 序号	FMEA 之编号
2	项目名称	产品的过程名称及编号
3	制程责任	有关整车厂部门和小组供方的名称
4	编制人	制订者姓名、电话及所在公司名称
5	车型/机种/年份	顾客提供之车型年份/项目（如果已知）

续表

6	关键日期	工程预定完成的发布日期，不应超过计划的生产日期
7	FMEA 日期（原版）	FMEA 原版日期及最后修订日期（若有修订）
8	核心小组	列出被授权以签订或执行任务的负责个人和部门的名称
9	过程/功能需求	简单地描述将被分析的过程或作业
10	潜在失效模式	过程可能潜在不满足过程要求或设计意图的种类
11	潜在失效后果	指失效模式对顾客的影响，依据顾客可能注意到的或经历的情况来描述失效的后果
12	严重度	对一个已假定失效模式的最严重影响的评价等级
13	分类	对需要附加过程控制的零部件、子系统或系统的一些特殊过程特性分类
14	潜在失效起因/机理	指失效是怎么发生的？并依据可以被纠正或被控制的原则来描述
15	发生度	指具体的失效起因/机理发生的可能性的评价等级
16	现行过程控制	是对尽可能阻止失效模式或失效原因/机理的发生，或者探测将发生的失效模式或失效原因/机理的控制的描述 预防：预防失效起因/机理或失效模式的出现，或减少它们的出现率。 探测：探测失效或失效起因/机理，并引导至纠正措施
17	侦测性	结合列在过程控制中最佳的探测控制等级的评价
18	风险顺序数	（12）×（15）×（17）
19	推荐措施	对高严重度、高发生度、高 RPN 值超过标准，需填写预防/纠正措施
20	对建议措施的责任	负责部门、人员及预计完成日期
21	采取的措施	当已经实施一项措施后，简要记录具体的措施和生效日期
22	措施执行后的 RPN	改善后之 Sev、Occ、Det 分数，并计算 R. P. N.

6. 相关附件

潜在不良模式及效应分析表。

第四节 MSA 程序文件

1. 目的

为了更好地了解测量系统变差的来源，以便对用于生产环境中的测量系统进行有效的评价与控制。

2. 适用范围

适用于本公司用于生产汽车产品的测量系统或客户的特别指明的产品。

3. 参考文件

SPC 控制程序。

4. 责任

4.1 品保部负责制定 MSA 分析方法，使用部门按各自的年度计划实施和接收分析报告并保存。

4.2 品保部负责制订“MSA 计划”，制作试产和量产的 MSA 分析报告，并对结果进行判定和异常处理。

4.3 品保部负责检查量测系统是否有经过 MSA 分析和确定是否可投入使用。

4.4 若客户有提供相关程序或准则，则依客户提供的方法实施量测系统分析，而非依本程序。

5. 程序重点

5.1 定义

5.1.1 量具：任何用来获得测量结果的装置，包括用来测量合格、不合格的装置 。

5.5.2　测量系统：用来获得表示产品或过程特性数值的系统，称之为测量系统。测量系统是与测量结果有关的仪器、设备、软件、程序、操作人员、环境的集合。

5.5.3　量具重复性：指同一个评价人，采用同一种测量仪器，多次测量同一零件的同一特性时获得的测量值（数据）的变差。

5.5.4　MSA（Measurement System Analysis）：测量系统分析。

5.5.5　量具再现性：指由不同的评价人，采用相同的测量仪器，测量同一零件的同一特性时测量平均值的变差。

5.5.6　稳定性：指测量系统在某持续时间内测量同一基准或零件的单一特性时获得的测量值总变差。

5.5.7　偏倚：指同一操作人员使用相同量具，测量同一零件的相同特性多次数所得平均值与采用更精密仪器测量同一零件的相同特性所得到的平均值之差，即测量结果的观测平均值与基准值的差值，也就是我们通常所称的“准确度”。

5.5.8　线性：指测量系统在预期工作范围内偏倚的变化。

5.5.9　分辨力：指测量能检出并如实指示被测特性中小变化的能力。

5.5.10　计量型：是指具有通过数据分布中心及分散度来评价衡量其特性的类型。

5.5.11　计数型：是指具有通过两个值（合格/不合格、成功/失败、通过/不通过、出席/缺席）来评价衡量其特性的类型。

5.2　MSA 作业流程：

5.2.1　品保部在每年 12 月底之前制订次年的量测系统分析年度计划，并按计划在规定日期内实施。

5.2.2　品保部应在规定时间内完成量测系统的分析并提交报告。

5.2.3　后续有任何涉及汽车配件试产前，工程部会在 PPAP 文件内提供具体的试产日期，各使用部门按此日期执行 MSA 分析和提交报告给工程部。

5.2.4　仪器使用部门在量测系统分析过程中发现异常时，主导人员应立刻分析原因并进行改善，品保部人员应监控量测系统分析的过程和禁止异常的量测系统投入使用。

5.2.5　如量测系统分析的异常是由仪器的变异引起，则送品保部重新校验，经校验发现不合格，样品需要送修或报废处理。如是人员操作问题则应对人员进行仪器的操作培训。

5.2.6　品保部做测量系统分析报告时，将查看报告是否符合判定标准，如发现异常及时通知使用部门负责人和品管人员，使其重新进行分析，直至提交合格的分析报告为止。

5.2.7　测量系统合格后，品保部需将该测量系统记录存档，并对测量系统进行编号。测量系统记录必须包含测量设备编号、人员姓名、测量特性、MSA 记录、有效期、测量环境。

5.2.8　任何测量系统发生变化时（如设备变更、人员变更、公差调整），必须重新进行测量系统分析，达标后才可使用。

5.2.9　品管人员和使用部门在使用前应首先核对测量系统是否合格，然后才能开始测量。

5.3　执行量测系统的分析时机：

5.3.1　量测系统在试产阶段或客户要求对量测系统进行分析时。

5.2.2　距上次分析满一年时。

5.2.3　新量测系统投入使用前和维修（或调整）后需进行量测系统分析。

5.4　Gauge R&R 分析方法：

5.4.1　样品的选取：选择同一型号规格的 10 个试样，这 10 个试样必须能代表实际的过程变差范围，即这批试样应包含这个规格的从最大到最小的不同值。

5.4.2　人员选择：选择一名作业员负责数据的记录、采集，三名专门从事此试样测量的人员（操作工）进行实际测量。

5.4.3　测量器具：测量器具选用平时所用的器具或相同型号、精度、分辨率的器具，并确保此测量器具准确可靠。测量设备的分辨力应至少为直接读取特性的预期过程变差的十分之一。

5.4.4　数据采集步骤

5.4.4.1　数据记录人员把 10 个试样分别编为 1 ~ 10 号，确保测量人员不能看到试样编号。

5.4.4.2　数据记录人员随机分别抽取 10 样品让测量者 A 测量，将测量结果记录在附表三中测试者 A 对应的表格中。

5.4.4.3　数据记录人员按随机方式分别抽取 10 个样品让测量者 B、C 测量同样的 10 个样品，将测量结果记录在附表三中测试者 B、C 对应的表格中，且他们不能彼此看到结果。

5.4.4.4　用不同的随机顺序重复该循环，把测量数据分别填入测量者 A、B、C 剩下的表格中。(样品号相同的测量数据输入同一列，例如测量的是 7 号样品，则把结果记录在 7 号样品所对应的列中)。再次重复该循环。

5.4.5　数据计算：把样品的公差填入附表四中的表格中，附表四会按以下的方式计算：

（1）公式自动计算出% EV、% AV、% PV 、% R&R 的数值。

（2）将数据收集求出作业者全距平均值 R、作业者平均值全距 X diff 及零件间总合全距 Rp，再由 d_2 表分别应用作业员数（n）、零件数或量测次数（r）。查得 K1 、K2、K3，计算 EV、AV 及零件变异 PV 这才得以求知 EV% 、AV% 、R&R% 。

（3）EV = R × K1

（4）AV = XDIFF × K2 ≒ ［（K2 × RO）2 – E. V. 2/nr］1/2

（5）PV = Rp × K3

（6）R&R = SQRT ［（E. V. ）2 + （A. V. ）2］

（7） TV = SQRT ［ （P&R） 2 + （P. V. ） 2］ （T. V. 即量测系统变异）

（8） EV% = 100 （E. V/允差）%

（9） AV% = 100 （A. V. /允差）%

（10） R&R% = 100 （R&R/允差）%.

5. 4. 6　GR&R 的结果分析：

（1） 如果重复性比再现性大，原因可能是：

A. 仪器需要维护；

B. 量具应重新设计来提高精度；

C. 夹紧和检验点需要改进；

D. 存在过大的零件内变差。

（2） 如果再现性比重复性大，那么可能的原因主要有：

A. 评价人需要更好的培训如何使用量具仪器和读数；

B. 量具刻度盘上的刻度不清楚；

C. 需要某种夹具帮助评价人提高使用量具的一致性。

5. 4. 7　判定标准

表 6 – 13　判定标准

% R&R	允收标准
% R&R ≦ 10%	量测系统状况良好
10% < % R&R ≦ 30%	量测系统可被接受，须基于应用重要性作适当的使用或维修
% R&R > 30%	量测必须加以改进或考虑不再使用

5. 5　稳定性的分析方法

5. 5. 1　样品的选择：选择一个正常的生产零件作为样品。

5. 5. 2　数据采集：每天测量标准样本 3 次，持续 25 天，数据记入稳定性分析报告。

5. 5. 3　将数据按时间顺序画在控制图上。

5.5.4　计算均值（$\overline{X}$）和极差（R）。

$$\overline{X} = \frac{\sum_{i=1}^{n} X_i}{n} \qquad R = X_{最大值} - X_{最小值}$$

5.5.5　将均值、极差画在控制图上。

5.5.6　计算控制限。

$UCL_R = D_4\overline{R}$，$LCL_R = D_3\overline{R}$

$UCL_{\overline{X}} = \overline{\overline{X}} + A_2\overline{R}$，$LCL_{\overline{X}} = \overline{\overline{X}} - A_2\overline{R}$

5.5.7　稳定性的结果分析：

A. 确定每个曲线的管制极限并按标准曲线图判定失控或不稳定状态。

B. 均值失控表明测量系统不再正确的测量（偏倚已改变）努力确定改变原因，然后纠正。如果原因是磨损，则可能要重新校正。

C. 极差失控表明不稳定的重复（量具可能松动，需调整及重新校正）。

5.5.8　判定标准：均值及极差都在控制极限内。

5.6　偏倚的分析方法：

5.6.1　样品选取：选择一个正常生产中的样品，用高一级别量具测量此样 10 次，求其平均值并以此作为基准。

5.6.2　人员选择：选择生产在线专门从事此样品检测的人员对试样进行评价。

5.6.3　测量器具：测量器具选用平时所用的器具或相同型号、精度、分辨率的器具，并确保此测量器具准确可靠。测量设备的分辨力应允许至少直接读取特性的预期过程变差的十分之一。

5.6.4　数据采集

（1）选用高一级别量具测量此试样 10 次，求其平均值作为“基准值”。

（2）让所选择的测量者以通常方法测量样本 15 次，读数依次记入附录 3 中的表格。

5.6.5　数据计算

（1）计算 15 个读数的平均值。

$$\overline{X}=\frac{\sum_{i=1}^{n}x_i}{n}$$

（2）计算可重复性标准偏差。

$$\sigma_r=\sigma_{重复性}=\frac{\max(x_i)-\min(x_i)}{d_2^{\ *}}$$

其中 $d_2^{\ *}$ 可以从 MSA 测量系统分析（第三版）附录 C 中查到，g = 1，m = n。

（3）确定偏倚的 t 统计量。

偏倚 = 观测测量平均值 - 基准值

$$\sigma_b=\frac{\sigma_r}{\sqrt{n}},\ t=\frac{偏倚}{\sigma_b}$$

σ_b——偏倚的不确定度

说明：如果总的样本容量超过 20，建议将样本分成多个子组并使用控制图法，或使用传统的一个样本 t 实验得到标准偏差的均方差 RMS 计算。

（4）置信区间的计算。

$$偏倚\pm\left[\frac{d_2\sigma_b}{d_2^{\ *}}\ (t_{v,1-\alpha/2})\right]$$

说明：如果 α 水平不是用默认值 0.05（95% 置信度）则必须得到顾客同意。

5.6.6　偏倚的结果分析

如偏倚较大，要查找以下可能的原因：

（1）标准或基准值误差，检验校准指导书。

（2）仪器磨损。主要表现在稳定性分析上，应制定维护或重新修理的计划。

（3）仪器校准不正确，复查校准方法。

（4）仪器测量了错误的特性。

（5）评价人操作设备不当，复查检验说明书。

（6）仪器修正计算不正确。

5.6.7　判定标准：如果 0 落在围绕偏倚值 $1-\alpha$ 置信区间以内，即 0 在置信区间低值和高值之间，偏倚水平是可接受的。

5.7　线性的分析方法

5.7.1　样品的选择：选择 $g \geq 5$ 个样品，这些样品测量值覆盖量具的操作范围。如称量范围为 0～10kg 的秤，可以选择重量分别为 2kg、4kg、6kg、8kg、9kg 的样品进行评定。

5.7.2　人员选择：选择通常用这个仪器的操作者中的一人测量每个试样 12 次，另选一人负责记录数据。

5.7.3　测量器具：测量器具选用平时所用的器具或相同型号、精度、分辨率的器具并确保此测量器具准确可靠。测量设备的分辨力应允许至少直接读取特性的预期过程变差的十分之一。

5.7.4　数据采集

（1）记录人员把所选择的 5 个试样分别编为 1～5 号，并确保测量者在测量过程中看不到此编号。

（2）以一种顺序让测量者分别测出这 5 个试样的值，并记录在所对应的试样编号下。

（3）记录人员把 5 个试样以另一种顺序排列，再让测量者以这新的顺序测出 5 个试样的值并记录在所对应的试样编号下。

（4）重复过程 3 直到 12 行数据全部得到。

5.7.5　数据计算

（1）计算每次测量的试样偏倚及试样偏倚均值。

$$偏倚_{i,j} = x_{i,j} - (基准值)_i \qquad \overline{偏倚_i} = \frac{\sum_{j=1}^{m} 偏倚_{i,j}}{m}$$

（2）用下面等式计算最佳拟合线和置信带并画出。

对于最佳拟合线，用公式：$\overline{y_i} = ax_i + b$

其中：x_i ——基准值　　y_i ——偏倚平均值

$$a = \frac{\sum xy - (\frac{1}{gm}\sum x \sum y)}{\sum x^2 - \frac{1}{gm}(\sum x)^2} = 斜率 \qquad b = \bar{\bar{y}} - a\bar{x} = 截距$$

（3）对于给定的 x_0，α 水平置信带是：

$$s = \sqrt{\frac{\sum {y_i}^2 - b\sum y_i - a\sum x_i y_i}{gm - 2}}$$

$$低值：b + ax_0 - [t_{gm-2,1-\alpha/2}(\frac{1}{gm} + \frac{(x_0 - \bar{x})^2}{\sum (x_i - \bar{x})^2})^{1/2}s]$$

$$高值：b + ax_0 + [t_{gm-2,1-\alpha/2}(\frac{1}{gm} + \frac{(x_0 - \bar{x})^2}{\sum (x_i - \bar{x})^2})^{1/2}s]$$

（4）在线性图上画出单值偏倚和相关基准值的偏倚均值及“偏倚 = 0”线。

5.7.6　线性的结果分析：如为非线性，需查找如下原因

（1）在工作范围上限和下限内仪器没有正确校准；

（2）最小或最大值校准量具的误差；

（3）仪器的磨损；

（4）仪器固有的设计特性。

5.7.7　判定标准：“偏倚 =0”线必须完全在拟合线置信带以内。

5.8　计数型量具分析

5.8.1　样品选择：从生产中选取 50 个零件；

5.8.2　人员选择：选择 3 相关人员，并讲解具体测试注意事项。

5.8.3　数据采集：用被评价的测量设备进行量测，并记录；设定“1”表示可接收，“0”表示不可接收，表中还显示了代码列，分别用“+”“-”“×”代表组件是否位于Ⅰ区、Ⅱ区及Ⅲ区。

5.8.4　判定标准：

表 6-14　判定标准

决定量测系统	有效性	错误率	错误报警率
评价人可接收的条件	≥90%	≤2%	≤5%
评价人可接收的条件可能需改进	≥ 80%	≤5%	≤10%
评价人不可接收的条件需要改进	< 80%	> 5%	> 10%

5.8.5　计数型测量系统只能指出产品是好是坏，不能指出产品的好坏程度。

6. 相关附件

6.1　量测系统分析计划表

6.2　Gauge R&R Date Sheet

6.3　Gauge R&R Rpeort

6.4　稳定性

6.5　偏倚

6.6　线性

6.7　计数型 GR&R 报告

第五节　SPC 程序文件

1. 目的

应用 SPC 方法对生产过程中产品加工数据进行统计和分析、验证过程能力、寻找产生变差的原因并进行持续改进，确保生产过程处于受控、稳定的状态。

2. 范围

适用于本公司生产加工过程的过程能力研究。

3. 相关文件

数据分析控制程序、SPC 手册。

4. 权责

4.1 品保部：负责按照 APQP 计划进行过程能力的分析、项目主管负责过程改进。

4.2 品保部：检验员负责按照抽样计划进行数据的收集、描点、报告异常。

4.3 品保部：质量工程师负责对生产产品过程的异常情况进行原因分析、制订整改方案。

4.4 品保部：质量部质量工程师每月对现场收集的数据进行能力分析。

4.5 工程部：协助对不满足过程能力的过程制订整改措施、相关部门配合。

5. 相关术语

5.1 SPC 为 Statistical Process Control（统计过程控制）的简称，是一种为了理解、控制和改进过程能力，通过统计技术系统的收集、生成和分析数据的方法，从而达到保证产品质量的目的。SPC 是一种预防性的工具，用于减少过程问题的产生。

5.2 变差：同一过程生产出来的产品或是特性不可能完全相同，因为过程中存在变差源（人、机器、材料、方法、环境、测量），这种差异也许很大，也许很小。

5.3 变差的普通原因：如果仅存在变差的普通原因，随着时间的推移，过程的输出形成一个稳定的分布并可预测。普通原因通常需要采取系统措施、需要有管理层授权才可行动，以消除普通原因对过程的显著影响，普通原因影响每个零件。

5.4　变差的特殊原因：如果存在变差的特殊原因，随着时间的推移，过程的输出不稳定也不可预测。特殊原因通常采取局部措施可以消除，不会影响每个零件。

6. 作业指导流程

6.1　进行 MSA 分析

R&R < 10% 时才能用于过程控制，R&R < 30% 时可根据情况选择用于过程控制。

6.2　SPC 抽样策略

为了满足统计过程控制的目标，抽样计划必须确保：

（1）样本内变差包含了几乎所有由普通原因造成的变差。

（2）样本内变差精确地再现了由普通原因造成变差的主要影响。

（3）子组内不存在由特殊原因造成的变差，即所有特殊原因造成的影响都被限制在样本之间的时间周期上。

抽样计划作为控制计划的主要组成部分之一（对于不受控的情况，在控制计划的“反应措施”一栏还需根据抽样计划定义围堵策略要求），需考虑的项目有抽样大小、抽样频率、抽样类型。

（1）抽样大小：计量型数据子组容量，推荐最少取 3～5 个连续零件；计数型数据样本容量，一般不少于 500（20～25 组，每组至少 25 个数据）。

（2）抽样频率：根据材料、工具、作业者、环境等的变化及平均运行长度的影响来决定抽样频率。

6.3　控制图

6.3.1　控制图的用途：

（1）提供可靠的信息用于判断何时需要（或不需要）对过程采取措施；

（2）帮助维持过程在统计受控的状态；

（3）为过程性能表现的沟通提供一种通用的语言；

（4）评价并激励持续改进成效；

（5）如果运用得当，可以从技术上证明生产能力的改善；

（6）通过对过程的预见，可以有效地预防问题的发生；

（7）可以防止不必要的过程调整；

（8）提供诊断信息；

（9）提供关于过程能力的信息；

（10）区别特殊原因和普通原因变差。

6.3.2　控制图的基本构成

6.3.3　过程控制限——统计控制限均值 +／-3σ

（1）计算过程均值（X）和平均极差（R）

X = X1 + X2 + … + XK/K

R = R1 + R2 + … + RK/K

式中：K 为组的数量。

（2）计算均值的上（UCLX）、下（LCLX）控制限和极差的上（UCLR）、下（LCLR）控制限

UCL X = X + A2R

LCL X = X - A2R

UCL R = D4R

LCL R = D3R（每组样本容量小于 7 时，不予考虑）

式中：A2、D4、D3 为常数，随每组样本容量的不同而不同，见下表：

表 6-15　均值计算示意表

N	2	3	4	5	6
A2	1.88	1.023	0.729	0.577	0.483
D4	3.267	2.574	2.282	2.114	2.004
D3	——	——	——	——	

6.3.4　控制图表的基本构成

$\overline{X}$—R　控制图

控制图编号：

品名	H104PC	规格	标准	群组数大小	控制	$\overline{X}$ 图	R 图	制作部门	CNC	时间	
		上限 USL	0.90	5	上限 UCL	0.82	0.38				
管制項目	槽宽	中心限CL	0.70	总组数	中心限CL	0.72	0.18	机组	TP05	抽样方法	随机
測量單位		下限 LSL	0.50	25	下限 LCL	0.61	0.00	測定者		日期	2013.6.13

批號	1	2	3	4	5	6	7	8	9	10	11	12	13	14	15	16	17	18	19	20	21	22	23	24	25
日期/時間																									
樣本測定值 1	0.65	0.75	0.75	0.60	0.70	0.60	0.75	0.60	0.65	0.60	0.80	0.85	0.70	0.65	0.90	0.75	0.75	0.75	0.65	0.60	0.50	0.60	0.80	0.65	0.65
2	0.70	0.85	0.80	0.70	0.75	0.75	0.80	0.70	0.80	0.70	0.75	0.75	0.70	0.70	0.80	0.80	0.70	0.70	0.65	0.60	0.55	0.80	0.65	0.60	0.70
3	0.65	0.75	0.80	0.70	0.65	0.75	0.65	0.80	0.85	0.60	0.90	0.85	0.75	0.85	0.80	0.75	0.85	0.60	0.85	0.65	0.65	0.65	0.75	0.65	0.70
4	0.65	0.85	0.70	0.75	0.85	0.85	0.75	0.75	0.85	0.80	0.50	0.65	0.75	0.75	0.75	0.80	0.70	0.70	0.65	0.60	0.80	0.65	0.65	0.60	0.60
5	0.85	0.65	0.75	0.65	0.80	0.70	0.70	0.75	0.75	0.65	0.80	0.70	0.70	0.60	0.85	0.65	0.80	0.60	0.70	0.65	0.80	0.75	0.65	0.70	0.65
ΣX	3.50	3.85	3.80	3.40	3.75	3.65	3.65	3.60	3.90	3.35	3.75	3.80	3.60	3.55	4.10	3.75	3.80	3.35	3.50	3.10	3.30	3.45	3.50	3.20	3.30
$\overline{X}$	0.70	0.77	0.76	0.68	0.75	0.73	0.73	0.72	0.78	0.67	0.75	0.76	0.72	0.71	0.82	0.75	0.76	0.67	0.70	0.62	0.66	0.69	0.70	0.64	0.66
R	0.20	0.20	0.10	0.15	0.20	0.25	0.15	0.20	0.20	0.20	0.40	0.20	0.05	0.25	0.15	0.15	0.15	0.15	0.20	0.05	0.30	0.20	0.15	0.10	0.10

合計	
ΣX=	89.60
ΣR=	4.45
量測數值的判定條件	
> USL蓝色	
< LSL 红色	
N: 125	
平均	
$\overline{\overline{X}}$=	0.72
$\overline{R}$=	0.18
預估不良率(PPM)	10355
製程能力分析	
Std.Dev.=	0.09
Sigma =	0.08
PPK=	0.72
PP =	0.78
Ca =	8.00%
CPK=	0.80
CP =	0.87
Grade =	D

$\overline{X}$管制圖

R管制圖

图6-1　X-R控制图

6.3.5　控制图的关键要素

控制图日志说明：

（1）在过程最初的分析期间，关于哪些可能成为特定过程的潜在特殊原因的知识可能是不完善的。因此，最初的信息收集活动可能包括了那些被证明并不是特殊原因的事件。

（2）应该包括变差的任何潜在来源（例如班次、机器设备、材料批次、刀具、夹具、模具等的变更）及对不受控信号（OCS，Out of Control Signal）所采取的任何解决措施。

6.3.6 分析用控制图VS. 控制用控制图

表6-16 分析用控制图VS. 控制用控制图

分析用控制图	控制用控制图
1. 主要分析过程是否稳定和受控，是否处于统计的稳定状态和技术的稳定状态，此时分析的数据常为某一时间段的数据，如一个星期或是一个月；控制用控制图的控制限也即由此阶段的分析而得到的，这是分析用控制图的主要任务之一	1. 当分析过程之后，证明其是稳定的，则要对过程进行日常的监控，此时就要用到控制用控制图来实现监控的功能，控制图的控制限就是在分析阶段时得到的（此时采用的工具软件和分析阶段的工具软件是不一样的，系统记录的是每天或每个班次的数据）
2. 用途：（1）所分析的过程是否稳态；（2）过程能力指数是否满足要求	2. 当过程达到我们所确定的“统计稳态和技术稳态”后，才能将分析用控制图的控制线延长作为控制用控制图。这种延长的控制线相当于生产立法，便进入日常管理
3. 分析用控制图的调整过程即质量不断改进的过程，是过程参数未知阶段	3. 是过程参数已知阶段

6.4 控制图使用流程

6.4.1 创建过程均值和控制限；

Step1，根据数据类型和抽样计划确定控制图类型；

Step2，使用收集的数据计算过程均值和控制限；

Step3，计算绘图比例并将数据点，过程均值和控制限绘制在控制图上；

Step4，查找不受控的点：

A、确定为什么不受控；

B、纠正过程的问题，例如抽样计划、数据收集方式等；

C、如果已识别出特定原因，消除该不受控的点并且用增加的额外数据点代替；

D、重新计算过程均值和控制限；

E、重新计算比例并将修订后的数据点、过程均值和控制限绘制在图上；

F、继续重复抽样过程直到所有必须的点都受控，这就建立起了正确的过程均值和控制限。

6.4.2　使用控制图

（1）根据抽样计划继续收集并绘制数据点，查找不受控信号。

（2）如果发现不受控信号立即采取行动：

A、确定根本原因，

B、在图表上或是控制图日志中标示根本原因，

C、采取行动消除根本原因并防止它再次发生。

备注：控制限一般在过程发生改进，并且是知道变化原因的情况下才需要更新。

6.4.3　分析极差图和均值图

（1）首先分析极差图上的点

首先分析极差图再分析均值图，找出特殊原因变差数据。由于不论解释子组极差或子组均值的能力都取决于零件间的变差，因此首先分析 R 图。

对于极差数据内每个特殊原因进行识别、标注、分析，制订纠正措施并防止其再发生。但是，应注意并不是所有的特殊原因都是有害的，有些特殊原因可以通过减少极差的变差而对过程改进起到积极的作用。应对这些特殊原因进行评定，以便在过程的适当地方使之固定下来。

（2）分析均值图上的点

当极差受统计控制时，则认为过程的分布宽度——子组内的变差是稳定的。此时应对均值进行分析，看此期间过程位置是否改变，由于 X 的控制限取决于极差图中的变差——系统的普通原因变差。如果均值没有受控，则存在造成过程不稳定的特殊原因变差。

对于均值图中每一个失控的点进行过程分析，确定特殊原因的产生理由，纠正并防止其再发生。

6.4.4 判稳准则和判异原则

在由分析用控制图向控制用控制图转化前，需要对过程判读，这时需要用到判稳准则和判异原则。

（1）判稳准则

控制图上连续 25 个点，界外点数为 0；

控制图上连续 35 个点，界外点数为≤1；

控制图上连续 100 个点，界外点数为≤2。

（2）判异原则

在控制限之外的任何点；

9 个连续的点在中心线的同一边；

6 个连续的点连续上升或下降；

14 个连续的点交互上升和下降；

3 个点中有 2 个都在 A 区或之外；

5 个点中有 4 个都在 B 区或之外；

15 个连续的点在任一个 C 区；

8 个点在 C 区之外。

6.4.5 特殊原因不受控信号

6.4.6 数据类型与控制图的选用

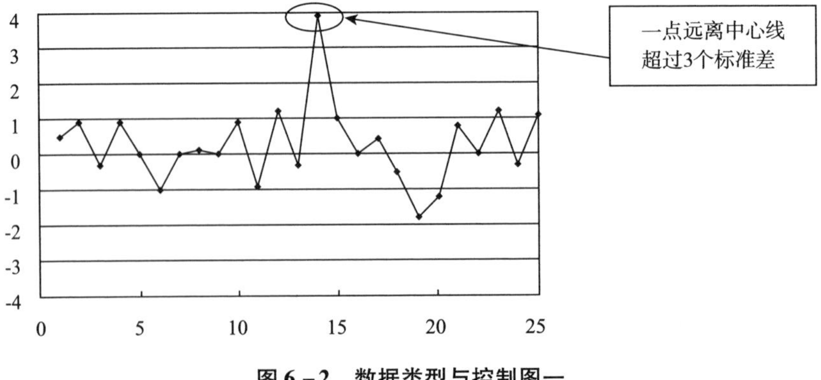

图 6－2 数据类型与控制图一

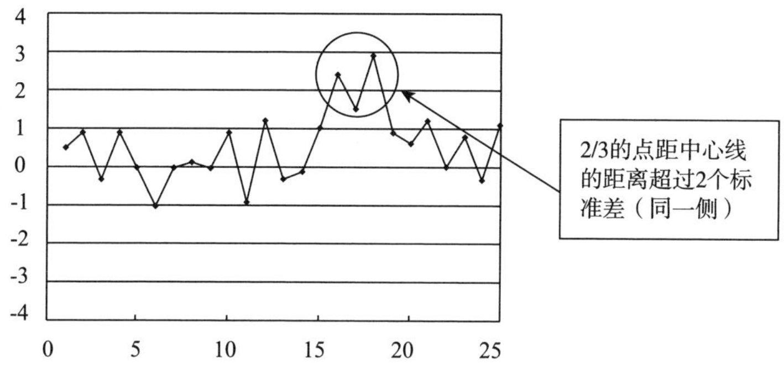

图 6－3　数据类型与控制图二

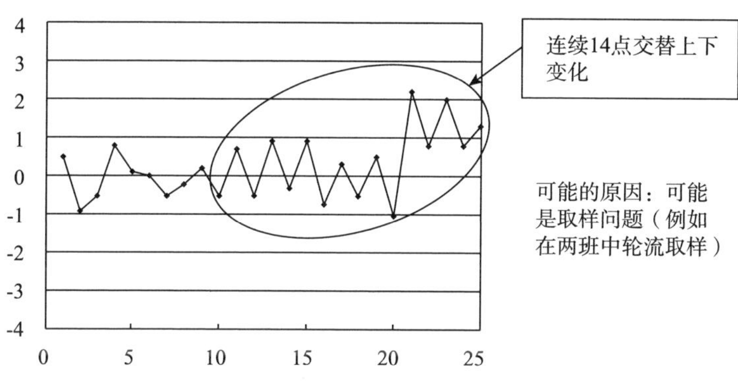

图 6－4　数据类型与控制图三

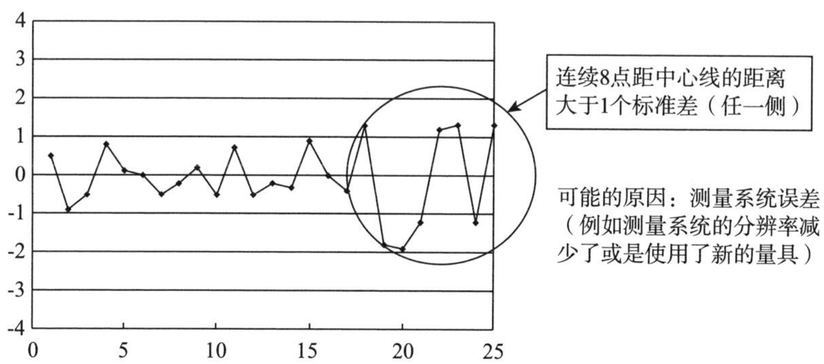

图 6－5　数据类型与控制图四

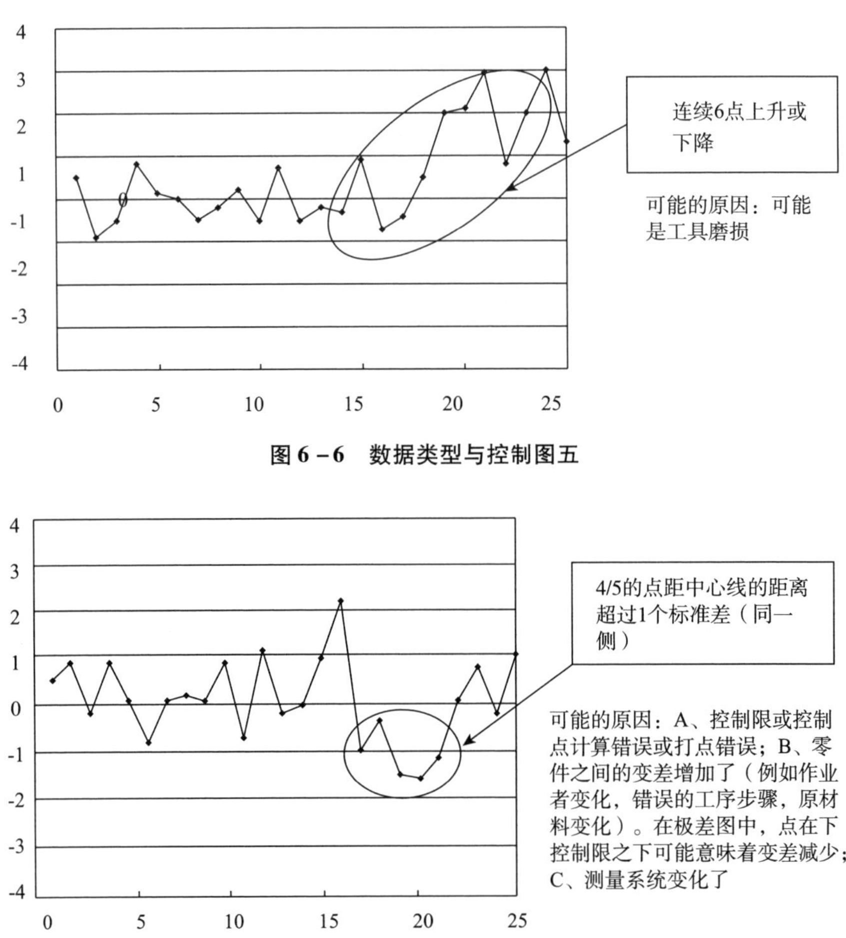

图 6-6　数据类型与控制图五

图 6-7　数据类型与控制图六

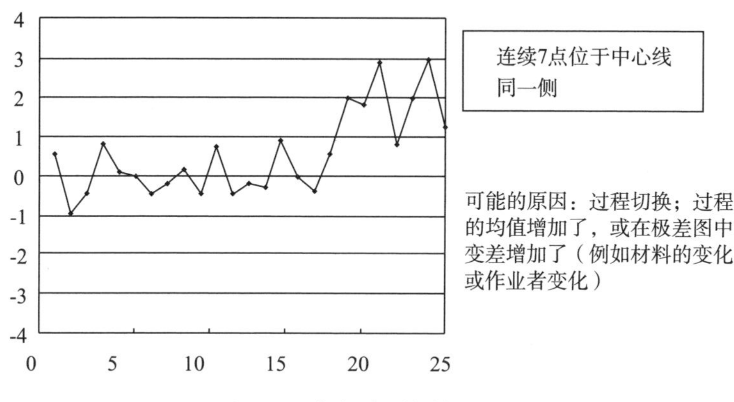

图 6－8 数据类型与控制图七

连续15点排列在中心线1个标准差范围内（任一侧）

可能的原因：过程发生了变化，过程的变差减少了

图 6－9 数据类型与控制图八

（1）计量型数据 VS 计数型数据

表 6－17 计量型数据 VS 计数型数据

计量型数据	计数型数据
可测量的数据	可计数的数据
测量可用于描述过程、产品或服务特性	以类别分类（例如：好/坏）
测量是基于连续的数值范围	需要较大的样本量
较小的样本量就可以接受	通常来讲，50 个计数型数据才能有 1 个计量型数据产生的效用

（2）计量型数据控制图与计数型数据控制图

表6－18 计量型数据控制图VS计数型数据控制图

<table>
<tr><th>计量型数据控制图</th><th colspan="2">计数型数据控制图</th></tr>
<tr><td>X－Bar & R（均值极差图）
一般可用于尺寸、内外径、电阻、电流、距离等可以连续测量且非破坏性数据收集分析上</td><td>np图
用于检测不合格品数量，要求子组容量恒定</td><td rowspan="2">一般可用于通或止规评价、合格或不合格品数量、车辆漏水检测、车灯亮或不亮等离散型零件缺陷数量的数据收集分析上</td></tr>
<tr><td>I & MR（单值移动极差图）
研究性质上均匀或不能按子组抽样的特性，例如破坏性力学强度、焊接熔深、溶液浓度和黏度、设备参数等，每隔一定周期只记录一个数值或破坏性的数据收集分析上</td><td>P图
用于检测不合格品的比例，子组容量可以是变化的</td></tr>
<tr><td>X－Bar & S（均值标准差图）</td><td>C图
用于监控每个单位上的不合格数，要求子组容量恒定</td><td rowspan="2">一般用于玻璃上的气泡数量评价、油漆缺陷、零件外观缺陷点数等针对每个零件上的缺陷数量的数据收集分析上</td></tr>
<tr><td>X－Median & R</td><td>U图
用于监控不合格数，子组容量可以是变化的</td></tr>
</table>

6.5 过程性能及能力

6.5.1 控制限与工程规范限

当一个过程受控，输出是一致的，并且只有普通原因造成的变差，不会有特殊原因造成的变差出现。但是，一个受控的过程并不意味着会生产出符合规范的产品或服务。

规范限不同于控制限。规范是用于判定指定特性的接受能力的工程要求。规范直接反映顾客（内部或外部）要求和期望。控制限可能高于或低于规范限。

过程能力也不同于过程控制。过程能力展示了与规范或顾客要求相关的过程性能或输出。一个在规范内的过程可以被认为比不在规范内的过程更有能力。

6.5.2　过程控制及过程能力

过程统计受控且有能力满足公差的要求，是可接受的。

过程统计受控且落在控制限内，但是超出了公差范围且偏离了目标值，是不可接受的。

过程统计受控且落在控制限内，虽然在目标中心但是却超出了公差范围，是不可接受的。

过程落在控制限外（不受控），并且超出了公差范围和偏离了目标值，是不可接受的。

过程不受控且落在控制限外，虽然在目标中心但是却超出了公差范围，是不可接受的。

6.5.3　正态检验

单值移动极差图（I－MR）的数据需要符合正态分布。

用于计算 Cp/Cpk 或 Pp /Ppk 的数据需要符合正态分布（数据经过正态转换后符合正态分布适用）。

6.5.4　过程能力与过程性能

（1）定义

过程能力（Cp/Cpk）：针对统计稳定过程的固有变差的 6σ 宽度，通常代表了受控过程的最佳性能。

过程性能（Pp /Ppk）：过程总变差的 6σ 宽度，通常将总的过程输出与顾客要求相联系，其中 σ 通常通过过程总标准差 S 估计。

（2）计算样本标准差和过程的标准偏差

样本标准差　$\widehat{\sigma}_s = \sqrt{\sum_{i=1}^{n} (Xi - \overline{X})^2 / n - 1}$

式中：Xi 为单值读数，X 为所有单值读数的均值，n 为所有单值读数的个数。

过程的标准偏差 $\hat{\sigma}_s = \frac{\overline{R}}{d_2}$

式中：R 为平均极差，d_2 为随每组样本容量变化的常数，见表：

表 6－19　样本容量变化表

n	2	3	4	5	6
d_2	1. 128	1. 693	2. 059	2. 326	2. 534

（3）计算初始过程能力 Pp \ Ppk 和稳定过程能力 Cp \ Cpk

$Cp = \frac{USL - LSL}{6\hat{\sigma}}$　$CPU = \frac{USL - \overline{\overline{X}}}{3\hat{\sigma}}$　$CPL = \frac{\overline{\overline{X}} - LSL}{3\hat{\sigma}}$　CPK = min （CPU，CPL）

$Pp = \frac{USL - LSL}{6\sigma_{\hat{s}}}$　$PPU = \frac{USL - \overline{\overline{X}}}{3\sigma_{\hat{s}}}$　$PPL = \frac{\overline{\overline{X}} - LSL}{36\sigma_{\hat{s}}}$　PPK = min （PPU，PPL）

注：使用 minitab 软件可以直接计算出 Pp \ Ppk、Cp \ Cpk

6. 5. 4. 4　Cp/Cpk vs Pp /Ppk

表 6－20　Cp/Cpk VS Pp/Ppk

Cp/Cpk	Pp /Ppk
1. 使用有间隔的抽样数据，一般用于量产后	1. 使用连续采样数据，一般用于量产前的过程研究
2. 计算要求过程稳定、统计受控并且符合正态分布	2. 计算不受控过程
3. 使用极差的平均来计算过程标准差	3. 使用样本的单个数据点代替极差的平均来计算过程的标准差
4. 可以使用一组数据尝试预知过程的固有变差，仅仅包含普通原因变差	4. 是过程性能的展示，反映了总的过程样本的历史记录，并且包含普通原因和特殊原因变差，但是不能分别区分这两种变差
5. 对受控过程，Cpk 值是否满足顾客要求（特殊特性 Cpk≥1. 33）	5. 对于未完成受控，但顾客批准的过程，Ppk 值是否满足顾客要求（特殊特性 Ppk≥1. 67）

说明：

（1）能力指数和性能指数大于 1.33 是针对特殊特性。当指数达到要求后，才可用抽样检验控制，否则，应该用全数检验或防错控制。对于试生产，由于时间很短，很多变差源没有充分暴露出来，所以通常在初始过程研究时，对于特殊特性要求指数大于 1.67。如果 $Ppk \geq 1.67$，通常认为可以运用采样策略开始生产；如果 $Pp > 1.67$ 但是 $Ppk < 1.67$，调整过程使之靠近目标值。如果 $Cp < 1.33$，改进过程；如果 $Cp > 1.33$ 并且 $Cpk < 1.33$ 调整过程使之靠近目标值。

（2）所有的能力和性能评价都是针对单个过程的特性的。绝对不能把几个过程的能力或性能结合或平均为一个指数。

7.7 相关附件

- 7.1 SPC 计划
- 7.2 X－R 图

推荐作者得新书！

博瑞森征稿启事

亲爱的读者朋友：

感谢您选择了博瑞森图书！希望您手中的这本书能给您带来实实在在的帮助！

博瑞森一直致力于发掘好作者、好内容，希望能把您最需要的思想、方法，一字一句地交到您手中，成为专业知识与管理实践的纽带和桥梁。

但是我们也知道，有很多深入企业一线、经验丰富、乐于分享的优秀专家，或者往来奔波没时间，或者缺少专业的写作指导和便捷的出版途径，只能茫然以待……

还有很多在竞争大潮中坚守的企业，有着异常宝贵的实践经验和独特的闪光点，但缺少专业的记录和整理者，无法让企业的经验和故事被更多的人了解、学习、参考……

这些都太遗憾了！

博瑞森非常希望能将这些埋藏的"宝藏"发掘出来，贡献给广大读者，让更多的人得到帮助。

所以，我们真心地邀请您，我们的老读者，帮助我们一起搜寻：

推荐作者。

可以是您自己或您的朋友，只要对本土管理有实践、有思考；可以是您通过网络、杂志、书籍或其他途径了解的某位专家，不管名气大小，只要他的思想和方法曾让您深受启发。

推荐企业。

可以是您自己所在的企业，或者是您熟悉的某家企业，其创业过程、运营经历、产品研发、机制创新，等等。无论企业大小，只要乐于分享、有值得借鉴书写之处。

总之，好内容就是一切！

博瑞森绝非"自费出书"，出版项目费用完全由我们承担。您推荐的作者或企业案例一经采用，我们会立刻向您赠送书币 100 元，可直接换取任何博瑞森图书的纸质版或电子版。

感谢您对本土管理的支持！感谢您对博瑞森图书的帮助！

推荐邮箱：bookgood@126.com　　推荐手机：13611149991

1120 本土管理实践与创新论坛

这是由 100 多位本土管理专家联合创立的企业管理实践学术交流组织，旨在孵化本土管理思想、促进企业管理实践、加强专家间交流与协作。

论坛每年集中力量办好两件大事：第一，“**出一本书**”，汇聚一年的思考和实践，把最原创、最前沿、最实战的内容集结成册，贡献给读者；第二，“**办一次会**”，每年 11 月 20 日本土管理专家们汇聚一堂，碰撞思想、研讨案例、交流切磋、回馈社会。

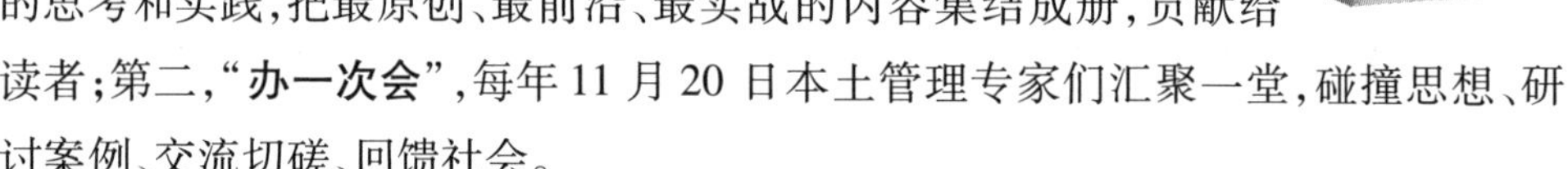

论坛理事名单（以年龄为序，以示传承之意）

首届常务理事：

彭志雄 曾 伟 施 炜 杨 涛 张学军 郭 晓
程绍珊 胡八一 王祥伍 李志华 陈立云 杨永华

理　　事：

卢根鑫 王铁仁 周荣辉 曾令同 陆和平 宋杼宸 张国祥 刘承元
曹子祥 宋新宇 吴越舟 吴 坚 戴欣明 仲昭川 刘春雄 刘祖轲
段继东 何 慕 秦国伟 贺兵一 张小虎 郭 剑 余晓雷 黄中强
朱玉童 沈 坤 阎立忠 张 进 丁兴良 朱仁健 薛宝峰 史贤龙
卢 强 史幼波 叶敦明 王明胤 陈 明 岑立聪 方 刚 何足奇
周 俊 杨 奕 孙行健 孙嘉晖 张东利 郭富才 叶 宁 何 屹
沈 奎 王 超 马宝琳 谭长春 夏惊鸣 张 博 李洪道 胡浪球
孙 波 唐江华 程 翔 刘红明 杨鸿贵 伯建新 高可为 李 蓓
王春强 孔祥云 贾同领 罗宏文 史立臣 李政权 余 盛 陈小龙
尚 锋 邢 雷 余伟辉 李小勇 全怀周 初勇钢 陈 锐 高继中
聂志新 黄 屹 沈 拓 徐伟泽 谭洪华 崔自三 王玉荣 蒋 军
侯军伟 黄润霖 金国华 吴 之 葛新红 周 剑 崔海鹏 柏 龑
唐道明 朱志明 曲宗恺 杜 忠 远 鸣 范月明 刘文新 赵晓萌
张 伟 韩 旭 韩友诚 熊亚柱 孙彩军 刘 雷 王庆云 李少星
俞士耀 丁 昀 黄 磊 罗晓慧 伏泓霖 梁小平 鄢圣安

企业案例·老板传记			
	书名.作者	内容/特色	读者价值
企业案例·老板传记	**你不知道的加多宝:原市场部高管讲述** 曲宗恺　牛玮娜　著	前加多宝高管解读加多宝	全景式解读,原汁原味
	收购后怎样有效整合:一个重工业收购整合实录 李少星　著	讲述企业并购后的事	语言轻松活泼,对并购后的企业有借鉴作用
	娃哈哈区域标杆:豫北市场营销实录 罗宏文　赵晓萌　等著	本书从区域的角度来写娃哈哈河南分公司豫北市场是怎么进行区域市场营销,成为娃哈哈全国第一大市场、全国增量第一高市场的一些操作方法	参考性、指导性,一线真实资料
	像六个核桃一样:打造畅销品的36个简明法则 王　超　范　萍　著	本书分上下两篇:包括“六个核桃”的营销战略历程和36条畅销法则	知名企业的战略历程极具参考价值,36条法则提供操作方法
	六个核桃凭什么:从0过100亿 张学军　著	首部全面揭秘养元六个核桃裂变式成长的巨著	学习优秀企业的成长路径,了解其背后的理论体系
	借力咨询:德邦成长背后的秘密 官同良　王祥伍　著	讲述德邦是如何借助咨询公司的力量进行自身与发展的	来自德邦内部的第一线资料,真实、珍贵,令人受益匪浅
	解决方案营销实战案例 刘祖轲　著	用10个真案例讲明白什么是工业品的解决方案式营销,实战、实用	有干货、真正操作过的才能写得出来
	招招见销量的营销常识 刘文新　著	如何让每一个营销动作都直指销量	适合中小企业,看了就能用
	我们的营销真案例 联纵智达研究院　著	五芳斋粽子从区域到全国/诺贝尔瓷砖门店销量提升/利豪家具出口转内销/汤臣倍健的营销模式	选择的案例都很有代表性,实在、实操!
	中国营销战实录:令人拍案叫绝的营销真案例 联纵智达　著	51个案例,42家企业,38万字,18年,累计2000余人次参与……	最真实的营销案例,全是一线记录,开阔眼界
	双剑破局:沈坤营销策划案例集 沈　坤　著	双剑公司多年来的精选案例解析集,阐述了项目策划中每一个营销策略的诞生过程,策划角度和方法	一线真实案例,与众不同的策划角度令人拍案叫绝、受益匪浅
	宗:一位制造业企业家的思考 杨　涛　著	1993年创业,引领企业平稳发展20多年,分享独到的心得体会	难得的一本老板分享经验的书
	简单思考:AMT咨询创始人自述 孔祥云　著	著名咨询公司(AMT)的CEO创业历程中点点滴滴的经验与思考	每一位咨询人,每一位创业者和管理经营者,都值得一读
	边干边学做老板 黄中强　著	创业20多年的老板,有经验、能写、又愿意分享,这样的书很少	处处共鸣,帮助中小企业老板少走弯路
	三四线城市超市如何快速成长:解密甘雨亭 IBMG国际商业管理集团　著	国内外标杆企业的经验+本土实践量化数据+操作步骤、方法	通俗易懂,行业经验丰富,宝贵的行业量化数据,关键思路和步骤
	中国首家未来超市:解密安徽乐城 IBMG国际商业管理集团　著	本书深入挖掘了安徽乐城超市的试验案例,为零售企业未来的发展提供了一条可借鉴之路	通俗易懂,行业经验丰富,宝贵的行业量化数据,关键思路和步骤

续表

互联网 +			
书名．作者		内容/特色	读者价值
互联网 +	**互联网时代的银行转型** 韩友诚　著	以大量案例形式为读者全面展示和分析了银行的互联网金融转型应对之道	结合本土银行转型发展案例的书籍
	正在发生的转型升级·实践 本土管理实践与创新论坛　著	企业在快速变革期所展现出的管理变革新成果、新方法、新案例	重点突出对于未来企业管理相关领域的趋势研判
	触发需求：互联网新营销样本·水产 何足奇　著	传统产业都在苦闷中挣扎前行，本书通过鲜活的案例告诉你如何以需求链整合供应链，从而把大家熟知的传统行业打碎了重构、重做一遍	全是干货，值得细读学习，并且作者的理论已经经过了他亲自操刀的实践检验，效果惊人，就在书中全景展示
	移动互联新玩法：未来商业的格局和趋势 史贤龙　著	传统商业、电商、移动互联，三个世界并存，这种新格局的玩法一定要懂	看清热点的本质，把握行业先机，一本书搞定移动互联网
	微商生意经：真实再现33个成功案例操作全程 伏泓霖　罗晓慧　著	本书为33个真实案例，分享案例主人公在做微商过程中的经验教训	案例真实，有借鉴意义
	阿里巴巴实战运营——14招玩转诚信通 聂志新　著	本书主要介绍阿里巴巴诚信通的十四个基本推广操作，从而帮助使用诚信通的用户及企业更好地提升业绩	基本操作，很多可以边学边用，简单易学
	今后这样做品牌：移动互联时代的品牌营销策略 蒋　军　著	与移动互联紧密结合，告诉你老方法还能不能用，新方法怎么用	今后这样做品牌就对了
	互联网+"变"与"不变"：本土管理实践与创新论坛集萃．2016 本土管理实践与创新论坛　著	本土管理领域正在产生自己独特的理论和模式，尤其在移动互联时代，有很多新课题需要本土专家们一起研究	帮助读者拓宽眼界、突破思维
	创造增量市场：传统企业互联网转型之道 刘红明　著	传统企业需要用互联网思维去创造增量，而不是用电子商务去转移传统业务的存量	教你怎么在"互联网+"的海洋中创造实实在在的增量
	重生战略：移动互联网和大数据时代的转型法则 沈　拓　著	在移动互联网和大数据时代，传统企业转型如同生命体打算与再造，称之为"重生战略"	帮助企业认清移动互联网环境下的变化和应对之道
	画出公司的互联网进化路线图：用互联网思维重塑产品、客户和价值 李　蓓　著	18个问题帮助企业一步步梳理出互联网转型思路	思路清晰、案例丰富，非常有启发性
	7个转变，让公司3年胜出 李　蓓　著	消费者主权时代，企业该怎么办	这就是互联网思维，老板有能这样想，肯定倒不了
	跳出同质思维，从跟随到领先 郭　剑　著	66个精彩案例剖析，帮助老板突破行业长期思维惯性	做企业竟然有这么多玩法，开眼界

续表

行业类：零售、白酒、食品/快消品、农业、医药、建材家居等			
书名．作者		内容/特色	读者价值
零售·超市·餐饮·服装·汽车	**1. 总部有多强大，门店就能走多远** **2. 超市卖场定价策略与品类管理** **3. 连锁零售企业招聘与培训破解之道** **4. 中国首家未来超市：解密安徽乐城** **5. 三四线城市超市如何快速成长：解密甘雨亭** IBMG 国际商业管理集团　著	国内外标杆企业的经验+本土实践量化数据+操作步骤、方法	通俗易懂，行业经验丰富，宝贵的行业量化数据，关键思路和步骤
	涨价也能卖到翻 村松达夫　【日】	提升客单价的 15 种实用、有效的方法	日本企业在这方面非常值得学习和借鉴
	移动互联下的超市升级 联商网专栏频道　著	深度解析超市转型升级重点	帮助零售企业把握全局、看清方向
	手把手教你做专业督导：专卖店、连锁店 熊亚柱　著	从督导的职能、作用，在工作中需要的专业技能、方法，都提供了详细的解读和训练办法，同时附有大量的表单工具	无论是店铺需要统一培训，还是个人想成为优秀的督导，有这一本就够了
	百货零售全渠道营销策略 陈继展　著	没有照本宣科、说教式的絮叨，只有笔者对行业的认知与理解，庖丁解牛式的逐项解析、展开	通俗易懂，花极少的时间快速掌握该领域的知识及趋势
	零售：把客流变成购买力 丁　昀　著	如何通过不断升级产品和体验式服务来经营客流	如何进行体验营销，国外的好经营，这方面有启发
	餐饮企业经营策略第一书 吴　坚　著	分别从产品、顾客、市场、盈利模式等几个方面，对现阶段餐饮企业的发展提出策略和思路	第一本专业的、高端的餐饮企业经营指导书
	赚不赚钱靠店长：从懂管理到会经营 孙彩军　著	通过生动的案例来进行剖析，注重门店管理细节方面的能力提升	帮助终端门店店长在管理门店的过程中实现经营思路的拓展与突破
	汽车配件这样卖：汽车后市场销售秘诀 100 条 俞士耀　著	汽配销售业务员必读，手把手教授最实用的方法，轻松得来好业绩	快速上岗，专业实效，业绩无忧
耐消品	**跟行业老手学经销商开发与管理：家电、耐消品、建材家居** 黄润霖　著	全部来源于经销商管理的一线问题，作者用丰富的经验将每一个问题落实到最便捷快速的操作方法上去	书中每一个问题都是普通营销人亲口提出的，这些问题你也会遇到，作者进行的解答则精彩实用
白酒	**白酒到底如何卖** 赵海永　著	以市场实战为主，多层次、全方位、多角度地阐释了白酒一线市场操作的最新模式和方法，接地气	实操性强，37 个方法、6 大案例帮你成功卖酒
	变局下的白酒企业重构 杨永华　著	帮助白酒企业从产业视角看清趋势，找准位置，实现弯道超车的书	行业内企业要减少 90%，自己在什么位置，怎么做，都清楚了
	1. 白酒营销的第一本书（升级版） **2. 白酒经销商的第一本书** 唐江华　著	华泽集团湖南开口笑公司品牌部长，擅长酒类新品推广、新市场拓展	扎根一线，实战
	区域型白酒企业营销必胜法则 朱志明　著	为区域型白酒企业提供 35 条必胜法则，在竞争中赢销的葵花宝典	丰富的一线经验和深厚积累，实操实用

续表

白酒	**10 步成功运作白酒区域市场** 朱志明　著	白酒区域操盘者必备，掌握区域市场运作的战略、战术、兵法	在区域市场的攻伐防守中运筹帷幄，立于不败之地
	酒业转型大时代：微酒精选 2014－2015 微酒　主编	本书分为五个部分：当年大事件、那些酒业营销工具、微酒独立策划、业内大调查和十大经典案例	了解行业新动态、新观点，学习营销方法
快消品·食品	**中国快消标杆品牌观察：和内行一起看透营销套路** 陈海超　著	多年营销经验的一线老手把案例掰开了、揉碎了，从中得出的各种手段和方法给读者以帮助和启发	营销那些事儿的个中秘辛，求人还不一定告诉你，这本书里就有
	乳业营销第一书 侯军伟　著	对区域乳品企业生存发展关键性问题的梳理	唯一的区域乳业营销书，区域乳品企业一定要看
	食用油营销第一书 余　盛　著	10 多年油脂企业工作经验，从行业到具体实操	食用油行业第一书，当之无愧
	中国茶叶营销第一书 柏　龑　著	如何跳出茶行业"大文化小产业"的困境，作者给出了自己的观察和思考	不是传统做茶的思路，而是现在商业做茶的思路
	调味品营销第一书 陈小龙　著	国内唯一一本调味品营销的书	唯一的调味品营销的书，调味品的从业者一定要看
	快消品营销人的第一本书：从入门到精通 刘　雷　伯建新　著	快消行业必读书，从入门到专业	深入细致，易学易懂
	变局下的快消品营销实战策略 杨永华　著	通胀了，成本增加，如何从被动应战变成主动的"系统战"	作者对快消品行业非常熟悉、非常实战
	快消品经销商如何快速做大 杨永华　著	本书完全从实战的角度，评述现象，解析误区，揭示原理，传授方法	为转型期的经销商提供了解决思路，指出了发展方向
	一位销售经理的工作心得 蒋　军　著	一线营销管理人员想提升业绩却无从下手时，可以看看这本书	一线的真实感悟
	快消品营销：一位销售经理的工作心得 2 蒋　军　著	快消品、食品饮料营销的经验之谈，重点图书	来源与实战的精华总结
	快消品营销与渠道管理 谭长春　著	将快消品标杆企业渠道管理的经验和方法分享出来	可口可乐、华润的一些具体的渠道管理经验，实战
	成为优秀的快消品区域经理（升级版） 伯建新　著	用"怎么办"分析区域经理的工作关键点，增加30%全新内容，更贴近环境变化	可以作为区域经理的"速成催化器"
	销售轨迹：一位快消品营销总监的拼搏之路 秦国伟　著	本书讲述了一个普通销售员打拼成为跨国企业营销总监的真实奋斗历程	激励人心，给广大销售员以力量和鼓舞
	快消老手都在这样做：区域经理操盘锦囊 方刚　著	非常接地气，全是多年沉淀下来的干货，丰富的一线经验和实操方法不可多得	在市场摸爬滚打的"老油条"，那些独家绝招妙招一般你问都是问不来的
	动销四维：全程辅导与新品上市 高继中　著	从产品、渠道、促销和新品上市详细讲解提高动销的具体方法，总结作者 18 年的快消品行业经验，方法实操	内容全面系统，方法实操
农业	**新农资如何换道超车** 刘祖轲　等著	从农业产业化、互联网转型、行业营销与经营突破四个方面阐述如何让农资企业占领先机、提前布局	南方略专家告诉你如何应对资源浪费、生产效率低下、产能严重过剩、价格与价值严重扭曲等

续表

农业	**中国牧场管理实战：畜牧业、乳业必读** 黄剑黎　著	本书不仅提供了来自一线的实际经验，还收入了丰富的工具文档与表单	填补空白的行业必读作品
	中小农业企业品牌战法 韩　旭　著	将中小农业企业品牌建设的方法，从理论讲到实践，具有指导性	全面把握品牌规划，传播推广，落地执行的具体措施
	农资营销实战全指导 张　博　著	农资如何向“深度营销”转型，从理论到实践进行系统剖析，经验资深	朴实、使用！不可多得的农资营销实战指导
	农产品营销第一书 胡浪球　著	从农业企业战略到市场开拓、营销、品牌、模式等	来源于实践中的思考，有启发
	变局下的农牧企业 9 大成长策略 彭志雄　著	食品安全、纵向延伸、横向联合、品牌建设……	唯一的农牧企业经营实操的书，农牧企业一定要看
医药	**医药新营销：制药企业、医药商业企业营销模式转型** 史立臣　著	医药生产企业和商业企业在新环境下如何做营销？老方法还有没有用？如何寻找新方法？新方法怎么用？本书给你答案	内容非常现实接地气，踏实谈问题说方法
	新医改下的医药营销与团队管理 史立臣　著	探讨新医改对医药行业的系列影响和医药团队管理	帮助理清思路，有一个框架
	医药营销与处方药学术推广 马宝琳　著	如何用医学策划把“平民产品”变成“明星产品”	有真货、讲真话的作者，堪称处方药营销的经典！
	新医改了，药店就要这样开 尚　锋　著	药店经营、管理、营销全攻略	有很强的实战性和可操作性
	电商来了，实体药店如何突围 尚　锋　著	电商崛起，药店该如何突围？本书从促销、会员服务、专业性、客单价等多重角度给出了指导方向	实战攻略，拿来就能用
	在中国，医药营销这样做：时代方略精选文集 段继东　主编	专注于医药营销咨询 15 年，将医药营销方法的精华文章合编，深入全面	可谓医药营销领域的顶尖著作，医药界读者的必读书
	OTC 医药代表药店销售 36 计 鄢圣安　著	以《三十六计》为线，写 OTC 医药代表向药店销售的一些技巧与策略	案例丰富，生动真实，实操性强
	OTC 医药代表药店开发与维护 鄢圣安　著	要做到一名专业的医药代表，需要做什么、准备什么、知识储备、操作技巧等	医药代表药店拜访的指导手册，手把手教你快速上手
	引爆药店成交率 1：店员导购实战 范月明　著	一本书解决药店导购所有难题	情景化、真实化、实战化
	引爆药店成交率 2：经营落地实战 范月明　著	最接地气的经营方法全指导	揭示了药店经营的几类关键问题
	医药企业转型升级战略 史立臣　著	药企转型升级有 5 大途径，并给出落地步骤及风险控制方法	实操性强，有作者个人经验总结及分析
建材家居	**建材家居行业老手的营销革命：除了促销还能做什么？** 孙嘉晖　著	一线老手的深度思考，告诉你在建材家居营销模式基本停滞的今天，除了促销，营销还能怎么做	给你的想法一场革命

续表

建材家居	**建材家居营销实务** 程绍珊　杨鸿贵　主编	价值营销运用到建材家居，每一步都让客户增值	有自己的系统、实战
	建材家居门店销量提升 贾同领　著	店面选址、广告投放、推广助销、空间布局、生动展示、店面运营等	门店销量提升是一个系统工程，非常系统、实战
	10 步成为最棒的建材家居门店店长 徐伟泽　著	实际方法易学易用，让员工能够迅速成长，成为独当一面的好店长	只要坚持这样干，一定能成为好店长
	手把手帮建材家居导购业绩倍增：成为顶尖的门店店员 熊亚柱　著	生动的表现形式，让普通人也能成为优秀的导购员，让门店业绩长红	读着有趣，用着简单，一本在手、业绩无忧
	建材家居经销商实战 42 章经 王庆云　著	告诉经销商：老板怎么当、团队怎么带、生意怎么做	忠言逆耳，看着不舒服就对了，实战总结，用一招半式就值了
工业品	**销售是门专业活：B2B、工业品** 陆和平　著	销售流程就应该跟着客户的采购流程和关注点的变化向前推进，将一个完整的销售过程分成十个阶段，提供具体方法	销售不是请客吃饭拉关系，是个专业的活计！方法在手，走遍天下不愁
	解决方案营销实战案例 刘祖轲　著	用 10 个真案例讲明白什么是工业品的解决方案式营销，实战、实用	有干货、真正操作过的才能写得出来
	变局下的工业品企业 7 大机遇 叶敦明　著	产业链条的整合机会、盈利模式的复制机会、营销红利的机会、工业服务商转型机会……	工业品企业还可以这样做，思维大突破
	工业品市场部实战全指导 杜　忠　著	工业品市场部经理工作内容全指导	系统、全面、有理论、有方法，帮助工业品市场部经理更快提升专业能力
	工业品营销管理实务 李洪道　著	中国特色工业品营销体系的全面深化、工业品营销管理体系优化升级	工具更实战，案例更鲜活，内容更深化
	工业品企业如何做品牌 张东利　著	为工业品企业提供最全面的品牌建设思路	有策略、有方法、有思路、有工具
	丁兴良讲工业 4.0 丁兴良　著	没有枯燥的理论和说教，用朴实直白的语言告诉你工业 4.0 的全貌	工业 4.0 是什么？本书告诉你答案
	资深大客户经理：策略准，执行狠 叶敦明　著	从业务开发、发起攻势、关系培育、职业成长四个方面，详述了大客户营销的精髓	满满的全是干货
	一切为了订单：订单驱动下的工业品营销实战 唐道明　著	其实，所有的企业都在围绕着两个字在开展全部的经营和管理工作，那就是“订单”	开发订单、满足订单、扩大订单。本书全是实操方法，字字珠玑、句句干货，教你获得营销的胜利
金融	**交易心理分析** （美）马克·道格拉斯　著 刘真如　译	作者一语道破赢家的思考方式，并提供了具体的训练方法	不愧是投资心理的第一书，绝对经典
	精品银行管理之道 崔海鹏　何　屹　主编	中小银行转型的实战经验总结	中小银行的教材很多，实战类的书很少，可以看看
	支付战争 Eric M. Jackson　著 徐　彬　王　晓　译	PayPal 创业期营销官，亲身讲述 PayPal 从诞生到壮大到成功出售的整个历史	激烈、有趣的内幕商战故事！了解美国支付市场的风云巨变

续表

房地产	产业园区/产业地产规划、招商、运营实战 阎立忠　著	目前中国第一本系统解读产业园区和产业地产建设运营的实战宝典	从认知、策划、招商到运营全面了解地产策划
	人文商业地产策划 戴欣明　著	城市与商业地产战略定位的关键是不可复制性，要发现独一无二的"味道"	突破千城一面的策划困局
	电影院的下一个黄金十年：开发·差异化·案例 李保煜　著	对目前电影院市场存大的问题及如何解决进行了探讨与解读	多角度了解电影院运营方式及代表性案例
经营类：企业如何赚钱，如何抓机会，如何突破，如何"开源"			
	书名．作者	内容/特色	读者价值
抓方向	让经营回归简单．升级版 宋新宇　著	化繁为简抓住经营本质：战略、客户、产品、员工、成长	经典，做企业就这几个关键点！
	活系统：跟任正非学当老板 孙行健　尹　贤　著	以任正非的独到视角，教企业老板如何经营公司	看透公司经营本质，激活企业活力
	公司由小到大要过哪些坎 卢　强　著	老板手里的一张"企业成长路线图"	现在我在哪儿，未来还要走哪些路，都清楚了
	企业二次创业成功路线图 夏惊鸣　著	企业曾经抓住机会成功了，但下一步该怎么办？	企业怎样获得第二次成功，心里有个大框架了
	老板经理人双赢之道 陈　明　著	经理人怎养选平台、怎么开局，老板怎样选/育/用/留	老板生闷气，经理人牢骚大，这次知道该怎么办了
	简单思考：AMT 咨询创始人自述 孔祥云　著	著名咨询公司（AMT）的 CEO 创业历程中点点滴滴的经验与思考	每一位咨询人，每一位创业者和管理经营者，都值得一读
	企业文化的逻辑 王祥伍　黄健江　著	为什么企业绩效如此不同，解开绩效背后的文化密码	少有的深刻，有品质，读起来很流畅
	使命驱动企业成长 高可为　著	钱能让一个人今天努力，使命能让一群人长期努力	对于想做事业的人，'使命'是绕不过去的
思维突破	移动互联新玩法：未来商业的格局和趋势 史贤龙　著	传统商业、电商、移动互联，三个世界并存，这种新格局的玩法一定要懂	看清热点的本质，把握行业先机，一本书搞定移动互联网
	画出公司的互联网进化路线图：用互联网思维重塑产品、客户和价值 李　蓓　著	18 个问题帮助企业一步步梳理出互联网转型思路	思路清晰、案例丰富，非常有启发性
	重生战略：移动互联网和大数据时代的转型法则 沈　拓　著	在移动互联网和大数据时代，传统企业转型如同生命体打算与再造，称之为"重生战略"	帮助企业认清移动互联网环境下的变化和应对之道
	创造增量市场：传统企业互联网转型之道 刘红明　著	传统企业需要用互联网思维去创造增量，而不是用电子商务去转移传统业务的存量	教你怎么在"互联网＋"的海洋中创造实实在在的增量
	7 个转变，让公司 3 年胜出 李　蓓　著	消费者主权时代，企业该怎么办	这就是互联网思维，老板有能这样想，肯定倒不了
	跳出同质思维，从跟随到领先 郭　剑　著	66 个精彩案例剖析，帮助老板突破行业长期思维惯性	做企业竟然有这么多玩法，开眼界
	麻烦就是需求　难题就是商机 卢根鑫　著	如何借助客户的眼睛发现商机	什么是真商机，怎么判断、怎么抓，有借鉴

续表

思维突破	**互联网+"变"与"不变":本土管理实践与创新论坛集萃·2016** 本土管理实践与创新论坛　著	加速本土管理思想的孕育诞生,促进本土管理创新成果更好地服务企业、贡献社会	各个作者本年度最新思想,帮助读者拓宽眼界、突破思维
财务	**写给企业家的公司与家庭财务规划——从创业成功到富足退休** 周荣辉　著	本书以企业的发展周期为主线,写各阶段企业与企业主家庭的财务规划	为读者处理人生各阶段企业与家庭的财务问题提供建议及方法,让家庭成员真正享受财富带来的益处
	互联网时代的成本观 程　翔　著	本书结合互联网时代提出了成本的多维观,揭示了多维组合成本的互联网精神和大数据特征,论述了其产生背景、实现思路和应用价值	在传统成本观下为盈利的业务,在新环境下也许就成为亏损业务。帮助管理者从新的角度来看待成本,进一步做好精益管理
管理类:效率如何提升,如何实现经营目标,如何"节流"			
	书名．作者	**内容/特色**	**读者价值**
通用管理	**1. 让管理回归简单．升级版** **2. 让经营回归简单．升级版** **3. 让用人回归简单** 宋新宇　著	宋博士的"简单"三部曲,影响20万读者,非常经典	被读者热情地称作"中小企业的管理圣经"
	管理:以规则驾驭人性 王春强　著	详细解读企业规则的制定方法	从人与人博弈角度提升管理的有效性
	员工心理学超级漫画版 邢　雷　著	以漫画的形式深度剖析员工心理	帮助管理者更了解员工,从而更轻松地管理员工
	分股合心:股权激励这样做 段　磊　周　剑　著	通过丰富的案例,详细介绍了股权激励的知识和实行方法	内容丰富全面、易读易懂,了解股权激励,有这一本就够了
	边干边学做老板 黄中强　著	创业20多年的老板,有经验、能写、又愿意分享,这样的书很少	处处共鸣,帮助中小企业老板少走弯路
	中国式阿米巴落地实践之从交付到交易 胡八一　著	本书主要讲述阿米巴经营会计,"从交付到交易",这是成功实施了阿米巴的标志	阿米巴经营会计的工作是有逻辑关联的,一本书就能搞定
	集团化企业阿米巴实战案例 初勇钢　著	一家集团化企业阿米巴实施案例	指导集团化企业系统实施阿米巴
	阿米巴经营的中国模式 李志华　著	让员工从"要我干"到"我要干",价值量化出来	阿米巴在企业如何落地,明白思路了
	中国式阿米巴落地实践之激活组织 胡八一　著	重点讲解如何科学划分阿米巴单元,阐述划分的实操要领、思路、方法、技术与工具	最大限度减少"推行风险"和"摸索成本",利于公司成功搭建适合自身的个性化阿米巴经营体系
	欧博心法:好管理靠修行 曾　伟　著	用佛家的智慧,深刻剖析管理问题,见解独到	如果真的有'中国式管理',曾老师是其中标志性人物
流程管理	**1. 用流程解放管理者** **2. 用流程解放管理者2** 张国祥　著	中小企业阅读的流程管理、企业规范化的书	通俗易懂,理论和实践的结合恰到好处
	跟我们学建流程体系 陈立云　著	畅销书《跟我们学做流程管理》系列,更实操,更细致,更深入	更多地分享实践,分享感悟,从实践总结出来的方法论

续表

质量管理	IATF16949 质量管理体系详解与案例文件汇编：TS16949 转版 IATF16949:2016 谭洪华 著	针对 IATF 的新标准做了详细的解说，同时指出了一些推行中容易犯的错误，提供了大量的表单、案例	案例、表单丰富，拿来就用
	五大质量工具详解及运用案例：APQP/FMEA/PPAP/MSA/SPC 谭洪华 著	对制造业必备的五大质量工具中每个文件的制作要求、注意事项、制作流程、成功案例等进行了解读	通俗易懂、简便易行，能真正实现学以致用
	1. ISO9001:2015 新版质量管理体系详解与案例文件汇编 **2. ISO14001:2015 新版环境管理体系详解与案例文件汇编** 谭洪华 著	紧密围绕 2015 新版，逐条详细解读，工具也可以直接套用，易学易上手	企业认证、内审必备
战略落地	**重生——中国企业的战略转型** 施 炜 著	从前瞻和适用的角度，对中国企业战略转型的方向、路径及策略性举措提出了一些概要性的建议和意见	对企业有战略指导意义
	公司大了怎么管：从靠英雄到靠组织 AMT 金国华 著	第一次详尽阐释中国快速成长型企业的特点、问题及解决之道	帮助快速成长型企业领导及管理团队理清思路，突破瓶颈
	低效会议怎么改：每年节省一半会议成本的秘密 AMT 王玉荣 著	教你如何系统规划公司的各级会议，一本工具书	教会你科学管理会议的办法
	年初订计划，年尾有结果：战略落地七步成诗 AMT 郭晓 著	7 个步骤教会你怎么让公司制定的战略转变为行动	系统规划，有效指导计划实现
人力资源	**HRBP 是这样炼成的之"菜鸟起飞"** 新 海 著	以小说的形式，具体解析 HRBP 的职责，应该如何操作，如何为业务服务	实践者的经验分享，内容实务具体，形式有趣
	HRBP 是这样炼成的之中级修炼 新 海 著	本书以案例故事的方式，介绍了 HRBP 在实际工作中碰到的问题和挑战	书中的 HR 解决方案讲究因时因地制宜、简单有效的原则，重在启发读者思路，可供各类企业 HRBP 借鉴
	回归本源看绩效 孙 波 著	让绩效回顾"改进工具"的本源，真正为企业所用	确实是来源于实践的思考，有共鸣
	世界 500 强资深培训经理人教你做培训管理 陈 锐 著	从 7 大角度具体细致地讲解了培训管理的核心内容	专业、实用、接地气
	曹子祥教你做激励性薪酬设计 曹子祥 著	以激励性为指导，系统性地介绍了薪酬体系及关键岗位的薪酬设计模式	深入浅出，一本书学会薪酬设计
	曹子祥教你做绩效管理 曹子祥 著	复杂的理论通俗化，专业的知识简单化，企业绩效管理共性问题的解决方案	轻松掌握绩效管理
	把招聘做到极致 远 鸣 著	作为世界 500 强高级招聘经理，作者数十年招聘经验的总结分享	带来职场思考境界的提升和具体招聘方法的学习
	人才评价中心．超级漫画版 邢 雷 著	专业的主题，漫画的形式，只此一本	没想到一本专业的书，能写成这效果
	走出薪酬管理误区 全怀周 著	剖析薪酬管理的 8 大误区，真正发挥好枢纽作用	值得企业深读的实用教案
	集团化人力资源管理实践 李小勇 著	对搭建集团化的企业很有帮助，务实，实用	最大的亮点不是理论，而是结合实际的深入剖析

续表

人力资源	**我的人力资源咨询笔记** 张　伟　著	管理咨询师的视角，思考企业的HR管理	通过咨询师的眼睛对比很多企业，有启发
	本土化人力资源管理8大思维 周　剑　著	成熟HR理论，在本土中小企业实践中的探索和思考	对企业的现实困境有真切体会，有启发
企业文化	**拿来就用的企业文化工具箱** 海融心胜　主编	数十个工具，为了方便拿来就用，每一个工具都严格按照工具属性、操作方法、案例解读划分，实用、好用	企业文化工作者的案头必备书，方法都在里面，简单易操作
	华夏基石方法：企业文化落地本土实践 王祥伍　谭俊峰　著	十年积累、原创方法、一线资料，和盘托出	在文化落地方面真正有洞察，有实操价值的书
	企业文化的逻辑 王祥伍　著	为什么企业之间如此不同，解开绩效背后的文化密码	少有的深刻，有品质，读起来很流畅
	企业文化激活沟通 宋杼宸　安　琪　著	透过新任HR总经理的眼睛，揭示出沟通与企业文化的关系	有实际指导作用的文化落地读本
	在组织中绽放自我：从专业化到职业化 朱仁健　王祥伍　著	个人如何融入组织，组织如何助力个人成长	帮助企业员工快速认同并投入到组织中去，为企业发展贡献力量
	企业文化定位·落地一本通 王明胤　著	把高深枯燥的专业理论创建成一套系统化、实操化、简单化的企业文化缔造方法	对企业文化不了解，不会做？有这一本从概念到实操，就够了
生产管理	**精益思维：中国精益如何落地** 刘承元　著	笔者二十余年企业经营和咨询管理的经验总结	中国企业需要灵活运用精益思维，推动经营要素与管理机制的有机结合，推动企业管理向前发展
	300张现场图看懂精益5S管理 乐　涛　编著	5S现场实操详解	案例图解，易懂易学
	高员工流失率下的精益生产 余伟辉　著	中国的精益生产必须面对和解决高员工流失率问题	确实来源于本土的工厂车间，很务实
	车间人员管理那些事儿 岑立聪　著	车间人员管理中处理各种“疑难杂症”的经验和方法	基层车间管理者最闹心、头疼的事，‘打包’解决
	1. 欧博心法：好管理靠修行 **2. 欧博心法：好工厂这样管** 曾　伟　著	他是本土最大的制造业管理咨询机构创始人，他从400多个项目、上万家企业实践中锤炼出的欧博心法	中小制造型企业，一定会有很强的共鸣
	欧博工厂案例1：生产计划管控对话录 **欧博工厂案例2：品质技术改善对话录** **欧博工厂案例3：员工执行力提升对话录** 曾　伟　著	最典型的问题、最详尽的解析，工厂管理9大问题27个经典案例	没想到说得这么细，超出想象，案例很典型，照搬都可以了
	苦中得乐：管理者的第一堂必修课 曾　伟　编著	曾伟与师傅大愿法师的对话，佛学与管理实践的碰撞，管理禅的修行之道	用佛学最高智慧看透管理
	比日本工厂更高效1：管理提升无极限 刘承元　著	指出制造型企业管理的六大积弊；颠覆流行的错误认知；掌握精益管理的精髓	每一个企业都有自己不同的问题，管理没有一剑封喉的秘笈，要从现场、现物、现实出发

续表

生产管理	**比日本工厂更高效2:超强经营力** 刘承元　著	企业要获得持续盈利,就要开源和节流,即实现销售最大化,费用最小化	掌握提升工厂效率的全新方法
	比日本工厂更高效3:精益改善力的成功实践 刘承元　著	工厂全面改善系统有其独特的目的取向特征,着眼于企业经营体质(持续竞争力)的建设与提升	用持续改善力来飞速提升工厂的效率,高效率能够带来意想不到的高效益
	3A顾问精益实践1:IE与效率提升 党新民　苏迎斌　蓝旭日　著	系统的阐述了IE技术的来龙去脉以及操作方法	使员工与企业持续获利
	3A顾问精益实践2:JIT与精益改善 肖志军　党新民　著	只在需要的时候,按需要的量,生产所需的产品	提升工厂效率
员工素质提升	**TTT培训师精进三部曲(上):深度改善现场培训效果** **TTT培训师精进三部曲(中):构建最有价值的课程内容** **TTT培训师精进三部曲(下):职业功力沉淀与修为提升** **廖信琳　著**	**从内到外全方位指导企业内训师从专业到卓越**	成为优秀企业内训师/培训师的案头必备书籍
	手把手教你做专业督导:专卖店、连锁店 熊亚柱　著	从督导的职能、作用,在工作中需要的专业技能、方法,都提供了详细的解读和训练办法,同时附有大量的表单工具	无论是店铺需要统一培训,还是个人想成为优秀的督导,有这一本就够了
	跟老板"偷师"学创业 吴江萍　余晓雷　著	边学边干,边观察边成长,你也可以当老板	不同于其他类型的创业书,让你在工作中积累创业经验,一举成功
	销售轨迹:一位快消品营销总监的拼搏之路 秦国伟　著	本书讲述了一个普通销售员打拼成为跨国企业营销总监的真实奋斗历程	激励人心,给广大销售员以力量和鼓舞
	在组织中绽放自我:从专业化到职业化 朱仁健　王祥伍　著	个人如何融入组织,组织如何助力个人成长	帮助企业员工快速认同并投入到组织中去,为企业发展贡献力量
	企业员工弟子规:用心做小事,成就大事业 贾同领　著	从传统文化《弟子规》中学习企业中为人处事的办法,从自身做起	点滴小事,修养自身,从自身的改善得到事业的提升
	手把手教你做顶尖企业内训师:TTT培训师宝典 熊亚柱　著	从课程研发到现场把控、个人提升都有涉及,易读易懂,内容丰富全面	想要做企业内训师的员工有福了,本书教你如何抓住关键,从入门到精通

营销类:把客户需求融入企业各环节,提供"客户认为"有价值的东西

	书名．作者	内容/特色	读者价值
营销模式	**洞察人性的营销战术:沈坤教你28式** 沈　坤　著	28个匪夷所思的营销怪招令人拍案叫绝,涉及商业竞争的方方面面,大部分战术可以直接应用到企业营销中	各种谋略得益于作者的横向思维方式,将其操作过的案例结合其中,提供的战术对读者有参考价值
	动销操盘:节奏掌控与社群时代新战法 朱志明　著	在社群时代把握好产品生产销售的节奏,解析动销的症结,寻找动销的规律与方法	都是易读易懂的干货!对动销方法的全面解析和操盘

续表

营销模式	**变局下的营销模式升级** 程绍珊　叶　宁　著	客户驱动模式、技术驱动模式、资源驱动模式	很多行业的营销模式被颠覆，调整的思路有了！
	卖轮子 科克斯【美】	小说版的营销学！营销理念巧妙贯穿其中，贵在既有趣，又有深度	经典、有趣！一个故事读懂营销精髓
	弱势品牌如何做营销 李政权　著	中小企业虽有品牌但没名气，营销照样能做的有声有色	没有丰富的实操经验，写不出这么具体、详实的案例和步骤，很有启发
	老板如何管营销 史贤龙　著	高段位营销 16 招，好学好用	老板能看，营销人也能看
	动销：产品是如何畅销起来的 吴江萍　余晓雷　著	真真切切告诉你，产品究竟怎么才能卖出去	击中痛点，提供方法，你值得拥有
	资深大客户经理：策略准，执行狠 叶敦明　著	从业务开发、发起攻势、关系培育、职业成长四个方面，详述了大客户营销的精髓	满满的全是干货
	成为资深的销售经理：B2B、工业品 陆和平　著	围绕“销售管理的六个关键控制点”一一展开，提供销售管理的专业、高效方法	方法和技术接地气，拿来就用，从销售员成长为经理不再犯难
	销售是门专业活：B2B、工业品 陆和平　著	销售流程就应该跟着客户的采购流程和关注点的变化向前推进，将一个完整的销售过程分成十个阶段，提供具体方法	销售不是请客吃饭拉关系，是个专业的活计！方法在手，走遍天下不愁
	向高层销售：与决策者有效打交道 贺兵一　著	一套完整有效的销售策略	有工具，有方法，有案例，通俗易懂
	卖轮子 科克斯　【美】	小说版的营销学！营销理念巧妙贯穿其中，贵在既有趣，又有深度	经典、有趣！一个故事读懂营销精髓
	学话术　卖产品 张小虎　著	分析常见的顾客异议，将优秀的话术模块化	让普通导购员也能成为销售精英
组织和团队	**升级你的营销组织** 程绍珊　吴越舟　著	用“有机性”的营销组织替代“营销能人”，营销团队变成“铁营盘”	营销队伍最难管，程老师不愧是营销第 1 操盘手，步骤方法都很成熟
	用数字解放营销人 黄润霖　著	通过量化帮助营销人员提高工作效率	作者很用心，很好的常备工具书
	成为优秀的快消品区域经理（升级版） 伯建新　著	用“怎么办”分析区域经理的工作关键点，增加30%全新内容，更贴近环境变化	可以作为区域经理的“速成催化器”
	一位销售经理的工作心得 蒋　军　著	一线营销管理人员想提升业绩却无从下手时，可以看看这本书	一线的真实感悟
	快消品营销：一位销售经理的工作心得 2 蒋　军　著	快消品、食品饮料营销的经验之谈，重点突出	来源于实战的精华总结
	销售轨迹：一位快消品营销总监的拼搏之路 秦国伟　著	本书讲述了一个普通销售员打拼成为跨国企业营销总监的真实奋斗历程	激励人心，给广大销售员以力量和鼓舞
	用营销计划锁定胜局：用数字解放营销人 2 黄润霖　著	全方位教你怎么做好营销计划，好学好用真简单	照搬套用就行，做营销计划再也不头痛
	快消品营销人的第一本书：从入门到精通 刘　雷　伯建新　著	快消行业必读书，从入门到专业	深入细致，易学易懂

续表

产品	**产品炼金术Ⅰ:如何打造畅销产品** 史贤龙　著	满足不同阶段、不同体量、不同行业企业对产品的完整需求	必须具备的思维和方法,避免在产品问题上走弯路
	产品炼金术Ⅱ:如何用产品驱动企业成长 史贤龙　著	做好产品、关注产品的品质,就是企业成功的第一步	必须具备的思维和方法,避免在产品问题上走弯路
	新产品开发管理,就用IPD 郭富才　著	10年IPD研发管理咨询总结,国内首部IPD专业著作	一本书掌握IPD管理精髓
品牌	**中小企业如何建品牌** 梁小平　著	中小企业建品牌的入门读本,通俗、易懂	对建品牌有了一个整体框架
	采纳方法:破解本土营销8大难题 朱玉童　编著	全面、系统、案例丰富、图文并茂	希望在品牌营销方面有所突破的人,应该看看
	中国品牌营销十三战法 朱玉童　编著	采纳20年来的品牌策划方法,同时配有大量的案例	众包方式写作,丰富案例给人启发,极具价值
	今后这样做品牌:移动互联时代的品牌营销策略 蒋军　著	与移动互联紧密结合,告诉你老方法还能不能用,新方法怎么用	今后这样做品牌就对了
	中小企业如何打造区域强势品牌 吴之　著	帮助区域的中小企业打造自身品牌,如何在强壮自身的基础上往外拓展	梳理误区,系统思考品牌问题,切实符合中小区域品牌的自身特点进行阐述
渠道通路	**快消品营销与渠道管理** 谭长春　著	将快消品标杆企业渠道管理的经验和方法分享出来	可口可乐、华润的一些具体的渠道管理经验,实战
	传统行业如何用网络拿订单 张　进　著	给老板看的第一本网络营销书	适合不懂网络技术的经营决策者看
	采纳方法:化解渠道冲突 朱玉童　编著	系统剖析渠道冲突,21个渠道冲突案例、情景式讲解,37篇讲义	系统、全面
	学话术　卖产品 张小虎　著	分析常见的顾客异议,将优秀的话术模块化	让普通导购员也能成为销售精英
	向高层销售:与决策者有效打交道 贺兵一　著	一套完整有效的销售策略	有工具,有方法,有案例,通俗易懂
	通路精耕操作全解:快消品20年实战精华 周　俊　陈小龙　著	通路精耕的详细全解,每一步的具体操作方法和表单全部无保留提供	康师傅二十年的经验和精华,实践证明的最有效方法,教你如何主宰通路

管理者读的文史哲·生活

	书名. 作者	内容/特色	读者价值
思想·文化	**德鲁克管理思想解读** 罗　珉　著	用独特视角和研究方法,对德鲁克的管理理论进行了深度解读与剖析	不仅是摘引和粗浅分析,还是作者多年深入研究的成果,非常可贵
	中西哲学的歧异与会通 张再林　著	本书以一种现代解释学的方法,对中国传统哲学内在本质尝试一种全新的和全方位的解读	发掘出掩埋在古老传统形式下的现代特质和活的生命,在此基础上揭示中西哲学"你中有我,我中有你"之旨
	治论:中国古代管理思想 张再林　著	本书主要从儒、法墨三家阐述中国古代管理思想	看人本主义的管理理论如何不留斧痕地克服似乎无法调解的存在于人类社会行为与社会组织中的种种两难和对立

续表

思想·文化	**中国古代政治制度（修订版）上：皇帝制度与中央政府** 刘文瑞　著	全面论证了古代皇帝制度的形成和演变的历程	有助于读者从政治制度角度了解中国国情的历史渊源
	中国古代政治制度（修订版）下：地方体制与官僚制度 刘文瑞　著	全面论证了古代地方政府的发展演变过程	有助于读者从政治制度角度了解中国国情的历史渊源
	通天彻地，九大法则：《尚书·洪范》讲记 史幼波　著	精析“洪范九畴”这一中华传统政治哲学的理论基础	寓渊深义理于通俗口语之中，使现代人也能一睹中华文化原典之精湛奥义
	中国思想文化十八讲（修订版）待出版 张茂泽　著	中国古代的宗教思想文化，如对祖先崇拜、儒家天命观、中国古代关于“神”的讨论等	宗教文化和人生信仰或信念紧密相联，在文化转型时期学习和研究中国宗教文化就有特别的现实意义
	众生相 仲昭川　著	《互联网黑洞》作者仲昭川的随笔集——纵横宇宙生命，无言参万相。透视各色脸谱，一语破天机	商场或情场的顺心法宝，修道或混世的开悟按钮
	每个中国人身上的春秋基因 史贤龙　著	春秋368年（公元前770－公元前403年），每一个中国人都可以在这段时期的历史中找到自己的祖先，看到真实发生的事件，同时也看到自己	长情商、识人心
	内功太极拳训练教程 王铁仁　编著	杨式（内功）太极拳（俗称老六路）的详细介绍及具体修炼方法，身心的一次升华	书中含有大量图解并有相关视频供读者同步学习
	中医治心脏病 马宝琳　著	引用众多真实案例，客观真实地讲述了中西医对于心脏病的认识及治疗方法	看完这本书，能为您节约10万元医药费
	史幼波心经讲记（上下册） 史幼波　著	句句精讲，句句透彻，佛法经典的多角度阐释	通俗易懂，将深刻的教理以浅显的语言讲出来
	史幼波大学讲记 史幼波　著	用儒释道的观点阐释大学的深刻思想	一本书读懂传统文化经典
	史幼波《周子通书》《太极图说》讲记 史幼波　著	把形而上的宇宙、天地，与形而下的社会、人生、经济、文化等融合在一起	将儒家的一整套学修系统融合起来